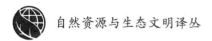
自然资源与生态文明译丛

城市化的自然

基于近代以来欧洲城市历史的反思

〔比〕蒂姆·索恩斯
〔德〕迪特尔·肖特
〔德〕迈克尔·托伊卡·赛德　编
〔比〕伯特·德·蒙克

周璞　张惠　柳晓娟　译

URBANIZING NATURE

Actors and Agency (Dis)Connecting Cities and Nature Since 1500

Tim Soens　Dieter Schott　Michael Toyka-Seid　Bert De Munck

商务印书馆
The Commercial Press

Routledge
Taylor & Francis Group

"自然资源与生态文明"译丛
"自然资源保护和利用"丛书
总序

（一）

　　新时代呼唤新理论，新理论引领新实践。中国当前正在进行着人类历史上最为宏大而独特的理论和实践创新。创新，植根于中华优秀传统文化，植根于中国改革开放以来的建设实践，也借鉴与吸收了世界文明的一切有益成果。

　　问题是时代的口号，"时代是出卷人，我们是答卷人"。习近平新时代中国特色社会主义思想正是为解决时代问题而生，是回答时代之问的科学理论。以此为引领，亿万中国人民驰而不息，久久为功，秉持"绿水青山就是金山银山"理念，努力建设"人与自然和谐共生"的现代化，集聚力量建设天蓝、地绿、水清的美丽中国，为共建清洁美丽世界贡献中国智慧和中国力量。

　　伟大时代孕育伟大思想，伟大思想引领伟大实践。习近平新时代中国特色社会主义思想开辟了马克思主义新境界，开辟了中国特色社会主义新境界，开辟了治国理政的新境界，开辟了管党治党的新境界。这一思想对马克思主义哲学、政治经济学、科学社会主义各个领域都提出了许多标志性、引领性的新观点，实现了对中国特色社会主义建设规律认识的新跃升，也为新时代自然资源治理提供了新理念、新方法、新手段。

明者因时而变，知者随事而制。在国际形势风云变幻、国内经济转型升级的背景下，习近平总书记对关系新时代经济发展的一系列重大理论和实践问题进行深邃思考和科学判断，形成了习近平经济思想。这一思想统筹人与自然、经济与社会、经济基础与上层建筑，兼顾效率与公平、局部与全局、当前与长远，为当前复杂条件下破解发展难题提供智慧之钥，也促成了新时代经济发展举世瞩目的辉煌成就。

生态兴则文明兴——"生态文明建设是关系中华民族永续发展的根本大计"。在新时代生态文明建设伟大实践中，形成了习近平生态文明思想。习近平生态文明思想是对马克思主义自然观、中华优秀传统文化和我国生态文明实践的升华。马克思主义自然观中对人与自然辩证关系的诠释为习近平生态文明思想构筑了坚实的理论基础，中华优秀传统文化中的生态思想为习近平生态文明思想提供了丰厚的理论滋养，改革开放以来所积累的生态文明建设实践经验为习近平生态文明思想奠定了实践基础。

自然资源是高质量发展的物质基础、空间载体和能量来源，是发展之基、稳定之本、民生之要、财富之源，是人类文明演进的载体。在实践过程中，自然资源治理全力践行习近平经济思想和习近平生态文明思想。实践是理论的源泉，通过实践得出真知：发展经济不能对资源和生态环境竭泽而渔，生态环境保护也不是舍弃经济发展而缘木求鱼。只有统筹资源开发与生态保护，才能促进人与自然和谐发展。

是为自然资源部推出"自然资源与生态文明"译丛、"自然资源保护和利用"丛书两套丛书的初衷之一。坚心守志，持之以恒。期待由见之变知之，由知之变行之，通过积极学习而大胆借鉴，通过实践总结而理论提升，建构中国自主的自然资源知识和理论体系。

（二）

如何处理现代化过程中的经济发展与生态保护关系，是人类至今仍然面临的难题。自《寂静的春天》（蕾切尔·卡森，1962）、《增长的极限》（德内拉·梅多斯，1972）、《我们共同的未来》（布伦特兰报告，格罗·哈莱姆·布伦特兰，1987）这些经典著作发表以来，资源环境治理的一个焦点就是破解保护和发展的难题。从世界现代化思想史来看，如何处理现代化过程中的经济发展与生态保护关系，是人类至今仍然面临的难题。"自然资源与生态文明"译丛中的许多文献，运用技术逻辑、行政逻辑和法理逻辑，从自然科学和社会科学不同视角，提出了众多富有见解的理论、方法、模型，试图破解这个难题，但始终没有得出明确的结论性认识。

全球性问题的解决需要全球性的智慧，面对共同挑战，任何人任何国家都无法独善其身。2019 年 4 月习近平总书记指出，"面对生态环境挑战，人类是一荣俱荣、一损俱损的命运共同体，没有哪个国家能独善其身。唯有携手合作，我们才能有效应对气候变化、海洋污染、生物保护等全球性环境问题，实现联合国 2030 年可持续发展目标"。共建人与自然生命共同体，掌握国际社会应对资源环境挑战的经验，加强国际绿色合作，推动"绿色发展"，助力"绿色复苏"。

文明交流互鉴是推动人类文明进步和世界和平发展的重要动力。数千年来，中华文明海纳百川、博采众长、兼容并包，坚持合理借鉴人类文明一切优秀成果，在交流借鉴中不断发展完善，因而充满生机活力。中国共产党人始终努力推动我国在与世界不同文明交流互鉴中共同进步。1964 年 2 月，毛主席在中央音乐学院学生的一封信上批示说"古为今用，洋为中用"。1992 年 2 月，邓小平同志在南方谈话中指出，"必须大胆吸收和借鉴人类社会创造的一切文明成果"。2014 年 5 月，习近平总书记在召开外国专家座谈会上强调，"中国要永远做一个学习大国，不论发展到什么水平都虚心向世界各国人民学习"。

"察势者明，趋势者智"。分析演变机理，探究发展规律，把握全球自然资源治理的态势、形势与趋势，着眼好全球生态文明建设的大势，自觉以回答中国之问、世界之问、人民之问、时代之问为学术己任，以彰显中国之路、中国之治、中国之理为思想追求，在研究解决事关党和国家全局性、根本性、关键性的重大问题上拿出真本事、取得好成果。

是为自然资源部推出"自然资源与生态文明"译丛、"自然资源保护和利用"丛书两套丛书的初衷之二。文明如水，润物无声。期待学蜜蜂采百花，问遍百家成行家，从全球视角思考责任担当，汇聚全球经验，破解全球性世纪难题，建设美丽自然、永续资源、和合国土。

（三）

2018 年 3 月，中共中央印发《深化党和国家机构改革方案》，组建自然资源部。自然资源部的组建是一场系统性、整体性、重构性变革，涉及面之广、难度之大、问题之多，前所未有。几年来，自然资源系统围绕"两统一"核心职责，不负重托，不辱使命，开创了自然资源治理的新局面。

自然资源部组建以来，按照党中央、国务院决策部署，坚持人与自然和谐共生，践行绿水青山就是金山银山理念，坚持节约优先、保护优先、自然恢复为主的方针，统筹山水林田湖草沙冰一体化保护和系统治理，深化生态文明体制改革，夯实工作基础，优化开发保护格局，提升资源利用效率，自然资源管理工作全面加强。一是，坚决贯彻生态文明体制改革要求，建立健全自然资源管理制度体系。二是，加强重大基础性工作，有力支撑自然资源管理。三是，加大自然资源保护力度，国家安全的资源基础不断夯实。四是，加快构建国土空间规划体系和用途管制制度，推进国土空间开发保护格局不断优化。五是，加大生态保护修复力度，构筑国家生态安全屏障。六是，强化自然资源节约集约利用，促进发展方式绿色转型。七是，持续推进自然资源法治建设，自然资源综合监管效能逐步提升。

当前正值自然资源综合管理与生态治理实践的关键期，面临着前所未有的知识挑战。一方面，自然资源自身是一个复杂的系统，山水林田湖草沙等不同资源要素和生态要素之间的相互联系、彼此转化以及边界条件十分复杂，生态共同体运行的基本规律还需探索。自然资源既具系统性、关联性、实践性和社会性等特征，又有自然财富、生态财富、社会财富、经济财富等属性，也有系统治理过程中涉及资源种类多、学科领域广、系统庞大等特点。需要遵循法理、学理、道理和哲理的逻辑去思考，需要斟酌如何运用好法律、经济、行政等政策路径去实现，需要统筹考虑如何采用战略部署、规划引领、政策制定、标准规范的政策工具去落实。另一方面，自然资源综合治理对象的复杂性、系统性特点，对科研服务支撑决策提出了理论前瞻性、技术融合性、知识交融性的诉求。例如，自然资源节约集约利用的学理创新是什么？动态监测生态系统稳定性状况的方法有哪些？如何评估生态保护修复中的功能次序？等等不一而足，一系列重要领域的学理、制度、技术方法仍待突破与创新。最后，当下自然资源治理实践对自然资源与环境经济学、自然资源法学、自然地理学、城乡规划学、生态学与生态经济学、生态修复学等学科提出了理论创新的要求。

中国自然资源治理体系现代化应立足国家改革发展大局，紧扣"战略、战役、战术"问题导向，"立时代潮头、通古今之变，贯通中西之间、融会文理之絜"，在"知其然知其所以然，知其所以然的所以然"的学习研讨中明晰学理，在"究其因，思其果，寻其路"的问题查摆中总结经验，在"知识与技术的更新中，自然科学与社会科学的交融中"汲取智慧，在国际理论进展与实践经验的互鉴中促进提高。

是为自然资源部推出"自然资源与生态文明"译丛、"自然资源保护和利用"丛书这两套丛书的初衷之三。知难知重，砥砺前行。要以中国为观照、以时代为观照，立足中国实际，从学理、哲理、道理的逻辑线索中寻找解决方案，不断推进自然资源知识创新、理论创新、方法创新。

（四）

文明互鉴始于译介，实践蕴育理论升华。自然资源部决定出版"自然资源与生态文明"译丛、"自然资源保护和利用"丛书系列著作，办公厅和综合司统筹组织实施，中国自然资源经济研究院、自然资源部咨询研究中心、清华大学、自然资源部海洋信息中心、自然资源部测绘发展研究中心、商务印书馆、《海洋世界》杂志等单位承担完成"自然资源与生态文明"译丛编译工作或提供支撑。自然资源调查监测司、自然资源确权登记局、自然资源所有者权益司、国土空间规划局、国土空间用途管制司、国土空间生态修复司、海洋战略规划与经济司、海域海岛管理司、海洋预警监测司等司局组织完成"自然资源保护和利用"丛书编撰工作。

　　第一套丛书"自然资源与生态文明"译丛以"创新性、前沿性、经典性、基础性、学科性、可读性"为原则，聚焦国外自然资源治理前沿和基础领域，从各司局、各事业单位以及系统内外院士、专家推荐的书目中遴选出十本，从不同维度呈现了当前全球自然资源治理前沿的经纬和纵横。

　　具体包括：《自然资源与环境：经济、法律、政治和制度》，《环境与自然资源经济学：当代方法》（第五版），《自然资源管理的重新构想：运用系统生态学范式》，《空间规划中的生态理性：可持续土地利用决策的概念和工具》，《城市化的自然：基于近代以来欧洲城市历史的反思》，《城市生态学：跨学科系统方法视角》，《矿产资源经济（第一卷）：背景和热点问题》，《海洋和海岸带资源管理：原则与实践》，《生态系统服务中的对地观测》，《负排放技术和可靠封存：研究议程》。

　　第二套丛书"自然资源保护和利用"丛书基于自然资源部组建以来开展生态文明建设和自然资源管理工作的实践成果，聚焦自然资源领域重大基础性问题和难点焦点问题，经过多次论证和选题，最终选定七本（此次先出版五本）。在各相关研究单位的支撑下，启动了丛书撰写工作。

　　具体包括：自然资源确权登记局组织撰写的《自然资源和不动产统一确权登记理论与实践》，自然资源所有者权益司组织撰写的《全民所有自然资源资产所有者权益管理》，自然资源调查监测司组织撰写的《自然资源调查监测实践与探索》，国土空间规划局组织撰写的《新时代"多规合一"国土空间规划理论与实践》，国土空间用途管制司组织撰写的《国土空间用途管制理论与实践》。

　　"自然资源与生态文明"译丛和"自然资源保护和利用"丛书的出版，正值生态文明建设进程中自然资源领域改革与发展的关键期、攻坚期、窗口期，愿为自然资源管理工作者提供有益参照，愿为构建中国特色的资源环境学科建设添砖加瓦，愿为有志于投身自然资源科学的研究者贡献一份有价值的学习素材。

　　百里不同风，千里不同俗。任何一种制度都有其存在和发展的土壤，照搬照抄他国制度行不通，很可能画虎不成反类犬。与此同时，我们探索自然资源治理实践的过程，也并非一帆风顺，有过积极的成效，也有过惨痛的教训。因此，吸收借鉴别人的制度经验，必须坚持立足本国、辩证结合，也要从我们的实践中汲取好的经验，总结失败的教训。我们推荐大家来读"自然资源与生态文明"译丛和"自然资源保护和利用"丛书中的书目，也希望与业内外专家同仁们一道，勤思考，多实践，提境界，在全面建设社会主义现代化国家新征程中，建立和完善具有中国特色、符合国际通行规则的自然资源治理理论体系。

在两套丛书编译撰写过程中，我们深感生态文明学科涉及之广泛，自然资源之于生态文明之重要，自然科学与社会科学关系之密切。正如习近平总书记所指出的，"一个没有发达的自然科学的国家不可能走在世界前列，一个没有繁荣的哲学社会科学的国家也不可能走在世界前列"。两套丛书涉及诸多专业领域，要求我们既要掌握自然资源专业领域本领，又要熟悉社会科学的基础知识。译丛翻译专业词汇多、疑难语句多、习俗俚语多，背景知识复杂，丛书撰写则涉及领域多、专业要求强、参与单位广，给编译和撰写工作带来不小的挑战，丛书成果难免出现错漏，谨供读者们参考交流。

编写组

原 丛 书 序

本书是《欧洲城市历史中的挑战》系列丛书中的一本，以科学研究网络"整体政府"（Whole-of-Government，WOG）的"城市能动性：制定城市历史的研究议程（2011—2015）"合作交流项目为背景构思和撰写而成。该网络由安特卫普大学城市历史中心发起，并得到了欧洲多家重要的城市历史中心的支持，包括莱斯特大学城市历史中心、达姆施塔特工业大学历史系和布鲁塞尔自由大学城市变革历史研究中心（主办方）。[①]

该网络分析了我们最初称之为"城市变量"的概念，旨在研究重大社会转型中的城市自然，特别关注了城市是否影响以及如何影响自然。城市自身是否具有能动性？所有历史变革是否最终都可以归因于城市中的行动者或行动者群体的能动性，抑或是城市之外历史力量作用的结果，比如资本主义的发展？这些问题的答案根植于欧洲历史本身，这点十分清楚。无论是城市研究还是城市历史研究，都是社会学研究，他们将关于城市化的观点与现代性的叙事交织在一起。

城市化被认为是资本主义和经济创新发展的主要动力，也是自由主义、理性主义、个人主义等出现的主要原因。马克斯·韦伯（Max Weber）的思考就是一个显而易见的案例，他将理性的出现和公民的现代化形式嵌入了（中世纪）城市。在他之后，其他社会学家或明确、或含蓄地将城市化与现代性联系起来。格奥尔格·齐美尔（Georg Simmel）认为城市环境激发了个体的自由和自主理念，同时也助长了算计和冷漠。哈佛大学当代经济学家爱德华·格莱泽（Edward Glaeser）认为，城市让我们"更富有、更聪明、更绿色、更健康、更快乐"，正如他的畅销

---

① 有关合作伙伴的完整列表，请见城市历史中心：https://www.uantwerpen.be/en/research-groups/centre-urban-history/research-publications/networks/scientific-research-community/（2018 年 11 月 2 日访问）。

书《城市的胜利》(*Triumph of the City*)其中一个版本的副标题概括的那样。①

　　然而，并非所有观点都是乐观的。例如，刘易斯·芒福德(Lewis Mumford)曾批判现代形式的城市化，认为城市滋生了社会问题；埃米尔·迪尔凯姆(Emile Durkheim)和齐美尔认为城市会让人产生心理问题的观点更是众人皆知。但所有这些作者，无论乐观还是悲观，都认可城市化与现代化是类似的。从韦伯、芒福德到巴格纳斯科(Bagnasco)和勒盖尔斯(Le Galés)的"理想的欧洲城市"，欧洲的城市体验因具有巨大吸引力而成为评判其他全球城市化形式的典范，常用于对比它们的不足。然而，最近一系列的研究进展动摇了人们将欧洲城市体验作为现代世界中心的信心。尽管至少从中世纪晚期起，欧洲城市的中心地位就在与欧洲以外其他地区城市化的竞争中确立了，并且往往是在权力不对称的关系中形成的。但是，迄今为止，其他地区城市化大多没有遵循欧洲的发展历程，而是更受全球经济和技术力量的影响。

　　解决这一问题的方法，一种是关注欧洲以外的城市化进程，以便了解与工业化、市场力量入侵等无关的城市化情况，或是与日益增强的个人主义和自由主义无关的城市化情况。这些案例可以在非洲大陆找到，也许在中国、拉丁美洲也广泛存在。在这些背景下研究城市化，有可能动摇我们关于城市化与"现代性"之间联系的根深蒂固的观念。另一种方法，是重新研究欧洲城市历史，重点关注城市化和现代性在话语和实践中的交织方式。这是"欧洲城市历史中的挑战"系列丛书作出的选择。借用迪佩什·查克拉巴蒂(Dipesh Chakrabarty)的话来说，我们的目标是"本土化"欧洲城市历史，城市和城市性很适合添加到这一系列中。查克拉巴蒂这句话产生的背景，是他呼吁修正欧洲现代性的叙事，使公共领域、民族国家、资本和个人等抽象概念的形成历史"去普遍化"。

　　随着更深入地了解城市历史，我们可以从帕特里克·乔伊斯(Patrick Joyce)的《自由法则》(*The Rule of Freedom*)和克里斯·奥特(Chris Otter)的《维多利亚之眼》(*The Victorian Eye*)中受到启发。这两本书分别受到福柯的权力和治理理念以及科学技术研究的影响，它们以各自的方式论证了现代自由、自律和自我反思的个体是现代城市(特别是19世纪的英国城市)的产物。然而，

---

　　①　格莱泽，2012年。

现代个性、主观性以及城市形式均被证明与更广泛的社会政治、社会技术实践的复杂性有关,而不能将现代个体视为城市形式的必然产物。乔伊斯认为,修建下水道和新道路为自由和自我反思的出现创造了条件,而其本身也是一套新统治和治理技术的一部分。这不是一个可预测的、简单的过程。用奥特的话来说,物质系统: xii

> "产生了一定范围的可能性。我们可以说,在公园、博物馆或林荫大道上,礼貌行为的实践比建设公共厕所更有意义;这些(对社会文化影响的)可能性就镌刻在这些建筑的石头上。"[1]

当然,无论乔伊斯和奥特在书中对现代性历史的描述多么复杂和令人反思,他们在某种程度上仍然局限于现代性叙事。他们仅关注了 19 世纪的英国,在无意中援引了某种中心—边缘理论。为了补充和修正他们的观点,本书的内容将涵盖近代早期以及北欧、中欧和南欧的案例研究。此外,我们将着眼长远,将近代和现代历史联系在一起,以便评估城市化早期的影响、工业化和无产阶级发展的早期形式,以及国家形成和官僚化的长期进程等。

在这个背景下,安特卫普大学城市历史中心和莱斯特大学城市历史中心之间的密切合作意义非凡。安特卫普大学城市历史中心的专业知识主要涵盖前工业化时期(以及欧洲大陆的城市),莱斯特大学城市历史中心则专注于现代城市(更多是英国城市和殖民地时期之后的城市)。除了弥合这一差距以外,我们也决定聚焦于四个具体问题的研究:①城市环境是否会影响创造力和经济创新;②城市和城市环境如何有助于"创造自然";③管制城市准入的物质和技术有哪些;④城市中的权力如何通过治理和公民社会实现。由此形成了四本书,以不同的方式来解决"城市能动性"这一问题。

每本书都采取了彻底的反思态度,从历史的角度思辨城市历史和城市研究中的主导概念和范式。我们为什么要回归到福柯的权力和治理理念?如此不仅有助于理解自由形式的治理和个性的出现,同时可以修正所涉及的欧洲现代性叙事,而且有必要秉持思辨的态度和人文科学的质疑作用,甚至包括某些沿用至今的传统。后者也适用于科学技术研究和行动者网络理论,引导我们思考文化

---

[1] 奥特,2002 年。

xiii　与自然之间、意义系统和物质系统之间联系的复杂性。虽然我们拒绝将物质、文化或人类认定为"城市能动性"的首位因素,但能动性出现在人类和非人类因素的高度偶然和相对不稳定的"集合"中。

　　或许与任何其他历史现实相比,城市更适合被视为这种集合体。因此,城市能动性无论如何都不能以简化的方式来处理。城市不仅不能像韦伯传统案例中那样被视为现代性的简单孵化器,也不能被视为某种超越城市边界的单一力量的简单表达或物化。后者通常作为批判(马克思主义)传统的典型案例,城市从过去到现在仍然被描述为物化资本,城市化与资本主义同步发展。毋庸置疑的是,市场力量与城市化之间的联系是真实的,但城市不能被简化为资本能动性的载体。因此,如果我们将城市行动者和行动体①的能动性最终简化为资本主义,并视之为某种"不可动摇的推动者",那么对资本主义的分析也不会有进展。

　　为此,本丛书的主编邀请了分卷主编和作者来分析城市尺度的复杂联系,一方面是人类和文化因素,另一方面是物质和技术因素。当然,这并不是要排除城市内外的经济和政治力量,而是要更好地理解它们是如何运作的。通过治理概念,和对权力的技术性和物质性采取更"现实主义"的态度,我们希望能够更好地理解城市行动者和行动者群体所涉及的权力关系,以及城市作为空间、技术和物质实体所具有的影响力。

伯特·德·蒙克和西蒙·冈恩

---

　　①　根据行动者网络理论(Actor-Network Theory),行动者包括人类行动者和非人类行动者,"act-ant"主要指非人类行动者。为与人类行动者进行区分,部分学者也将"actant"译为"行动体"。本书中,"actant"常与"actor"并列出现,因此,将"actor"译为"行动者","actant"译为"行动体",便于区分。——译者注

致　　谢

本书成稿得益于安特卫普大学（比利时）和达姆施塔特工业大学（德国）多位城市和环境历史学家的密切合作。2013 年，这两所大学的研究人员向欧洲科学基金会（European Science Foundation，ESF）成功申请了"自然的城市化"探索性工作坊项目（EW13-138），该工作坊最终于 2014 年 3 月 20 日至 22 日在达姆施塔特举行。2015 年 2 月 26 日至 28 日，在安特卫普召开的第二次会议上，与会人员讨论了本书各章节的初稿。除了欧洲科学基金会，我们还要感谢弗兰德研究基金会（Flemish Science Foundation）的财政支持（通过科学研究团体的"城市能动性：制定城市历史的研究议程（2011—2015）"项目，以及安特卫普大学和达姆施塔特工业大学的支持）。此外，我们还要感谢伊姆克·杜利（Imke du Ry，学术语言服务）对本书的校对，弗勒·米斯（Fleur Mees）对文稿和参考文献的统一，一位匿名审稿人对书稿的仔细审阅和热心推荐，以及劳特利奇出版社和编辑将本书纳入《劳特里奇：城市历史的进展》系列丛书。

目　　录

第一部分

引 言

从长远来看,城市是否改变了自然?

3

蒂姆·索恩斯　迪特尔·肖特　迈克尔·托伊卡·赛德
伯特·德·蒙克

一、城市即自然

同社会和文化一样,城市经常被视为与自然对立的人类活动场所。自然和文化之间的概念划分,以及之后自然和城市之间的概念划分,可能是 17 世纪以后出现的"现代性"最突出的特征之一。在文献、科学和决策中,自然开始被认为是某种客观存在,是可以被分离、测量、管理和控制的事物(Glacken,1967)。20世纪 80 年代以来,社会和自然之间的这种概念区分在社会科学的许多领域都受到了挑战。建构主义和后现代主义认为,自然就像文化一样,只不过是一种社会建构,一种话语发明(Sörlin and Warde,2009)。威廉·克罗农(William Cronon)在其关于芝加哥和美国西部地区环境史的开创性著作《自然的都市》(*Nature's Metropolis*)中写道,城—乡和城市—自然的二元思想终究会被取代,如此才能理解一个伟大城市的崛起如何改变了一片广袤地区,从平原上无边无际的粮田到最遥远的森林(Cronon,1991)。事实证明,威斯康星州最北部的森林与芝加哥市中心的木铺街道一样都具有城市特色,同时,芝加哥市中心的部分街道与密歇根湖的水一样自然。几年后,这位作者猛烈抨击了将"荒野"视为文化对立面的这一观点,谴责原始自然是一种历史的、深刻的城市建构,绝不能认为其优于明显建构的"自然"如花园(Cronon,1996)。其他作者则将城市描述为

"有机体"[根据怀特（White，1995）最初引入工业社会河流的概念进行整理]、生态技术景观（Hughes，2004）或环境技术景观（Pritchard，2011），他们都反对将自然—文化二元化，并支持城市的"融合"理念。

4　　本书的大多数作者都认同他们的研究对象——城市水、城市空气、城市体或城市整体——是一种综合系统，部分是自然的，部分是社会的。例如，城市空气的综合性可以通过人类和人类技术感知、测量、控制和调节（Frioux，2020）。例如，在讨论 19 世纪和 20 世纪初笼罩工业河流流域的致命工业雾气时，城市空气的综合性体现得也许最为明显，对于山区度假胜地的清澈蓝天来说也是如此。然而，证明混杂性并不是历史学家的目的。无论是在 16 世纪还是今天，斯德哥尔摩群岛上无处不在的水都被视为一种社会—自然的综合体，当然这种综合性可能采取了完全不同的形式，因为在过去的几个世纪中，人类、水和土地的精确配置已经发生了深刻的变化（Jakobsson，2020）。当社会—自然的综合性转化为一种历史分析的概念，韦雷娜·维尼瓦特等（Verena Winiwarter et al.，2013）基于早期工作（Fischer-Kowalski and Weisz，1999；Schatzki，2013）提出了"社会—自然场所"的概念。他们称之为"系统和实践的联结"——实践是"常规行为类型""行为和言论"，"系统"是这些实践的物质印记。实践和系统本身都是社会—自然综合体，是人类和物质世界的配置，二者并不是彼此独立演化的。从这个角度来看，城市可以被看作单个社会—自然场所的综合，人类活动通过使用技术和基础设施可被物质化为更永久的系统。

承认城市即自然，即承认历史不只是人类改变自然环境的过程，自然也是改变城市过往的一种历史驱动力。再来看埃娃·雅各布森（Eva Jakobsson）在本书中分析的斯德哥尔摩水域，在八个多世纪中，人类直接改造这些水域，以提高防洪、交通设施水平及景观质量。水不仅是等待人类改造的"外部"常量，还塑造了城市的生计，其方式也随着时间的推移而演变，这不仅因为人类对水系统的影响，还因为人类无法直接控制水文和地球的物理动态。在斯德哥尔摩，每 100 年约上升 0.4 米的陆地抬升不断重塑着城市的水文景观，也改变着整座城市。即使在人类控制最严格的城市环境中，也可能产生新的、不可预见的"野生自然"（尽管这种"野生自然"可能与雨林一样混杂）。海克·韦伯（Heike Weber）在本书中讨论的垃圾填埋场就是一个典型案例，许多废弃的、有毒的工业场地正是如此(另见 Jørgensen et al.,2013)。

二、城市也改变了自然

尽管城市的组成和嵌入像雨林一样不断经历着"自然"或"混合",但大多数 5
作者都认同,城市也改变了人类与自然的互动。唐纳德·休斯(Donald
Hughes)认为,当城市出现在景观中时,文化和自然之间出现了新的分裂
(Hughes,2009)。休斯将这种分裂追溯到美索不达米亚和尼罗河流域最早期的
城市文明,认为其发源于区域生态系统的深刻重组而产生的过剩食物、燃料和建
筑材料流向城市。许多关于城市生态足迹或城市新陈代谢的文献中都反复提
到,"流动"是城市化的一个基本特征。自瓦克纳格尔和里斯(Wackernagel and
Rees,1996,2008)的研究以来,生态足迹通常计算为被城市消耗的生产投入(食
物、水、原材料等)和吸纳城市产出所需的土地面积。根据这个定义,城市足迹远
远超过城市行政区面积。2002 年,伦敦的足迹甚至是其行政区的 300 倍。城市
新陈代谢研究的核心还包括出入于城市的物质和能量流分析。卡尔·马克思
(Karl Marx)提出了新陈代谢的概念——有机体内的化学转化,亚伯·沃尔曼
(Abel Wolman)在 20 世纪 60 年代首次将这一概念应用于城市。如今,大量研
究描绘了地区或城市的社会新陈代谢及其随时间的演变(Fischer Kowalski and
Haberl,2007;Barles,2010;Weber,2012)。虽然人们可以根据社会的能量基础
来区分不同的"社会代谢机制"(见下文),但也可以认为城市是具有特定新陈代
谢的社会生态系统,其特征是永久的"外部化"(Barles and Knoll,2020)。城市
"生命"依赖于各种源源不断进入城市、在城市中转化并从城市中释放出来的
"流"而存在。

将自然作为资源流进行大规模调配,无疑是城市改变自然的重要方式。本
书提供了欧洲城市代谢外部化的各种案例。例如人们通过大规模修建基础设施
(包括伐木作业所需的穿山隧道或运河),开发阿尔卑斯山区深处的森林,为遥远
的城市市场砍伐并种植树木(Schott,2020);对斯德哥尔摩附近的梅拉伦湖进行
调控,用于水力发电或提供饮用水(Jakobsson,2020)。事实证明,通过代谢城市
化的视角来看待城市和自然是卓有成效的,但也会产生一些问题。首先,这个过

程几乎是不言而喻的。由于资源调配是城市化本身的副产品,因此这一过程背后的行动者和驱动力很大程度上仍然隐藏着。无论资源是通过市场或国家配置还是由公民直接供给,似乎已经无关紧要了,因为结果极其相似。然而事实并非如此。"代谢城市化"的整个过程充满了权力和不对称关系。正如埃里克·斯温格杜(Eric Swyngedow)注意到的,基于外部化的城市新陈代谢这一理念不仅预设了人与自然关系的重构,而且还预设了这些关系的重构"层级",使城市和城市中的某些行动者享有特权。此外,整个新陈代谢的概念将自然界定义成一个资源库,资源可以作为商品在市场中交易。因此"自然的城市化在很大程度上取决于部分自然的商品化,同时在这一过程中产生新的代谢相互作用,塑造了具有象征意义的、实在的社会—自然互动"(Swyngedouw,2006)。因此,本书的基本挑战之一,是去揭示自然的代谢城市化背后的行动者和权力关系的不对称。

此外,即使代谢的外部化(见上文)是城市化的一个基本特征,这一过程也会随时间的推移而不断变化。外部化程度和地理范围发生的重大变化,不仅取决于城市规模,还取决于资源的内部"循环"量,以及产生城市投入或接受城市产出的腹地大小(Barles and Knoll,2020)。随着时间的推移,城市代谢的外部化会发生数量和质量变化,这可能与城市人口增长或能源体系的变化有关,但这些变化也常发生在非常特定的历史条件下,这些历史条件在时间和空间上有所不同,并且这些变化是由真实的历史行动者实施的。解开这些变化过程是本书的另一个挑战。

最后,自然的城市化不能局限于资源流的调配。城市也以其他方式改变了自然。根据塞缪尔·海斯(Samuel Hays,1998)的说法,随着城市环境的变化,城市成为人类日益拥挤的焦点……城市对更广泛的环境产生了越来越多的消耗,这反过来又在更广泛的环境条件下形成了人地关系紧张。城市也是对更广泛的环境采取新态度的起点。城市自然新思想和新叙述的诞生也是本书的核心内容。例如,克里斯蒂安·罗尔(Christian Rohr)在其章节中分析了关于风险与土地产权变化相互作用的新观点,阐述了生活在全景地带的中产阶级,因新浪漫主义理想,如何为城市向传统河流洪泛区扩张铺平道路,从而带来巨大的洪水问题。自然(本案例中是风景优美的河流)是可以被欣赏的外在事物,但也必须(通过技术)加以控制,这一发现暗示了通常被称为"现代性"的这一过程的基本特征,而其通常在城市诞生。

三、超越现代性

自新石器时代以来,尽管城市化已经对自然产生了影响,但现代性仍是大多数城市与自然关系的长期分析中的主要转折点,它把"前现代"或"有机"的城市同"现代"或"工业"的城市区分开来。历史学研究也体现了这一差异,大多数文献都聚焦于城市发展的这两个阶段中的一个[参见普拉特(Platt,1999)的概述;而肖特在 2014 年从环境角度讨论了欧洲几千年的城市化,是个罕见的例外]。当然,现代性是一个模糊的概念。在对城市自然的讨论中,可以将其视为三个关联过程的产物:能源体系向化石和矿物燃料转型,社会与自然分离,以及与自然相关的技术发展。

最明显的分水岭无疑是从基于生物质的有机经济,向基于化石燃料和矿物的无机经济的转变。这种能源转型与工业革命大致同步发生,通常被认为是(社会)代谢机制的转变,被定义为"社会—生态系统共享共同的能量代谢,即共同的能量来源和转换技术"(Kraussmann et al. ,2010;Sieferle,2001;Barles,2010;Billen et al. ,2012)。由于化石燃料的能量密度更高,其工业化生产和利用使得城市化规模和影响空前增加。虽然经济生产和城市化仍在有机经济界定的物理环境范围内,但煤炭和石油的发展极大地扩展了城市化的规模和影响。2014年,全球有 488 个城市人口超过百万,其中 28 个特大城市人口突破千万级。在 18 世纪,只有两个城市人口超过 100 万,依次是江户(即今天的东京)和伦敦(World Urbanization Prospects,2014;Clark,2013)。为了给不断增加的城市劳动力提供最基本的食物、饮用水、燃料和健康的生活环境,也为了把不断增加的城市资产阶级从恶臭笼罩、烟雾弥漫的污秽环境里解放出来,需要新的解决方案。

在"现代"城市中,此类解决方案通常以"网络化"的基础设施为标志而出现。迪特尔·肖特在本书中将"网络化城市"定义为"为城市交通和通信提供水、气、电、污水处理与服务的综合的技术基础设施系统"(Schott,1999;Schott,2004;

8　Coutard and Rutherford，2016）。现代城市技术在广泛接触自然后的产物就是网络化城市。基于此，克里斯·奥特（Chris Otter，2020）等人将城市化等同于"技术圈"的崛起。"技术圈"可以定义为全球所有大规模网络系统的总和，根据彼得·哈夫（Peter Haff，2014）的说法，这些系统既逃避了人为的有意控制，又为人类（以及动植物）生活提供了基本条件：目前人类无法在技术圈之外生存。因此，技术圈既是现代生物圈的延伸，也是现代生物圈的寄生产物（Williams et al.，2015）。基础设施网络的发展无疑改变了城市与自然的互动。例如，保罗·沙鲁阿达斯（Paulo Charruadas）、克洛艾·德利涅（Celoé Deligne）以及迪特尔·肖特在本书中所讨论的城市能源供应。在一个依赖木材的城市中，能源是可见的，能源控制是高度劳动密集型的。这有时需要整个城市社区的共同努力，比如法兰克福市历史上一年一度的"森林节"（Wäldchestag），当日，市民会聚集在城市森林的特定地点，获得由市政木工切割的木材分配份额。到了 16 世纪，这种直接提供能源的做法已经过时了。木材通过市场供应，大大延长了供应链。然而，在城市内部，木材仍然需要被运到房屋和商店并锯开，从地窖或棚屋运到房屋内的炉灶和生火地点，燃烧后的灰烬和未燃尽的焦砟必须清除。只有在引入燃气和电力网络之后，能够将能源直接输送到城市家庭及其采暖和烹饪设备，才出现了明显的非物质化现象；非物质化的发生几乎不费吹灰之力，而且很大程度上是无形的，但它确实带来了额外成本，并且很快就开始按消费单位来计算费用。当然电力和天然气也来自物质原料，但对消费者来说，与房屋中储存的旧木材和煤炭相比，显然它们的物质属性更少。

　　这种"非物质化"过程将我们引入现代性的第三个方面——"现代性工程"，这是由科学、社会和文化研究定义的。其中"自然"兴起并占据了中心地位，受制于人类知识的控制，他们从概念上与社会分离。布鲁诺·拉图尔（Bruno Latour，1993a）认为，现代性可以概括为一个净化过程，在这个过程中，脱离客体和物质独立存在的自主主体神话得以构建。因此，拉图尔和行动者网络理论的拥护者谴责人为地区分了人类和非人类、文化和自然，并指出这些分类具有历史偶然性。现代性工程具有致命的缺陷，因为自然和社会无法分离，并始终在共同进化中紧密相连。然而，自然与人类分离的观点提供了令人信服的论述。例如

9　詹森斯和索恩斯在本书中讨论的饮用水案例。对于中世纪和近代早期城市中的

大多数居民来说，饮用水供应是围绕水井、喷泉或水泵展开的古老邻里社交活动的一部分：人们有权使用集体或公共基础设施中的水，共同清理和维护这些基础设施，并共同决定它们的未来。从取水口取水并运回家是劳动密集型且非常"物质"的活动，而自来水管网使得水变得非物质化了（因为不再需要沉重的吊桶）。此外，通过管网运输的无尽水流（按单位测量和计算）可能会带来某种"觉醒"：城市住宅内饮用水的存在变得理所当然、单调乏味。最后，水也成为一种私有资源，一种可以通过市场销售的商品。

以上是到目前为止的主要相关理论。实践中，人们有众多理由去质疑那些严格区分前现代城市和现代城市的价值及其线性关系，无论是基于能源体系转型、网络基础设施，还是基于"自然"和"文化"的分离。首先，历史学家已经指出了前现代时期的重要性，新思想在此阶段萌芽。18 世纪是一个过渡时期（*Sattelzeit*），当时功利主义的自然观发展了起来，为后一时期的自然资源工业化开发创造了知识前提（Knoll，2006；引自 Bayerl，2001）。使用化石燃料作为主要能源也并非一夜之间就能实现的。别忘了，从 16 世纪起伦敦就以煤炭为燃料（Brimblecombe，1987；Cavert，2016），荷兰黄金时代的城市文明不是以木材为燃料，而是以泥炭为燃料，泥炭属于可再生资源但再生周期漫长（数十万年），因此是一种介于"有机"和"化石"之间的燃料。其次，能源转型通常非常缓慢，而旧习惯富有弹性。城市家庭的废弃物回收，作为前工业化城市"封闭"代谢的头部产品，可能已经被城市垃圾填埋场的废弃物收集和倾倒所取代，但在这些公共填埋场，拾荒者群体用"前现代"的方式以搜寻和分类废弃物为生，这一情况在欧洲至少持续到 20 世纪 60 年代，迄今仍存在于世界上许多其他地方（Weber，2020）。甚至法兰克福的森林节也在这座城市的民间传说中幸存下来（Schott，2020）。最后，早在工业革命之前，自然的"抽象"概念就偶有出现。管道供水系统自古就存在，从 13 世纪起，从锡耶纳到布鲁日，许多欧洲城市都安装了新的供水系统。这类水利管网最初是供应市政或修道院的喷泉和水井，但从中世纪后期起越来越多地服务于私人家庭（Kucher，2005；Janssens and Soens，2020）。

因此，与其去寻找"城市化自然"的线性过程和"预备阶段"，不如去寻找它的非线性过程、时间的多重性、时间的转折点，以及实践、技术和叙事的长期连续性和"同时性"；甚至是去寻找"城市化自然"发生反转或退化的一些案例，比如显而易见的"现代"技术崩溃的案例。当人们采用从前现代或前工业时期到现代时期的长视角时，就特别有助于我们摆脱线性的现代叙事观，从而进入更复杂的多重叙事和分层叙事观里。相反，在线性的现代叙事观下，能源体系向化石燃料转型、网络技术发展或自然与文化发生的分离，都被当作了理所当然、不容辩驳的过程。所以，实现这一目标的方法之一，就是要去审视过去五个世纪中城市与自然关系重大变化背后的行动者和驱动力。城市化自然的转变需要从其特定的历史背景以及参与城市设计和实施的特定行动者来分析解释。无论是 16 世纪早期还是 19 世纪晚期的城市，新的基础设施、政策和理念都是在特定的历史背景和权力结构中，由不同行动者运作并互动而产生的结果。

四、揭开行动者的面纱：由谁做决策？ 什么在主导城市化的自然？

　　大量关于城市环境和历史的文献都倾向于将城市视为社会环境系统。尽管这种系统方法有助于我们理解系统中各个独立要素之间的复杂性和相关性，但也有可能将城市与自然之间的互动简化为人口、资源和技术的抽象产物。本书采用了行动者视角来替代系统方法。我们的目标是研究影响城市—自然关系变化的行动者，以及这些行动者运作的社会政治和社会自然结构。不同城市的规模、形态、密度都存在巨大差异，社会—自然布局也同样：他是人类行动者和非人类"行动者"，以及将其联结起来的权力关系的混合。

　　本书中，"能动性"概念多次被辨析。第一个关键问题就非常直截了当，"由谁做决策？"早在 1990 年，马丁·梅洛西（Martin Melosi）就提出："谁是主要的决策者？ 政治家？ 官僚？ 商业领袖？ 工程师？ 民间领袖？ ……城市新技术的倡导者如何在城市之间充当该技术或某些技术知识的'搬运工'？"（Melosi,1990）如果不考虑城市行动者的野心和战略，就无法解释城市的环境变化。此外，城市之间在制定环境政策、基础设施或意识发展方面的差异，通常可以用地方权力背景来解释。本书中，迪特尔·肖特举了 1900 年左右煤气厂和电力厂之间竞争博弈的例子：人们认为新的电力技术将取代"旧"的煤气厂，但在德国大多数城市中煤气厂并没有消失。相反，在引入电力后，煤气厂开始了新的繁荣发展,煤气公司通过商业广告和游说努力,成功推广了使用煤气做饭和采暖。

无论是研究人类个体的还是集体的行为,都无法脱离其运行的环境,其中包括城市的经济组织、政治布局或管控城市与自然互动的叙事方式。乔治·施特格尔(Georg Stöger)在本书中分析了城市循环和重复利用的历史,只有考虑生产成本、家庭收入形成和消费者偏好等相关演变,才能更好地理解这些历史。城市和非城市行动者通过管制二手贸易或废物处理等方式进行干预,在特定的环境(随着时间推移而形成)中运作。因此,在欧洲城市,废物回收一开始就受到了各种正规和非正规市场的影响。基于道格拉斯·诺思(Douglas North)制度经济学的说法,我们质疑这种商业化是否是由早期兴起的、法律认可的私有产权所促成,以及基于私有产权的商业化是否是欧洲整体与自然互动的一个显著特征。

本书中许多内容并不执意要把"结构"和"能动性"区分开来,能动性的概念限定在马克斯·韦伯或安东尼·吉登斯(Anthony Giddens)等人定义的"人类的有意行为"之中。近几十年来,能动性的概念受到了严峻挑战。首先,人类"自由意志"的观点受到神经科学的严重质疑,愈发难以作为将行动者能动性限制于人类而不包括动植物的理由(Bernhardt,2020)。根据行动者网络理论和近年来大量科学技术研究工作,能动性的概念外延应该扩大到覆盖非人类的"行动体",包括各种有机材料和无机材料。事实上,存在于社会—自然、社会—技术和社会—物质系统中,不能与之分离的任何类型的活动都必须被视为"网络化"的行动。今后,人类活动及其能动性既不能简化为自然和物质条件的结果,也不能从自然和物质条件中抽离出来。任何物质环境的变化(如在城市中集中修建卫生设施)不仅会影响城市环境,还会影响人与人之间的关系。因此,任何行动者,无论是人类"行动者"还是非人类"行动体",都是网络化的行动者,并且与周围世界形成了不可分割的网络关系(Asdal,2003;Latour,1993a;Farías and Bender,2010)。这一观点可能会对城市历史,尤其是人们对城市能动性的看法产生重要影响。城市变成了一个由人类和物质组成的混合"集团",他们互相对彼此产生永久性的影响,因此形成了一种网络型的行动者。在最极端的情况下,关于行动者能动性的概念扩展可能会模糊我们的历史认知,因为万事万物总是共同决定

12

一切。对行动者的个体解构无疑会变得更具挑战性，但也比以往任何时候都更有必要。

本书超越了"行动者的能动性是有意识的人类行为"的经典定义，并提出了"非人类行动者的能动性"问题。我们能否把这些能动性归因到城市动物、污染物、雨水或河流身上？虽然大多数研究者不认可非人类行动体（以及人类行动者）具有"自主"能动性，但却认可非人类行动体具有某种"网络化"的能动性。就像斯特凡娜·弗柳尔（Stéphane Frioux）所说的，现代环境史已经"将自然要素提升到了历史过程里的共同行动者和共同决定因素这一层面上"（改写自William Cronon，2020）。墨西哥城、巴达维亚或费城等欧洲殖民城市周围的水"不仅受到人类活动的影响，它本身也是一个强大的非人类行动者"（Davids，2020）。现在依然受到质疑的，是这种"扩大了"外延的新的能动性概念，是否也会影响我们在处理自然问题时对城市能动性的看法。

五、城市作为"霸权"的行动者？

贯穿本书，在处理自然问题时，我们对城市的历史能动性提出了几种颇有互补性的方法。第一种角度，也许是最传统的方法，是将城市（更确切地说是市政当局）视为政治参与者，通过城市空间和发展规划，塑造和改变城市自然。在欧洲历史上，城市大多被视为一个独立的行政空间，要么正式独立于任何首要的政区（如城邦模式），要么至少在更大的政治单元（如民族国家）内享有一定程度的自治权。正如马克斯·韦伯（Max Weber，1921）及之后的许多人所主张的那样，城市的政治自治权（具体表现为市议会及其市长）甚至可以作为区分欧洲与世界上其他地区的标志。现今，通常认为市议会和市长在应对重大社会挑战时发挥了重要的能动性，尤其是在环境领域。正如本杰明·巴伯（Benjamin Barber）在其 2013 年广受争议的著作《如果市长统治世界》（*If Mayors Ruled* the World)①中指出的那样,他们甚至可能代表了全球化世界中最合适的决策维度。尽管在过去的5个世纪中,市议会和市长一直是欧洲城市的固定特征,但随着时间推移,他们对城市自然的行动范围发生了显著变化。关于前现代化低地国家的能源供应,保罗·沙鲁阿达斯和克洛艾·德利涅(Paulo Charruadas and Chloé Deligne,2020)发现,很难将市议会的政治、司法行动与城市市场动态区分开来。一些城市很早就制定了林地保护战略,但只限于与商业利益保持一致的情况。在德意志帝国历史上可以找到更全面的关于森林和林地的城市政策,如在威尼斯市,保护森林"资源"在16世纪已经成为一个关键的政治问题(Appuhn,2009)。非城市政治参与者——国王、公爵和主教——在近代早期同一时期也制定了非常相似的林地保护政策(如德国西南部,Paul Warde,2006)。然而,以城市为导向的环境政策有时不需要由市议会单独执行,国家行动者同样可以制定以城市为中心的政策,这一点在柏林这样的首都城市体现得最为明显。柏林在17世纪时是一个中等规模城市,但在18~19世纪迅速扩张。其惊人的增长速度导致了整个地区的环境变化,主导这一进程的行动者更可能与普鲁士国家铁路公司、战争事务部、皇家景观规划师彼得·约瑟夫·伦内(Peter Josef Lenné)有关,而不是柏林市议会(Bernhardt,2020)。

从第二种角度来看,除了城市的直接"政治"能动性(来自市议会和政治精英)以外,城市能动性也可以是一种话语策略,由人类城市行动者实现。他们故意将城市能动性作为一种修辞策略,以说服其他人接受他们的计划,或实现他们对城市自然的个人愿景。早在18世纪,卢梭(Rousseau)就将城市描绘成"人类的坟墓"——从肉体和道德角度来看都不健康的地方(Frioux,本书)。这种对城市的负面看法随后引发了大量解决相关问题的政策和努力,以抵消城市化对人类生计的负面影响。

第三种角度始于城市的混杂性,认为城市的某些部分是自然的,某些部分是社会的。在这种视角下,虽然城市是由自然物质建造而成的,但城市本身不能被

---

① 巴伯阐述的市长能动性几乎不涉及政治,并带有技术官僚色彩——始终协调不同利益相关者及其利益,从而促进公民和世界(被视为相同)的"共同富裕",这一观点受到强烈批评。除了明显的民主赤字(城市市长的决策会影响到数百万从未有机会投票给他们的人),市长"中立"的技术官僚统治可能会服务于跨国公司的利益,而跨国公司现在已不再受国家法规约束和限制。

简化为物质体,而应该被视为有机体,其存在和繁殖取决于食物、能源和原材料的输入以及产品和废弃物的输出,仅次于人类生命的自然存在和繁殖(也是其前提条件)。从这个角度来看,自然与城市生活密切相关,也与城市能动性密切相关。通过人类和非人类要素的历史配置,城市可能发展出一种特定的"动态性",反过来又深刻地影响人类的自然生产。马丁娜·勒夫(Martina Löw,2012)将"城市的内在逻辑"定义为"城市的隐藏结构,诸如当地习惯化的、多为隐性的意义构成及其物质嵌入过程"。换而言之,它涉及当地的"知识贮存和表达实体",会对人们行为产生影响。这样的内在逻辑似乎与基于行动者网络理论的城市能动性概念相悖,因为它们假定存在或多或少自主运作的上层建筑(或超叙事),这些构造来自城市中人类和自然共同进化的网络配置。然而,揭示这种内在逻辑有助于理解每种城市形态的特殊性。托伊卡·赛德(Toyka-Seid,2020)对莱茵河沿岸两座德国城市(美因茨和威斯巴登)与开放水域的不同相互作用方式进行了微观研究,在历史上,美因茨更加依赖河流,而威斯巴登与河流无关、更倾向于"忽视"河流而青睐天然泉水,这使得该城市成为一个历史悠久的温泉度假胜地。因此,地理和水文条件、城市历史和自我定位的相互作用,都对城市水政策产生了显著影响。

最后,城市在多大程度上可以被视为改变社会和自然共同演化的行动者,也取决于城市的规划导向,实践和安排其他利益和行动者的具体方式。从这个角度来看,城市加诸自然的能动性会随着城市在其腹地的经济或政治权力的波动而变化。这种城市霸权在城邦结构中表现得最为明显,即占主导地位的城市获得了对大片腹地的领土直接控制权,在这片腹地中,社会和生态可以被重新安排,以服务于主导城市的利益(Schott,2014;Barles and Knoll,2020),威尼斯是这方面的首要示例。然而,其他行动者也可以对中心城市的功能进行类似的重新安排,例如柏林和巴黎等首都城市,它们在广阔周边领土系统中的霸权大体上是国家权力扩张的产物(Bernhardt,2020)。从供排水到铁路和电网,网络化基础设施的发展显然都优先考虑城市利益。基础设施虽连接城镇和农村,但层次分明。正如迪特尔·肖特在本书中所指出的:"虽然1850—1900年,城市在健康、安全和宜居性方面确实有所改善,但周围的农村显然在恶化,城市从农村汲取资源并向其排放废气、废水和固体废弃物。"只有在第二阶段,这些"城市"基础设施才被出口到农村,在农村进一步实现了以城市为导向的生活转型。网络化基础设施建设背后的行动者不一定是"城市"本身,从 19 世纪欧洲(和国外)投资供水或有轨电车的国际公司到在国家行政部门工作的工程师均可能是行动者。1890—1930 年,大多数欧洲国家都出现了市议会的强烈干预主义,他们控制了水和天然气供应,这一演变被称为"市政社会主义"(Schott,2020)。在经历了数十年的大规模私有化之后,许多欧洲城市的基础设施被跨国公司收购,近年来,城市供水和供电重新回归市政管理再次成为一个重要议题(Melosi,2016)[①]。

六、连接城市自然和权力的技术

本书重点关注了技术和基础设施。在对"社会—自然场所"的每一次调查中,技术和基础设施都有助于将人类行为物质化为更持久的系统。技术的不断增强和增量使用被认为是自然城市化的一个重要因素,由此哈德和米萨(Hard and Misa,2008)精心选取了"城市机械"一词来定义城市。[②] 以类似的方式,克里斯·奥特认为自然的城市化实际上等同于"技术圈"的兴起(见上文)。不过,这种"城市技术圈"的历史深度仍有待质疑。关于环境技术,不能因前现代城市归属于"前范式"时期而不予考虑,在此时期,人们对清洁度漠不关心,仅仅通过将排泄物作为肥料来获得经济价值,在没有任何总体技术方案的情况下,对卫生设施也存在一定程度上的松懈,并且各类实践做法层出不穷(Abeysuriya et al.,2010;引自 Lewis Mumford,1961)。在 16 世纪和 19 世纪,城市利益相关者引入了新的技术解决方案,以应对当时环境面临的紧迫挑战。然而,现代性和技术之间的关系仍是显而易见的。首先,启蒙运动时期,科学和技术之间出现了一种新的相互作用,使"自然"要素(例如水)的内涵物质化了。比如,使用过滤器去除水中的杂质时,会计算水的硬度并用石灰和苏打来

---

① 马丁·梅洛西(Martin Melosi,2016)统计了过去 15 年中 35 个国家至少 180 个城市供水再市政化的案例,包括欧洲城市和许多拉丁美洲城市。有趣的是,美国的市政控制仍然强大得多。
② 或者,城市是"技术在某种程度上塑造人类行为并影响人类福祉"的空间(Hard and Misa,2008)。

软化水（因为软水被认为更适用于管道、烧水壶和水利基础设施）。到 19 世纪末，纯度标准被提出并引发了争议，似是而非地强调了水作为一种自然要素，也是有历史的（Otter，2010；Kaïka，2005）。其次，现代主义从过去到现在，始终与一种观点相联系，即每个问题的最终解决方案都是技术方案。此处仅列举一个极具煽动性的案例：2015 年，《生态现代主义宣言》（*Ecomodernist Manifesto*）积极地评价了现代主义自然观，声称："一个好的人类世要求人类利用不断增长的社会、经济和技术力量来改善人们的生活，稳定气候和保护自然界。"（Asafu Adjaye et al.，2015）再次，技术可能是塑造现代城市个体的部分原因。根据帕特里克·乔伊斯（Patrick Joyce，2003）、克里斯·奥特（Chris Otter，2008）或史蒂芬·赫内（Stefan Höhne，2015）的观点，城市的物质和社会技术支出从根本上与主观性有关，并产生了特定形式的主观性以及人类行动者的能动性。他们认为与水、光、交通等有关的城市技术塑造出了 19 世纪的现代人，他们都是有自我反省能力的自由个体。

因此，从各个方面来看，关注技术对于理解与城市自然相关的能动性问题至关重要。工程师、城市规划师、政治家以及城市家庭和企业，都可能使用技术设备和大型基础设施来改变城市与自然的互动。本书调查了某些社会技术和知识系统（无论是大型集中化包容系统，还是简单的工具和器具）为何以及如何在建构、定义和控制人类与生物、物理环境之间的关系时占据了主导地位。在应对特定环境挑战时，成功引入某种特定技术被证明是有效的，多数情况下，这些技术的引入综合了主流科学技术范式与特定（人类）行动者的期望和战略（Schott，2004）。在本书中，斯特凡娜·弗柳尔（Stéphane Frioux）以 1900 年左右绘制的林格尔曼图（或称林格尔曼量表）进行举例说明，这是一种相当简单的视觉测量空气污染的方法。该方法使人们能够认识问题并制定解决方案。林格尔曼图对于法国在同年制定的第一个烟雾治理政策是不可或缺的。该测量方法完全符合当地法规以及地方当局和工业领袖之间的本地化谈判，因此即使在第二次世界大战后新的测量方法问世之后，它仍然继续被沿用。到了 20 世纪 70 年代，二氧化碳和二氧化硫测量才被重视起来，用于应对"现代"环境运动和对空气污染的抗议。这一案例研究完美地说明了为什么旧的竞争性技术或知识结构消失并不显而易见。城市环境史上最著名的案例可能是布鲁诺·拉图尔（1993b）在其

《法国巴氏杀菌法》(*Pasteurization of France*)中研究发明的细菌学及其应用。 17
拉图尔认为，细菌学提供了疾病的一种新的社会—自然结构，将活体生物视为微
生物的集合。然而，细菌学战胜旧的瘴气理论，不是因为发现了"自然的真正功
能"，而是巴斯德(Pasteur)和他的同事们之间强大的联盟或网络、他们运作(实
验室)的物质环境以及细菌本身，这些自然"行动体"能够承受住在它们身上运作
的"力量考验"。事实证明，他们的联盟优于其对手的联盟。随着越来越多的行
动者和行动体加入巴斯德的网络，细菌学的霸主地位得到确立，这反过来又改变
了医学组织、医疗行业和卫生政策。

在福柯的解释中，技术系统能够重新设定并有助于巩固价值观和权力关系，
设计和实施技术系统的人类行动者可以将价值观和权力关系"嵌入"其中——技
术使城市精英和规划者能够实现"远距离治理"。一方面，通过对城市环境的影
响，技术系统还有助于在城市中产生和再现社会不平等的权力关系。比如，由市
议会组织的强制清除家庭生活垃圾行动，将城市中产阶级从无用的垃圾中解脱
出来，却剥夺了穷人的收入来源(排泄物用作肥料，收集破烂再转售)。在风险易
发地区，利用资本密集型技术应对洪水或地震等自然灾害时，通常会直接或间接
地优先考虑城市中的富人区，因为房地产市场会将穷人推向最不受保护的地区。
另一方面，环境技术经常被用作解决社会问题的积极工具，上层阶级为了约束下
层阶级而强加于人。1842 年，查德威克(Chadwick)在其著名的关于公共卫生的
报告中明确指出，通过清洁城市，更多穷人变得健康，并通过工作获得体面的生
活(Schott,2020;引自 Hamlin,2003)。这种通过技术实现的社会价值"稳定"并
不一定持久。在关于安特卫普供水的讨论中，詹森斯和索恩斯(本书)展示了根
植于邻里水井中的社会网络(倾向于实现邻里团结)如何随着邻里社会关系解体
和城市上层阶级脱离使用水井而改变。城市水井的发展历史还表明，即使用户
和"消费者"不参与这些设施的设计和正式管理，他们也可以改变基础设施的意
义和功能。即便在现代，控制自然也不仅仅是"专家"的领域，作为一个具备某种
"专业知识"的独立社会群体，"专家"通常被视为现代主义与自然互动的一个重
要特征(Mitchell,2002)。近期的"环境治理"文献将利益相关者群体分析扩得 18
更广泛，这些群体以某种方式受到相关资源的命运影响(Olsson and Head,
2015;关于水资源，可参见 Taylor and Trentmann,2011)。从这个角度来看，"专

业知识"可能具有迥异的行动者属性。本书在关于 17 世纪和 18 世纪欧洲海外殖民地水利"专业知识"的讨论中，卡雷尔·戴维兹（Karel Davids）认为从 17 世纪开始，欧洲"水科学"的发展并没有导致受过理论训练的"专家"群体的全面霸权。虽然"工程师"在城市中变得越来越重要，但地方管理者或贵族可能在其他方面主导关于水利基础设施的公开争论。换句话说，当地的政治、经济和自然背景仍然至关重要。

这种情境化的技术创新方法还表明，技术和基础设施不只巩固了最初规划者的目标和抱负。相反，当需求和愿望伴随技术潜力和实践共同发展时，技术从根本上与"人类赖以共存的实践与物质联系"交织在一起（Schatzki，2003）。技术本身可以被视为一种网络化形式的行动者，当着眼于（城市）社会中的技术逐渐积累产生路径依赖和技术锁定时，这一点便非常清晰（David，1985）。过去几十年来，空调的普及使得城市在缺水、缺食物的沙漠地区也能发展起来，而当人们明显感受到环境约束时，已经有数百万人移居至此。空调不仅融入了人们日常生活习惯，从办公到睡觉，而且很快就变得不可或缺（Shove et al.，2013）。类似的，本书中克里斯蒂安·罗尔调查了奥地利洪泛地区的住宅开发，这些行为可能是短视和危险的，因为它依赖资本密集型基础设施，而这些基础设施无法满足全面防洪保护的要求。但是，在"占领"城市洪泛区一个多世纪后，居民的撤离已经几乎不可能。如果说本书的多数作者都乐于将某些"能动性"归因于技术，那么技术将是一种"网络化"的行动者，在不同的社会—自然配置中产生不同的结果。当技术从一个地区转移到另一个地区时，技术"普及"的期望与使用这些技术的当地社会—自然环境之间的内在矛盾就变得尤为突出，例如欧洲在海外殖民城市安装的水资源管理基础设施（Davids，2020）。

七、城市自然的历史"宣言"

19　　　城市如何改变自然，这一问题需要通过各种不同的学科来回答，包括城市生态学、科学技术研究、环境社会学、政治生态学等。我们希望通过这本书来展示历史研究方法的更多的价值，这种方法将自然的城市化作为一种情境性问题而不是普遍性问题来研究。自然的城市化跨越了几个世纪，在不同的城市以不同的速度展开。这种长期的情境性视角有助于理解路径依赖、变迁和连续性，并揭开线性的"现代性"叙事的面纱。当从这个视角来解读本书中的案例并进行概念反思时，可以形成以下城市自然的历史"宣言"①：

（1）"这种"城市没有改变自然，因为无论过去还是现在，"这种"城市都没存在过。存在的是城市特定的历史背景，其中各类行动者的能动性都是网络化的，源自人类和非人类行动者的特定配置。

（2）但是，在历史上某些时刻，这种城市可能作为一个虚构的范畴存在，并且从"城市"（和"自然"）虚构的概念出发，制定政策并应用技术，"就如同城市（和自然）实际存在一样"。技术普及的愿望可能一次又一次地与真实城市的具体配置相冲突。

（3）这种针对"城市化的自然"的情境化历史方法得益于关于能动性的网络化视角，该视角强调所有人类行为都是网络化的，本质上与其他人类的关系网以及物质和自然背景的组分相互交织。城市及其居民与自然一直在共同进化，所有变化和行动都嵌入这种共同进化中。

（4）通过仔细观察可以发现，城市之间差异巨大，即便在西欧和中欧相对连贯的空间内也是如此。每个城市——尤其是在城市空间长期保持连续性的背景下——都有其特定的、长达百年时间的与自然互动的传统，这会影响城市处理问题的方式。因此，只有从受影响的具体背景出发，才能解释城市化的自然的各种差异和变化。

（5）对世界其他地区的城市进行类似的研究，会是今后研究的一大挑战。在更广泛的比较中，欧洲城市可能会脱颖而出，因为它们政治相对自治（当然会随时间和空间有所变化）、传统上推行集体领导、布局相对密集，适合采用集中式的技术型基础设施。

（6）环境史学家从社会环境研究的系统方法中获益匪浅。人们非常关注系统性的转变，如能源体系从有机燃料向化石和矿物燃料转变。研究表明，无论多么关键，这些根本性的转变从来都不是不证自明或自然而然的。每个城市

① 可与海宁等（Heynen et al. , 2006）制定的城市政治生态十点宣言（ten-point manifesto for urban political ecology）进行比较。

的能源体系转型都有自己的轨迹，由不同的行动者网络基于不同的目的而驱动，并在不同的社会—自然背景中运作。此外，新旧做法、技术和观念往往会共存几个世纪，城市化自然的故事往往具有同时性和多重转变性，而不是一种线性的"现代性"叙事。

(7)关注在特定时空的社会—自然结构中运作的行动者，从根本上弥合了前现代时期和现代时期之间的差距，对这两个时期而言，调查都是有用的，并且决策、代理和转型的过程惊人地相似。只有从长远视角看，这一点才会变得清晰。

(8)只有在各种不同的测试案例可以比较和对质的情况下，才能通过情境化的方法来揭示城市、自然和技术的普遍性。历史的巨大优势在于可以提供广泛的城市案例，每个城市都有其特定的时空和社会—自然背景。基于情境化分析的独特作用，历史可以成为"社会科学中分析社会长期发展的主要实验室"，同样可用于分析城市化的自然(Van Bavel，2015)。

在本书中，每一个可以引起反思的案例，都是以四个主题为基础的。每个主题都考察了塑造和改变自然与社会关系时，城市所起到的作用。本书的第二部分"进入城市腹地的自然"(Nature into Urban Hinterlands)着眼于城市腹地的构建。"腹地"被认为是定义城市化的自然的一个关键概念。它概念化了城市领地以外的土地、水、食物、材料和能源向城市"资源"转化的过程，这些资源以"流"的形式直接向城市集聚。对"腹地"的关注使得我们开始探索城市和非城市之间的对称和不对称关系，以及城市行动者试图将这些关系往自身优势和城市优势进行引导的方式。它还结合了"城市新陈代谢"以及城市与自然环境共同进化的一系列重要文献。

将水、能源、植物和原材料转化为"资源"，从腹地流向城市，是自然城市化的一个基本特征。因此，本书的第三部分"作为城市资源的自然"(Nature as Urban Resource)侧重关注单类资源如何生产和流向城市"消费者"，以及在城市内流通并最终从城市中排出的全过程。基于水、能源、纸张和纺织品的案例研究，我们旨在揭示资源流动的长期趋势和连续性，以及介绍为控制资源流动而开发的技术系统。

以城市的方式改造自然也会产生威胁，包括现实威胁和潜在威胁，所以，此过程必须加以管理和控制。乌尔里希·贝克（Ulrich Beck，1992）定义的现代"风险社会"在很大程度上是一个城市社会。然而，从长远视角来看，城市和城市行动者应对环境挑战的方式可能存在细微差别，甚至与"风险是城市现代性的副产品"这一目的论叙述相矛盾。为了证明这一点，本书第四部分"作为城市挑战的自然"（Nature as Urban Challenge）中的章节结合了有关专家的专业知识建构、网络技术兴起以及自上而下引入"环境工程"的最新文献。

最后，第五部分"城市自然愿景"（Visions of Urban Nature）集中讨论了城市与自然的分离、"自然"场所在城市中的地位，以及弥合城市与自然之间差距所需的努力。本部分各章对荒地和城市可持续发展进行了探讨和文献综述，并对论述和实践发展状况提出了质疑。该部分关注的中心内容也是长期变化，以及探索揭示影响这些变化的能动性和行动者。

本书中所探究的问题来源于 2014 年 3 月 20 日至 22 日在达姆施塔特（德国）举办、由欧洲科学基金资助的探索性研讨会。2015 年 2 月 26 日至 28 日，在安特卫普（比利时）举办的研讨会上继续讨论了这些问题。安特卫普大学城市历史中心和达姆施塔特工业大学城市研究中心（Stadtforschung）接受了这项倡议，由此恢复并重新实施了 1998—2008 年举行的两年一次的城市环境史圆桌会议的研究议程（Bernhardt，2001；Bernhardt and Massard-Guilbaud，2002；Schott et al.，2005），并将其与在过去 5 个世纪中由弗兰芒研究基金会资助的一个关于城市能动性、领域更广泛的项目链接起来。[①] 开展该研究从来不是为了综合欧洲的城市环境史，但近年来已经出版了一些深入的书籍，可能会起到这样的作用（Douglas，2013；Schott，2014；Clark，2009，2013）。

---

① 另见系列丛书介绍和网站 https://www.uantwerpen.be/en/research-groups/centre-urban-history/research-publications/networks/scientific-research-community/（2018 年 11 月 2 日访问）。

参 考 文 献

Abeysuriya, K., Mitchell, C. A. and Willetts, J. R., 2010. Urban sanitation through the lens of Thomas Kuhn. In: M. Rangarajan, J. A. Padua and J. R. McNeil eds. *Environmental history: as if nature existed*. Oxford: Oxford University Press, pp. 65–84.

Appuhn, K., 2009. *A forest on the sea: environmental expertise in renaisance Venice*. Baltimore: John Hopkins University Press.

Asafu-Adjaye, J. et al., 2015. *An ecomodernist manifesto*. Online access: www. ecomodernism.org/.

Asdal, K., 2003. The problematic nature of nature: the post-constructivist challenge to environmental history. *History and Theory*, 42 (4), pp. 60–74.

Barber, B., 2013. *If mayors ruled the world: dysfunctional nations, rising cities*. New Haven, CT: Yale University Press.

Barles, S., 2010. Society, energy and materials: What are the contributions of industrial ecology, territorial ecology and urban metabolism to sustainable urban development? *Journal of Environmental Planning and Management*, 53 (4), pp. 439–455.

Bayerl, G. 2001. Die Natur als Warenhaus. Der technisch-ökonomische Blick auf die Natur in der frühen Neuzeit. In: R. Reith and S. Hahn eds. *Umwelt-Geschichte. Arbeitsfelder, Forschungsansätze, Perspektiven*. Vienna and Munich: Oldenbourg Wissenschaftsverlag, pp. 33–52.

Beck, U. 1992. *Risk society: towards a new modernity*. London and Thousand Oaks: Sage Publications.

Bernhardt, C. ed., 2001. *Environmental problems in European cities in the 19th and 20th century*. Münster: Waxmann.

Bernhardt, C. and Massard-Guilbaud, G. eds., 2002. *The modern demon: pollution in urban and industrial European societies*. Clermont-Ferrand: Presses Universitaires Blaise Pascal.

Billen, G., Garnier, J. and Barles, S., 2012. History of the urban environmental imprint: Introduction to a multidisciplinary approach to the long-term relationships between Western cities and their hinterland. *Regional Environmental Change*, 12 (2), pp. 249–253.

Brimblecombe, P., 1987. *The big smoke: a history of air pollution in London since medieval times*. London: Routledge.

Cavert, M., 2016. *The smoke of London: energy and environment in the early modern city*. Cambridge: Cambridge University Press.

Clark, P. ed., 2009. *European cities and towns: 400–2000*. Oxford: Oxford University Press.

Clark, P. ed., 2013. *The Oxford handbook of cities in world history*. Oxford: Oxford University Press.

Coutard, O. and Rutherford, J., 2016. *Beyond the networked city: infrastructure reconfigurations and urban change in the North and South*. London and New York: Routledge.

Cronon, W., 1991. *Nature's metropolis: Chicago and the great West*. New York and London: W. W. Norton & Company.

Cronon, W., 1996. The trouble with wilderness: or, getting back to the wrong nature. *Environmental History*, 1, pp. 7–28 (reprinted in Cronon, W., 1996. *Uncommon ground: rethinking the human place in nature*. New York and London: W. W. Norton & Company).

David, P. A., 1985. Clio and the economics of QWERTY. *American Economic Review*, 75, pp. 332–337.

Douglas, I., 2013. *Cities: an environmental history*. London: I.B. Tauris.

Farías, I. and Bender, Th. eds., 2010. *Urban assemblages: how actor-network theory changes urban studies*. London and New York: Routledge.

Fischer-Kowalski, M. and Haberl, H., 2007. *Socioecological transitions and global change: trajectories of social metabolism and land use*. Cheltenham: Edward Elgar.

Fischer-Kowalski, M. and Weisz, H., 1999. Society as hybrid between material and symbolic realms: toward a theoretical framework of society-nature interaction. *Advances in Human Ecology*, 8, pp. 215–254.

Glacken, C.,1967. *Thraces on the Rhodian Shore: nature and culture in western thought, from ancient times to the end of the eighteenth century*. Berkeley: University of California Press.

Haff, P., 2014. Humans and technology in the Anthropocene: six rules. *The Anthropocene Review*, 1 (2), pp. 196–219.

Hard, M. and Misa, T. J. eds., 2008. Modernizing European cities: technological uniformity and cultural distinction. In: idem. *Urban machinery*. Cambridge, MA and London: MIT press, pp. 1–22.

Hays, S. P, 1998. *Explorations in environmental history*. Pittsburgh: University of Pittsburgh Press.

Heynen, N., Kaika, M. and Swyngedouw, E., 2006. Urban political ecology: politicizing the production of urban natures. In: idem. *In the nature of cities: urban political ecology and the politics of urban metabolism*. London and New York: Routledge, pp. 1–20.

Höhne, S., 2015. The Birth of the urban Passenger: Infrastructural subjectivity and the Opening of the New York City Subway. *City: Analysis of Urban Trends, Culture, Theory, Policy, Action*, 19 (2–3), pp. 313–321.

Hughes, J. D., 2009. *An environmental history of the world: humankind's changing role in the community of life*. London and New York: Routledge.

Hughes, T., 2004. *Human-built world: how to think about technology and culture*. Chicago: University of Chicago Press.

Jørgensen, D., Jørgensen, F. A. and Pritchard, S. B. eds., 2013. *New natures: joining environmental history with science and technology studies*. Pittsburgh: University of Pittsburgh Press.

Joyce, P., 2003. *The rule of freedom: liberalism and the modern city*. London and New York: Verso Books.

Kaïka, M., 2005. *City of flows: modernity, nature, and the city*. Oxon: Routledge.

Knoll, M., 2006. Urban needs and changing environments. Regensburg's wood supply form the early modern period to industrialization. *Bulletin of the German Historical Institute Washington D.C.*, Supplement 3, pp. 77–101.

24

Krausmann, F. et al., 2010. From the frying pan into the fire: industrialization as a socio-ecological transition process. In: J. McNeill et al. eds. *Environmental history: as if nature existed*. Oxford: Oxford University Press.

Kucher, M., 2005. The use of water and its regulation in Medieval Siena. *Journal of Urban History*, 31, pp. 504–536.

Latour, B., 1993a. *We have never been modern*. Cambridge, MA: Harvard University Press.

Latour, B., 1993b. *The pasteurization of France*. Cambridge, MA: Harvard University Press.

Löw, M., 2012. The intrinsic logic of cities: towards a new theory on urbanism. *Urban Research and Practice*, 5 (3), pp. 303–315.

Melosi, M., 1990. Cities, technical systems and the environment. *Environmental History Review*, 14, pp. 1–2 and pp. 45–64.

Melosi, M., 2016. Environmental challenges: water. In: *The city as global political actor*. UCSIA Conference 9–11 March 2016, Unpublished Conference Paper, Antwerp.

Mitchell, T., 2002. *Rule of experts: Egypt, techno-politics, modernity*. Berkeley: University of California Press.

Mumford, L., 1961. *The city in history: its origins, its transformations, and its prospects*. Boston: Mariner Books.

Olsson, L. and Head, B., 2015. Urban water governance in times of multiple stressors: an editorial. *Ecology and Society*, 20 (1), p. 27.

Otter, C., 2008. *The Victorian eye: a political history of light and vision in Britain, 1800–1910*. Chicago: University of Chicago Press.

Otter, C., 2010. Locating matter: the place of materiality in urban history. In: T. Bennett and P. Joyce eds. *Material powers: cultural studies, history and the material turn*. London: Routledge, pp. 38–59.

Platt, H., 1999. The emergence of urban environmental history. *Urban History*, 26 (1), pp. 89–95.

Pritchard, S., 2011. *Confluence: the nature of technology and the remaking of the Rhône*, Cambridge, MA: Harvard University Press.

Schatzki, T. R., 2003. Nature and technology in society. *History and Theory*, 42, pp. 82–93.

Schott, D., 1999. *Die Vernetzung der Stadt: Kommunale Energiepolitik, öffentlicher Nahverkehr und die "Produktion" der modernen Stadt. Darmstadt, Mainz, Mannheim 1880–1918. (Reihe "Edition Universität")*. Darmstadt: Wissenschaftliche Buchgesellschaft.

Schott, D., 2004. Urban environmental history: what lessons are there to be learnt? *Boreal Environment Research*, 9, pp. 519–528.

Schott, D., 2014. *Europäische Urbanisierung (1000–2000): Eine umwelthistorische Einführung*. Köln, Weimar, Wien and Böhlau: UTB GmbH.

Schott, D., Luckin, B. and Massard-Guilbaud, G. eds., 2005. *Resources of the city: contributions to an environmental history of modern Europe*. Aldershot: Ashgate.

Shove, E., Walker, G. and Brown, S., 2013. Transnational transitions: the diffusion and integration of mechanical cooling. *Urban Studies*, 19, pp. 1–14.

Sieferle, R. P., 2001. *The Subterranean forest: energy systems and the industrial revolution*. Cambridge: The White Horse Press.

Sörlin, S. and Warde, P., 2009. *Nature's end: history and the environment*. Basingstoke: Palgrave Macmillan.

Swyngedouw, E., 2006. Metabolic urbanization: the making of cyborg cities. In: N. Heynen, M. Kaika and E. Swyngedouw eds. *In the nature of cities: urban political ecology and the politics of urban metabolism*. London and New York: Routledge, pp. 21–40.

Taylor, V. and Trentmann, F., 2011. Liquid politics: Water and the politics of everyday life in the modern city. *Past and Present*, 211, pp. 199–241.

Van Bavel, B., 2015. History as a laboratory to better understand the formation of institutions. *Journal of Institutional Economics*, 11 (1), pp. 69–91.

Wackernagel, M. and Rees, W., 1996. *Our ecological footprint: reducing human impact on the Earth*. Gabriola Island, BC: New Society Publishers.

Wackernagel, M. and Rees. W., 2008. Urban ecological footprints: why cities cannot be sustainable—and why they are a key to sustainability. In: J. Marzluff and W. Endlicher eds. *An introduction to urban ecology as an interaction between humans and nature*. New York: Springer, pp. 537–555.

Warde, P., 2006. *Ecology, economy and state formation in early modern Germany*. Cambridge: Cambridge University Press.

Weber, H., 2012. Urbanization and the environment: a plea for looking at materialities, resources, and urban 'Metabolisms'. *Informationen zur Modernen Stadtgeschichte*, 2, pp. 28–35.

Weber, M., 1921. Die Stadt. *Archiv für Sozialwissenschaft und Sozialpolitik*, 47, pp. 621–772.

White, R., 1995. *The organic machine: the remaking of the Columbia river*. New York: Hill and Wang.

Williams, M. et al., 2015. The anthropocene biosphere. *The Anthropocene Review*, 2 (3), pp. 196–219.

Winiwarter, V., Schmid, M. and Dressel, G., 2013. Looking at half a millennium of co-existence: the Danube in Vienna as a socio-natural site. *Water History*, 5 (2), pp. 101–119.

World Urbanization Prospects, 2014. *World urbanization prospects: 2014 revision. highlights*. New York: United Nations. https://esa.un.org/unpd/wup/Publications/Files/WUP2014-Highlights.pdf (last accessed 22 May 2017).

第二部分

进入城市腹地的自然

第一章 长期转型、城市印记和腹地建设

萨宾·巴勒斯 马丁·诺尔

一、引言

探讨自然的城市化及其历史发展，至少可以采用两种方法。第一种方法是讨论城市化本身的问题，以及"自然"场所从各个方面转变为"城市"场所的过程，包括参与这些过程的人如何看待自然。这种方法是将城市视为一种环境。第二种方法是将城市视为具有特定行动者、组织、人员等的特定场所，并思辨其与整个生物圈的关系。这种方法是在环境中观察城市。本章采用后一种方法，作者同时也意识到，这两种方法是相互关联的。本章旨在基于"城市新陈代谢"和"城市腹地"这两个主要概念，对城市与自然的关系和城市社会生态的长期轨迹进行总体概述。

新陈代谢是指维持人类生命和人类活动所必需的物质和能量流动。显然，城市的主要特征之一是新陈代谢的外部化。城市依赖的供应区和排放区多数位于其边界之外，因此城市的环境印记可以延伸到比较远的地方。供应区和排放区在功能上与城市相关，代表城市腹地。然而，城市新陈代谢和城市腹地的特点因城市而异，并且在过去几个世纪发生了演化和转变。本章将这种历史变化与本书引言部分提出的城市能动性问题联系起来分析，追溯历史——谁决定了城市新陈代谢的组织方式以及城市腹地是如何划定（改变）的——意味着要脱离物

质影响要素和颇为抽象的人类能动性范畴（资本、经济、政治、文化）以及特定的人类行动者（君主、地主、地方长官、商人、工程师）。随着腹地的全球化和复杂性增加，研究面临的困难也不断增加。

二、新陈代谢：从生物学到社会生态学研究

30　　　　通过城市新陈代谢的概念来看待它们的物质维度，是分析城市与自然关系历史的一个好方法。就人类社会而言，"新陈代谢"是指维持人类生命和整个人类活动所必需的物质和能量流动。这些"流"作为资源进入社会系统，并以各种方式转化；其中一些被贮存（stocks，例如建筑环境），另一些则离开系统，通常作为排放物排放到空气、水和土壤中。"代谢"一词主要应用于生命科学，在 19 世纪下半叶，它被定义为有机体中发生的一系列化学转化（该词似乎首先出现在法语中，即 métabolisme）；这些转化是维持生命本身的必要过程。它在社会科学中的首次使用与其在生物学中的出现是同步的。它是马克思和恩格斯著作的核心（Fischer-Kowalski，1998；Foster，2002；Sywngedouw，2006），但从 20 世纪初到 60 年代，相关思考又或多或少地消失了，当对环境的关注导致人们对物质和能量流分析重新产生兴趣时，催生了工业、城市，然后是社会和地域生态学（Barles，2010）。公共卫生工程师亚伯·沃尔曼（1965）似乎是第一位将"新陈代谢"一词应用于城市的科学家，随后是尤金·奥德姆（Eugene Odum，1983）和保罗·迪维尼奥（Paul Duvigneaud，1974）等生态学家，他们提出了"生态系统城市"（ecosystem urbs）。

　　将新陈代谢的概念应用于人类社会既充满争议又令人棘手。争议之处在于，它提出了人类社会的自然问题，使用通常用于细胞和有机体的生物学术语，可能会得出一个有争议的结论，即社会只不过是有机体；棘手之处在于，它会产生诸如对社会制度的限制、物质和能量流的社会—自然维度以及它们的表征方式等问题。尽管如此，我们仍然假设：①物质和能量流分析是切入社会—自然相互作用这一问题的好方法，它并不一定意味着将人类社会视为有机体或是讨论人类社会的组织性；②有必要考虑这些流动的社会—自然维度；③需要对社会新陈代谢采取跨学科的研究方法。

社会生态学研究（Socio-Ecological Studies，SES）特别发展了这种方法，强调社会新陈代谢的转变，并引导社会生态的机制、轨迹和转型的概念化与识别（Fischer-Kowalski and Haberl，2007）。社会生态学研究总体上定义了三种主要的新陈代谢机制：火灾机制、农业机制和工业机制（De Vries and Goudsblom，2002）。考虑到本书所涵盖的时间周期，我们将集中讨论后两种机制。农业机制以太阳能为基础，初级能源主要由生物质提供，因此土地利用具有重要意义。工业机制以化石燃料为基础，其特征包括初级能源生产和土地利用脱钩、物理增长（即新陈代谢流量和存量的增加）以及巨大的环境影响（Krausmann et al.，2008）。从农业机制到工业机制的转变始于 18 世纪。

31

三、城市新陈代谢的独特性

城市在社会的新陈代谢中扮演着特殊的角色，同时也有自己独特的新陈代谢。从社会生态视角来看，可以认为城市的主要特征之一是新陈代谢的外部化（Barles，2015）。历史上，城镇的出现是因为一些居民可以将自己从维持生计的生产中解放出来，这使他们能够发展其他活动，特别是贸易。因此，城镇反映了社会和空间的专业化。至于它们的新陈代谢，外部流动首先涉及食物的流动，以及与采暖和准备食物有关的流动（或自 19 世纪以来被称为"能量"的流动）。因此，从城市的供应区和排放区来看，城市的环境印记必然会超出城市边界，甚至远离边界，位于世界各地（Billen et al.，2012；Barles，2015）。物质外部化的程度在空间和时间上可能表现不同，但这仍然是区分城市与其他人类领土或社会—自然场所的首要方式。由于城市是工业生产和（或）交换、输入和输出原材料及加工产品的地方，因此城市所涉及的流动强度更为重要。

此外，我们可以将社会的新陈代谢视为自然过程（物理、化学和生物）与人类技术交织的结果。这些技术能调动自然过程，它们叠加在现有过程上以试图改变、纠正或支持这些过程。本书所提及的"技术"一词在人类学意义上表示"有效的传统行为"（Marcel Mauss）。"技术"比科技更广泛，科技是基于科学论述（或理法，logos）的技术。技术可以通过许多方式来表现，从简单的手势到复杂的基础设施(甚至更多)。基础设施不再是身体作为工具的延伸,而是一个单独的技术对象,它通过一个或多个中介与人体分离,具有一定程度的独立性。从社会—生态视角来理解城镇的特殊性时,它们代谢的技术层面尤其重要,因为其所涉及的大部分能量和原材料来自(或去往)其他地方。"基础设施"(Infrastructures)是一个相对较新的术语,追溯到 19 世纪末(Barles, 2015;Bélanger,2013)。自城市诞生以来,基础设施在城市代谢方面发挥了重要作用。与社会组织(如通过各种形式的市场来治理)一起,技术和物质都是城市新陈代谢最基础的层面。

城市代谢的外部化与其基础设施范围相关联,导致了城市以外景观的城市化,至少城镇外的乡村将在一定程度上根据城市需求而改变。特定的社会—自然场所(Winiwater et al. ,2013)、城市依赖关系和外部基础设施应运而生,这些都是由城市的远景需求塑造的。埃里克·斯温格杜正确地认为"环境变化和城市变化过程从根本上相互关联"(Swyngedouw,2006)。确实,一个城镇对不属于它的周边领土的影响,反映在其通过自然的殖民化、对自然环境产生的影响上(Fischer-Kowalski and Haberl,1997)。此外,城市通过侵占资源,还会给相关的人类社会带来各种结果和影响。

显然,"代谢城市化"的概念引发了人们对城市与其供给区和排放区之间在权力、决策和控制等方面关系的思考。不管是农业机制还是工业机制,城市都有一个非常特殊的新陈代谢机制,包括生化、物理、技术、社会和政治等方面。考察和理解这种多样性是历史研究的关键。

四、腹地

第二个需要进一步探索的概念是"腹地"。根据上文已经介绍的内容,作者第一次尝试将"城市腹地"定义为在城市代谢中产生、组织或重新定向的所有物质、能量和信息流在城市以外的空间沉淀。该词起源于德语,在几种语言中都有使用,作为地理学中的专业术语有着相当长的历史。长期以来,"腹地"这个概念因精确性备受质疑(例如 Mecking,1931)。美国地理学家尤金·范克里夫(Eugene van Cleef)认为"腹地"就像郊区(Umland)一样不能被精确定义,因为"此类术语主要适用于人类活动,进而受到多种情况制约"(van Cleef,1941)。范克里夫进一步指出,许多"非地理因素",如"运费、政治影响、运输行程便利或不便利的'偶然性'、民族主义对立、语言不通、社会对立和贸易限制"等,都会影响"腹地"的边界。范克里夫还区分了相对稳定的所谓自然或物理腹地与被定义为经济领域的腹地。他总结道,人类许多冲突是由于前者和后者不一致而产生的。 33
最近,希勒斯·比伦(Gilles Billen)、乔塞特·加尼尔(Josette Garnier)和萨宾·巴勒斯(Sabine Barles)提出了这样一个问题:面对当前全球化和互联的世界,腹地这个概念是否仍然有意义(Billen,Garnier and Barles,2012)?

追踪腹地这个术语随着时间变化的定义和文学用法,可以揭示其语义广度,以及一些常用的标准。约翰·格奥尔格·克鲁尼茨(Johann Georg Krünitz)主编的《经济百科全书》(*Oekonomische Encyklopädie*)是一本德国的经济与技术相关的百科全书,该书 1773—1858 年共出版 242 卷,在书中,"腹地"以两种不同的方式被收录。一种方式与生产力有限的农用地有关[与更肥沃的前列土地(*Vorder-Land*)形成对比];另一种方式用于描述海港城镇的空间环境,这里"腹地"是指城市周围的区域和上游延伸更远的陆地,但可通过内陆航运进入。① 在语言学家雅各布·格林(Jacob Grimm)和威廉·格林(Wilhelm Grimm)19 世纪创立的德语词典中,"腹地"是指位于中心城区影响范围内且经济或政治生活依赖该城镇的区域。② 还有一些主张试图将腹地的自然特征与可达性、贸易性或城市中心性等与人类行动者能动性的相关标准结合起来。这里要提一下范克里夫的双重区分(图 1-1):首先是连续"腹地"和不连续"腹地"之间的区分,其次是"腹地"和"郊区"之间的区分。"郊区"定义了城市的紧邻环境,并被法国地理学家安德烈·阿利克斯(André Allix)作为外来词采用。

社会学家刘易斯·W. 琼斯(Lewis W. Jones)在 1955 年对"腹地"的描述 34
中,强调了其为城市消费中心原材料产地的特征。在从农村社会学和人类生态学视角调查之后,他得出了以下假设:第一,"有一些地理区域在经济中承担了农

---

① 前一定义见 Krünitz,1773-1858,53,第 147 页:Art. '*Kriegs-Wirthschafts-Kunst*',193,第 48 页:Art. '*Uebersiedeln*'。后一定义见 Ibid.,227,第 344 页:'*Völkerkunde*'。

② Grimm and Grimm,1854 - 1961,10 (1873),c. 1510:Art. 'Hinterland':'*Hinterland, n. der hinter einer Hauptstadt gelegene, von ihr wirtschaftlich oder politisch abhängige Landstrich*'.

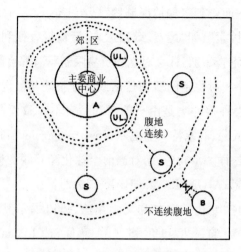

图 1-1　尤金·范克里夫作品中"腹地"和"郊区"的区别

资料来源:Van Cleef, E. , 1941. Hinterland and Umland. *Geographical Review*, 31 (2), pp. 308-311.

业、采掘业和采集业等原材料生产功能";第二,"在这些区域中,生产者与土地生产单位的比例很小,这是人口密度低、土地与人口比率高的另一种说法"(Jones, 1955)。

琼斯强调,城市中心和腹地之间的逻辑区别不只局限于经济层面,社会和文化特征也是必不可少的部分(Jones,1955)。然而,琼斯认为物质层面,特别是城市资源供应的重要性,对于讨论城市与腹地的关系尤为重要,这对本章具有指导作用。当然,琼斯不是第一个强调原材料关联性的人。早在 1826 年,经济学家约翰·海因里希·冯·杜能(Johann Heinrich von Thünen)在其专著《孤立国》(*The Isolated State*)中就反映了基于太阳能的前化石燃料时代的经济现实,勾画了一个理想化模型,将不同农业用地选择的同心区域与城市消费中心联系起来(Schott,2014)。事实上,欧洲复杂的城市景观在中世纪和近代早期逐步发展起来,控制这些资源的供应区被视为城市获得城市以外(extra muros)领土权力的驱动力之一(Scott,2014)。归根结底,以上考察"腹地"范畴的不同角度可能会加剧人们对其概念准确性的怀疑。

社会和经济历史学家霍华德·B. 克拉克(Howard B. Clarke)呼吁对腹地进行多元分析。他认为"城镇(和城市)有不同类型的腹地,历史悠久的城镇的腹地随着时间推移而变化"(Clarke,2014)。继克拉克之后,我们将抛开更多关于腹地的一般概念,如地缘政治将腹地定义为帝国主义霸权控制下的世界区域;或地理概念,如"边远地区"。本研究中,我们将腹地设想为具有以下特征的城市周围地区:

(1)我们认为腹地这一概念描述了在功能上与城市相关的区域,并与城市新陈代谢相关。这种功能关系受到历史变化的影响。

(2)在全球化经济中,由于运输距离的不断增加,越来越难以发现散布在世界各地、构成各个城市腹地的众多地点。但是,辨识这些空间沉淀仍然非常重要,有助于在城市发展和城市化进程的历史分析中避免转向文化驱动的"非物质性趋势"(Otter,2010)。

(3)与历史和社会科学应用于城市化历史的其他概念(如"新陈代谢"或"印记")非常相似,"腹地"是一个隐喻。隐喻的分析价值是指导人们理解抽象的现象,而腹地范畴的分析价值之一是它能够以物质的方式来定义"代谢"和"印记"的概念。就像"腹地"本身一样,如果不定义具体的地球物理现实,即不确定物质流和能量流从哪里来、到哪里去,以及印记在哪里是有效的,就难以理解这些概念。

(4)出口腹地和进口腹地的划分是以经济为基础的,适用于不同类型的输出腹地和输入腹地之间的社会—生态平衡。与该区别类似,我们可以区分供应区、排放区和扩散区。

五、腹地是城市新陈代谢外部化的空间沉淀

总之,我们认可使用新陈代谢的隐喻作为与城市相关的概念分析。我们认为城市的特征之一是城市代谢的外部化,而腹地是这种外部化的空间和(或)功能沉淀。因此,跟踪城市与腹地关系的长期变化,就意味着要弄清楚是什么使得新陈代谢保持运转,以及运行着什么样的外部化过程和策略。这涉及人口和社会过程、(基础)设施/物质系统、协议、政治与贸易。在历史发展过程中,城市在功能上(居住镇、港湾镇、采矿镇、手工镇、贸易镇、工业镇、要塞镇、旅游镇)、规模上(大都市、一般城镇、小城镇)、地理位置上(沿通航河流、平原、滨海岸线、山区

等)、法律地位(领土国家内的城市、城市共和国)等方面的差异越来越大。每种类型的城市都有不同的需求和不同的外部化策略。

根据城市人口数量(如要养活多少动物和人类)及其活动质量(如工业城市需要原材料)的不同,城市最基本的代谢需求也有所不同。当然,某种程度上,这些需求是在城市地理和生态背景中产生的,这也解释了为什么特定类型的城市(如矿业城市)要在特定位置上发展。另一点是关注腹地的几何形状,这看似是一个很简单的想法,但它捕捉到了城市资源相互作用的许多方面。我们可以反对建设偏远的腹地,并观察到欧洲城镇之间的巨大差异(即便在同一时间),尤其是在食物和燃料方面。这更好地佐证了以下事实,即一些特殊资源在自然本质上是偏远的,丝绸和香料之路(之于欧洲)便是这种偏远的良好示例。

虽然我们已经清楚地意识到"中世纪和近代早期的城市在其供应系统中(至少在萌芽阶段)已表现出了许多现代'全球经济'的动力,在环境变化中的作用也是如此"(Keene,2012),但是也可以观察到城市腹地总体趋于分裂/分解,特别是从18世纪开始,这种趋势愈加明显,这与空间专业化(如将养牛与耕种分开)、全球化以及对世界各地(远离欧洲)的资源利用有关(如化石燃料和矿石)。即便在近期,当交通技术将城市腹地(在供应和分配方面)推向全球尺度时,城镇附近(或郊区,Umlands)的城市印记仍然存在(或正变得更多)于物质层面(住房、城市蔓延、道路/基础设施)。因此,环境印记的概念可以与城市腹地联系在一起,腹地是指对城市供应或排放有贡献的区域,而环境印记是对其环境影响的估计。基于此,腹地的重要特征在于"由谁决定",即是什么驱动了城市代谢? 是城市,国家,还是腹地本身(作为有组织的领土)? 抑或是市场? 当然,答案通常是"这些的组合",但也有极端情况,比如某个利益相关者控制了几乎所有的系统,或者至少控制了某种特定资源的流动。

最后,我们认为腹地以及城市—腹地的关系反映了社会—生态的两个层面:第一个层面关注特定的人类组织(城市)对自然的殖民化,以及城市对待自然的方式;第二个层面关注城市对资源的占用,以及城市通过权力、资源配置对待其供应区的方式。在下文中,我们试图通过深入的案例研究来厘清城市代谢和城市—腹地的关系类型。

六、空间流动:差异与变化

就流动而言,人口当然是一个主要议题。在 18 世纪开始的城市规模普遍增 37
长之前,欧洲的城市发展动态并不均衡(Chandler,1987),一些城镇出现了萎缩
(20 世纪末期也出现了这种情况)。罗马就是一个很好的例证,其古代拥有几十
万居民,到了 1500 年左右人口骤降至 4 万人。其他城市从 15 世纪开始经历人
口增长,继而引发了代谢流的增长。伦敦在 1300—1400 年人口从 8 万减少到
3.5 万,但随后又经历了大幅增长,从 1500 年左右的 7 万人增长到 1700 年左右
的约 50 万人,这是人口增长的一个特殊案例(Nicholas,2003)。

正如人口和移民历史学家所熟知的,只有当人们从农村(或其他城市)迁移
到城市时,城市层面的人口才可能发生变化,这与腹地的演变有关。另一个重要
议题是摄入食物的能量和成分,它被认为既是农业生产的驱动力,也是农业生产
的结果。虽然少有可靠的数据,但到 18 世纪末为止,欧洲人的食物摄入量似乎
一直仅接近平均生存水平(鉴于饥荒并不罕见),但后来又增长了(Flandrin and
Montanari,1996)。此外,还必须考虑肉类在摄入食物中所占的份额,因为肉类
消费意味着初级能源消耗水平更高,所需的农业面积比素食类大,而欧洲在这方
面差异巨大。例如:19 世纪初,维也纳的人均肉类消费量比巴黎高出三分之一
(Gierlinger,2015)。因此,维也纳的供应区(其食物腹地)要比巴黎的供应区大,
必须生产更多的植物生物量来饲养供奥地利首都消费的牲畜。就欧洲而言,总
体趋势是谷物在摄入食物中所占的份额逐步减少,从中世纪末期的 70%
(Keene,1998)减少到今天的不到 40%(De Boer et al.,2006)。到了 20 世纪,地
区间的差异趋于消失,因为各地城市饮食中的肉类比例都有所增加,包括地中海
地区的城市(Lassaletta et al.,2013)。

饲料也是城市代谢的一个特殊组成部分,这与城市中饲养的牲畜以及二
战之前的交通运输系统有关。当时,小麦生产是城市的主要限制因素之一,因
为城市必须饲养大量马匹。欧洲城市的马匹数量在 20 世纪初达到顶峰。例
如截至 1924 年,英国各个城市共饲养了约 92.3 万匹马(Atkins,2012;关于巴
黎,见 Barles,2012)。在食物和饲料方面,城市代谢及其长远影响也与区域农 38

业系统密切相关，由于气候（土壤和气候）条件和区域技术等原因，在欧洲内部存在较大差异，特别是 20 世纪之前。中世纪时巴黎市周边半径 100 千米（Keene,1998）、18 世纪末时半径 200 千米、19 世纪末时半径 300 千米（Billen et al.，2012）的范围内，能够提供首都所需的大部分食物，而伦敦、根特和安特卫普等城市很早就依赖更大或更偏远的供应区（Thoen and Van Cruyningen,2012）。

肥料革命对农业生产和城市粮食供应产生了重大影响，特别是 20 世纪下半叶以来。[①] 由于单位产量增加，养活城市居民所需的土地面积急剧减少。19 世纪初，养活一个巴黎人的土地面积为 1 公顷，而现今尽管城市饮食中的肉类比例增加，所需土地面积只要 0.15 公顷（Chatzimpiros,2011）。工业肥料的使用也引发了种植业和畜牧业之间的区域专业化，增加了地区之间和城市之间的差异。总体而言，食物生产对环境的影响增强，导致形成了（表面上）更小但（实际上）更深刻的环境印记。

能量是城市代谢的基本层面。直到 18 世纪甚至 19 世纪，大多数欧洲城市仍在使用木柴进行供热、烹饪和工业生产。尽管也使用水车和风车，但他们在城市能源组合中所占份额并不高。16 世纪中叶，风能和水能分别为英格兰和威尔士提供了 0.3％和 0.8％的能源（Warde,2007；Wrigley,2010）。这里还存在其他差异，差异之一是煤炭的使用，以及从木材转变为煤炭的转型周期。在法国，特别是在巴黎，直到 18 世纪末，木材短缺问题才通过扩大木材供应区（木材腹地）得以解决，这主要归因于木材流的扩散和相关河流系统的改造。当时巴黎与塞纳河流域联系密切，这种联系不仅是由于粮食生产，也是为了木材供应。19 世纪时巴黎开始使用煤炭，在 1850 年左右煤炭提供了 50％的能源（Kim and Barles,2012）。而早在 15 世纪甚至更早时，伦敦就开始了能源革命。1700 年左右，煤炭已占英格兰和威尔士能源结构的 50％（Warde,2007）。19 世纪末期和 20 世纪的标志之一是能源的多样化，即水力、水电、石油、天然气和核能的应用。

---

① 化石磷酸盐和钾盐矿的发现，以及最重要的哈伯—博施法，使得自 20 世纪初以来，从空气中提取氮气来生产氮肥（和炸药）成为可能。

数据显示,欧洲能源消耗均值从 1500 年的 22.4 吉焦/人/年下降至 1700 年 39
的 17.4 吉焦/人/年(Malanima,2013)。① 能源结构变化在一定程度上解释了与
城市化、生活方式改变和工业化有关的消费变化。正如里格利(Wrigley,2010)
所说,16 世纪各国的能源消耗没有太大差异,尽管荷兰自中世纪晚期以来广泛
使用泥炭,增加了能源的可用性,但其能源消耗水平较高,16 世纪初就达到了 25
吉焦/人/年,而此时英格兰的消耗水平为 20 吉焦/人/年(Malimana,2013)。18
世纪初,英格兰和威尔士的人均消费量达到 30 吉焦/人/年,此时巴黎的人均消
费量仅为 25 吉焦/人/年;1860 年前后,英格兰和威尔士、巴黎的人均消费量分
别达到 100 吉焦/人/年 和 30 吉焦/人/年,而意大利仅为 20 吉焦/人/年
(Wrigley,2010;Kim and Barles,2012)。到 20 世纪末,巴黎的人均消费达到
150 吉焦/人/年,与欧洲的平均消费基本持平(Kander et al.,2013)。简而言之,
整个欧洲的能源可用性和消费都以不同的速度增长。

从长远来看,新能源完全改变了能源供应的地理格局,城市的能源供应逐
渐加入各种网络的全球集合中(Schott,2020)。能源的供应距离急剧增加,从
18 世纪的平均 200 千米增加到 19 世纪末的 300 千米,21 世纪初巴黎甚至达
到了 4 000 千米(Kim and Barles,2012)。只有在非常特殊的情况下,能源供应
才保持部分在本地,如冰岛(水电、地热能)和挪威(水电、化石燃料)。化石和
裂变(即核能)燃料的使用挑战了腹地的概念,腹地逐渐变得不明显,正如罗尔
夫·彼得·西弗勒(Rolf Peter Sieferle)在提到"地下森林"(Sieferle,2001)时所
强调的那样,这一术语在 17 世纪晚期被约翰·菲利普·宾廷(Johann Philipp
Bünting,1693)推广黑煤作为替代燃料时首次使用。然而,通过采伐这些地下
森林,能源的环境印记变成了大气污染物和温室气体排放,叠加在旧能源的其
他长期生态遗产上,如被改变的森林生态系统、泥炭和煤炭开采导致的地面沉
降等。

城市的水流和水循环也发生了深刻的改变,它们随水利用和城市人口一起

① 请注意,这一数字代表了包括食物和饲料在内的总初级能量消耗。本章中给出的其他数字依据
也采取了类似的计算方法。

改变。随着时间的推移,与水和能源供应、运输以及工业生产有关的城市转型以各种方式塑造了水景和水循环。克洛艾·德利涅(Chloé Deligne)在写到工业革命前的赛尼市和布鲁塞尔市时说:

> 人们可以说,该地区的水道主要是服务于中心城市的利益:布鲁塞尔的水域,意味着其影响的区域范围,既有吸引力(市场)又令人排斥(污染),远远超出了其领域边界。(Deligne,2012)

在死水时代之后——若将法国北部考虑在内,大约是从 14 世纪到 18 世纪(Guillerme,1984;Janssens and Soens,2020)——人们开始寻找流动和丰沛的水域。多数情况下,供水区仍比能源或食品供应区更靠近城市,但是城市已经形成了自己的流域,有时这要归因于流域间的转移。雅典是城市依赖遥远水域腹地的一个极端示例(Stergiouli and Hadjibiros,2012),这座城市在某种程度上塑造了希腊的水景和区域水循环。这类情况可以用水印记来描述,即为城市供水所需的径流面积。① 以巴塞罗那为例,18 世纪时其水印记为 1.1 平方千米,19 世纪末为 47.5 平方千米,20 世纪 70 年代达到顶峰的 310 平方千米,此后下降到 266 平方千米。上述各值分别占当时城市面积的 1%、47%、307% 和 206%(Tello and Ostos,2012)。城市外部基础设施的发展,使水印记覆盖的区域逐渐扩大。18 世纪末,巴黎的水印迹覆盖 19 平方千米(占城市面积的 55%、塞纳河流域的 0.02%),19 世纪末为 1 440 平方千米(占城市面积的 515%、塞纳河流域的 3%),21 世纪初为 10 180 平方千米(占城市面积的 358%、塞纳河流域的 13%)。如果考虑到废水管理和河流治理,城市对水景和水循环的影响甚至更大(Castunguay and Evenden,2012)。

---

① 水印记 WI 可按下式计算:$WI = WC/(RF \times RO)$,其中 WC 代表年用水量(立方米),RF 代表年降雨量(米),RO 代表径流系数($0 \leqslant RO \leqslant 1$)。本章给出的所有数字都与年平均降雨量有关(考虑干旱年份可能是有必要的,但这超出了本章的研究范畴)。

七、由谁决定？

2003 年 8 月,《先驱论坛报》(*Herald Tribune*)采用高度拟人化的语言报道了一场大规模停电,这场停电影响了美国和加拿大约 5 000 万人,电网的心脏怦怦直跳……复杂得即使是(电网)专家也无法完全理解,电网的运行和偶尔的暂停有它自己的一套神秘规则。政治学家简·贝内特(Jane Bennett)借此次事件及其媒体化的表述来说明技术网络中出现了分散的人类和非人类行动者能动性(Bennett,2010)。然而,城市历史学家更倾向于通过清楚地识别人类行动者,来解释城市代谢的动脉、神经束的功能及功能障碍。事实上,随着时间的推移,追踪这个问题——谁决定了城市代谢的组织方式,以及城市腹地在这方面是如何建构和改变的——意味着要调查物质力量(某地的地理和水文形态、气候、降水系统)和相当抽象的人类行动者能动性范畴(资本、经济、政治、文化)以及特定的人类行动者(君主、地主、城市长官、商人、工程师)。当然,随着全球化的腹地越来越复杂(Dogahy,2012),识别相关"行动者"也变得越来越困难。

汤姆·斯科特(Tom Scott)关于中世纪和近代早期欧洲城邦的类型学可能会引起人们的兴趣,他提出了城市与区域关系的四种发展模式(Scott,2014):第一种模式包括科隆、奥格斯堡和圣加仑等城市,这些城市从未获得过大规模的领土,但通过资本积累和经济实力(通常基于长途贸易)能够在经济上主导其腹地,按合同执行条款;第二种模式包括欧洲南部低地国家的主要城市,这些城市能够通过司法手段支持其经济统治;第三种模式,如热那亚市以撒丁岛和科西嘉岛作为其"隐含"地区,由于地理条件限制,只能控制有限、交错或分散的领土;最后一种模式包括几个汉萨同盟城市,通常只是基于租赁等临时权利,系统地获得了经济上必要的领土控制权。

约阿希姆·拉德卡(Joachim Radkau)在研究前工业化时代的欧洲城市时,试图通过引入不同类型的城市资源准入和控制原则,来解决城市燃料木材供应的难题,例如对拥有大片森林的城市而言,资源管理是公共管理和政策的一大任务(Schott,本书)。在可以通过水运自主供应木材的城市中,私营贸易商和公共行政机构都参与组织运输和分配,工匠是重要的行动者群体,而法律工具(如贸易主导权)是有效且有争议的工具。矿业城镇获取木材的特权通常与领土统治者开发这些资源的经济利益有关,而新兴领土国家的居住城镇可以依靠统治者的政治权力来组织木材供应(Radkau,1997)。

贝桑松市属于拉德卡所描述的前两类。17 世纪初,该城市拥有数千公顷的森林,为其居民供应木材。当 1678 年弗朗什-孔泰被割让给法国,法国政府控制了它的大部分河流和城堡,冲突发生了,直到 1740 年左右才结束,最后此地的森林资源仍归贝桑松市所有。由于资源不足,贝桑松市不得不与皇家森林管理局进行谈判,以便从一个保留区获得木材供应,除当地居民采暖和做饭所需的木材以外,该保留区的所有木材将专门供应给贝桑松市。1751 年,保留区森林覆盖面积为 36 400 公顷,包括属于 244 个村庄的森林(Vion-Delphin,1991)。自中世纪以来,巴黎就处于类似的境况,在塞纳河盆地内有一个保留区,基本环绕在约纳河(塞纳河的支流)及其支流周围,当 16 世纪水运发展起来后,该保留区成为一个能源区。巴黎的特权巨大,以至于控制了该保留区的整个木材部门(从森林中的初次商业交易到城市中的最终交易),以及其辖区(arrondissement)内水和河流的管理(特权应用的区域)。辖区包括了技术上可供应巴黎的每一片森林,即可以水运的地方。因此,当地社区有时会抵制任何可能将森林与巴黎连接起来的水运工程,如奥比盆地的例子,那里的铁匠们反对巴黎侵占当地的资源,认为这些资源属于他们。木材稀缺导致了辖区的严格划定,如在 1415 年和 1785 年(一个巨大的危机时期),它包括了塞纳河及其支流(总共 48 千米)沿岸 24 千米、合 6 英里(lieues)宽地带的所有森林,也就是说几乎包括了塞纳河盆地所有的木材资源(图 1-2)。在这种情况下,与贝桑松市一样,木材供应区可以被视为巴黎的治外法权区,因为城市当局对这些边远地区施加权力和控制,取代了(至少部分)国家级政府,并限制了他们与森林、水和木材有关的地方权利(Barles,2017)。

纽伦堡是一座德国城市,1500 年左右大约有 2.8 万居民,14 世纪晚期后成为欧洲最重要的金属半成品和成品生产地(Eiden and Irsigler,2000),它采用了双重战略来开发和管理能源区,以满足自身需求。基于城市居民(extra

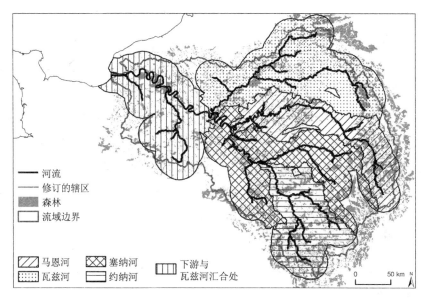

图 1-2　1785 年在塞纳河流域划定的为巴黎供应木材的理论保留区(辖区)

资料来源:作者委托 Sylvain Théry 制作。①

muros)的土地所有权(Krieger,1985),城市行政长官成功获得了外延到约 1 600平方千米的大片领土(无论是通过购买还是战争)的统治权(Eiden and Irsigler,2000)。在控制这片广袤土地的同时,纽伦堡不仅把所有可能与城市金属贸易竞争燃料木材的木材消费行业都赶出了这个地区,市政府还实施了高度合理化的森林管理战略,早在 1368 年就成功引进了松木种子,对以前遭到破坏的森林地区进行再造林,并极大改变了森林覆盖区的物种组成,这都有利于松树和云杉的快速生长(Schott,2014)。与纽伦堡形成鲜明对比的是,近代早期德国的另一个独立城市——雷根斯堡——从未获得所需能源供应地区的任何领土控制权,几个世纪以来,其城市发展受到了严重限制(Knoll, 2006)。

　　追踪城市代谢的变化,与追踪化石燃料转型、城市化和工业化一致,人们会

---

① 地图上的辖区被称为"修订"的辖区,是因为制图没有考虑到最小的河流。

发现资本积累越来越重要，如同克罗农对芝加哥的先驱研究所证明的那样（Cronon，1991）。粮食部门以这种方式发生了重大转变，尽管实行了多层次的农业和食品政策，但粮食部门或多或少地脱离了公共（特别是城市）控制或治理。私人投资和追逐利润的公司也是"网络化城市"建设的驱动者，他们建设和管理自来水、天然气和电力供应以及交通等基础设施。在许多案例中，由于缺少私人行动者，导致了这些基础设施的公社化，这在历史研究中被称为"市政社会主义"（Hohenberg and Lees，1995）。直至最近，在城市公共服务中，市场驱动和公共化（或国有化）战略之间还存在争夺。比如，尽管污水处理保持了区域性特征（即使污水处理厂不再能处理大量有毒的城市废水），但固体废弃物处理却变得越来越全球化。国家政策列出的解决能源问题的框架性方向（如是否对国内煤炭开采进行补贴、选择支持或反对核能）、国家和跨国网络（电力、天然气）以及跨国公司控制资源流动的全球化市场，使得辨识组织单个城市新陈代谢的行动者变得越来越复杂。

44

　　一些流动及其产生的腹地已经脱离了任何形式的控制或治理。德利涅（2012）在研究18世纪末的布鲁塞尔及其河流时写道："水定义了一种没有行政地位的'沉默的领土'。"这可能是由于参与"流"管理的行动者众多的结果，也可能是对某种特定物质失去了兴趣的结果，导致其明显放弃了自然过程。在欧洲城市中，当排泄物、街道污泥和垃圾等城市副产品变得毫无价值时，情况便会如此。例如在19世纪下半叶到20世纪上半叶之间，化肥革命和第二次工业革命（特别是碳革命，然后是石化革命）的结果便是如此。19世纪末，法国马赛市将街道上的污泥运送到70千米外的克罗（Crau）平原用作肥料，农业部门希望提高克罗平原产量，地方当局希望改善马赛的舒适度，农民以及修建并经营马赛和克罗之间铁路的企业家等人的私人利益均得到了满足。几年后，农业利用污泥结束，城市垃圾在克罗火车站附近作为废弃物被填埋处理，在低管理水平下造成了巨大的环境影响（Barles，2005）。与此同时，在1989年之前，马赛都将废水不做任何处理直接排放进地中海。其他欧洲城市也遵循这一模式，这导致其形成了一个无人管理、甚至被忽略的空气、水和土壤均被污染的腹地。20世纪末，上述国家以及欧洲的管制都试图改变这一情况，赋予地方当局更多的权力来控制这些流动。然而受污染的腹地仍然管理不善,同时这也是自然的城市化最重要的表现之一。

八、结论

城市外自然的城市化是城市化本身的一个维度,它是城市代谢及其外部化的特殊性结果。它导致形成了多种腹地,所有这些地区都与城市功能相连,以某种方式提供供应或接收排放。这些腹地的社会—生态特征在面积、城市邻近度、腹地生态系统转型、政府、监管和控制方面存在时空差异。总体趋势表明,当城市(作为公共当局)对其代谢机制失去控制,他们的新陈代谢有利于具有公共和私人层面以及政府管理偏远地区的超城市和多层次行动者。这种历史变化与被视为腹地的城市周边地区的功能和形态多元化相一致。城市的无序扩张,如旅游业(基于不断增加的流动基础设施,作为城市居民在其他地方消费和排放的暂时迁移)或微塑料的全球扩散,可以被视为城市代谢外部化过程中的下一步骤。

城市在市区以外的印记形式已经越来越复杂,清晰地区分城市和城市以外的景观也越来越困难,这对研究而言是一个挑战,凸显了超越星球城市化理论的必要性(Brenner,2013)。城市和(或)城区(几乎)无处不在,但方式不同,取决于权力和政府的不同配置。虽然城市总是依赖自然资源,但是不能仅从星球城市化的角度来理解一片与其相关联的麦田。这一过程通常具有历史偶然性,取决于生态和人为(政治、经济、文化等)因素。因此,有必要将社会生态和历史联系起来,进行深入、长期的案例研究。

参 考 文 献

46

Atkins, P. J., 2012. The urban blood and guts economy. In: P. J. Atkins ed. *Animal cities: beastly urban histories*. Aldershot: Ashgate, pp. 77–106.

Barles, S., 2005. *L'invention des déchets urbains, France, 1790–1970*. Seyssel: Champ Vallon.

Barles, S., 2010. Society, energy and materials: what are the contributions of industrial ecology, territorial ecology and urban metabolism to sustainable urban development issues? *Journal of Environmental Planning and Management*, 53 (4), pp. 439–455.

Barles, S., 2012. Undesirable nature: animals, resources and urban nuisance in nineteenth century Paris. In: P. J. Atkins ed. *Animal cities: beastly urban histories*. Aldershot: Ashgate, pp. 173–187.

Barles, S., 2015. The main characteristics of urban socio-ecological trajectories: Paris (France) from the 18th to the 20th Century. *Ecological Economics*, 118, pp. 177–185.

Barles, S., 2017. The Seine as a Parisian river its imprint, its ascendancy and its dependencies in the late 19th and 20th centuries. In: M. Knoll, U. Luebken and D. Schott eds. *Rivers lost—rivers regained? Rethinking city-nature relationships*. Pittsburgh: University of Pittsburgh Press, pp. 46–62.

Bélanger, P., 2013. *Landscape infrastructure*. Unpublished PhD thesis. Wageningen University, the Netherlands.

Bennett, J., 2010. *Vibrant matter: a political ecology of things*. Durham: Duke University Press.

Billen, G., Barles, S., Chatzimpiros, P. and Garnier, J., 2012. Grain, meat and vegetables to feed Paris: where did and do they come from? Localising Paris food supply areas from the eighteenth to the twenty-first century. *Regional Environmental Change*, 12 (2), pp. 325–335.

Billen, G., Garnier, J. and Barles, S., 2012. History of the urban environmental imprint: introduction to a multidisciplinary approach to the long-term relationships between Western cities and their hinterland. *Regional Environmental Change*, 12 (2), pp. 249–253.

Brenner, N. ed., 2013. *Implosions/explosions: towards the study of planetary urbanization*. Berlin: Jovis.

Bünting, J. Ph., 1693. *Sylva subterranea oder vortreffl: Nutzbarkeit d. unterirdischen Waldes d. Stein-Kohlen; wie dieselben von Gott denen Menschen zu gut an denenjenigen Orthen, wo nicht viel Holtz wächset, aus Gnaden verliehen u. mitgetheilet worden*, Halle.

Castonguay, S. and Evenden, M. D. eds., 2012. *Urban waters: rivers, cities and the production of space in Europe and North America*. Pittsburgh: University of Pittsburgh Press.

Chandler, T., 1987. *Four thousand years of urban growth*. Lewiston: The Edwin Mellen Press.

Chatzimpiros, P., 2011. *Les empreintes environnementales de l'approvisionnement alimentaire: Paris ses viandes et lait, XIXe—XXIe siècles*. PhD thesis. Université Paris-Est.

Clarke, H. B., 2014. Cities and their Spaces: the Hinterlands of Medieval Dublin. In: M. Pauly and M. Scheutz eds. *Cities and their spaces: concepts and their use in Europe*. Köln: Böhlau.

Cronon, W., 1991. *Nature's metropolis: Chicago and the great West*. New York: W. W. Norton & Company.

De Boer, J., Helms, M. and Aiking, H., 2006. Protein consumption and sustainability: diet diversity in EU-15. *Ecological Economics*, 59 (3), pp. 267–274.

Deligne, C., 2012. Brussels and its rivers, 1770–1880: reshaping and urban landscape. In: S. Castonguay and M. D. Evenden eds. *Urban waters: rivers, cities and the production of space in Europe and North America*. Pittsburgh: University of Pittsburgh Press, pp. 17–33.

De Vries, B. and Goudsblom, J., 2002. Mappae mundi: humans and their habitats in a long-term socio-ecological perspective. Amsterdam: Amsterdam University Press.

Dogahy, K. P., 2012. Urban environmental imprints after globalization. *Regional Environmental Change*, 12, pp. 395–405.

Duvigneaud, P., 1974. Étude écologique de l'écosystème urbain bruxellois: 1. L'écosystème 'urbs'. *Mémoires de la Société Royale de Botanique de Belgique*, 6, pp. 5–35.

Eiden, H. and Irsigler, F., 2000. Environs and Hinterland: Cologne and Nuremberg in the later Middle Ages. In: J. A. Galloway ed. *Trade, urban Hinterlands and market integration c. 1300–1600*. Working Papers Series, No. 3. London: Centre for Metropolitan History, pp. 43–57.

Fisher-Kowalski, M., 1998. Society's metabolism: the intellectual history of material flow analysis part I, 1860–1970. *Journal of Industrial Ecology*, 2 (1), pp. 61–78.

Fischer-Kowalski, M. and Haberl, H., 1997. Stoffwechsel und Kolonisierung: Konzepte zur Beschreibung des Verhältnisses von Gesellschaft und Natur. In: M. Fischer-Kowalski and H. Haberl et al. eds. *Gesellschaftlicher Stoffwechsel und Kolonisierung von Natur*. Amsterdam: Gordon & Breach Fakultas, pp. 3–12.

Fisher-Kowalski, M. and Haberl, H., 2007. *Socioecological transitions and global change: trajectories of social metabolism and land use*. Cheltenham: Edward Elgar.

Flandrin, J. L. and Montanari, M., 1996. *Histoire de l'alimentation*. Paris: Fayard.

Foster, J. B., 2002. Marx ecology in historical perspective. *International Socialism Journal*, 42, pp. 71–86.

Gierlinger, S., 2015. Food and feed supply and waste disposal in the industrialising city of Vienna (1830–1913): a special focus on urban nitrogen flows. *Regional Environmental Change*, 15, pp. 317–327.

Grimm, J. and Grimm, W., 1854–1961. *Deutsches Wörterbuch*. Leipzig: Hirzel.

Guillerme, A., 1984. *Les temps de l'eau. La cité, l'eau et les techniques. Nord de la France, fin IIIe—début XIXe siècle*. Seyssel: Champ Vallon.

Hohenberg, P. M. and Lees, L., 1995. *The making of urban Europe, 1000–1994*. Cambridge, MA: Harvard University Press.

Jones, L. W., 1955. The Hinterland reconsidered. *American Sociological Review*, 20 (1), pp. 40–44.

Kander, A., Malanima, P. and Warde, P., 2013. *Power to people: energy in Europe over the last five centuries*. Princeton and Oxford: Princeton University Press.

Keene, D., 1998. *Feeding medieval European cities, 600–1500*. Paper E-seminar (May 96-June 98). London: Institute of Historical Research. https://core.ac.uk/display/9548918 (last accessed 22 May 2017).

Keene, D., 2012. Medieval London and its supply hinterlands. *Regional Environmental Change*, 12, pp. 263–281.

Kim, E. and Barles, S., 2012. The energy consumption of Paris and its supply areas from 18th century to present. *Regional Environmental Change*, 12 (2), pp. 295–310.

Knoll, M., 2006. Urban needs and changing environments: Regensburg's wood supply form the early modern period to industrialization. *Bulletin of the German Historical Institute Washington DC*, Supplement 3, pp. 77–101.

Krausmann, F., Schandl, H. and Sieferle, R. P., 2008. Socio-ecological regime transitions in Austria and the United Kingdom. *Ecological Economics*, 65, pp. 187–201.

Krieger, K. F., 1985. Bürgerlicher Landbesitz im Spätmittelalter: Das Beispiel der Reichsstadt Nürnberg. In: H. K. Schulze ed. *Städtisches Um- und Hinterland in vorindustrieller Zeit*, Sädteforschung series A, vol. 22. Cologne: Boehlau, pp. 77–98.

Krünitz, J. G., 1773–1858. *Oekonomische Encyklopädie oder allgemeines System der Staats- Stadt- Haus- und Landwirthschaft*. Berlin: J. Pauli.

Lassaletta, L., Billen, G., Romero, E., Garnier, J. and Aguilera, E., 2013. How changes in diet and trade patterns have shaped the N cycle at the national scale: Spain (1961–2009). *Regional Environmental Change*, 10, pp. 785–797.

Malanima, 2013. Pre-industrial economies. In: A. Kander, P. Malanima and P. Warde eds. *Power to people: energy in Europe over the last five centuries*. Princeton: Princeton University Press, pp. 35–127.

Mecking, L., 1931. Die Grosslage der Seehäfen, insbesondere das Hinterland. *Geographische Zeitschrift*, 37 (1), pp. 1–17.

Nicholas, D., 2003. *Urban Europe, 1100–1700*. Hampshire: Palgrave Macmillan.

Odum, H. T., 1983. *Systems ecology, an introduction*. New York: Wiley-Interscience.

Otter, C., 2010. Locating matter: the place of materiality in urban history. In: T. Benett and P. Joyce eds. *Material powers: cultural studies, history and the material turn*. London: Routledge, pp. 38–59.

Radkau, J., 1997. Das Rätsel der städtischen Brennholzversorgung im 'hölzernen Zeitalter'. In: D. Schott ed. *Energie und Stadt in Europa: Von der vorindustriellen 'Holznot' bis zur Ölkrise der 1970er Jahre = Energy and the city: from preindustrial wood-shortage to the oil crisis of the 1970s*. Vierteljahrschrift für Sozial- und Wirtschaftsgeschichte. Beihefte 135. Stuttgart: F. Steiner, pp. 43–75.

Schott, D., 2014. *Europäische Urbanisierung (1000–2000): eine umwelthistorische Einführung*. Köln: Böhlau Köln.

Scott, T., 2014. *The city-state in Europe, 1000–1600: hinterland, territory, region.* Oxford: Oxford University Press.

Sieferle, R. P., 2001. *The subterranean forest: energy systems and the industrial revolution.* Cambridge: The White Horse Press.

Stergiouli, M. L. and Hadjibiros, K., 2012. The growing water imprint of Athens (Greece) throughout. *Regional Environmental Change*, 12 (2), pp. 337–345.

Swyngedouw, E., 2006. Metabolic urbanization: the making of cyborg cities. In: N. Heynen, M. Kaika and E. Swyngedouw eds. *In the nature of cities: urban political ecology and the politics of urban metabolism.* London and New York: Routledge, pp. 20–39.

Tello, E. and Ostos, V. R., 2012. Water consumption in Barcelona and its regional environmental imprint: a long-term history (1717–2008). *Regional Environmental Change*, 12 (2), pp. 347–361.

Thoen, E. and Van Cruyningen, P. eds., 2012. *Food supply, demand and trade: aspects of the economic relationship between town and countryside (Middle Ages–19th century).* Turnhout: Brepols.

Van Cleef, E., 1941. Hinterland and Umland. *Geographical Review*, 31 (2), pp. 308–311.

Vion-Delphin, F., 1991. L'approvisionnement en bois de chauffage d'une capitale provinciale au XVIIIe siècle: le cas de Besançon. In: J. C. Biget, J. Boissière and J. C. Hervé eds. *Le Bois et la Ville.* Paris: Ecole normale supérieure de Fontenay and Saint-Cloud-GHFF, pp. 51–74.

Warde, P., 2007. *Energy consumption in England and Wales 1560–2000.* Napoli: ISSM-CNR.

Winiwarter, V., Schmid, M. and Dressel, G., 2013. Looking at half a millennium of co-existence: the Danube in Vienna as a socio-natural site. *Water History*, 5, pp. 101–119.

Wolman, A., 1965. The metabolism of cities. *Scientific American*, 213 (3), pp. 179–188, 190.

Wrigley, E. A., 2010. *Energy and the English industrial revolution.* Cambridge: Cambridge University Press.

第二章　城市能动性概念与城市腹地转型：以 18 世纪至 20 世纪的柏林为例

克里斯托夫·伯恩哈特

一、引言

本章以近代早期柏林的腹地和水景为例，从环境历史角度来考察城市能动性的概念。由于城市能动性的概念尚处于起步探讨阶段，本章将从一些常规性问题的处理入手。其中，引发城市能动性的"行动者或机制"是如何概念化的，是一个关键问题。一般来说，有两个假设可供选择：

（1）如果采用城市人口的集体性或其代表（共态，*communitas*）来识别"城市"，讨论社会—政治意义上的能动性，是一种传统视角。

（2）如果将城市定居点中人类和非人类物种的"集合体"，以及制度、知识和其他要素认定为"城市行动者"，则会打开另一个更为宽广的视角，这个视角可以初步归类为"社会生态"。

即使城市环境史的实证研究必须将这两种观点结合起来，接受第二种观点也是一个挑战，因为它需要超出人类行动者的范畴、扩大了能动性的概念。必须承认的是，韦雷娜·维尼瓦特和西奥多·斯坦伯格（Theodore Steinberg）等主要环境历史学家，否认了自然的特定能动性（Winiwarter and Knoll，2007）。由于这一问题尚未厘清，并且仍在环境史上被反复讨论，本章首先简要梳理了该领域的相关理论方法：虽然"行动者网络理论"无疑是最重要的方法，但早期的"城市生态学""城市机械""城市代谢"等概念也为这一问题提供了有益见解。

　　识别和讨论潜在的"非人类能动性"机制是一个主要的挑战，而"水"可以作为一个有趣的案例。在城市集合体和非人类行动者的潜在社会关系中，水可以被视为强大的行动者，因为它无处不在，展现出了改变城市环境的强大能力。此外，它在许多方面对城市人口产生了根本性影响，可以说是水体、城市和居民之间的一种共同进化。因此，本章将在实证部分从长周期视角（1700—1900 年）来讨论水和与水相关的项目在柏林及其腹地历史中的作用。

二、理论方法简述

　　从广义上讲，"能动性"可以被定义为改变某物或某人的权力。由马克斯·韦伯、安东尼·吉登斯等先驱人物提出的社会科学中的经典能动性概念，认为"能动性"与人类的有意行为精确联系在一起，而这些行为主要是由复杂的社会交往和城市定居点的文化秩序引发的。一些城市历史学家和规划者也讨论了城市在多大程度上可以被定义为"虚构的集体行动者"的问题（Saldern，2003；Healy，2002）。但直到最近，动物、植物、技术制品、制度等才开始在反思中被整合进新的能动性概念。

　　布鲁诺·拉图尔等人提出的"行动者网络理论"展示了拉图尔所说的人类学对称性（*anthropologie symmétrique*），其中人工产品主要解决能动性能力问题，至少在物质、社会和话语行动者的网络或集体中是如此（Latour，1991；Kneer et al.，2008）。法里亚斯（Farias）试图将行动者网络理论作为"城市研究的工具箱"，他着重强调了格雷厄姆（Graham）、库塔尔（Coutard）在城市基础设施方面的研究和休斯的大型技术系统（Large Technical Systems，LTS）研究，将他们作为重要的参考点（Farias，2010）。这表明迄今为止，行动者网络理论主要关注近代的城市发展，特别是大型技术系统的作用。自 19 世纪初以来，这些技术系统对现代社会迅速变得重要起来（Schott，2015）。例如贝利格（Belliger）和克里格（Krieger）、甘迪（Gandy）等人讨论了计算机的作用以及技术产品如何侵入生活的过程，它是新社会—技术集合的指征和案例（Belliger and Krieger，2006；Gandy，2006）。关于从前现代时期开始的"自然的城市化"过程，行动者网络理论方法在多大程度上适用于解释大规模技术系统（依据休斯等人定义的概念）尚未发展时期的情况，这是一大问题。似乎有一些证据表明其具有解释性。从约翰·劳（John Law）早年关于行动者网络理论的争论中，可以发现，行动者网络理论可以解释 16 世纪葡萄牙帝国的统治。他分析了皇权的远距离统治是如何运作的，而在其他议题中，他讨论了文件、装备和专业人才这三类行动者的作用，并明确强调了知识的作用（Law，1986）。

"城市生态学"学科无疑是解决"城市能动性"争论的另一个重要途径。在城市社会和环境变化相互关系的研究中（Sukopp，1990；Lachmund，2013），城市气候、形态、动物和人类种群增长之间的相互作用是一种催化剂。城市吸引某些物种并促进某些新陈代谢和社会—文化进程。这里仅举一个小案例，科学家们已经证明，城市的平均温度比农村地区更高，这吸引了越来越多的鸟类离开农村并在城市中繁殖（Padova，2007）。其他物种（如海狸、狐狸和野猪）对城市环境也越来越感兴趣，新植物物种的迁移更是如此（Netz，2007；Sukopp，1990）。城市生态学的概念有助于从自然科学的角度分析城市环境与居民的共同演化，如同"社会—自然场所"方法基于社会科学视角的做法。

哈德和米萨等人讨论的"城市机械"概念也将城市视为"技术在某种程度上塑造人类行为并影响人类福祉"的一组空间（Hard and Misa，2008）。他们强调了塑造城市生活的技术系统与多层次的日常实践、制度和话语之间的相互依赖性。同样，路径依赖理论着眼于社会实践和技术的相互作用（Melosi，2005）。从长远来看，正如本书中所展示的，"城市机械"的概念建立在城市作为"有机体"的旧观念的基础上。在考察柏林案例之前，必须对以下两点作出说明，其重要性不只局限于实证研究：

第一，应牢记，城市能动性并非仅仅由城市人口或其市政当局执行。自近代早期以来，中央政府或民族国家的代表在许多强势塑造城市生活和环境的过程中都是主导角色（Barles and Knoll，2020）。如果考虑到铁路公司、军事基础设施、贸易立法和建筑政策等因素，首都城市的情况尤其明显，省会城市也是如此。

第二，社会和环境的进程都与资本流动密切相关。正如威廉·克罗农在其关于芝加哥的经典研究中所展示的，这些资本流动对城市干预其腹地、组织自然资源的代谢循环以及控制非常遥远的地方都具有极其重要的意义（Cronon，1992）。这意味着城市能动性远远超出了城市边界和周围的腹地。同样，知识转移也很重要，因为它是远距离输入的，在各种城市活动中发挥了强大作用（见Davids，2020）。如果城市定居点大体上被视作知识和通信的节点，那么信息流动和能动性的概念将远超出城市的边界范围。

三、将理论方法与实证问题联系起来

显然，迄今所讨论的方法赋予各种因素的意义和影响有所不同，如知识、资本（William Cronon，政治生态学）或技术（Thomas P. Hughes，城市机械）等，这些因素之间的相互作用模式也存在差异。行动者网络理论以某种方式将这些方法的某些部分以更普遍的理论和"集合"的概念连接起来。下面采用柏林的案例，在这个案例中，我们试图解决行动者网络理论引发的争论，并将不同方法的关键思想转化为实践研究中的问题，来解决关于"城市能动性"的质疑。其中一些问题是：在不同时期，生物和水文如何影响或限制了人类对景观的干预？资本以何种方式影响了柏林地区的转型，并将遥远地区与城市人口连接起来？从广义上讲，水、景观规划者和下水道网络等不同的"行动体"，在不同时期如何相互作用？

四、柏林腹地的转型（1700—1850 年）

日耳曼人从 9 世纪开始在柏林—勃兰登堡地区定居，但直到 12 世纪之后才大规模增长。早期的定居者遭遇了无尽的沼泽和原始森林等非常恶劣的环境条件，这在一定意义上表现出强烈的"自然作用"。在接下来的几个世纪中，普鲁士公共当局策划了许多大规模活动，大片森林被砍伐并改造成农田，野生动物被猎杀。

在 18 世纪，由于普鲁士的国家政策，柏林腹地实际上被"殖民化"了（Kühn，2011，同见图 2-1）。从 1716 年起，外国移民（主要是来自法国的难民、波希米亚的移民等）被允许在城市外围建立一些定居点，他们在那里从事纺织制造业或

图 2 - 1 1780 年前后的柏林地区

资料来源：Wikimedia Commons(PD-1923)。

建立桑园以生产丝绸（Escher，1985）。政府的总体目标是使柏林成为纺织工业的中心。必须注意到，在区域权力关系和城市能动性方面，柏林和波茨坦市拥有若干定居点，并由各自的市政当局管理（Escher，1985）。从那时起，柏林和波茨坦越来越依赖城市领土以外的产权和资源，这意味着它们的权力和能动性建立在外部资源的基础上，与"图恩模式"下的自由贸易传统形式存在明显差异（Cronon，1992）。

柏林地区早期的钢铁工业也有与纺织工人定居点类似的机制。其最早出现在柏林以东约 50 千米的菲诺（Finow）河谷，被称为柏林工业景观的摇篮（*Wiege*）或核心。普鲁士国王腓特烈·威廉一世（Friedrich Wilhelm I，1713—1740 年在位）和腓特烈二世（Friedrich II，1740—1786 年在位）在这里建造了许多钢铁厂，并在艾伯斯瓦尔德市周围修建了前哨站（Seifert et al.，1998）。后来，又建立了许多大型造纸厂。柏林的资本家和银行拥有大量造纸企业，他们从投资中获利，并将菲诺河谷和艾伯斯瓦尔德变成了柏林的经济腹地（Seifert et al.，1998）。

五、建筑材料的代谢

大约自 1800 年起，随着柏林地区的移民迅速增长，从腹地进口的建筑材料也大量增加。实证研究表明，建造一栋典型的 19 世纪的柏林多层公寓（*Mietskaserne*），需要耗费大约 87 万块砖、396 棵松树、3.7 立方米的钢和许多其他建筑材料（Kunstamt Kreuzberg，1988）。这类巨大需求引发了资本与其腹地的代谢交换。来自鲁德斯多夫（Rüdersdorf，柏林东部）的白垩，来自格林道（Glindow，西部）和费尔滕（Velten，北部）的用于制砖和砌灶的黏土，以及来自巴鲁特和格拉苏蒂（Glashütte，南部）的玻璃被大量加工（Deutsche Gesellschaft and Kreuzberg Museum，1994）。上述各地围绕柏林中心，形成了一个半径约 50 千米的建筑材料带。因此，在其腹地，可以找到建造柏林的负面印记。

如果说建筑材料促进了柏林的生产，那么柏林居民的日常生活也促进了相关产业的发展。柏林居民主要依赖的食物和燃料输入由柏林腹地提供，包括蔬菜、水果、牛奶、肉类和许多其他产品。奥德（Oder）地区位于柏林以西约 70 千米，在 18 世纪一个大型土地复垦项目的实施下（Blackbourn，2006），成为了众所周知的"柏林菜园"。在柏林以南约 70 千米的下劳西茨褐煤区，也可以发现柏林城市代谢的强烈印记。从工业化时期开始，大量煤炭被运往柏林（Deutsche Gesellschaft and Kreuzberg Museum，1994）。20 世纪初，下劳西茨矿区通过电线与柏林相连（1921 年），德意志民主共和国（GDR）加大了煤炭采掘，到 1990 年，这里大约有 750 平方千米土地面积被破坏，相当于汉堡的地表面积（Maier，2002）。

六、景观和城市周边的水：伦内项目

在德国北部的典型低地，水被证明在某些方面是景观中"最强的行动者"。正如普鲁士国王腓特烈二世（腓特烈大帝）谈到柏林以东奥德河地区时所说的，正是通过在 15 世纪至 18 世纪广泛修建运河建筑和排水系统，普鲁士当局"和平地赢得了各省"（Blackbourn，2006）。从定居者特别是磨坊主的地方微观干预到中央国家机关干预，总体目标是"驯服"景观中水的作用，并随后对（城市）水循环实施深远控制。

如前文所述，1811 年，普鲁士对自身的封建制度实行了开创性改革，解放农村人口之后，柏林的移民迅速增长。但是首都的腹地仍然存在很多沼泽，如果没有大规模的排水系统，仍不能作为定居点。为城市增长和工业化奠定基础的排水和城市规划系列的关键项目之一，是开发被称为科佩尼克菲尔德（*Köpenicker Feld*，今柏林克罗伊茨贝格区）的地区。1800 年左右这个地区仍然是沼泽低地，用于农业和园艺。1825 年，柏林建筑总监施密德（Schmid）设计了一个规划，提出了一个运河战略项目，以取代现有的兰德维尔沟渠（*Landwehr graben*），为草地排水并准备建设用地。如施密德所说，这个地方项目会将地下水位降低到腓特烈施塔特中部地区的水平，改善这里的建筑场地，进而产生区域性的影响。此外，兰德维尔运河（*Landwehr Kanal*）的通航将刺激经济增长和工业企业落地

(Reinisch,1992)。然而该计划失败了，后来该地区仅通过小规模的街道规划和地方建设项目来进行开发。

　　几年后，著名的皇家景观规划师彼得·约瑟夫·伦内（Peter Josef Lenné）受普鲁士国王腓特烈·威廉四世（Friedrich Wilhelm IV）的委托，再次启动这个项目。他从一开始就非常清楚地表明，开凿兰德维尔沟渠并通过另一条渠道将其连接到施普雷河，将成为开发该地区的关键。伦内强调，"这些水利技术工程，真正地代表了整个项目的精神"（引证自 Hinz,1989），由于从根本上改变了该地区的水道和地下水位，有望对城市和区域水系产生强烈影响；该项目还影响了施普雷河的水文状况，刺激了水上运输，并促进了市中心的大型建设项目如柏林大教堂。在此基础上，伦内将新的兰德维尔运河设计成河流状的弯曲水道，并将二级河流路易森施塔特运河（*Luisenstädtischer Kanal*）设计成新市区的主干河。1840 年，伦内为整个城市设计了第二个方案，著名的"柏林珠宝和边境列车规划"（Plan der Schmuck- und Grenzzüge von Berlin）。该方案设想了两个通航流域，由众多大型公共空间和建筑物构成，如教堂和医院等（Günther et al. ，1993）。

　　此时，"水和景观"是柏林城市规划的核心，正如 1840 年伦内对普鲁士首都其他地区的规划一样。在这座城市的西边（即现今柏林的主要火车站区域，于2006 年开放），他规划了洪堡港和斯潘道运河周围的新的城市景观。这一愿景最终塑造了柏林外围的运河圈，用绿地框住城市建成区，并作为市民的"城市游乐场"（Wenzel,1989）。

七、知识转移与水经济

　　知识的国际转移在许多方面对柏林周边的景观建设发挥了重要作用。彼得·约瑟夫·伦内在成为普鲁士柏林地区的主要规划师之前，曾旅居英国，19 世纪时的大多数柏林城市专家都是如此。伦内研究了英国的景观和公园规划理念，并满腔热情地应用到对德国首都地区的设计中（Kubitz and

Kubitz,1989)。在这一理念的指导下,以水作为景观建筑的关键工具,设计了夏洛特—登堡公园、柏林和波茨坦之间的主干线以及其他许多地方。在波茨坦,从 1818 年开始重建著名的卢斯特花园(*Lustgarten*),展现了强大而复杂的水经济:一方面,必须提高这个皇家游乐场的建设水平,以避免哈弗尔河发生洪灾;另一方面,由于地下水的平均水位较低,建筑材料无法通过水路运输,这迫使规划者必须最大限度地减少建筑材料的使用。同时,地下水位破坏了宝贵的木制区域。而在波茨坦的另一个新兴地区——巴森广场(*Bassinplatz*),类似的问题也有待解决,需要付出巨大的代价来填补积水和污浊的池塘。以夏洛滕堡宫公园为例,排水系统就耗费了全部重建预算的三分之二(Hinz,1989)。

八、地下水位是冲突和权力的分界线

自前工业化时期以来,地下水位一直是一个主要的冲突点,如磨坊主和其他用水者之间曾发生数千起诉讼(Saldern,2009;Bernhardt,2013)。这类冲突到工业化初期并没有消失,在伦内开发的科佩尼克菲尔德大型项目中仍然发挥着决定性作用。以河道、绿地和环境景观作为城市景观设计出发点的想法,遭到了大型铁路公司和公共部门雇用的工程师的强烈抵制。1840 年前后,兰德维尔运河规划中的地下水位设计和科佩尼克菲尔德地区的地下水位设计出现了典型冲突。伦内认为,新运河需要一个相对较高的水位,才能为蒂尔加滕(Tiergarten)公园的树木和池塘提供足够水量。但是国家水利工程师委员会要求地下水位降低 4 英尺,以便为建筑场地排水,从而更有效地排放废水。在处理城市自然和城市定居点两种模式之间的典型冲突中,最后的妥协方案被证明是有问题的。结果,蒂尔加滕的树木遭到严重破坏,这迫使伦内辞去了在蒂尔加滕当局工作了30 多年的职务(Hinz,1989)。在这个案例中,水可以被看作是一种自然资源,虽被操纵,但却表现出某种作用。同时,对地下水位的争夺也反映了各方利益和权力关系的矛盾。伦内代表了 19 世纪早期的城市景观规划理念,而他的反对者则优先考虑柏林新兴工业群体的商业利益。1860 年左右，由于触及大型铁路企业的利益，伦内设计的一条大型代表性街道（即所谓的 *Generalszug*）不得不被他的继任者霍布雷希特（Hobrecht）放弃，这时资本主义企业家对皇家城市规划的支配地位已经非常明显。

还有一点，改变河道和城市地下水位需要运输大量土壤。在蒂尔加滕重建的一小部分工程中，移动的土方超过 1.2 万立方米（Hinz，1989）。土方工程成为这一时期欧洲城市历史的象征。1848 年左右，在柏林大约有 3 000 多名工人受雇于兰德维尔运河（始于 1845 年）、路易森施塔特运河（1848—1852 年）和施潘道航运运河（*Spandauer Schifffahrtskanal*，1847—1859 年）项目。他们中大多数人都是在创造就业计划的框架下进行工作，该计划在 1848 年德国革命的背景下制定。一些骚乱和严重暴力事件证明，当时公共空间普遍存在政治紧张和冲突（Gailus，1987；Kubitz and Kubitz，1989）。

九、水力机械

在 19 世纪，人们从自然被视为"工作机械"的角度讨论了城市饮用水和废水循环的系统重构（Kluge，2000），与此同时，城市被视为"城市机械"或"水力机械"（最新学术研究提出的）（Kluge，2000）。查德威克领导的著名的公共卫生运动，其最初的概念是将城市及其腹地视为一种基于水循环的、有"静脉和动脉系统"的有机体（Simson，1980）。"有机体、循环和系统"是健康城市愿景的关键术语（Kluge，2000）。这些概念实际上与非人类行动者能动性问题密切相关，因为它们将水的承载能力和提升力认定为城市机械的关键因素。同样，"有机机械"的概念（R. White）讨论了河流的能动性（White，1995）。因此，围绕"机械"隐喻和城市水循环重新排序的历史论述为"城市能动性"问题提供了丰富的素材。

同时，这些论述也体现了自然、知识和技术之间的强相关性。19 世纪早期，当公众逐步认识到城市卫生问题的重要性时，林德利（Lindley）和霍布雷希特等工程师前辈们开始收集大量统计数据。降雨量、城市地质和地貌条件、人均和日均废水量、人口增长等统计数据测算等被认为是卫生问题和干预的决定因素（Kluge，2000）。统计调查与财务估算齐头并进，柏林的农业经济学教授勒德尔（Röder）列举了一个示例，他估算了 1863 年柏林废水用作肥料的价值约为 16.93 亿泰勒/年（Gudermann，2001）。

60　　　从 19 世纪 70 年代初开始，柏林新的污水排放系统经常被提及（Bernhardt，2011；Hahn and Langbein，1928）。该系统在复杂机械的支持下重新组织了城市水循环及其能动性，这些机械主要包括四个部分：一是通过管道系统输送废水；二是将废水用泵送到腹地；三是通过灌溉对废水进行清洁；四是排入水道和地下水。管道网络在尺寸和结构上表现出复杂的变化。12 个强大泵站代表了机械系统的核心，能将废水排放到数千米之外。该系统有一套复杂的地上和地下技术来支持全部清洁过程。

在各个时期，知识和实验都对新污水系统的各部分建设与管理发挥了至关重要的作用。早在 1842 年著名的查德威克报告中，英国工程师约翰·罗（John Roe）就提出了一些关于下水道建设的开创性技术创新（Simson，1980）。柏林公共当局在 19 世纪 60 年代实施了调查废水排放的大型计划，从 1869 年开始在灌溉区测试，并于 1872 年明确实施（Kley，2006）。到 1920 年，污水通过 4 145 千米的污水渠，被输送到 12 个主要泵站，12 个主要泵站又将 1.88 亿立方米污水通过 540 千米的主管道输送到污水处理场（Berliner Entwässerungswerke，1978）。此外，在地下铺设了复杂的管道系统并对地表进行调整，以在污水灌溉中达到空间平衡（Gudermann，2001）。

十、污水处理场

为此，柏林的部分腹地变成了广义上的公共卫生区和保健区：除了废水处理外，在污水处理场附近还建立了提供医疗和社会康复服务的医院。乞丐、流浪汉、无业人员和囚犯等非正常人员（所谓的改造人员）被迫在那里工作（Gudermann,2001)。在城市外围，污染水体和弱势群体、患病居民集聚之处，形成了一种小规模的城郊"异质"卫生设施集中区。以柏林北部的霍布雷希茨费尔德(Hobrechtsfelde)污水处理场为例，用首都废水进行灌溉，有助于为邻近的布赫大型综合医院生产牛奶和肉类。附近的其他机构，如老人之家、肺病中心、儿童医院和精神病院等的部分用水，也由污水处理场供应(Draeger,2006)。此外，霍布雷茨费尔德很快成了柏林腹地的屠宰场，每年处理18 000只动物。附近的一家细木工企业也位于污水处理场所在地，利用邻近城市的木材为柏林地区的穷人生产棺材(Draegerr,2006)。

　　污水处理场模式形成了一种特定的行动逻辑，展示了一种清晰的路径依赖关系：尽管现代大都市的废水问题似乎已经解决，但从20世纪20年代中期开始，灌溉场地的有机和工业垃圾开始超过其负荷能力。从1929年起，柏林建设了新的污水处理厂，以减少土地污染(Bernhardt,2009;Berliner Entwässe-rung-swerke,1978)。由于禁止灌溉废水，土地变得干涸。这些灌溉农田自创建以来，已被重金属和其他有害物质严重污染，因此从20世纪90年代起，政府当局不得不启动大规模的环境恢复计划(Hoffmann,2006)。

十一、结论

　　本章以前工业化时期以来柏林及其腹地的水政策为例，探讨了城市能动性中的一些问题。展示了普鲁士资本与其腹地在城市代谢循环、资本流动和水管理方案方面的多种相互作用。景观规划案例(如著名景观设计师伦内的项目所示)以及污水排放系统可以被理解为城市能动性的两种不同模式。伦内精心设计了一套景观，景观中自然和城市共同演化，水利系统和植被发挥了重要作用。相比之下，詹姆斯·霍布雷希特等人设计的污水系统，更多是由科学知识和技术决定的，并显示出现代机械、城市治理和集体行为之间的强相关性。因此，关于非人类行动体在"城市能动性"中的潜在作用，霍布雷希特试图严格控制水流的水文动态，而伦内则赋予了水文—生物过程更大的自主权。

对柏林案例的实证分析展示了一个长期的进化过程，在这个过程中，可以识别出城市能动性的三个阶段或类型，以及自然、人和技术行动者之间的特定集合。在1800年前的第一阶段，人类定居点建立在恶劣和危险的环境中，仅仅依靠小规模的前工业化技术。生态约束（如高地下水位、沼泽和危险动物）强烈限制了人类"征服自然"的行为，即使资本流动逐渐促进了对不同地方景观的干预。在第二阶段，以19世纪早期和伦内理念为标志，传统技术被大规模应用于快速增长的城市人口。结果整个柏林地区被逐渐改造，形成了一个早期的大都市区，区内的水体流动仍然没有被完全控制，伦内的设计促进了区内城市和自然之间的平衡。相比之下，霍布雷希特在很大程度上成功地管理了水文过程，即使强大的技术系统在长期发展中遭受了严重危机和灾难，这也可以称为第四种阶段或类型。

从更广泛的视角来看，我们可以讨论城市能动性的不同子类型，例如一种子类型中，有机过程在某种程度上表现出更强的"内在逻辑"（Löw，2012）；在其他类型中，我们发现了一类冷淡、消极的能动性，并在大型技术网络的支持下实现。这些限制了新城市发展计划的选择，并在城市路径依赖研究中进行重点分析。因此，水利和城市生态过程显示了某种内在逻辑。在更广泛的人类和非人类要素网络中，这些要素是否可以被理解为"行动者"（被行动者网络理论概念化）仍有待讨论。另一方面，不应忽视的是，从基本意义和个别科学研究领域来看，人类行动者能动性的经典社会学概念正面临挑战，并越来越受到质疑。神经科学的新见解质疑人类行动者能动性是由"自由意志"所指导，强调了生物化学过程在塑造人类行动者能动性中的作用（Roth and Strüber，2014；Langewiesche and Birbaumer，2017）。关于这些方法和立场的争论，可能最终将导致人类和非人类行动者能动性概念在某种程度上趋同。

参 考 文 献

Belliger, A. and Krieger, D. J., 2006. Einführung in die Akteur-Netzwerk-Theorie. In: A. Belliger and D. J. Krieger eds. *ANThology: Ein einführendes Handbuch zur Akteur-Netzwerk-Theorie.* Bielefeld: Transcript, pp. 13–50.

Berliner Entwässerungswerke, 1978. *100 Jahre BEW, 1878–1978.* Berlin: Berliner Entwässerungswerke.

Bernhardt, C. 2009. Die Grenzen der sanitären Moderne – Aufstieg und Krise der Wasserpolitik in Berlin-Brandenburg, 1900–1937. In: C. Bernhardt, H. Kilper and T. Moss eds. *Im Interesse des Gemeinwohls. Regionale Gemeinschaftsgüter in Geschichte, Politik und Planung.* Frankfurt and New York: Campus, pp. 85–114.

Bernhardt, C., 2011. At the limits of the European Sanitary City: water-related environmental inequalities in Berlin-Brandenburg, 1900–1939. In: G. Massard-Guilbaud and R. Rodger eds. *Environmental and social justice in the city: historical perspectives.* Isle of Harris 2011: The White Horse Press, pp. 156–169.

Bernhardt, C., 2013. The contested industrial city: governing pollution in France and Germany, 1810–1930. In: C. Zimmermann ed. *Industrial cities: history and future.* Frankfurt am Main: Campus, pp. 46–65.

Blackbourn, D., 2006. *The conquest of nature: water, landscape and the making of modern Germany.* London: Random House.

Cronon, W., 1992. *Nature's metropolis.* New York and London: W. W.Norton & Company.

de Padova, T., 2007. Warum ist es in Städten wärmer als im Umland? *Der Tagesspiegel,* 28 March 2007.

Deutsche Gesellschaft and Kreuzberg Museum eds., 1994. *Der Stoff, aus dem Berlin gemacht ist.* Berlin: Stattbuch.

Draeger, G., 2006. Das Stadtgut Hobrechtsfelde. In: K. Koch and S. Koppisch eds. *100 Jahre Hobrechtsfelde.* Berlin: NABU, pp. 28–31.

Escher, F., 1985. *Berlin und sein Umland.* Berlin: Walter de Gruyter.

Farias, I., 2010. Introduction. In: I. Farias and T. Bender eds. *Urban assemblages.* New York: Routledge, pp. 1–24.

Gailus, M., 1987. Kanalbau und Revolution. In: Dampfergruppe der Berliner Geschichtswerkstatt ed. *Landgang in Berlin.* Berlin: Nishen, pp. 53–66.

Gandy, M., 2006. Stadt als cyborg: Anmerkungen zu einer neuen Debatte, *Informationen zur modernen Stadtgeschichte,* 1, pp. 100–113.

Gudermann, R., 2001. Die Berliner Abwässer und das Umland. In: N. Dinckal and S. Mohajeri eds. *Blickwechsel.* Berlin: TU University Press, pp. 153–170.

Günther, H. and Harksen, S. and Schönemann, H. eds., 1993. *Peter Joseph Lenné.* Tübingen and Berlin: Wasmuth.

Hahn, H. and Langbein, F., 1928. *50 Jahre Berliner Stadtentwässerung 1878–1928.* Berlin: Alfred Metzner.

Hard, M. and Misa, T. J., 2008. Modernizing European cities: technological uniformity and cultural distinction. In: M. Hard and T. J. Misa eds. *Urban machinery*. Cambridge, MA and London: MIT press, pp. 1–22.

Healy, P., 2002. On creating the city as a collective resource. *Urban studies*, 39, pp. 1777–1792.

Hinz, G., 1989. *Peter Joseph Lenné*. Hildesheim: Olms.

Hoffmann, C., 2006. Von der Altlast zum Erholungsgebiet. In: K. Koch and S. Koppisch eds. *100 Jahre Hobrechtsfelde*. Berlin: NABU, pp. 60–61.

Kley, G., 2006. Das radiale Abwassersystem. In: K. Koch and S. Koppisch eds. *100 Jahre Hobrechtsfelde*. Berlin: NABU, pp. 47–49.

Kluge, T., 2000. *Wasser und Gesellschaft*. Opladen: Leske & Budrich.

Kneer, G. and Schroer, M. and Schüttpelz, E., 2008. Vorwort der Herausgeber. In: G. Kneer and M. Schroer and E. Schüttpelz eds. *Bruno Latours Kollektive*. Frankfurt am Main: Suhrkamp, pp. 9–14.

Kubitz, G. and Kubitz, E-H., 1989. *Peter Josef Lenné hinter dem grünen Gitter*. Berlin: Edition Hentrich.

Kühn, M., 2011. *Berlin und Potsdam—eine Kulturlandschaft*. Erkner: Leibniz-Institut für Regionalentwicklung und Strukturplanung.

Kunstamt Kreuzberg, ed., 1988. *Skalitzer Straße 99—Biographie eines Hauses*. Berlin: Kunstamt Kreuzberg and HDK.

Lachmund, J., 2013. *Greening Berlin: the co-production of science, politics and urban nature*. Cambridge, MA: MIT Press.

Langewiesche, D. and Birbaumer, N., 2017. *Neurohistorie: ein neuer Wissenschaftszweig?* Berlin: Vergangenheitsverlag.

Latour, B., 1991. *Nous n'avons jamais été modernes: Essai d'antropologie symétrique*. Paris: Èditions La Découverte.

Law, J., 1986. On the methods of long-distance control: Vessels, navigation and the Portuguese route to India. In: J. Law ed. *Power, action and belief*. London: Routledge & Kegan Paul, pp. 235–263.

Löw, M. 2012. The intrinsic logic of cities: towards a new theory on urbanism. *Urban Research and Practice*, 5 (3), pp. 303–315.

Maier, H., 2002. "Lauchhammer", "Döbern" und "Ragow": Imaginäre und reale Verknotungen der Niederlausitzer Landschaft in die Elektrizitätswirtschaft des 20. Jahrhunderts. In: G. Bayerl and D. Maier eds. *Die Niederlausitz vom 18. Jahrhundert bis heute: eine gestörte Kulturlandschaft?* Münster: Waxmann, pp. 149–195.

Melosi, M., 2005. Path dependency and urban history: is a marriage possible? In: D. Schott and B. Luckin and G. Massard-Guilbaud eds. *Resources of the city*. Aldershot: Ashgate, pp. 262–275.

Netz, H., 2007. Landflucht der Vögel. Städte als Inseln der Artenvielfalt. *Naturschutz heute*, 4, pp. 7–11.

Reinisch, U., 1992. Stadtplanung im Konflikt zwischen absolutistischem Ordnungsanspruch und bürgerlich-kapitalistischen Interessen—Peter Joseph Lennés Wirken als Stadtplaner von Berlin. In: D. Karg ed. *Peter Josef Lenné. Gartenkunst im 19. Jahrhundert*. Berlin: Verlag für Bauwesen, pp. 34–85.

Roth, G. and Strüber, N., 2014. *Wie das Gehirn die Seele macht*. Stuttgart: Clett-Kotta.

Saldern, A. v., 2003. Einleitung. In: Idem, ed. *Inszenierte Einigkeit*. Stuttgart: Franz Steiner Verlag, pp. 9–58.

Saldern, A. v., 2009. *Netzwerkökonomie im frühen 19. Jahrhundert*. Stuttgart: Franz Steiner Verlag.

Schott, D., ed. 2015. Stadt und Infrastruktur, *Informationen zur modernen Stadtgeschichte*, 1.

Seifert, C. and Bodenschatz, H. and Lorenz, W., 1998. *Das Finowtal im Barnim*. Berlin: Transit.

Simson, J., 1980. *Kanalisation und Städtehygiene im 19. Jahrhundert*. Berlin: VDI-Verlag.

Sukopp, H. ed., 1990. *Stadtökologie. Das Beispiel Berlin*. Berlin: Spectrum Akademischer Verlag.

Wenzel, J., 1989. Peter Joseph Lenné: Stadtplaner in weltbürgerlicher Absicht. In: F. V. Buttlar ed. *Peter Joseph Lenné. Volkspark und Arkadien*. Berlin: Nicolaische Verlagsbuchlandlung, pp. 69–81.

White, R., 1995. *The organic machine. The remaking of the Columbia river*. New York: Hill and Wang.

Winiwarter, V. and Knoll, M., 2007. *Umweltgeschichte*. Köln: UTB.

第三章 一个独立的地方:19世纪初至今的赫尔辛基城乡边缘区

马尔贾纳·尼米

城乡边缘区通常被认为是一个过渡地带,一个介于过去是农村和未来是城市之间的空间——相比作为一类"地点",更像是一个"阶段"。空间规划在巩固认知方面发挥着重要作用。规划的主要目的是创造单一用途的空间,因此,支离破碎、兼具城市和农村特征的边缘地带常被视为一个过渡阶段,"只是介于城乡之间的地带,没有自身的内在特征"(Gallent et al. ,2006;Qvistrȯm,2007)。此外,在现有讨论中,人们常称21世纪的城乡边缘地区及机场、高速公路立交桥和购物中心缺乏历史形成的特性,因此是人类学家马克·奥热(Marc Augé)所讲的"非场所"(Gallent et al. ,2006;Augé,2008)。

政治科学、地理、景观研究和规划领域的学者最近对城乡边缘区的问题产生了浓厚兴趣,对这一现象进行了深入的描述。研究这一主题的大多数学者都考察了现存的边缘地区,而少数研究历史发展的学者通常关注过去60至70年的边缘地区(例如,Gallent,2006;Klausen and Rȯe,2012;Qvistrȯm,2013)。然而,城乡边缘区并不是一个新现象。正如戴维·托马斯(David Thomas,1990)所说,"就像穷人一样,城乡边缘区一直伴随着我们的发展"。

在本章中,笔者将考察赫尔辛基城市边缘区从19世纪初到现在的发展历程,并通过该案例研究,在芬兰和瑞典的宏观社会经济背景下更深入地讨论这一现象。城乡边缘区的某些特征很普遍,无处不在,但另一些特征是基于自然条件和其他特定的地方因素形成的,如城市化的速度和规模,以及地方政府权利和义务的性质。与西欧相比,北欧国家的城市化较晚,直到20世纪50年代,郊区的中产阶级移民才真正开始（Hall,1991；Niemi,2007）。北欧国家的城市政府在政治和功能上都相对强大，许多城市都是重要的土地所有者，因此能够很好地控制城市发展，至少在城市边界内是如此。但另一方面，其区域规划往往发展缓慢且充满各种问题（Hall,1991；Sundman,1991；Wollman,2004）。

　　本章旨在探讨在赫尔辛基经历城市化、工业化和去工业化的过程中，内部城市边缘如何界定，如何设想和规划它未来的发展。尽管边缘地区发挥了重要作用，但市政当局通常将郊区和城市边缘不规律的发展视为"破坏土地用途优先权"的威胁因素（Crankshaw,2009）。边缘地区被期望适应城市不断变化的需求，因此第一个关键问题就是赫尔辛基当局如何设法维持这种适应性。由于边缘地区既被视为领土实体，还包括了该实体所承载的经验和感知，因此这个问题涉及多个相互关联的视角维度。本章重点关注赫尔辛基当局为控制边缘地区发展而采取的行动和不作为，以及这些行动对边缘地区认知的影响。市政当局多大程度、以何种方式支持"在更持久的改造计划获得批准和实施之前，边缘地区的社区和建筑物都只是暂时性系统"这一观念？他们在多大程度上谋求和设法将边缘地区的草地、田地和森林界定为"未开发土地"，而不是作为有价值和值得保留的"自然"？

　　不管市政当局对城市的未来发展进行何种规划，城市发展的精确速度和方向总是难以预测，许多边缘地区多年甚至几十年都处于"等待状态"。第二个关键问题是，当雄心勃勃的愿景和规划被搁置，这些地区的发展被无限期推迟时，城市内部的边缘地区正在发生什么。本研究旨在调查不同行动者之间的相互作用、规划与日常生活之间的相互影响如何改变（等待未来转变的）这些边缘地区。理解边缘地区独特性质的关键所在，是要将这些实际已经存在了一段时期、正沿着从短暂到临时再到永久的具有连续发展轨迹的区域假定为只是短暂存在（Qviström and Salzman,2006）。

　　市政府在赫尔辛基边缘地区的现在和未来发展中扮演着重要的角色，同时，中央政府通过立法和监管施加影响，但中央政府从来不是这一过程中的唯一行动者。本文采用城市治理的概念来更好地阐明不同行动者如何参与界定城乡边缘地区。城市治理不只局限于市政府的行动，还包括了不同领域城市活动之间的相互作用，即中央政府和市政府、私人代理人（如土地所有者和房地产开发商）

以及"公民社会"中的各种行动者(Morris,2000)。此外,城市的治理范围还扩大到了非人类行动者的能动性。"城市"和"自然"都被视为创造城市边缘区的积极动因。基于"城市"视角,边缘地区是来自"自然"的空间,而基于"自然"视角,边缘地区是人类曾经征服过的空间(Loughran,2016;Kowarik,2005)。

　　当选的市政官员、公务员和他们的专家团队编写了大多数与边缘地区有关的资料,对这些资料的分析明显体现了他们的意志与观点。为了更全面地描绘城市边缘区,笔者还引用了报纸和回忆录等各种其他资料来源。我们不仅把边缘地区视为一个阶段,也把它看成一个独立的地方。通过生活在赫尔辛基边缘地区的人们的回忆,我们不仅可以捕捉到他们个人的历史,还可以捕捉到集体的历史,因为正如阿莱达·阿斯曼(Aleida Assmann)所说,"个人记忆所包含的远不止我们作为个体所经历的事情"(Assmann,2006)。

一、工业化前的城市边缘区

　　近代早期时代的瑞典,扩大城市发展的雄心和愿望远远超出了可以利用的资源极限。整个瑞典王国都是如此,尤其是在东部地区,即现在的芬兰。王室希望城镇能成为国家的经济引擎,像许多其他欧洲国家一样建立新的城镇,帮助他们繁荣发展或至少生存下来。然而,与过于乐观的预期相比,结果令人失望,直到19世纪,瑞典几乎所有的城镇都很小,并不引人注目(Lilja,1995;Sandberg,2001)。赫尔辛基的发展也令人失望,1550年,瑞典国王古斯塔夫·瓦萨(Gustav Vasa)将其建立为一个贸易城镇,并于1640年迁至一个新址以提高其成功发展的机会,但直到19世纪早期,它的发展进程依然缓慢,经常被火灾、战争和流行病中断(Hietala and Helminen,2009)。

　　尽管未能达到预期,但为促进城市发展所做的努力仍产生了一定的深远影响。他们花了很长时间来定义一个真正的城镇应该是什么样的,并塑造了城镇与其边缘地区之间的关系。大多数近代早期的瑞典城镇都没办法仅靠贸易和手工业生存,因此国家会对城市农业进行补贴,作为促进城市增长的一项政策。瑞典国王在建立城镇时,还提供了必要的土地,包括了大面积的牧场、耕地和林地。这一传统将城镇分为两部分:一部分是根据规划建造的城镇,在那里出售地块供私人使用；另一部分是位于规划区之外、由所有市民共同拥有的公共土地。未经国家许可，城镇不允许出售这类捐赠的农用地或牧草地，但可以将地块租赁给个人（Perälä，1983；Björklund，2010）。

进一步强调将城镇划分为不同部分的是对城镇建设采取的雄心勃勃的方法。通过提高建筑标准，王室试图将不起眼的居民点改造成外观更体面、更不易着火的真正城镇。这些抱负早在1571年便有据可循，当时瑞典国王约翰三世（Johan III）颁布法令（Hall，1997）：

> 那些不够富有但至少有一定财富的人，如果他们渴望成为城镇居民，就应该用砖盖房子；其他不打算、不可能或没有办法建造这种房子的人们，应该和城镇居民分开居住。

然而，关于木制建筑的禁令通常被置之不理，尤其是在省级城镇。这一情况直到19世纪才逐渐转变，当时主要的城镇中心已越来越多地用砖来建造，少有地方能像赫尔辛基那样转变得引人注目（Hall，1991）。

1809年拿破仑战争期间，俄罗斯从瑞典手中夺取了芬兰。芬兰作为一个拥有独立中央政府的自治大公国被并入俄罗斯帝国，赫尔辛基（一个只有几千名居民的偏远集镇）成为芬兰首都。在军事工程师埃伦斯特伦（Ehrenström）和柏林建筑师恩格尔（Engel）的领导下，赫尔辛基从一个小小的木制城镇转变为享有盛誉的首都。1817年，在埃伦斯特伦的设计中呈现了这样一座城市：宽阔的街道和公园般的林荫大道被布局在城市的几何网格平面图上。在接下来的30年里，埃伦斯特伦的大部分规划被落实在炸开的岩石地带，街道两旁都是恩格尔设计的纪念性建筑，如行政建筑、教堂、大学建筑、军营、医院和一些私人住宅（Klinge，2012）。

从零开始创建一座不朽的城市十分具有挑战性。英国小说家查尔斯·狄更斯（Charles Dickens，1842）在19世纪40年代访问了华盛顿，形容这座城市"拥有数英里长的街道，却缺乏房屋、小径和居民；所需公共建筑有待公众来完成"。赫尔辛基也是如此。回想19世纪30年代和40年代的赫尔辛基，芬兰旅行家萨克里斯·托普柳斯（Zachris Topelius，1885）写道，只有少数居民能够负担得起建造与宏伟的赫尔辛基公共建筑相协调的房屋。在这座城市的中心地带都存在缺口和不完整的开发，附近的"郊区"更是如此，那里允许人们建造木屋，一些富裕家庭也选择在那里居住。

穷人经常被吸引到市区以外。被市政府视为未来土地储备的城市内部边缘地区，为他们提供了找到可负担住所的最好（或许多数情况下是唯一的）机会。渔民们在城南的沿海地区建造了棚屋，许多贫穷的寡妇住在城东卡塔加诺卡（Katajanokka）布满岩石的山坡上，通过出租房屋或经营非法酒窖来维持生计。马车夫和工人们住在城西，制糖和烟草工厂也建在那里。起初，穷人们未经允许就建造了他们的小屋，但从 19 世纪 20 年代起，赫尔辛基市的行政法院开始管理，将规划区外的土地租给了那些无法负担住在市中心的穷人们。这项政策在19 世纪 50 年代被中央政府正式批准（HKT，1876；Waris，1932）。

"短暂"性和"永久"性在城市内部边缘地区表现得都很明显。市政当局会通过各种方式表明这些地区不具有真正（城市）场所的特征，来强调这些社区的短暂性。首先，棚户区通常不出现在城市地图上，而是倾向于被描绘成无人居住的岩石和森林地带（灰色和绿色），或等待开发的空地（白色）。其次，与市中心不同，边缘地区的定居点依地形轮廓而建。再次，大多数边缘地区没有融入街道网络或与城市公共服务相融合。当人们来到规划区的边界时，不再是铺满鹅卵石、被灯光点亮的街道，取而代之的是泥泞的小路，人们在漆黑夜晚或隆冬清晨的泥泞中蹒跚前行（Tanner，1966；Savolainen，2017）。然而 19 世纪 40 年代开始，情况发生了变化。在强调边缘地区"暂时性"的同时，该市行政法院采取了一些措施，为将这些地区纳入城镇规划铺平了道路。法院期望租户用篱笆分隔他们的地块（尤其是那些靠近市中心或沿主干道的地块），支持与他们房屋相关的规划，鼓励他们平整屋前街道，并种植阔叶树来取代该地区的原优势树种——松树（HKT，1876；Lehto，1989）。因此，租户们为"城市"生活平整了土地，在这一过程中，许多人开始将自己的"临时"房屋视为"永久"的居住地，并渴望购买自己的土地。不过，市政府仍然认为这些社区是自发的居民点，不愿出售土地。

除了穷人之外，许多早期制造商也在市中心以外寻找廉价的场所，尤其是靠近河流和海岸的地点。水道不仅能为工厂提供水力发电和生产用水，还提供了处理废弃物的简单途径（Åström，1956）。在大部分城市社区不欢迎的俄罗斯军营以及郡监狱、精神病院和公墓等功能场所，也被布局到城市边缘区。尽管赫尔辛基郊区出现了棚户区、工业建筑和机构,但是大面积的牧场和耕地仍在城市边界内。这片土地一部分租给了私人,其余用作一般牧场。到了 19 世纪初,仍有一名牧羊人出现在赫尔辛基的工资单上,这清楚地表明了该市畜牧业的重要性(Wiherheimo and Rein,195)。然而,城市可以接受哪种食物生产类型已成为一个争论不休的主题。赫尔辛基鼓励城市居民放弃种植黑麦、燕麦和大麦,转而专注更多的"城市"产品,如蔬菜、香料、大麻、亚麻、啤酒花以及烟草和染料植物(Yrjänä,2013)。

二、工业化城市的边缘地区

与所有北欧国家一样,芬兰的工业化起步较晚,真正的突破发生在 19 世纪晚期。赫尔辛基和芬兰其他主要城镇在 19 世纪 70 年代和 80 年代发展加速,制定了新城镇规划来扩大规划区域(Clark,2009)。19 世纪 70 年代中期,赫尔辛基批准了一项将城市扩展到市中心以东、南和西部的贫困社区的规划。规划从纸上真正落地,开始平整数条街道的岩石地形。虽然这一过程最终使得这些地区几乎无法辨认,但还是保留了一些早期发展的痕迹。现行的地块划分经常用于制定规划(*HKT*,1876;Schulman,2009),从街道和地方名称中也能明显看到过去的痕迹。分割该地区的街道被命名为科尔凯沃伦卡图(Korkeavuorenkatu,即高山街),该地区的西部被称为普纳沃里(Punavuori,即红山)。

市议会承认许多工薪阶层的租户已经将毕生积蓄投资到他们的地块,因此决定给予他们优先购买权和十年的付款时间。那些无法购买自己土地的人则不得不在城市认为适合售卖的时候腾退出土地(*HKT*,1876)。在 19 世纪末和 20 世纪初,这些内部边缘地区的规划和随后新开发的住宅(主要为中产阶级居民设计的精美公寓建筑)迫使大部分下层阶级继续流动迁出。他们最初向西部地区移动,那里的老旧社区在较长时间内无法重新开发。之后,下层阶级越来越多地向城市北部边缘地区移动(*HKT*,1884)。北部是城市扩张的天然方向,因为赫尔辛基的中心位于一个狭长的半岛上,西、南、东面被海域包围。车间、工厂和工人住房在城市中沿公路和铁路延伸,他们首先在城市边界内延伸,但随着时间推移,逐步蔓延到更偏远的地区。

虽然城市核心和边缘地带之间的边界仍然模糊,但毫无疑问边界非常重要。

在 19 世纪 70 年代和 80 年代,当城市政府的角色和责任不断扩大时,划清这两个领域之间界限,是抑制支出的有效途径。赫尔辛基的政策制定者认为,市政府只需在规划区提供基本的基础设施服务,尽管他们通常并不会立即采取行动。虽然国家和地块所有者也可能对基础设施服务的投资有所贡献,但提供服务的责任主要由市政府承担。除了铺设道路和照明系统外,人们还期望城市将街道与供水管道和污水系统连接起来(HKT,1875—1878;1884)。城市核心地区被视为有序的城市空间,或正在成为有序的城市空间:一个完整的城市结构,建筑物彼此相邻,并连接到同一基础设施网络。街道、广场和公园分布在建筑之间,文物、基础设施系统和人类都逐步拥有各自的场所(HKT,1876—1878;1884;Buiter,2008)。

城市核心区以外的区域,无论是在城市边界之内还是之外,往往都发展为有序城市空间的对立面。和以往一样,市政当局主要将边缘地区视为城市的延伸。这是一个供未来发展所用的土地储备区,也是一些活动的理想场所,这些活动虽然重要,但在市区内却不受欢迎(HKT,1884)。关于城市边界内的边缘地区,城市作为土地所有者有权决定土地利用,并积极利用这一权力来保持这些地区的"临时"甚至"无序"特征,直到城市发展需要适当规划这些地区。开阔的草地、田野和森林地区散布着"临时"居民点,部分上层和中产阶级别墅、工人住宅、车间和工厂零散地建在租赁土地上,这些土地由城市所有,通常无法获得基础设施服务(Waris,1932;HKK,1977)。

直到 20 世纪前十年,保持"暂时性"仍然是一种惯用策略,尤其是在赫尔辛基和许多其他北欧城市的工人阶级集聚地区(Hall,1997)。正如斯温-埃里克·奥斯特伦(Sven-Erik Åström,1957)认为,"'更好'的地区是事先规划好的,工人阶级的地区是用来回顾过去的"。卡利奥(Kallio,意为"岩石")是赫尔辛基政府试图保持"暂时性"的一个典型地区,这是一个位于市中心以北、靠近索奈宁(Sörnäinen)工业区的工人阶级区。在 19 世纪 70 年代,工人阶级开始搬进这个地区,居住的房屋散落在岩石景观中。当人们提出需要更多的房子时,市政府决定了未来街道的位置和路线,将土地分成地块,但没有出售地块,而是以低廉的价格将其出租出去,租金仅为规划城区中租金的 25%～30%。市政府没有平整地形,也没有为该地区提供市政服务,但对租户的要求也很少。他们可以建造木制房屋,不需要遵守任何严格的建筑法规,从而形成了一个容易发生火灾和流行病的社区（Waris,1932）。

市政当局基于"永久"理念对"临时"边缘地区和市区之间的区分，并不涉及所有地区。许多工人阶级家庭经常在边缘地区内流动，也在边缘地区和城市核心区之间流动，因为对他们来说，边缘地区和核心地区一样都只是"一个场所"而已（Waris,1932）。这样的区分也受到一些企业家和重要公共机构的质疑，如国家铁路公司。虽然许多工业企业和机构在地理位置上处于城市的边缘地区，但它们在社会和政治上是城市的重要组成部分，渴望与基础设施网络相连。例如，保障供水对他们来说至关重要，因为赫尔辛基岩石地带的地下水十分稀少。特别是企业家们向市政府施压，要求把市政供水系统扩展到边缘地区，否则他们需要自费在物业上安装水管。向工厂提供供水和排水系统，也为向附近工人阶级社区提供服务铺平了道路。然而，在这些地区安装水龙头和注井，却收到了不同的反应。根据男性作家的说法，女性尤其坚持使用井水，因为用井水"做的咖啡比用市政供水做得更好"（Tanner,1966;Åström,1956）。

住在卡利奥和其他内部边缘地区的工人阶级，在回忆录中描述了他们的环境：杂乱布局的房子和没有名字的泥泞街道，空地、岩石、草地、田野和森林等"临时"的绿色和开放空间，是他们日常生活中不可或缺的部分，是儿童和年轻人玩耍与社交的热门场所。许多工人阶级妇女通过为富裕家庭洗衣服赚取额外收入，她们用岩石来晾干衣服。有些田地和草地仍然租给农民，人们在森林里采摘野生蘑菇和浆果（Salmela-Järvinen,1965;Salmela-Järvinen,1966;Tanner,1966）。这些空间并没有被正式认定为"自然"或宝贵的资源，但其中一些已经成为了他们所在地区的"永久性"特征。例如在卡利奥，一些这样的空间在20世纪的发展浪潮中存续了下来，而其周围所有的木屋都因开发被夷为平地。

虽然边缘地区通常被视为城市发展的土地储备区，但一些绿地（如赫尔辛基群岛的岛屿）被保留为"自然"。自18世纪以来，这些岛屿中有许多一直处于军事控制之下，而其余岛屿归赫尔辛基市或者私人所有，用于耕种、放牧、造船和储存易燃材料等各种用途（Kumela,1979）。19世纪末，当这座城市迅速发展时，岛屿越来越被视为一个理想的休闲场所。许多富裕家庭在群岛租赁或购买了用于避暑的地方，而工人阶级则乘汽船和划船进行岛屿一日游。市政府鼓励工人阶级在群岛休闲，并于 19 世纪 80 年代在两个森林岛屿上建立了人民公园。在这些公园里，自然的理想愿景在人工景观、博物馆和动物园中展现（Koskivaara，1968；Knapas，1980）。

城市内部边缘地区的一些林地也被认为具有"自然"价值。1886 年出台的《森林法》（Forest Act）要求城市保护林地，但真正使赫尔辛基居民认识到林地价值的是 1890 年那场摧毁了城市数千棵树木的风暴（*Päivälehti*，发生于 1890 年 8 月 30 日）。市政府在已有护林员的基础上又雇用了一名护林员，并开始种植新的林地，以弥补风暴中损失的林地。市政府不仅种植了松树、云杉和桦树等本土树木，还种植了在芬兰比较稀有、被认为更具价值和更"城市"的树木，如落叶松和榆树。它们中有一些不能适应寒冷气候，但仍有许多幸存了下来。由人文和自然过程共同塑造的重新种植的城市森林，为赫尔辛基许多内部边缘地区塑造了（至今仍然可见的）独特特征（Lehti，1989）。

虽然人们对岛屿和森林的价值达成了共识，但对人类与（其他）自然之间的恰当关系却没有达成普遍共识。例如许多人对捕杀动物仍然秉持非常实用主义的态度。第一位社会民主党首相瓦依诺・坦纳（Väinö Tanner）曾在其回忆录中写道，在 19 世纪 80 年代，他和其他工人阶级的男孩经常被派往城市边缘的屠宰场买血。在那里，他们目睹了动物被宰杀，甚至会喝带有余温的血（Tanner，1966）。一些中产阶级开始对自然保护感兴趣，并对对待动植物的"农村"和"外国"方式感到震惊。来自农村的工人和俄罗斯士兵常因猎杀动物、践踏植物和偷窃树木等破坏行为而被指责（Palmgren，1913）。20 世纪初，人们对动物变得更加富有同情心，并发起了相关运动以增加城市中天鹅、鸭子和松鼠的数量。然而，这一变化是自相矛盾的，虽然鸭子受到保护，但鸽子越来越被人讨厌（Koskivaara，1968；Haapanen，2001）。

三、走向大赫尔辛基：城市边界之外的边缘地区

在 20 世纪初，居住在城市边界之外对许多人越来越有吸引力。芬兰的城市决策者低估了快速城市化带来的挑战，并没有投入足够的精力发展可负担住房。一些企业家意识到了廉价住房需求增长带来的商机，并以瑞典的同行

为榜样成立了房地产开发公司。这些公司在城市边界外收购了大片农田并分割，将这些地块作为住宅地块出售。因此，当时芬兰大部分城市增长通常发生在城市边界之外的私有土地上，超出了市政的控制范围（Harvia，1918；Perälä，1983）。

尽管一些新社区吸引了中上阶层家庭，因为他们更加偏好乡村的优美环境，但绝大多数搬到新郊区的人是低收入的城市居民或城市移民。赫尔辛基当局在20世纪初曾估计，居住在其城市边界以外的郊区居民中，80%～90%是工人阶级，而在芬兰的一些其他城市中这个比例甚至更高（*HKV*，1912；Harvia，1936）。在20世纪早期的欧洲，被称为"郊区"的区域非常多样，概念延伸得非常广，以至于失去了一些特指性。在英国，郊区长期存在的负面内涵在19世纪被逆转，中产阶级因边缘地区的便利性而搬离城市核心区（McManus and Ethington，2007）；而在芬兰，郊区的负面内涵一直存在。

虽然赫尔辛基以外的郊区大部分是半农村化的村庄，几乎或根本没有便利设施，但它们为工人阶级提供了很多东西。这里没有建筑法规限制房屋建造，建筑材料很便宜，小规模的农业和园艺为人们提供了餐桌食物，这里的空气常常让他们想起其长大的农村（Harvia，1936）。事实上，那些生活在边缘社区居民的回忆表明，城乡互动的混合空间往往最接近他们对稳定生活的看法。对许多人来说，边缘郊区是他们婚后定居的地方，也是他们建造第一个"永久"住宅的地方。在这里，他们"看着小麦在风中荡漾"，感受到"针叶林的清新气味"，同时享受着种着苹果树的郊区花园，体验着"城市的脉搏"（Salmela-Järvinen，1966；Tuglas，1986；Harvia，1936）。在不规律的郊区，人文和自然过程的相互作用创造了一种新的自然。

当赫尔辛基当局意识到郊区发展加速，以及私人土地所有者和房地产开发商在这一过程中的作用后，对这种情况表示非常关切（*HKV*，1892）。因为在以往，这通常是他们所要做的。根据1926年生效的法律，城市不被允许兼并私有土地，要想兼并城市边界附近的土地，城市必须首先获得所有权。因此在21世纪初，芬兰的城市中很少有土地兼并发生（Perälä，1983）。

人们对不规律郊区持批评态度，最明显的原因是其对城市健康和公共秩序的威胁。这些社区缺少下水道系统和铺砌的街道，居民通常依赖污染的水井获取饮用水。许多人把猪和鸡养在院子里，这让赫尔辛基当局非常恼火，因为赫尔辛基当局那时刚在限制城市内饲养牲畜方面取得了一些进展。郊区几乎或根本没有警察，人们认为这会产生一种过度饮酒和暴力的文化（*Tidskrift för Hälsovård*, 1892; *HKT*, 1905; *HKV*, 1912）。不规律社区被视为问题的另一个原因，是许多变化具有不可逆性。"临时"的解决方案往往实现了不受欢迎的"永久性"效果。当局敏锐地意识到，长期的非正式定居点阻碍了城市未来发展的有效规划，因此急于在早期阶段阻止定居点形成。相比之下，他们更喜欢"殖民"田地和森林，而不是"投机者"创造的定居点（*HKV*, 1912）。

事实上，市政当局的部分关切是毫无根据的。卫生条件方面，城市内外边缘社区之间的差异往往很小。住在城外的人缺少市政设施，但住在城内的人也无法总是依赖市政设施的可得性。至于房地产开发商，情况并不像当局所说的那样黑白分明（Harvia, 1936）。房地产开发公司的创始人往往对城市问题深表关切，许多公司最初都是出于社会责任开始经营。普伊斯托基莱·奥伊公司（Puistokylä Oy）便是一个很好的案例，它收购了赫尔辛基附近 1 000 多公顷的土地。运用花园城市理论，该公司试图打造一种将工人阶级、农民和小企业主融合在一起的社区。然而事实证明，这些规划过于雄心勃勃。最终风景如画的蜿蜒街区被放弃，取而代之的是直截了当的网格模式，公司承诺的服务未曾实现，在缺少控制协调的情况下，所有建筑商只做他们认为最好的事情（Pii-lonen, 1996）。

尽管新郊区并不总能满足人们的期望，但它们仍在不断增长。房地产开发商的成功导致这座城市处于被挤压在大海和"投机者"之间。在主要市政官员的紧急鼓动下，赫尔辛基仿效哥本哈根和斯德哥尔摩所树立的榜样，启动了土地征用程序，以便再次成为"自家的主人"。由于政策制定者对这一想法仍在逐步接受中，起初步伐很慢，在错过了一些机会后，大多数议员最终默许了这一想法，第一次世界大战期间土地价格下跌也间接提供了进一步动力（*HKT*, 1907; *HKT*, 1917; *HKV*, 1912; Brunila and af Schultén, 1955）。

1917 年春天，市议会以相当于该市年度预算四分之一的价格，在城市边界外购买了 1 450 公顷土地。这次收购加上 1918 年和 1919 年的进一步收购，极大促进了城市的控制性发展。土地购买政策中的第一个优先方向，是获得那些在几乎不考虑秩序和安全的情况下建造的郊区地区的所有权。这些地区应停止土地分割分配，如果城市不是急需土地，它就被"临时"出租为农业用地。该政策背后的另一个动机，是为工业活动提供建设用地和（急流）水电站，从而确保赫尔辛基成为未来的工业城市。此外在当局看来，当时的大型森林似乎没有什么价值，尽管它们是非正式的热门娱乐场所（*HKV*，1917；Lehti，1989；Yrjänä，2013）。

　　促使市政决策者采取行动的另一个原因，是他们意识到自己即将失去城市规划的主动权。1908 年，一个新的城市规划机构——城市规划委员会开始启动工作，但他们面对的是强大的竞争对手，特别是在 19 世纪前十年。一些房地产开发商不顾战争的影响，仍积极参与开发边缘地区的决定。例如 M. G. 斯特纽斯·奥伊（M. G. Stenius Oy）是赫尔辛基地区最大的公司，其股东中有芬兰最著名的建筑师埃利尔·沙里宁（Eliel Saarinen），公司委托他来设计紧邻城市边界之外的郊区（Saarinen，1915）。几年后，沙里宁出版了《支持赫尔辛弗斯规划》（*Pro Helsingforsplan*，Jung and Saarinen，1918），对整个赫尔辛基地区总体规划提出了他的建议。沙里宁为赫尔辛基（新独立的芬兰首都）设想了一个新的纪念性中心，也规划了一个由卫星中心组成的环带。宽敞的郊区由铁路线和各种类型的绿地构成，森林、田野和公园，特别是中央公园，这些绿地从市中心一直延伸到农村地区（Nikula，1988；Niemi，2016）。虽然《支持赫尔辛弗斯规划》从未正式通过，但它留下了一份具有影响力的遗产，其中许多元素被纳入了后续规划。例如沙里宁设想将最臭名昭著的不规律郊区之一——帕西拉作为赫尔辛基的第二中心。在以下几段论述中，笔者将简要讨论将帕西拉转变为第二中心的长达一世纪的过程，一个以长期"临时"系统为特征的过程。

四、从"猪城"到赫尔辛基北部：帕西拉雄心勃勃的规划和日常生活

　　在 20 世纪早期，伍德-帕西拉（Wooden-Pasila）只是城市边界之外的一个小定居点，距离市中心以北 3 千米，到赫尔辛基东部的工业场所只有步行距离。这个社区由 1 500 名居民组成，他们居住的木屋建在崎岖、布满松树的山上。这些房屋大小各异，从独栋住宅到低层公寓，每一幢都有自己的特点和风格。市政府将帕西拉视为一种"克朗代克"（Klondike），以近乎目无法纪的边境生活而臭名

昭著，规划不足、卫生条件差、过度酗酒和争吵充斥，主要日报称其为"猪城"（Pigtown），渲染了帕西拉的"非城市"性质（*Helsingin Sanomat*，1905 年 8 月 4日；Kervinen，1998）。住在帕西拉的人经常抱怨缺乏服务，但同时又觉得外人不公平地延续了对帕西拉的负面声誉（*Työmies*，1902 年 7 月 18 日；1907 年 7 月20 日）。

　　帕西拉不是赫尔辛基附近唯一的问题郊区，但它因距离市区太近而不容忽视。市议会决定买下这一地区，并于 1912 年并入赫尔辛基。随后，市政当局为该地区提供了自来水和下水道，并改善了街道。尽管如此，市政当局只打算做最低限度的投入（*HKT*，1913；Harvia，1936；Kervinen，1998）。对于赫尔辛基的决策者来说，木制帕西拉是一个没有未来的郊区。新规划一旦完成，旧帕西拉就会消失殆尽。

　　在《支持赫尔辛弗斯规划》中，沙里宁遵守了赫尔辛基当局的意愿。沙里宁建议将主要火车站移到帕西拉，使它成为城市的主要交通节点（Jung and Saarinen，1918）。虽然当时没有得到正式批准，但将帕西拉规划为赫尔辛基北部的想法得到了支持（Mäkinen，2004）。然而，市政当局对城市增长的预期过于乐观了，建造新帕西拉的计划被搁置了 60 年，几乎是人的一生。与此同时，"临时"的木制帕西拉（几乎）一如既往地延续着。孩子们长大了，成年人变老了，土地租赁被更新了，原本灰色的房屋被涂上了更鲜艳的颜色。环境也发生了几乎翻天覆地的变化。许多居民在花园里开辟了菜地，也种植了鲜花、灌木和树木，结果，布满松木的崎岖山丘逐渐变成了绿洲。到了 20 世纪 50 年代，即在木制帕西拉被预言将终结的 40 年后，这个 3 000 人的社区却享受着它的全盛时期。它仍然是一个工人阶级社区，大多数居民相对贫穷，但在许多方面，它是一个活跃、紧密的社区（Kervinen，1998；Auvinen，2015）。

　　20 世纪 60 年代的快速城市化标志着帕西拉终结的开始。为了保障土地在需要时可以使用，赫尔辛基市政府将地块的租期缩短为五年。这一决定引发了太多的不确定性，以至于只有少数业主愿意投资并维持这个地方。随着建筑和基础设施快速恶化，许多居民（特别是年轻人和家庭）离开这里到别处定居。帕西拉逐渐成为来到城市的穷人们的第一个临时住所，也成为拒绝搬离家园的老年人社区。房屋、花园和街道，这些对许多居民来说是"永久"的地方，又恢复成"短暂"的安排。20 世纪 70 年代初，市政府开始终止地块租赁，同时，"自然"也逐渐收复了该地区。

杂草和灌木从建筑物的裂缝中生长出来，占领了无人照料的花园。建筑环境的恶化和"自然"环境的蔓延使得市政当局相对容易地将拆除帕西拉合法化。不规律郊区从一开始就不是一个"真正"的城市，在20世纪70年代更是如此（*Helsingin Sanomat*，1974年7月2日；1974年9月28日；Kervinen，1998）。

　　1979年，该地区批准了一项新的城镇规划，木制建筑社区很快被一个现代化的居住和办公区——西帕西拉（Western Pasila）所取代，由公寓、街道、有轨电车和"城市"公园等街区组成。东帕西拉（Eastern Pasila）建于20世纪70年代，发展成为赫尔辛基新的行政中心，建有中央和市政府办公室和公寓楼。把帕西拉发展为第二中心的最后一段进程仍在进行中。帕西拉中部和北部已经开始开发，并将持续到2040年，届时帕西拉将成为三万人的家园并拥有五万个工作岗位（*HK*，2017）。

五、理想的居住场所：森林郊区的破碎边缘

　　赫尔辛基市在20世纪前十年至20世纪30年代期间从周边地区获得了大片土地，这项政策终结于其1938年收购了最活跃的房地产开发公司之———M. G. 斯特纽斯·奥伊（*HKT*，1938）。由于法律障碍和第二次世界大战，对已收购区域的正式兼并被推迟，但最终在1946年得以实施，赫尔辛基的面积从29平方千米增加到165平方千米。这些改革使赫尔辛基成为"自家的主人"，并能在可预见的未来继续保持这一地位。该市拥有大约一半土地面积的所有权，1932年的《城镇规划法》（Town Planning Act）进一步授予市政当局制定私人所有土地的规划的权力（Sundman，1991）。

　　在战后的特殊情况下，将城市和被收购地区整合成一个运转良好的功能系统是一项艰巨任务。快速城市化让这项任务变得更加复杂。赫尔辛基的人口从1950年的36万增加到1970年的52万，埃斯波和万塔这两个相邻城市同样增长迅速，截止1970年总人口达到27万。与此同时，随着生活水平提高，中产阶级和工人阶级家庭逐渐寻求更加宽敞的住房。继1918年埃利尔·沙里宁提出相关想法和瑞典许多城市树立榜样之后，赫尔辛基和邻近城市将分散化作为20世纪50年代和60年代满足高住房需求的关键战略（Schulman，2009）。

分散化进程从开始就"雄心勃勃"。塔皮奥拉(Tapiola)是战后赫尔辛基地区最早建成的郊区之一,其建造品质在国内国际备受赞扬。在这里,保存完好的公园巧妙地转变为更加自然的景观,该项目有著名芬兰建筑师设计的现代主义建筑,以及创造一个社会融合街区的雄伟目标(Tuomi,2003)。塔皮奥拉的名字来源于芬兰神话中古老的森林之神塔皮欧(Tapio),它坐落在"荒无人烟的地方",位于埃斯波郊区,距离赫尔辛基市中心约 10 千米。20 世纪 50 年代搬到塔皮奥拉的人回想起这个闭塞的地方时提到,从赫尔辛基到塔皮奥拉的巴士路线穿过了"黑暗、茂密的森林"(Astikainen et al.,1997)。

在塔皮奥拉的启发下,20 世纪 50 年代和 60 年代初,赫尔辛基的城市边界内建造了几个新郊区。在这个过程中,公众对边缘郊区的印象和态度从完全负面转变为主要积极,至少暂时如此。新郊区实际坐落在古老的森林中,这些森林在两次世界大战期间并没有受到高度重视,但现在却被视为一个理想的居住地。政治家、市政官员和媒体强调,儿童尤其需要与自然直接接触,他们无法在城市中心的"沥青丛林"中充分发挥潜力(Niemi,2006)。不仅新郊区被森林整体包围,甚至连建筑之间也常常保留着大片的森林,塔楼、垂直公寓楼和联排房屋都是如此。建筑的立面尽可能简单,以便由"自然"来进行装饰(Ekelund,1940;Tuomi,2003)。此外,建筑之间的乔木和灌木不仅可供户外欣赏;由于大窗户连接了外部和内部空间,也可以从室内欣赏"自然"(Niemi,2006)。

塔皮奥拉与 20 世纪 50 年代和 60 年代初建造的森林郊区被称赞为现代、城市化的芬兰新国家景观;这一景观反映了芬兰人的浪漫主义理念,即便生活在城市中,也与他们国家的自然有着独特的联系(Niemi,2017)。人们期望将应用于这些郊区的想法传播到赫尔辛基和芬兰其他城市的周围边缘地区。然而在 20 世纪 60 年代中期,人们的态度发生了转变,森林郊区越来越被批评为"反城市浪漫主义"。这些批评并没有阻止更多郊区的建设,相反它们在 60 年代末和 70 年代加速涌现。尽管如此,郊区的空间结构发生了改变。非正式布局的街道和建筑被摒弃,取而代之的是网格规划,以便在边缘地区创造出更加"城市"的感觉。赫尔辛基市新住宅区的开发仍然相对缓慢,因此最强劲的郊区开发发生在赫尔辛基市边界之外。邻近的市政当局急于吸引新居民和新工业,通过与私人建筑公司签订土地开发合同,加快了住房建设。合作的结果是,在赫尔辛基地区的森林和田野中间,建造了许多以预制多层公寓楼为主的大型郊区住宅区。这些住宅区之间夹杂着低层住宅区和工业区(Sundman,1991)。

虽然城郊现在建立在"永久"的概念上,但大多数城郊在根本上是"暂时的"和"未完工的"。当居民最初搬进来的时候,它们还是建筑工地,其中许多地区很长时间都是"未完工的"和"临时的"。城郊的愿景和规划通常包括工作场所、幼儿园、商店、图书馆、游乐场和酒吧,但大部分这些活动、服务和文化设施要么是在相当长时间后才提供,要么根本没有提供(Sundman,1991;Niemi,2006)。由于休闲设施特别有限,居民充分利用了周围的自然环境。孩子们把林地、海滩、采石场和废弃建筑视为探险的场所和富有想象力的游戏空间。青少年在林地和海滩上度过他们的空闲时间,享受这些环境提供的更大自由。成年人通过散步、慢跑和遛狗来享受周围的自然。在这样的行为过程中,居民们创造了一种新的自然,例如不抗践踏的物种在城郊逐渐消失,而耐受践踏干扰的物种则蓬勃发展。事实上,大型郊区住宅区、低层住宅区和工业区(介于城市和密集种植农业区之间的区域)为许多物种提供了基本的栖息地(Asikainen,2014)。

如果说城市近郊是"未完工的"和"临时的",那么整个郊区也是如此。由于缺乏整体协调,赫尔辛基和其他城市之间的争端,以及建筑公司之间的竞争,造就了一个支离破碎的边缘区域,即被大片森林、田地、空地和限制进入的高速公路所破坏的城市结构碎片。在一些国际比较中,赫尔辛基的边缘地区似乎是最分散的城市地区(*EEA*,2006)。

六、21 世纪:重新审视旧边缘地区

在过去的几十年里,人们目睹了汽车兴起之前盛行的密集、连续的城市结构逐渐恢复。赫尔辛基市实行了城市整合政策,邻市的市政当局某种程度上亦是如此,他们亦鼓励保有基础设施的地区增长,并减少城乡边缘地区的发展。由于赫尔辛基大都市带各城市的利益分化和冲突,这种变化虽不均衡,但趋势十分明显。该政策被认为是改善服务可得性和缓解气候变化的不可或缺的战略(Maijala and Sairinen,2008;Helsingin Seutu,2010)。

紧凑城市的概念,加之区域规划的困难,使得赫尔辛基更加专注于"城市内

部边缘"的开发。首要开发目标是城市核心或附近未充分利用的土地。举一个典型的案例，坎皮的核心区在19世纪被俄罗斯军队的兵营和阅兵场占领，直到21世纪初，该地区一直是城市中心的边缘地带，也是城市结构的一个缺口，最终一个重建项目将该地区并入赫尔辛基的中心商业区。另一个案例是20世纪后期失去原有功能的老工业区和港区，其中许多地方已经或正在重新开发住宅。最后，第三个案例是长期处于军事控制之下的岛屿。它们在20世纪失去了军事意义，如果不是在20世纪之前，它们中的许多地方会逐渐被自然收复。在21世纪，这些岛屿作为文化和自然遗产相结合的休闲区向公众开放。

七、结论

同许多其他北欧城市一样，赫尔辛基城市核心和边缘地区之间的差异在19世纪和20世纪上半叶变得愈加明显。城市中心逐渐变得更具"永久性"，建筑和基础设施更加稳定，而在内部边缘地区，城市化加速加重了"暂时性"的意味。赫尔辛基市政当局强化了这一进程，他们在规划地区实施了越来越多的建筑、消防和公共卫生法规，同时积极寻求在城市外围保持"非正式"。棚户区和不规则的工人阶级地区是为低收入群体提供住房的"临时"安排，直到为不断扩大的城市腾出发展空间而被拆除。市中心附近的农田和林地（除了一些岛屿和林地外）被视为"未开发"的土地。这些地区满足了城市本身的需要，在测绘师、道路工人和建筑工人将它们纳入城市核心之前，它们是城市食品和工业材料的"临时"来源，也是非正式的娱乐场所。市政当局设法保留其各种选项，以便在最佳时机制定并应用其规划策略。

在实践中，保持"暂时性"通常并不容易。赫尔辛基市是一个重要的土地所有者，因此能够很好地控制边缘地区的发展，特别是在19世纪和20世纪20至60年代之间。当然，还有许多其他因素在起作用。即使在城市核心附近的非正式定居点，特别是"临时"的定居点，一些"永久性"的变化也常常不可避免。居民与环境之间的相互作用通过微小的变化塑造了这些地方，随着时间累积最终导致了显著的变化。再远一点，私人土地所有者和房地产开发公司、房屋建筑商一起在田地和森林中间创造了"永久性"的城市结构。邻近的城市在20世纪60年代和 70 年代变得活跃起来。不同时间经历的，或同时发生的文化和自然过程的特殊互动，使得边缘地区成为一个独特的地方，既不同于城市核心地带，也不同于密集耕作的农业区。虽然城市边缘区整体上已经处于变化状态，但其中许多部分已经变得"永久"，或者至少形成了一种"永久"的感觉。

参 考 文 献

Printed Sources

HK, 2017. *Uutta Helsinkiä: Pasila.* Helsinki: Helsingin kaupunginkanslia www.uuttahelsinkia.fi/fi/pasila (last accessed 10 October 2017).

HKK, 1977. *Meilahden huvila-alue.* Helsinki: Helsingin kaupungin kaupunkisuunnitteluvirasto.

HKT, 1875–1938. *Kertomus Helsingin kaupungin kunnallishallinnosta* (Annual Reports of the Helsinki City Administration). Helsinki: Helsingin kaupungin tilastotoimisto.

HKV, 1892–1917. *Helsingin kaupunginvaltuuston painetut asiakirjat* (Published Documents of the Helsinki City Council). Helsinki: Helsingin kaupunginvaltuusto.

Päivälehti/Helsingin Sanomat, 1905.08.04; 1974.07.02; 1974.09.28.

Tidskrift för Hälsovård, 1892.

Työmies, 1902.07.18; 1907.07.20.

Literature

Asikainen, E., 2014. Lähiöluonnon muotoutuminen ja lähiön ekologian logiikat Tampereen Hervannassa. *Terra*, 127 (1), pp. 3–19.

Assmann, A., 2006. *Der lange Schatten der Vergangenheit: Erinnerungskultur und Geschichtspolitik.* München: C. H. Beck.

Astikainen, R., Heiskanen, R. and Kaikkonen, R., 1997. *Elämää lähiössä.* Helsinki: Helsingin Sanomat.

Åström S-E., 1956. Kaupunkiyhteiskunta murrosvaiheessa. In: *Helsingin kaupungin historia IV:2.* Helsinki: Helsingin kaupunki, pp. 7–333.

Åström, S-E., 1957. *Samhällsplanering och regionsbildning i kejsartidens Helsingfors: Studier i stadens inre differentiering, 1810–1910.* Helsinki: Helsingfors stad.

Augé, M., 2008. *Non-places: an introduction to supermodernity.* London: Verso Books.

Auvinen, J., 2015. *Puu-Pasila. Idylli rautatien varrella*. Helsinki: Kustantaja Laaksonen.

Björklund, A., 2010. *Historical urban agriculture: food production and access to land in Swedish towns before 1900*. Stockholm: Stockholm University Press.

Brunila, B. and af Schultén, M., 1955. Asemakaava ja rakennustaide. In: *Helsingin kaupungin historia IV:1*. Helsinki: Helsingin kaupunki, pp. 7–104.

Buiter, H., 2008. Constructing Dutch streets: a melting pot of European technologies. In: M. Hård and T. J. Misa eds. *Urban machinery: inside modern European cities*. Cambridge, MA: MIT Press, pp. 141–162.

Clark, P., 2009. *European cities and towns 400–2000*. Oxford: Oxford University Press.

Crankshaw, N., 2009. Plowing or mowing? Rural sprawl in Nelson County, Kentucky. *Landscape Journal*, 28, pp. 218–234.

Dickens, C., 1842. *American notes for general circulation*. Leipzig: Bernhard Tauchnitz.

EEA, 2006. *Urban Sprawl in Europe—the ignored challenge: EEA report 2006:10*. Copenhagen: European Environment Agency.

Ekelund, H., 1940. Kerrostaloasunnot. *Suomen Kunnallislehti*, 9.

Gallent, N., 2006. The rural-urban fringe: a new priority for planning policy? *Planning, Practice & Research*, 21 (3), pp. 383–393.

Gallent, N., Andersson, J. and Bianconi, M., 2006. *Planning on the edge: the context for planning at the rural-urban fringe*. London: Routledge.

Haapanen, E., 2001. Villisorsista pullasorsiksi. Eläinten kotiutumisesta kaupunkiin. In: S. Laakkonen, S. Laurila, P. Kansanen and H. Schulman eds. *Näkökulmia Helsingin ympäristöhistoriaan*. Helsinki: City of Helsinki, pp. 110–123.

Hall, T., 1991. Concluding remarks: is there a Nordic planning tradition? In: T. Hall ed. *Planning and urban growth in the Nordic countries*. London: E & FN Spon, pp. 281–294.

Hall, T., 1997. *Planning Europe's capital cities: an aspects of nineteenth century urban development*. London: Taylor & Francis.

Harvia, Y., 1918. Kaupunkikuntien tonttipolitiikasta. In: *Suomen ensimmäinen yleinen asuntokongressi. Pöytäkirja*. Helsinki: Yhdistys yleishyödyllisen rakennustoiminnan edistämiseksi, pp. 48–73.

Harvia, Y., 1936. *Helsingin esikaupunkiliitos. Päämietintö*. Helsinki: Helsingin kaupunki.

Helsingin Seutu, 2010. *Greater Helsinki vision 2050*. www.hel2.fi/helsingin seutu/FINAL_GreaterHelsinki_200x200mm_english_03-09-2010_LOW.pdf.

Hietala, M. and Helminen, M., 2009. Helsinki since 1550. In: M. Hietala, M. Helminen and M. Lahtinen eds. *Helsinki: Historic Town Atlas*. Helsinki: City of Helsinki, pp. 8–47.

Jung, B. and Saarinen, E., 1918. *Pro Helsingfors: Ett förslag till stadsplan för Stor-Helsingfors utarbetat av Eliel Saarinen m.fl.* Helsinki: Pro Helsingfors.

Kervinen, H., 1998. Puu-Pasila—Kylä kaupungin laidalla. In: H. Schulman and M. Sundman eds. *Pasila: Helsingin uusi keskus*. Helsinki: Helsingin kaupungin tietokeskus, pp. 75–82.

Klausen, J. E. and Røe, P. G., 2012. Governance and change on the urban fringe.

Urban Research and Practice, 5 (1), pp. 1–5.

Klinge, M., 2012. *Pääkaupunki: Helsinki ja Suomen valtio, 1808–1863*. Helsinki: Otava.

Knapas, M. T., 1980. *Korkeasaari ja Seurasaari: Helsinkiläisten ensimmäiset kansanpuistot*. Helsinki: Helsinki-seura.

Koskivaara, L., 1968. *Kun Helsinki oli nuori ja pieni: Muistikuvia poikavuosilta*. Porvoo: WSOY.

Kowarik, I., 2005. Wild urban woodlands: towards a conceptual framework. In: I. Kowarik and S. Körner eds. *Wild urban woodlands*. Berlin: Springer, pp. 1–32.

Kumela, M., 1979. Helsingin saarten historiaa. In: *Narinkka 1977–1978*. Helsinki: Helsingin kaupunginmuseo.

Lehto, L., 1989. *Elämää helsinkiläismetsissä: Helsingin kaupunginmetsänhoidon syntyhistoriaa*. Helsinki: Helsingin kaupunginmuseo.

Lilja, S., 1995. Small towns in the periphery: population and economy of small towns in Sweden and Finland during the early modern period. In: P. Clark ed. *Small towns in early modern Europe*. Cambridge: Cambridge University Press, pp. 50–76.

Loughran, K., 2016. Imbricated spaces: the high line, urban parks, and the cultural meaning of city and nature. *Sociological Theory*, 34 (4), pp. 311–334.

Maijala, O. and Sairinen, R., 2008. Promoting sustainable urban form: implementing urban consolidating policies around the Helsinki Metropolitan Region. In: M. Jenks, D. Kozak and P. Takkanon eds. *World cities and urban form: fragmented, polycentric, sustainable?* London: Routledge, pp. 95–112.

Mäkinen, M. K., 2004. Helsinki Nord. In: R. Martinsen ed. *Herää Helsinki! Kaupunkisuunnittelu kaaoksessa*. Helsinki: Helsingin kaupunkisuunnitteluseura, pp. 9–14.

McManus, R. and Ethington, P. J., 2007. Suburbs in transition: new approaches to suburban history. *Urban history*, 34 (2), pp. 317–337.

Morris, R. J., 2000. Governance: two centuries of urban growth. In: R. J. Morris and R. H. Trainor eds. *Urban governance: Britain and beyond since 1750*. Aldershot: Ashgate, pp. 1–14.

Niemi, M., 2006. Conflicts over green space in Helsinki, c. 1950–2000. In: P. Clark ed. *The European city and green space—London, Stockholm, Helsinki, and St Petersburg, 1850–2000*. Aldershot: Ahsgate, pp. 207–228.

Niemi, M., 2007. *Public health and municipal policy making: Britain and Sweden 1900–1940*. Aldershot: Ashgate.

Niemi, M., 2016. Kaupunkisuunnittelijat ilman rajoja: Eliel Saarinen luomassa kansallisia, kansainvälisiä kaupunkeja. In: I. Sulkunen, M. Niemi and S. Katajala-Peltomaa eds. *Usko, tiede ja historiankirjoitus—suomalaisia maailmankuvia keskiajalta 1900-luvulle*. Helsinki: SKS, pp. 237–266.

Niemi, M., 2017. Epilogue: how green is your city? Transnational and local perspectives on urban green spaces. In: P. Clark, M. Niemi and C. Nolin eds. *Green landscapes in the European city, 1750–2010*. London: Routledge, pp. 212–218.

Nikula, R., 1988. Bertel Jung modernin kaupunkisuunnittelun käynnistäjänä. In: *Bertel Jung suukaupungin hahmottajana*. Helsinki: Helsingin kaupunginsuunnitteluvirasto, pp. 9–42.

Palmgren, R., 1913. Helsingfors-traktens fågelfauna. *Acta Societatis pro Fauna et Flora Fennica*, 38 (2), pp. 219–220.

Perälä, T., 1983. Kaupunkien aluepolitiikka ja esikaupunkiliitokset 1875–1918. In: *Suomen kaupunkilaitoksen historia 2*. Helsinki: Suomen kaupunkiliitto, pp. 29–48.

Piilonen, J., 1996. 'Vantaan puistokaupunki': Ulkomaiset esikuvat ja niiden sovellutus. In: *Helsingin pitäjä/ Helsinge 1996*. Vantaa: Vantaan kaupunginmuseo, pp. 6–51.

Qviström, M., 2007. Landscapes out of order: studying the inner urban fringe beyond the rural-urban divide. *Geografiska Annaler*, 89 B (3), pp. 269–282.

Qviström, M., 2013. Searching for an open future: planning history as a means of peri-urban landscape analysis. *Journal of Environmental Planning and Management*, 56 (10), pp. 1549–1569.

Qviström, M. and Saltzman, K., 2006. Exploring landscape dynamics at the edge of the city: spatial plans and everyday places at the inner urban fringe of Malmö, Sweden. *Landscape Research*, 31 (1), pp. 21–41.

Saarinen, E., 1915. *Munkkiniemi—Haaga ja Suur-Helsinki: Tutkimuksia ja ehdotuksia kaupunkijärjestelyn alalta*. Helsinki: M. G. Stenius.

Salmela-Järvinen, M., 1965. *Kun se parasta on ollut. Lapsuuden muistelmat*. Porvoo: WSOY.

Salmela-Järvinen, M., 1966. *Alas lyötiin vanha maailma: Muistikuvia ja näkymiä vuosilta 1906–1918*. Porvoo: WSOY.

Sandberg, R., 2001. Town and country in Sweden 1450–1650. In: S. R. Epstein ed. *Town and country in Europe, 1300–1800*. Cambridge: Cambridge University Press, pp. 30–53.

Savolainen, P., 2017. *Teksteistä rakennettu kaupunki: Julkinen ja yksityinen tila turkulaisessa kielenkäytössä ja arkielämässä 1740–1810*. Turku: Sigillum.

Schulman, H., 2009. Settlement, growth, structure and land use. In: M. Hietala, M. Helminen and M. Lahtinen eds. *Helsinki: historic town atlas*. Helsinki: City of Helsinki, pp. 48–73.

Sundman, M., 1991. Urban planning in Finland after 1850. In: T. Hall ed. *Planning and urban growth in the Nordic countries*. London: E & FN Spon, pp. 60–115.

Tanner, V., 1966. *Näin Helsingin kasvavan*. Helsinki: Tammi.

Thomas, D., 1990. The edge of the city. *Transactions of the Institute of British Geographers*. New Series, 15, pp. 131–138.

Topelius, Z., 1885. För femtio år sedan. *Finland*, 4 July.

Tuglas, F., 1986. *Muistelmat vuosilta 1895–1910*. Helsinki: SKS.

Tuomi, T., 2003. Tapiola—garden city. In: T. Tuomi ed. *Tapiola: life and architecture*. Espoo: Housing Foundation & City of Espoo, pp. 7–31.

Waris, H., 1932. *Työläisyhteiskunnan syntyminen Helsingin Pitkänsillan pohjoispuolelle I*. Helsinki: SHS.

Wiherheimo, O. and Rein, G., 1951. Kunnalliselämä. In: *Helsingin kaupungin historia III:2*. Helsinki: Helsingin kaupunki, pp. 255–353.

Wollmann, H., 2004. Local government reforms in Great Britain, Sweden, Germany and France. *Local Government Studies*, 30 (4), pp. 639–665.

Yrjänä, J., 2013. *Maata näkyvissä: Helsingin maanhankinnan viisi vuosisataa*. Helsinki: Helsingin kaupungin kiinteistövirasto.

第三部分

作为城市资源的自然

第四章　水的城市化:13 世纪至 19 世纪南部低地国家城市内水的现代性转变

里克·詹森斯　蒂姆·索恩斯

一、引言:展望水的现代性

　　"现代水"被认为是当今"现代"城市结构和功能的基本构成要素之一。现代
水既是一种观念;也是一种物质现实,它建立在自然与社会二元论的基础之上,
可理解为人类凌驾于非人类之上,并控制和约束自然。(水)现代性的起源可以
追溯到 17 世纪的科学革命和 18 世纪的启蒙运动。林顿(Linton,2010)将"现代
水"描述为一种知识成就,其主要特征是将世界上的水从地方、社会、文化和生态
语境中抽象出来,简化为单一的物质,从而使其具有参照性和可互换性。这和当
时所发生的与自然相关的更广泛的变化相一致,即自然哲学从异质性的视角,将
自然现实简化归结为一组分量。然而,在经历了很长一段时间之后,我们所熟知
的水——一种氢氧化合物、一种自然资源,才成为一种商品,也就是说,历史、水
文、政治和技术环境在空间上的集合产生了"现代水"。

　　正如凯卡(Kaika,2005)所指出的,水的现代性应区别于水的现代化。尽管
现代性的规划愿景是将城市独立于自然过程之外,但是现代化(愿景的物质化)
则必须以建立大型基础设施网络为前提。这些基础设施虽然调动了自然要素
流、社会权力关系和资本投资周期,但并没有将自然与城市分开,而是使它们交

织成比以往任何时候都更加紧密的社会空间统一体。此外，水的现代性和现代化的时间线也存在很大差异。在19世纪的大部分时期内，人们制定了雄心勃勃90的计划来控制自然的水流、发展供水和污水管网。但直至19世纪后期，工业化和资本主义世界市场扩张才推动了城市的大规模卫生设施发展。讽刺的是，在20世纪70年代，即西方大多数城市的现代化工程被认为已经完成且被渲染为霸权和规范化的时期，这些关于进步和现代化的神话（通过技术系统促进社会向好发展是必然手段），却遭到了人们的质疑。

　　本章旨在以非线性的方式重新思考城市供水的历史，回顾过去几个世纪城市供水基础设施的多次变革，并识别引导这些变革的行动者和过程。首先我们的目标，是在城市环境研究中弥合前现代和现代时期之间的历史差距，我们观察到自从城市居民点超越以农耕为主导的空间特征后，城市供水很大程度上一直受到技术的控制——主要是在"漫长"的12世纪的欧洲西北部（Magnusson，2001；Guillerme，1988）。其次，应抛弃人类活动与自然水的二元论。水和城市都可以被认为是混合体，且既是社会的实体，也是自然的实体（Schatzki，2003），在中世纪和21世纪的城市都是如此。因此，城市供水的历史不能局限于人类对水采取改造行动的历史，而应该扩大到更久远的共同进化的历史，在该进化过程中，任何形式的能动性——无论是来自人类行动者还是物质—自然的"行动体"，都是一种网络化的能动性，不可分割地嵌入与周围世界的关系网络中（Asdal，2003）。再次，包含在小型或大型基础设施系统中的技术是我们分析的核心。技术可以被认为是将水资源利用的日常实践与自然、社会景观中水的物质"系统"联系起来的纽带或界面（Winiwarter et al.，2013）。从科学技术研究中，我们得出了如下想法：技术从不中立，而是承载着价值和力量。技术所体现的社会目的，不能单纯被视为是一个中立的技术工具应用的外在目的（Feenberg，1991）。诸如供水系统此类的基础设施系统，不应仅被解读为福柯式的"远距离管理"工具，被国家、政府或权力精英用于"稳定"其社会结构并试图复制现存的权力关系。对"水治理"的广泛解读意味着要关注包括个人消费者在内的多数利益相关者，他们通过日常用水或积极参与监管和管理，为现有基础设施增加了新的、有时甚至会相互冲突的意义和价值层次（Olsson and Head，2015）。

91　　通过分析欧洲历史，我们可以辨别出欧洲国家向市民供水的两种基础技术系统：一个是自来水系统，另一个是地下水井。自来水通常经过动态水、地下管网、水调控、商品化并最终与"水的现代性"相关联，更适合私人或公共管理。相比之下，地下水井似乎更加本地化，这可能与其死水性质有关，而且显然更倾向于共享或共同使用和管理的形式(Guillerme，1988)。正如我们将在本章中所展示的，从长远来看，这种区别并不适用于低地国家的城市供水系统。这两种技术综合体(集中式供水网络和分散式水井)共存了几个世纪，在不同的社会和自然环境中运行，并且混合了公共、私人、共同使用和管理。此外，类似的技术系统可能存在巨大的价值差异。自来水系统可以象征"公共"市政权力，但也(也可能同时)与严格限定的"管道社区"(Jenner，2000)相关联，或者基于消费者逻辑，连接了家庭私人消费者与供应商(Taylor and Trentmann，2011)。因此，过去五个世纪(甚至是过去的千年间)欧洲城市的水历史并没有呈现出像现代与前现代、集中式与分散式系统之间那样明显的差距，而是以多种水系统共存为特征，形成了"水的多元化"，这种多元化特征在大多数欧洲城市一直持续到 20 世纪。

接下来我们将分析从中世纪到 19 世纪末，南方低地国家以及邻近地区(主要是法国和英国)城市中的两大水技术集群(自来水管网和地下水井)的共同发展情况。我们将研究在这些系统中，社会—自然关系和权力等级如何得以稳定，由谁来稳定，但也会论证这种稳定不是永恒的。随着社会关系与社会—自然关系的演变，某一技术系统所蕴含的价值可能会发生改变。人类有意识地开展那些建立水资源控制权的项目，我们调查的内容之一就是探究这种意识行为发生的时刻和条件。

二、分散式系统：水井

在大多数前罗马时期的城市中，西北欧的罗马化并没有带来城市供水的系统连贯性。例如罗马时期的巴黎塞纳河左岸，人们使用渡槽为其供水；到了中世纪，巴黎的开发项目则主要集中在河流右岸，私人水井便成为河流左岸每个家庭的最重要水源(Benoît，2000)。在大多数欧洲西北部城市，人们将这些水井安置于类似"院落系统"(courtyard-system)的地方，这与从 11 世纪到 13 世纪城市快速扩张时期的城市土地所有权演变有着内在的关系。当时，城市土地多是由相当大的地块所组成（组成根特市的每个地块大约有 3000 平方米），这些土地多是从贵族或教会地主那里租来的，以惯常的租金作为交换（英格兰的人口普查或"民宅租金"）。在 12 和 13 世纪，城市的精英阶层又将这些出租的地块赎回，成为城市土地的完全所有者（*viri hereditarii*）并主导着城市政治。到了 13 世纪，密集的人口和经济压力导致城市空间的划分更加复杂，个人所有的土地单元（英格兰的"土地使用权地块"）被分割成了更小的单元。在这种情况下，各个地块的住户经常继续共用水井或通道等设施。尽管城市土地完全所有者的大片土地被再次切分，但贵族家族及其他成员在其主要"石屋"的旁边建造了更小的公寓（Verhulst，1994；Hammel-Kiesow，1996；Hardin，2002）。如此，贵族家庭依然是这块土地的所有者，并继续靠它们来收取租金。我们没有充分了解这些地块的用水情况（Laleman and Vermeiren，2010），①不确定他们是否都配备有自己的供水系统。例如在根特，这些世袭贵族通常可以通过小型"水道"（*waterscippen* 或 *watertrappen*），直接连通到河流或溪流，起初，只有一部分租户可以直接到贵族的庭院水井中取水。到了 13 世纪，所有租户都可以共享这些"水道"或"水井"，由此，再次被切分的土地上便形成了非正式的"水公地"。然而这些非正式公地的管理没有被很好地记录下来。因此，在黑死病爆发之前，土地所有权结构很大程度上决定了取水途径。布鲁塞尔市是一个典型的围绕家庭形成空间结构的城市，城市中的居民可以使用分散在各处的大量水井，而这些水井多以居住在附近的重要家族的姓氏来命名（Deligne，2003；Deligne，2008）。

　　由于人口增长和土地所有权、使用权的分散，供水系统变得越来越复杂。私人空间被再次分割为更小的地理单元。共享空间有时会演变为具有公共使用权性质的道路，尽管仅限于当地居民（Harding，2002）。公共空间的进出和使用变得更加严格。随着产权变得更加分散，庭院供水系统的"私人"属性日渐转向所谓的"共有财产制度"（Ostrom，1990），但即使这样，与其他用户相比，住宅区或小区的贵族土主依然保留了对水的更高程度的（实际或象征性的）控制权。耐人寻味的是，随着"庭院"水井共享使用权不断增加，社会精英成员越来越排斥这些

93

---

① 以根特市为例，仅有"水道"被清楚地记录下来，而只有少数中世纪贵族房屋似乎布置了水井（Laleman and Vermeiren，2010）。

井。早在 1274 年,杜埃市具有代表性的资本主义纺织企业家杰汉·博因布洛克(Jehan Boinebroke)就主动要求关闭了一条贯穿其房产的名为"幽灵(flegard)"的水道,并获得了杜埃当局的许可。一些富人效仿他,于是杜埃市议员时不时就会允许某人关闭某条水道。也是在杜埃市,"邻里和社区"(les circonvoisins et la communaulté)的使用权不能被轻易剥夺,人们可以发现这样的案例:允许在某个通道上建造一扇门,并且这扇门只能在夜间关闭(Boone,1959)。

在黑死病之后的时期,庭院设施逐步被均匀分布在街道和广场上的水井系统所完善。其中许多很早以前的庭院设施被赋予了更多的"公共"性质。在布鲁塞尔市,德利涅(2008)建议城市可以对家族邻里的水源地实施征用。在 15 世纪,这些水井被称为公共的地下水井(gemeyne putterborren)。1453 年,行政长官将城市划分为 21 个区,每个区由两个威克马斯滕(wijcmeesteren)领导,并由两个主管协助。监督人员负责消防工作;威克马斯滕确保公共秩序和公共水井的维护。同样,在 1463 年的安特卫普市,类似的水井系统已经开始向公众开放,并由街坊邻里进行维护。市政当局的规定成为影响城市环境转变的普遍性要素之一,以市政消防为目的,不仅涉及公共空间,也涉及家庭和工厂车间。从 1502年开始,每个区每年选举两名井管主任,负责维修公共水井和消防设备。作为一种以社区为基础的系统,水井的维修资金逐渐制度化(另见:Ruhland,2007)。早在 1502 年,安特卫普市就提出了"水井和消防税"的法则;到了 1654 年,据说所有地区的水井都通过征税来维护,税款根据附近房屋的墙宽来计算,由各房屋的住户进行支付。有趣的是,每个房屋的住户都要缴纳税款,但他们都要从房主那里收回这部分成本,这导致房主最终成为维护公共基础设施的出资人。消防局的助手(knaap)负责税款征收工作(Van Nieuwenhuizen,2000);社区中会有四至六名富有的业主来帮助监督这项工作,不会有市议员或中央消防主管来干预这一过程。

一方面,后黑死病时期的街区水井管理模式清晰反映了市政当局打击环境"腐败"的雄心。从 14 世纪后期开始,城市当局颁布了越来越多的环保制度,其中最主要的内容是关于清洁下水道和沟渠,以及清除街道和修道院的废弃物。如今,清洁工作的反复已不再被视为管理失败的标志,而是改善环境状况的决心。卫生状况被视为"善政廉政"的组成部分，并与城市治理结构的发展紧密相联(e. g. ,Jørgensen,2010)。社区的水井也开始在"城市营销"中发挥着重要作用(见图4-1)。事实上，安特卫普市的水井和布鲁塞尔市的喷泉分别是1565年的维吉尔·博尼恩西斯(Vergilius Bononiensis)地图和1572年的布劳恩(Braun)和霍根伯格(Hogenberg)地图上的标志性建筑物(Deligne,2008)。

　　另一方面，安特卫普市的"水井与消防税"等维护系统与更广泛的城市空间布局相对应：房屋所有者或居民承担了街道铺设和河流维护的集体开支。市政当局没有承担建造和维护水井的直接责任。在每个选区、地区或社区，"邻里"负责基础设施的维护。[①] 上述维护体系符合低地国家中许多近代早期城镇的社会政治框架，在这些城镇中，公共服务主要由无数的"民间"机构提供，所有这些机构都受到共同利益、公民身份和社区意识形态的驱动(Van der Heijden,2010)。在荷兰和德国北部的许多小城镇，水井集体维护体系甚至催生了真正的"水井社区"。这种社区作为独立的社交单元，有自己的庆祝活动("水井派对")和宗教仪式(Groenewoudt and Benders,2013)。在安特卫普这样的大城市，"水井社区"的概念更难应用，因为没有强烈的仪式化做法或以喷泉和水井为中心的庆祝活动。也许在安特卫普这样的商业大都市，城市住房的广泛合理化和商品化阻碍了这种演变。在后黑死病时期，城市财产关系日益简化为统一形式的地主—租客关系，大多数城市居民不得不在竞争激烈的租赁市场上获取住房(伦敦另见：Harding,2002)。地主与租客之间契约关系的主导地位，导致了所有权和居住权相分离，以及租客的高流动性。租客是水井的实际使用者，并对其进行维护。然而，维护费用仍由所有者(地主)来承担。在前现代社会中，房屋的租金价值很好地反映了居民的财富水平——它决定了每个人必须对水井维护做出的贡献，也决定了"邻里"或"水井"官员的社会定位。

95　　根据厄藏和阿格(Euzen and Haghe,2012)的观点，城市居民对"什么是清洁水"的看法是一个复杂的、具体的、动态的观点，这个观点随着自然与城市环境、卫生问题与社会经济动态，以及科学发现与技术创新的变化而演变。与希波

---

　　① 另见1581年《安特卫普消防条例》(*Antwerp fire ordinance*)："消防人员将确保在每个地区任命两名水井管理人员，他们将全年监督所在地区的普通水井，以便这些井水保持在清洁良好和随时可用的状态。允许社区日常使用并在火灾发生时用来灭火。"

图 4-1　位于安特卫普韦马克广场的带水泵的纪念碑街区水井（于 1882 年拆除），
该图片为 1849 年约瑟夫·林尼（Josef Linnig）所绘的水彩画

资料来源：Stadsarchief Antwerpen, 12♯2988, www. felixarchief. be。

克拉底（Hippocratic）的"环境决定论"相一致，环境质量决定了社会生活的质
量，这为相对富裕的居民提供了调查环境质量的明确动机。直到 19 世纪，自　96
然决定论一直对科学家和医生有着深远的影响。在这种情况下，城市当局严
重依赖当地居民就不足为奇了，因为他们在评估每天接触的环境水质方面具

有天然优势。

　　18 世纪下半叶，尽管城市之间的发展轨迹有所不同，但社区对城市环境的影响均越来越小。同中央政府官员一样，城市官员采取了更加直接的"管理自然的方法"（Merchant，1990），而不是像以前那样远程管理。1774 年，根特市建立了专门的市议员办公室，由市议员管理财政、公共工程、水道等公共部门（Decavele，1997）。在 19 世纪早期的安特卫普市，市政府声称 110 个地区的水泵属于公共财产。水井的日常监督职责从井管人员转移到新成立的、级别较低的消防人员，他们每周必须至少组织一次检查，查看每台水泵是否有缺陷（在过去的几个世纪里，对水井逐渐被覆盖起来，需要配合使用金属泵才能取水）。由一名高级消防官员将检查出的所有缺陷传达给城市建筑师，再由后者向市议会提出技术解决方案。而市议会对采取补救措施负有最终责任。1830 年以后，安特卫普市的警察在公共基础设施监督中占据日益重要的地位，他们往往充当城市居民和市政当局之间的中介机构。

　　此外，城市的精英阶层开始逐渐脱离使用共享的水利基础设施，这一过程与13 世纪末杜埃市的情况大同小异。在 1750 年的布鲁日市，皮拉尔特（Peelaert）是斯廷梅尔和克莱赫姆的领主，他因为自家土地上供附近居民使用的水泵与市议会发生了争执。他希望市政当局要么支付维护费用，要么设立准入限制。市政当局倾向于第一种选择，但同时计划在街道上建造独立的引水通道（Vandevyvere，1983）。在根特市，许多古老的水道已经私有化，邻里的抗议也不再有意义（Deeulaer，1996）。但是，我们应当注意，不要将这种私有化描绘成私有产权走向胜利的线性演进。审视 19 世纪的产权制度和环境法规可以发现，强烈的个人主义和自由主义在 1860 年之后才出现，并一直持续到 1890 年。在拿破仑时代，政府颁布了大量限制私人所有者的影响深远的措施，其中的许多措施直到 19 世纪下半叶才被修改或废除。关于环境政策，1810 年 10 月 15 日颁布的帝国法令被认为是第一个现代的、国家层面的工业污染法规，且至今仍然是法国、比利时和荷兰环境立法的基础（Massard-Guilbaud，2010）。事实上，在 19

世纪初，个人主张自己作为房屋所有者的权利的争论，并没有对供水起到决定性作用。[①]

技术变革也在供水私有化的进程中发挥了作用，但这种关系可能相当复杂，16世纪晚期活塞泵的发明就说明了这一点。通过这种泵，引水入户变得更加容易，无须耗费高昂的成本来打造新井。它可以实现一井多泵，且无须接头连接。1610年，布鲁日市的10户人家（包括当地市长的房子）使用这种水泵将水从地窖输送到厨房（Vandevyvere，1983）。1561—1614年，安特卫普市的房地产调查报告也反映了这种泵的广泛使用（Ketgen的 *Grootwerck*）。到了19世纪初，城市社会的上层阶级都可以在家中享受到私人用水。然而我们应该注意，不要将水泵仅仅与家庭用水联系在一起：在同一时期，许多邻里水井也配备了水泵。

在19世纪，邻里水井的使用变得更具社会偏向。在安特卫普这样的城市中，水泵和水井从富裕社区中消失了，但在工人阶级社区中，它们的社会功能被保留下来，甚至比以前更加强大（见图4-2）。利斯和绍利（Lis and Soly，1993）将这一演变与城市社会上层、下层之间明显的居住隔离联系起来，认为这逐步促进了同质社区的产生。此外，安特卫普市逐渐倾向于将向穷人提供饮用水视为其"公共"卫生责任的一部分。1833年巴黎成功建造了自流井，安特卫普市和省政府花费大量时间和成本去效仿他们的南部邻居。理事会成员布尔奎尼（Bréquigny）提出了一项关于自流井实验的初步提议，自流井通过静水压力从更深的承压含水层取水，目的是为圣安德里教区的贫困居民获得充足和健康的水。根据当时几周前成立的特别委员会的报告，市议会投票通过了一笔2500比利时法郎的预算，不过该项目起初失败了（由于水中盐分过高），"如果我们成功为居民争取到健康和舒适的水，我们希望为居民提供由此带来的福利，但令人遗憾的是，许多城市地区都缺少这种水"（1836年）。但在1879年，地质学家奥斯卡·范·厄特伯恩（Oscar Van Ertborn）男爵在安特卫普市艺术大道的一家酒店里进行的自流井实验成功了，这被城市工程师和（自由派）报纸誉为提供清洁水的经

[①]　1835年，安特卫普的城市建筑师说："先生们，我相信，市政当局不能为了满足个人利益而拆除公共设施。"（Antwerp City Archives，MA♯956a，Suppressions et Réclamations，9，16 November 1835.）

图 4-2　安特卫普市邦特维克斯莱茨(Bontwerkerslaats)的邻里水泵，
照片由莱昂·库斯特斯(Léon Keusters)于 1935 年拍摄

资料来源：StadsarchiefAntwerpen，FOTO-OF♯8158，www. felixarchief. be。

济有效的方法。[①] 在根特市，市政府在 1860 年至 1882 年间挖了 12 口新的地下 　98
水井并配置了水泵，但这只是因地表水污染严重无法使用而采取的一种补偿措
施（De Groote，1986）。

三、集中式系统：自来水

从 12 世纪和 13 世纪开始，欧洲许多重要城市的主要"庭院"共享供水设施 　99
系统通过中央喷泉供水管网的"公共"供水得到了补充。在快速城市化时期，越
来越多贫民的取水权受到了严格限制。在此情况下，向城市贫民提供清水成为
一种极具声望的行为，它象征着城市社区的力量，或者是私人捐助者、贵族及教
会统治者的仁慈（相关概述见：Magnusson，2001；Schott，2014；Rawcliffe，
2013）。在中央市场广场、中央建筑附近或主要街道拐角处设置的水池和喷泉，
与其他类型的建筑和纪念碑一起，作为城市"公共空间"，为所有公民和城市居民
所共有，并与那些日益与"私人生活"联系在一起的侧街、小巷和庭院形成了鲜明
对比（Deligne，2008）。

许多最早的"公共"水利基础设施建立在皇家或修道院的"私人"前身之上。
早在 12 世纪，它们就开始转型成为"公共"系统（伦敦见：Keene，2001）。在伦敦
和巴黎这样的首都，第一个城市管道系统往往是在皇室干预下建立的。1182
年，法国国王菲利普二世奥古斯特（Augustus）宣称，水是通过修道院的管道从
佩圣热尔维（Le Pré-Saint-Gervais）流出的。两个世纪后的 1363 年，巴黎市政当
局获得了圣拉扎尔综合高架渠的控制权，从那时起，皇家和市政网络分别服务于
巴黎的西北部和东部。尽管由该网络供水的喷泉的水量经常不足，但据说它们
的主要供水目标是因距离塞纳河太远而无法从塞纳河获得饮用水的城市居民
（Benoît，2000）。同样，伦敦的第一个供水网络也是在国王的资助下建立的。他
们建造了一个综合性水库——"大水管"，而不是向喷泉供水。穷人的需求似乎
为企业提供了信息，在城市这一地区的所有群体中，他们获得淡水的机会最少。
在 14 世纪和 15 世纪，水管系统得到了扩展，整个城市建造了越来越多的管道房

---

① 安特卫普市档案馆，MA＃1289，1，1879 年 1 月 25 日。

屋(Keene,2001)。经济繁荣也促使市政当局不再依赖于王室资助,可以独立地去建设水网。在低地国家,伊普尔市和布鲁日市以他们的中世纪水网而闻名。13世纪,布鲁日市至少开发了莫尔布伊岑(*Moerbuizen*)的三个水网,即为公共水井供水的自来水网络(Vandevere,1983)。德利涅发现,列日市第一个公共喷泉建造的时间(1285—1305年)与敌对部族战争造成骚乱的时间(1295—1335年)存在关联性,喷泉起到了调解、恢复公共秩序和呼吁公共利益的作用。布鲁塞尔的喷泉,以及大多数集中在城市政治和经济中心的喷泉,都是对有影响力的家族和中央统治者市政权力主张的例证和组成部分(Deligne,2003)。水网设计因其发起者的愿景和目标而有所不同。一些早期的案例,如布鲁日市的水网设计表现得更具"分配"性,反映了该市努力将水分配给所需之人的壮志雄心。其他网络系统(如布鲁塞尔市)通常在一段时间后,表现出聚集在政治中心周围的"节点"性。它们在城市景观中体现了城市精英的力量和团结,但并没有扶贫的壮志雄心。

　　另一个有趣的问题,是为什么一些大城市不投资建设由管道供水的公共饮水系统。根特市的案例最为有趣,它虽然在1300年的鼎盛时期拥有六万甚至更多居民,但直到19世纪才形成了较大规模的网络化供水系统。根特市之所以没有建立水网系统,其根源在于城市特定的自然—社会配置。根特市位于两条低地河流——利斯河和斯凯尔特河的交会处,无数的河流支流、沟渠和运河在此纵横交错,这些河流本身就是完全混合的实体,它们要么被挖掘,要么被人类不断改造。因此,淡水的无处不在促进了城市供水,而谨慎的选址政策迫使污染最严重的活动位于下游。然而,仅凭自然条件并不足以解释根特市对建设(管道)自来水厂缺乏热情的原因。在13世纪(以及以后),根特市专注于建设水利工程,将地表水永久性地改造成多功能综合体,确保航运、防洪、军事防御、皮革和纺织工业、能源和饮用水的发展(Gelaude,2010),但它没有建设管道管网,也没有投资公共水井(Laleman and Vermeiren,2010)。[1] 政治考虑可能起到了部分作用,控制地表水有助于实现根特市的领土野心,在此期间,根特市一直在广阔的内陆

---

　　[1]　在1420年前,只有六口公共水井被报道过——这对于一个拥有六万居民的城市来说是非常少的(Laleman and Vermeiren,2010)。

地区争取其经济和政治霸权。此外，与作为国际商业门户的布鲁日市不同，作为工业城市的根特可能不太愿意投资"花哨"的供水系统来吸引外国游客。不同的社会—自然配置、路径依赖或城市对待水的方式的"内在逻辑"（Löw，2012；Toyka-Seid，本书），可能有助于解释为什么同在 13 世纪，佛兰德人的一个大都市布鲁日市——在管网系统上投入了大量资金，而另一个大都市根特市——却对此毫无兴趣。

　　即使存在长期的路径依赖，但随着时间的推移，管道水系统也会发生重大的变化。到了 15 世纪，布鲁日市的供水系统越来越多地服务于私人房屋和公共喷泉。私人连接的数量从 1404 年的 33 个增加到 16 世纪早期的 96 个，到 1610 年至少有 338 个（Vandevyvere，1983）。在伦敦亦是如此，由管道系统供应的水源逐渐被视为一种可以交易的资源。早在 14 世纪，专业用户（酿酒商、鱼贩等）已经开始为使用"大管道"的水源支付费用（Magnusson，2001；Keene，2001）。另外，向城市贫民提供免费水成了基督教的慈善行为，15 世纪伦敦商人和市议员捐赠了大量资金，用来维护和扩建管道系统，以及清理水渠和排水设施（Rawcliffe，2013）。

　　在整个近代早期，自来水网络建设仍在继续，尽管通常是由私人企业来建设。当然，最著名的案例是伦敦（Van Lieshout，2012；Jenner，2000）。整个 17 和 18 世纪伦敦的城市人口呈指数级增长，而城市中的开放水域却几乎消失殆尽。这既是建成区扩大的直接结果，也是地下排水管网扩张的结果。私营公司经营的自来水网络日益成为人们取水的媒介。到 18 世纪末，伦敦的租户们开始希望能够获得家用自来水，并愿意为此付费。显然，"现代"商业供水系统在这里首次出现，但实际上这件事并不像设想的那样简单和直接。首先，从 15 世纪开始，中世纪的管道系统就显示出越发明显的私有化迹象，这为新供水系统的布设铺平了道路；其次，引入的新消费逻辑模仿的是旧社区的社会关系，社区居民大多作为一个群体与水务公司谈判，而不是作为个人消费者。① 再次，新的供水网络与其他供水方式（水井和喷泉）共存了几个世纪。除了固有传统和人口快速增长所

---

　　① 此外，邻里水井的维护也有消费者逻辑的痕迹。在近代早期的安特卫普市，人们区分了火灾税（brandgeld）和水井税（putgeld）。火灾税代表水井的防火作用，所有家庭都需要支付；水井税代表水的消费，使用私人供水设施的家庭不必支付。

造成的动力之外,在几家私营公司的相互竞争下,伦敦供水系统特定配置的形成,可能还根植于更大的社会背景下,即伊丽莎白时代和雅各布时期的政府更倾向于将公共工程委托给激进的"冒险家"——投资者和(自封的)专家,再通过所谓"公私合作"的方式来运作(他们的声誉常常因其投机性和腐败而大打折扣)。在水利项目中,有些企业家来自低地国家,比如彼得·莫里斯,他从1581 年起就根据位于伦敦桥(Davids,2020)和科内利斯·维尔穆登(Cornelis Vermuyden)下方的水车设计了一套供水系统,该系统因其在沼泽地排水的作用而闻名。

同样是 16 世纪的安特卫普市,私营企业家吉尔伯特·范·舍恩贝克(Gilbert Van Schoonbeke)开发了一套供水网络,但他是在一种不同的社会—自然结构中运行这套网络。自亨利·皮雷纳(Henri Pirenne)以来,范·舍恩贝克一直被认为是早期资本主义工业活动集中化的代表,他始终寻求通过扩大规模、简化和合理化生产过程来实现利润的最大化(Soly,1968—1969)。他在建筑行业、能源供应(范·舍恩贝克组织了大规模的泥炭开采)以及酿酒行业的活动,也展示了与自然相处的巧妙方式,其偏好特点是远距离调动资源,使用大规模的技术解决方案,展示了其关于资源"质量"的基本论述。他试图将整个安特卫普酿酒业搬迁到城市北部一个新开发的社区,由于老城水质已经或趋于恶化,酿酒业变得越来越困难,使得这一尝试被合法化了。早在 14 世纪 70 年代以来,安特卫普酿酒商就抱怨过水井供应的水太浑浊。在 1552 年范·舍恩贝克与安特卫普市谈判的合同中,他承诺为酿酒厂提供足够数量的淡水,这些淡水来自距离安特卫普市约 30 千米的一条内陆河流(Soly,1968—1969)。然而这个解决方案并不令人满意,以至于几年后又重新开发了一个供水系统。这个系统从城市的护城河引来河水,通过地下管道输送到一个水厂,在那里,由马车驱动的水车将水注入一个铅管网,再输送至各个酿酒厂。整个酿酒厂和自来水厂的系统重组花费了巨额资金——大约 27 万荷兰盾,这比安特卫普新市政厅的建设费用还要多,范·舍恩贝克借此控制了当时低地国家最大城市中的关键工业部门。鉴于啤酒消费税的不断增长,以及范·舍恩贝克与城市及中央政府主要人物之间的密切财务联系,整个经营活动并非毫无争议。从 1554 年暴徒对范·舍恩贝克的攻击中,可以看出,他们对水质问题的讨论非常敏感。在他们看来,酿酒用水散发恶臭，蛆虫滋生其中，这促使市政府邀请外国啤酒商委员会（来自荷兰的豪达和代尔夫特，以及佛兰德的根特和梅嫩）调查此事（Soly，1968—1969）。从经济和环境的角度来看，范·舍恩贝克的供水系统并不如其宣称的那样具有创新性，毕竟水车驱动系统与 13 世纪的前代技术类似，但它仍然是一个清晰的示例，表明了在基于水质的潜在话语中，通过技术改进的方式可巩固权力关系。在这种情况下，权力关系的巩固并不是永久性的：范·舍恩贝克去世后，安特卫普市的酿酒行业在"正常"的商业基础上进行了重组，而管道供水系统也成为酿酒商企业力量的象征。

在安特卫普以及其他大多数低地国家的城市中，家用自来水直到 19 世纪才实现突破。今天被认为是"现代水"的最终霸权并不是一种新技术的结果（尽管通常认为，这种新技术天生优于现行状态，并因其优越性而被普遍采用）。首先，新的集中式供水网络的建设速度非常缓慢。根据吉尔斯（Geels，2005）的说法，在 19 世纪 50 年代，一些城市的本地条件为第一批管道供水系统提供了空间。在 19 世纪 60 至 70 年代，供水的制度问题变得更加严重，然而公共当局并不接受这种新的社会技术的市场定位。相反，他们固执地在现有体制内寻找解决方案。新的社会技术项目最终被接受往往需要几十年的时间，而且还要伴随着城市人口和经济的加速增长。其次，我们今天所认为的现代水系统的形式虽然已经稳定，但其技术中所体现的价值观在源头上远没有达成一致。大多数作者指出，卫生运动的影响越来越大，工人阶级对清洁度的观念也在不断改变，但健康问题作为城市供水转型的直接因素，其重要性可能并不像人们通常认为的那样普遍（Geels，2005；Van Craenenbroeck，1998）。西勒肯斯等人（Cillekens et al.，1988）研究发现，马斯特里赫特这类城市会使用新的供水系统作为城市营销的一种方式。城市当局担心因城市的居住环境缺乏吸引力而导致富裕市民逃离到郊区。为了保持城市的富裕，建立供水网络、推广现代"水文化"至关重要。此外，对于"建设自来水厂应该由公共部门负责还是由私人负责"的问题，也没有达成共识。在低地国家，市政当局通常起主导作用，但在 19 世纪 70 年代和 80 年代，尽管当时经济繁荣，类似根特、安特卫普和马斯特里赫特这样的大城市，仍选择向私营企业发放特许权。承包商的身份反映了这些发起人的某种野心：在马斯特里赫特市，特许权作为更广泛的城市重建计划的一部分，被授予了两名建筑师；而在根特，特许权被授予能够为市政需水（用于清理公共街道和广场）提供最佳价格的投标者（De Groote，1986）。

　　显然，对于仍依赖公共供应的下层社会阶层来说，自来水厂的出现导致他们取水变得更加困难。在 1887 年实施管道供水后，马斯特里赫特当局就不维护公共水泵了，而是辩称应由业主为租户安排饮用水（Cillekens et al.，1988）。1879年，安特卫普市与伊顿安德森公司所签订的特许权协议规定，将由安特卫普市出资安装十根立管，而供水公司将免费向这些立管供水，以造福"劳动和贫困阶层"。然而，六个免费立管中只有一个的位置能够确保真正用于其设想目的。①即使该类系统处于公共运行状态，比如 1855 年的布鲁塞尔和 1884 年之后的根特，让所有城市居民接入供水管网也不是主要的关注点。布鲁塞尔市的供水从一开始就被认为是一种公共服务，完全由城市当局管理。市政府的目标是让无论贫富的所有城市居民都接入供水网络。然而，接入比例过高反而造成了底层社会阶层被排除在外，同时这座城市也拆除了古老的公共喷泉。结果在 1903 年的布鲁塞尔市，只有 37% 的水被分配给底层的社会阶层，而这些人正是城市的公共服务群体以及网络化水利系统的主要消费者（Deligne et al.，2006）。在根特市，水利网络连接的扩张速度更慢。当有接入水网的需求时，城市当局只在非常有限的区域内免费建造水管。因此，鉴于城市地域辽阔，供水的公共管理依然有利于城市的经济发展。一直以来，根特都在努力解决水资源短缺问题，此外限制用户数量防止了根特从第一天起就面临的缺水问题恶化（De Groote，1986）。特别是在地势较低的比利时（以及法国和荷兰的部分地区），地表水被认为极其不健康。除了安特卫普市的供水网络会对河水进行过滤处理（如同 16 世纪的供水网络）以外，大多数佛兰德地区的城市都选择使用地下水，然而其泵送能力仍然非常有限（Van Craenenbroeck，1998；Frioux，2010）。直到 1900 年左右，水资源短缺的问题才通过跨地区和跨国合作解决。比利时政府启动了一项积极的计划，对市政饮用水项目进行补贴。1891 年，布鲁塞尔市郊区的伊克赛尔、斯哈尔贝克、圣吉勒斯和圣若斯由于对市政当局水资源管理现状不满，建立了布鲁塞尔

---

　　①　来源于进行中的里克·詹森斯（安特卫普大学）关于安特卫普（16 至 19 世纪）供水系统社会地形的博士研究。

市水资源分配共同体，由布拉班特省提供资助。该项目的灵感来源于 1907 年 8
月 18 日颁布的一项法律，该法律规定了社区间供水机构的优势地位。1913 年，
由于国家水资源分配协会的成立，跨区域的解决方案也成为可能（Deligne
et al. ，2006）。1923 年起从瓦隆尼亚（水资源丰富、地势更高的比利时地区；De
Groote，1986）获得水资源之后，根特市多年的水资源短缺问题终于得以终结。
然而即使如此，水网的连接也没有完全实现。直到第二次世界大战后，社会党成
员才在政治辩论中提出了取水的社会问题，并推动了 1949 年《布伦法特法》
（*Brunfaut Law*）的出台，承诺在社会住房项目中提供全额补贴的供水网络连
接。尽管如此，直到 1980 年，布鲁塞尔市才达到了 98％的供水网络连接率（Del-
igne et al. ，2006）。

105

四、结论

　　自 11 世纪至 13 世纪的城市快速扩张以来，城市水一直是北欧的一种社
会—技术资源。与此同时，在过去的 800 年中，城市水的社会—技术与社会—自
然性质的精确配置经历了巨大的变化。在大部分西北欧城市的历史进程中，集
中式和分散式供水系统同时存在。这一时期，初看之下只是"社会—自然政权"
或"水时代"之间的简单过渡（Guillerme，1988），仔细分析却是一个渐进的、复杂
且不连续的过程，不同的水技术共存了几个世纪。水的现代性与水现代化的痕
迹（作为商品的水，地下管网中人与水之间的物理距离，专家控制、技术或科学测
试等）时而出现，但它们很少是永久性的，且与特定类型的技术无关。水作为社
会工程，与作为知识工程相比显得更加重要和一致；水是城市生活的重要资源，
供水始终体现着某种社会愿景，而改善供水基础设施往往是社会政治项目的理
想目标。因此，从这个角度看，19 世纪的"现代"水网建设是通过水改变社会的
一个典型案例（Schott，2014）。
　　主流的权力关系以及关于什么构成了"理想"水的观点，在其建设过程中
就被嵌入了水系统中。然而事实证明，技术的能动性对于稳定价值观作用有
限。供水技术的确在实施之时就已经植入了某些价值观；但是，同样的技术配
置可能会体现出完全不同的社会现实，即使其物质结构并未发生重大变化。

13 世纪的网络化供水系统，可能受到了关注城市贫民的宗教慈善动机启发，但到了中世纪晚期，同样的供水网络得到了更加商业化的利用，并与私人住宅相连接。类似的，中世纪晚期和近代早期的分散式水井体现了社区团结以及特定地区贫富居民的"共同财富"，然而，同样的基础设施也可以被市政府用来巩固其对城市空间的统治。而且，尽管公共水井和水泵的使用寿命较长，但该系统仍然体现了依赖免费水的穷人与负担得起替代品的富人之间的社会差别，而非邻里团结。最后，即使 19 世纪时自来水厂迅猛的网络化扩张，但也不能被简单定义为社会—环保政治的统一物质化（受到卫生启发）。地方政治格局、房地产市场动态以及不同地理和水文环境的相互作用，产生了高度分化的现代化轨迹。

纵观城市供水历史，多数时间内不同水文化持续共存、技术灵活，足以适应当时主流的社会需求（见图 4 - 3）。泰勒和特伦特曼（Taylor and Trentmann, 2011）认为，即使网络化的供水系统可以广泛使用，实践中也并不一定会颁布新的技术指令，因为消费者已经获得了供水系统"设计者"所没有预见到的控制形式。近几十年来，消费者利用新推出的自来水替代品，如家用过滤产品和各种瓶装水，来抵消他们饮用水的选择限制（Euzen and Haghe, 2012）。个体和集体用户越来越广泛地讨论城市用水的做法和规范，贝尔认为，这为城市用水的"可持续"转型创造了巨大潜力（Bell, 2015）。鉴于新变革希望消除"现代水"的负面影响（例如对稀缺资源的过度使用和破坏；成本和利益分配的不平等，或是水作为经济资源的资格），本章对城市水历史的分析最终可归纳为三点论述：首先，几个世纪以来，城市与水的相互作用和共同演变塑造了城市的水利基础设施和实践。虽然他们表现出了很大程度的刚性和路径依赖性，但其实仍然是可以改变的。其次，过去对城市水的每一次改造都被设想并被"推销"为一种"改善"，但我们应该警惕这种改造所带来的——环境和经济方面的成本和效益再分配，以及通过重新配置城市水的方式来建立或稳固权力关系。最后，我们希望能够从每个城市特定的社会—自然形态出发，论证应该如何分析城市水。即使是高度相似的技术，在不同城市或不同时期使用也可能有截然不同的含义。而且，某些设计在一种情况下能够正常运行，但在另一种情况下可能会彻底失败。通过将城市水视为某个社会—自然场景，我们意识到，即使一项技术的愿景是能够被普遍使

图 4-3　安特卫普连接到"现代"的供水连续性和变化

自来水网的带有"水龙头"的社区水泵,约建于 20 世纪早期

资料来源:Stadsarchief Antwerpen,FOTO-OF♯6160,www. felixarchief. be。

用，其影响也总是限定于特定场景。因此，我们大可不必想要去开发那种不需考
虑特定场景和社会自然条件的"可持续城市水"的新通用模式，否则，可持续性风
险有可能就会成为新的现代性。

参 考 文 献

Archival Sources

Antwerp City Archives. Ancien Régime, Privilegiekamer, 'Put- en brandmeesters', PK#1472, 8 July 1581.
———. Modern Stadsarchief, MA#956a, 'Suppressions et Réclamations', 9, 16 November 1835.
———. Modern Stadsarchief, MA#1289, 1, 25 January 1879.

Literature

Asdal, K., 2003. The problematic nature of nature: the post-constructivist challenge to environmental history. *History and Theory*, 42 (4), pp. 60–74.
Bell, S., 2015. Renegotiating urban water. *Progress in Planning*, 96, pp. 1–28.
Benoît, P., 2000. *L'alimentation et les usages de l'eau à Paris du XIIe au XVIe siècle. Programme Interdisciplinaire de Recherche sur l'Environnement de la Seine (PIREN) Rapport d'activité 2000*. www.metis.upmc.fr/piren/phases_1-6/?q=webfm_send/492 (last accessed 11 August 2017).
Boone, R., 1959. *Overheidszorg voor drinkwater in Vlaanderen*. Gent: Snoeck-Ducaju.
Cillekens, C., van den Boogard, J. and Gales, B., 1988. *Loop naar de pomp: Geschiedenis van de watervoorziening en waterleiding in Maastricht*. Maastricht: Stichting Historische Reeks Maastricht.
Decavele, J., 1997. Bestuursinstellingen van de stad Gent (einde 11de eeuw-1795). In: W. Prevenier and B. Augustyn eds. *De gewestelijke en lokale overheidsinstellingen in Vlaanderen tot 1795*. Brussel: Algemeen Rijksarchief, pp. 277–320.
Deceulaer, H., 1996. Implicaties van de straat: rechten, plichten en conflicten in de Gentse gebuurten (17e-18e eeuw). *Handelingen der Maatschappij voor Geschiedenis en Oudheidkunde te Gent*, 50, pp. 121–147.
De Groote, S., 1986. De watervoorziening in Gent vanaf het midden van de 19de eeuw tot het begin van de 20ste eeuw. In: *Het openbaar initiatief van de gemeenten in België, 1975–1940*. Brussel: Gemeentekrediet, pp. 209–222.
Deligne, C., 2003. *Bruxelles et sa rivière: Genèse d'un territoire urbain (12e-18e siècle)*. Turnhout: Brepols.

Deligne, C., 2008. Edilité et politique: Les fontaines urbaines dans les Pays-Bas méridionaux au Moyen Âge. *Histoire Urbaine*, 22 (2), pp. 77–96.

Deligne, C., Dagenais, M. and Poitras, C., 2006. Gérer l'eau en milieu urbain. Regards croisés sur Bruxelles et Montréal, 1870–1980. In: S. Jaumain and P-A. Linteau eds. *Vivre en ville: Bruxelles et Montréal (XIXe-XXe siècles)*. Brussels: P.I.E. Peter Lang, pp. 169–201.

Euzen, A. and Haghe, J-P., 2012. What kind of water is good enough to drink? The evolution of perceptions about drinking water in Paris from modern to contemporary period. *Water History*, 4, pp. 231–244.

Feenberg, A., 1991. *Critical theories of technology*. Oxford: Oxford University Press.

Frioux, S., 2010. De zoektocht naar zuiver water in Noord-Franse en Belgische steden tijdens de Belle Epoque (1890–1914). *Jaarboek voor Ecologische Geschiedenis*, pp. 123–146.

Geels, F., 2005. Co-evolution of technology and society: the transition in water supply and personal hygiene in the Netherlands (1850–1930)—a case study in multi-level perspective. *Technology in Society*, 27, pp. 363–397.

Gelaude, F., 2010. Waterbeheer in een middeleeuwse grootstad: stuwen en dammen te Gent (12e-14e eeuw). *Jaarboek voor Ecologische Geschiedenis*, pp. 33–52.

Groenewoudt, B. and Benders, J., 2013. Private and shared water facilities in rural settlements and small towns: Archaeological and historical evidence from the Netherlands from the medieval and post-medieval periods. In: J. Klápště ed. *Hierarchies in rural settlements*. Turnhout: Brepols, pp. 245–262.

Guillerme, A., 1988. *The age of water: the urban environment in the North of France, A.D. 300–1800*. College Station: Texas A&M University Press.

Hammel-Kiesow, R., 1996. Property patterns, buildings and the social structure of urban society: some reflections on Ghent, Lübeck and Novgorod. In: F-E. Eliassen and G. A. Ersland eds. *Power, profit and urban land: landownership in medieval and early modern Northern European towns*. Aldershot: Scolar Press, pp. 39–60.

Harding, V., 2002. Space, property and propriety in urban England. *Journal of Interdisciplinary History*, 32 (4), pp. 549–569.

Jenner, M., 2000. From conduit community to commercial network? Water in London, 1500–1725. In: P. Griffiths and M. Jenner eds. *Londinopolis: essays in the cultural and social history of early modern London*. Manchester: Manchester University Press, pp. 250–272.

Jørgensen, D., 2010. 'All good rule of the citee': Sanitation and civic government in England, 1400–1600. *Journal of Urban History*, 36 (3), pp. 300–315.

Kaïka, M., 2005. *City of flows: modernity, nature, and the city*. Oxon: Routledge.

Keene, D., 2001. Issues of water in medieval London to c. 1300. *Urban History*, 28 (2), pp. 161–179.

Laleman, M-C. and Vermeiren, G., 2010. Ruimte en bebouwing in het centrum van het middeleeuwse Gent. *Handelingen der Maatschappij voor Geschiedenis en Oudheidkunde te Gent*, LXIV (2), pp. 3–56.

Linton, J., 2010. *What is water? The history of a modern abstraction*. Vancouver: University of British Columbia Press.

Lis, C. and Soly, H., 1993. Neighbourhood social change in West-European cit-

110

ies: Sixteenth to nineteenth centuries. *International Review of Social History*, 38 (1), pp. 1–30.

Löw, M., 2012. The intrinsic logic of cities: towards a new theory on urbanism. *Urban Research and Practice*, 5 (3), pp. 303–315.

Magnusson, R. J., 2001. *Water technology in the middle ages: cities, monasteries, and waterworks after the Roman Empire*. Baltimore: John Hopkins University Press.

Massard-Guilbaud, G., 2010. *Histoire de la pollution industrielle: France, 1789–1914*. Paris: Éditions de l'EHESS.

Merchant, C., 1990. *The death of nature: women, ecology and the scientific revolution*. New York: HarperCollins.

Olsson, L. and Head, B. W., 2015. Urban water governance in times of multiple stressors: an editorial. *Ecology and Society*, 20 (1), p. 27.

Ostrom, E., 1990. *Governing the commons: the evolution of institutions for collective action*. Cambridge: Cambridge University Press.

Rawcliffe, C., 2013. *Urban bodies: communal health in late medieval English towns and cities*. Woodbridge: The Boydell Press.

Ruhland, F., 2007. Power, pleasure and pollution: water use in pre-industrial Nuremberg and Prague. *Klaudyán: Internet Journal of Historical Geography and Environmental History*, 4 (2), pp. 5–18.

Schatzki, T. R., 2003. Nature and technology in society. *History and Theory*, 42, pp. 82–93.

Schott, D., 2014. *Europäische Urbanisierung (1000–2000): Eine umwelthistorische Einführung*. Cologne: Böhlau.

Soly, H., 1968–1969. De brouwerijonderneming van Gilbert van Schoonbeke (1552–1562). *Revue belge de Philologie et d'Histoire*, 46, pp. 337–392 and pp. 1166–1204.

Taylor, V. and Trentmann, F., 2011. Liquid politics: water and the politics of everyday life in the modern city. *Past and Present*, 211, pp. 199–241.

Van Craenenbroeck, W., 1998. *Antwerpen op zoek naar drinkwater: Het ontstaan en de ontwikkeling van de openbare drinkwatervoorziening in Antwerpen 1860–1930*. Tielt: Lannoo.

Van Den Nieuwenhuizen, J., 2000. Bestuursinstellingen van de stad Antwerpen (12de eeuw-1795). In: R. Van Uytven, C. Bruneel, H. Coppens and B. Augustyn eds. *De gewestelijke en lokale overheidsinstellingen in Brabant en Mechelen tot 1795*. Brussel: Algemeen Rijksarchief, pp. 462–510.

Van der Heijden, M., 2010. Introduction: new perspectives on public services in early modern Europe. *Journal of Urban History*, 36 (3), pp. 271–284.

Vandevyvere, E., 1983. *Watervoorziening te Brugge van de 13de tot de 20ste eeuw*. Brugge: Koninklijke Gidsenbond van Brugge en West-Vlaanderen.

Van Lieshout, C., 2012. *London's changing waterscapes—the management of water in eighteenth-century London*. Unpublished PhD dissertation. King's College London.

Verhulst, A., 1994. The origins and early development of medieval towns in Northern Europe. *Economic History Review*, XLVII (2), pp. 362–373.

Winiwarter, V., Schmid, M. and Dressel, G., 2013. Looking at half a millennium of co-existence: The Danube in Vienna as a socio-natural site. *Water History*, 5 (2), pp. 101–119.

第五章　隐藏在森林中的城市：13 世纪至 18 世纪南部低地国家的木材供应、腹地和城市能动性

保罗·沙鲁阿达斯　克洛艾·德利涅

一、研究状况：主流叙事与反思性框架

中世纪和近代早期总体上都是"木材文明"时代。木材是当时的主要能源，泥炭和煤炭只在部分时期能与之相比，且前提是这些能源可在当地获取和开发。木材在家用领域（采暖、烹饪）和工业领域（面包房、酿酒厂、金属工业、制盐等）中用途广泛。它在许多工具和设备制造中发挥了关键作用，包括运输设备（手推车、船舶）、盛放饮料和食品的容器（桶、木桶）以及农业（犁、围栏）和手工业工具等。最后，即使在数量上是次要的，它也是用于建筑的主要材料之一。这种背景下，木材对城市化进程的重要性显而易见（Schubert，1986；Knoll，2006；Haneca et al.，2009）。

然而，在关于欧洲或欧洲某些地区城市历史和城市化研究的文献中，很少有人关注城市与木材资源之间的环境动态（AGN，1980；Verhulst，1999；Pinol et al.，2003；Clark，2010）。反过来看，关于林地的环境历史也很少关注城市化进程（Delort and Walter，2001；Rackham，2001；Aberth，2012）。直至最近，依然难以找到任何与这两个主题同时相关的研究（有一个研究例外，见 Cronon，1992），特别是针对中世纪和近代早期这段"早"期时段。

关于木材供应和林地管理，历史学研究一直局限于一般性的考虑，学者们认

为中世纪的总人口增长和随之而来的城市化进程导致了林地的整体退化，以及更广泛的大规模毁林，至少在西欧是如此（Braudel，1979；Roche，1991；Williams，2003）。长期以来，人们一直重点关注树林的枯梢病，却很少考虑森林管理、技术知识或森林生态系统的演变。

113　　　造成这种现象的原因，是对一些历史资料的解读过于简单，仅仅体现的是地主和统治者的观点。他们声称这些林地管理不善，是受到邻近农民和居民行使使用权的危害。不过，历史上关于欧洲森林不可避免会走向消亡的论述不绝于耳。本章的目的并不是要描述这种"枯竭叙事（depletion narrative）"如何在近代早期得以建立、在 19 世纪得到加强、在 20 世纪被大量历史学家采纳认可。我们想说的是，新兴的全球化（从 16 世纪到 18 世纪）背景见证了这些叙事的发展，产生了巨大的木材需求，主要用于造船和修筑防御工事。在这种情况下，任何没有为满足国家需求而实现利润最大化的林地，都会被视为管理不善或"恶化"，而事实上它们往往被有意地保存为标准灌木林①或林间牧场②。另外，现有历史资料主要涉及该区域或国有森林，这些森林最有可能受到居民多重使用权的约束，而且按照所有者的说法，这些森林还"威胁"了高材林③的发展。由于关于私人商业林木的信息匮乏，这削弱了我们对前工业时期林地管理的认识。

　　　自 20 世纪 90 年代以来，德国、法国或英国的一些历史学家展开了对这种"枯竭叙事"的解构。他们认为关于森林退化和木材短缺争论的批判，尤其在德国，是一种精心设计的、旨在规范使用权的论述性策略。甚至有人认为，这两项争论都旨在禁止使用权，并成为公共型社会向财产型社会演进的一部分（Warde，2006；Radkau，2008；Radkau，2012；Reith，2014）。其他历史学家（主要是法国的历史学家）重新解释了负责森林管理的机构的抱怨，以此来肯定他们的"善政"（corvol，1994，1996；Chalvet，2011）。南方低地国家（大概位置为现在的比利时）对两种解释都予以支持。会计商会和财务委员会——这两个中央机构

---

　　　①　灌木林由每隔几年砍伐一次的靠近地面的矮树丛组成，这些矮树丛的枝条在此期间会重新长出来。大多数情况下，要使一些较大的树木分散生长在矮树丛中，以便使它们生长到适合制作房梁和木板的大小，这些树被称为"标准树"或木材树。学者将包括木材树的"标准灌木林"和"简单灌木林"（还没达到标准）进行了区分，但由于标准的反复不定，这种区分也并不那么严格（Rackham，2006）。

　　　②　指系统性放牧（农场动物或鹿）的林地（Rackham，2001；Rackham，1996）。

　　　③　木材主要由木材树而来，即树干大到足以制造梁和木板的树木（Rackham，2006）。

管控了整个南部低地国家地区,总部设在布鲁塞尔——撰写于18世纪的几份危言耸听的报告指出,他们愿意重组或减少使用权,并主张对林地进行控制(Goblet d'Alviella,1927—1930;Schmit,2010;Charruadas,2012)。

　　城市行动者和"城市能动性"在欧洲森林史上的作用仍然研究不足。以英国为例,关于人类对林地影响的研究,除了加洛韦等人(Galloway et al.,1996)对伦敦进行的案例研究以外,要么忽略了城市和城镇对林地的具体影响(Rackham,2001;Aberth,2012),要么在理解"城市能动性"安排上存在分析困难的问题。例如,在对中世纪肯特郡林地经济的研究中,肯尼思·威特尼(Kenneth Witney)发现很难区分本地/区域城市需求(伦敦、坎特伯雷)和罗瑟河、英吉利海峡上的跨区域商业出口的影响(Witney,1990)。相比之下,理查德·凯泽(Richard Keyser,2009)揭示了中世纪晚期城市需求对香槟林地的具体影响。根据他的研究,商业化和商业机会有助于将广泛的林地管理转变为密集的木柴生产,从而形成另一种专门用于商业目的的景观(标准灌木林)。这种新的林地景观满足了邻近城市(特鲁瓦、普罗旺斯、兰斯、莫城)日益增长的燃料需求。但是在凯泽的研究案例中,仍然难以明确区分城市化的特定影响和林地资源普遍商品化的影响。我们的问题是,根据亨利·皮雷纳和马克斯·韦伯发展起来的霸权叙事,在被城市与商业的"同质"发展所框定的欧洲城市景观中,这两个因素应该如何相互区分?

114

　　让-皮埃尔·索松开展了一项综合研究,主要聚焦木材的商业流通(Sosson,1996),正如他所述,南部低地国家的城市木材供应很大程度上仍未得到深入研究(最近关于佛兰德斯的一项基于树木年代视角的研究是一个例外:Haneca,2015)。现有的"环境"或"供应"研究侧重于其他原材料,如羊毛、谷物或水(Van Uytven,1985;Deligne,2003)。这种情况显得不可思议,南部低地国家是西欧工业化时代以前城市化程度最高的地区之一,尤其是考虑到木材在城市日常生活中如此重要。唯一关于南部低地国家林地史的全球性研究,是20世纪初开展的一项古老研究(Goblet d'Alviella,1927—1930)。虽然它提供了林地和森林演变的相关信息,但它采用的研究方法在国际上似乎已经过时。因此,关于南部低地国家的城市与林地资源之间的关系演化,仍然缺乏综述性分析。当然,已经有人开展了一些地方性和区域性研究(Sosson,1977;Charruadas,2012;Billen,

1993a,1993b)，但综述性研究至今仍是空白。本章旨在朝这个方向迈出第一步。

　　继卡尔·阿普恩(Appuhn,2000;2009)和约阿希姆·拉德卡关于木材议题的著作(Radkau,2008;2012)之后，本章将尝试不仅从经济和物质的角度，还从社会和文化视角揭示城市和林地之间互动的复杂历史。对笛卡尔主义者(Cartesian)所倡导的自然和文化相分离的质疑，促使我们改变了对社会背景和自然环境之间关系的看法(Godelier,1984;Latour,1991;Descola,2005)。从城市环境视角来研究木材和林地，需要采用不同的时间尺度。需要采用长期视角来理解木材供应流通网络的结构维度(Schott,2004;Quenet,2014)。相比之下，对于揭示林地管理的层级构成以及城市和社会需求，短期或同步的方法非常重要。只有采用双重方法，才能更加全面地评估木材供应案例中城市的能动性程度。

　　本章将重点讨论城市网络如何塑造了森林地区，森林地区如何反作用于城市网络，以及讨论腹地问题。考虑到城市日常生活中所需的木制品种类繁多，在木材供需的影响下，城市的腹地不断被重塑。因此，有必要考虑不同时间尺度的林地管理(短：几年；长：约25—40年；非常长：约80—120年)。为了满足他们的需求，城市及其商人制定了复杂的采购策略，导致不同种类的木材空间变得多样化和专业化。那么，除了被描述为极化的中心地区或同质的供应区域，腹地的传统概念还剩下什么呢?

二、景观对比：南方低地国家的森林覆盖和管理

　　无论空间尺度如何，描绘林地的真实范围及其组成，对历史学家来说都是一个重大挑战。就欧洲尺度而言，有些数据是估算得出的。根据保罗·沃德(Paul Warde,2004)的估计，近代早期的法国、德国、波希米亚和波兰，约30%～35%的林地面积遭到了砍伐。即使斯堪的纳维亚半岛和波罗的海各国的森林覆盖率更高，但森林面积也只有爱尔兰和英国国土面积的10%～12%。至于"荷兰"(不确定对应现在的哪个地区：也许包括现在的荷兰和比利时)，这一比率达到了20%左右。然而，最后这一数字掩盖了南部低地国家更为复杂的现实。该地区在景观、城市化、社会经济组织和政治结构方面都具有多样性(这种多样性正是范·巴佛尔研究的起点，Van Bavel,2010)。从林地和城市—自然的关系来看，

该地区实际上是异质的,可以从宏观区域尺度和长期视角划分为三个主要区域
(图5-1):

　　(1)北部和西北部地区,人口密集且已城市化(包括根特、布鲁日、伊普尔、图尔奈、安特卫普和里尔等大城市),因此从早期开始便林木稀少;这个地区比以前的佛兰德斯县稍大一些,与北海接壤,其内部有适合贸易的密集河流系统(斯凯尔特河和利斯河,以及连接海岸和内陆的人工运河)。

116

117

　　(2)南部和东南部地区,人口较为稀少,保留了大片林地,大致范围包括那慕尔的小郡县、列日大主教领地以及林堡和卢森堡公国;该区域的主要水道是默兹河,自中世纪早期以来就被视为主要的贸易通道。

　　(3)在这两者之间,有一片从东北延伸到西南的中间区域,大致范围包括埃诺郡和布拉班特公国(包括蒙斯、班什、布鲁塞尔、鲁汶和梅赫伦等大中型城市)。在这一时期(14世纪到18世纪),一些零星的、某些情况下很有价值的树木和森林得以保存;埃诺和布拉班特的特点是只有中小型河流,河运网络较差,所以布鲁塞尔市在16世纪挖凿了一条引人瞩目的运河,以便与北海地区相连。

　　关于森林覆盖的这一概述,大致反映了中世纪晚期和近代早期的情况,这是植根于不同地质、土壤学和土地利用模式上的长期过程的结果。这一点在18世纪晚期费拉里斯(Ferraris)伯爵绘制的地图上仍然清晰可见,这幅地图是在对林地(特别是南部和东南部地区)遭受了200年高强度砍伐后绘制的。当时80%的森林仍然位于默兹河以南,特别是阿登高地(Talier,2004)(图5-2)。

　　这种一般性陈述可以参考布罗代尔(Braudel)的“地理时间”理论:(当前的空间)由不知不觉的缓慢变化所组成。我们必须从实践中加深理解,因为实践向我们讲述了另一个关于(塑造)该地区城市和林地之间关系的故事。

　　初看会认为,北部和西北部地区甚至中间地区的木材资源相对匮乏,这引发了中世纪早期的商业网络组织,也导致对当地林地的研究兴致缺乏。如果第一句推断正确(见下文),则后者所述结论便不成立。一项研究表明,在当时,现今佛兰德斯所对应的地区森林覆盖率偏低(约10%),由于城市需求的影响,实际上导致了更高强度的开发,以及对树篱、小树林和林地的更好利用。从14世纪开始,在受损的林地和边缘土地上进行再造林,使得居民的土地使用权即使没有被完全压制也受到了限制。有强烈迹象表明,18世纪中叶,区域内的森林覆盖

图 5-1　低地国家地图,注记了主要城市和不同的政治公国

118 率达到了15%左右(Tack and Hermy,1998)。这些林地绝大多数都是标准灌木林,主要用于集约化的木柴生产,但也有木材树,偶尔会提供建筑木材(Verhulst,1995;Chahou,1997;Tack et al.,1993;Tack and Hermy,1998;Haneca,2015)。无论如何,总体上北部和中部森林的集约化管理程度远高于南部(Sommé,1990;Billen,1993a;van Bavel,2010)。

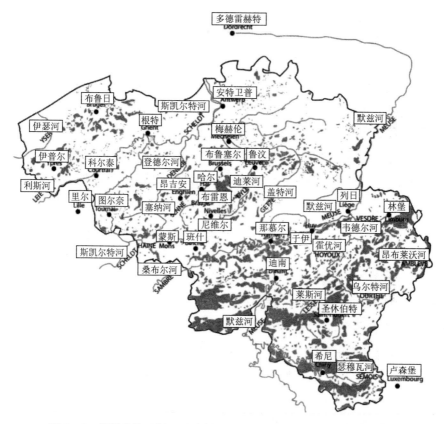

图5-2 根据费拉里斯地图绘制的18世纪末"比利时"森林覆盖概况

资料来源:作者根据塔利尔(Tallier,2004)的数据绘制。

通过这一发现,我们认为城市可能对一些森林和林地起到了保护作用。事 119 实上,一些有关城市的研究也证明了这一点,如纽伦堡、法兰克福、伦敦和威尼斯(Pfeiffer,1972;Galloway et al.,1996;Monnet,2000;Appuhn,2009)。在这些案例中,城市周边或更远林地的保护可能与城市的政治和行政行动直接相关。

南部低地国家的一些城市可能就在名单之内。在埃诺郡和布拉班特公爵领地的边界上，古老的碳森林（或"木炭森林"）在中世纪被大范围砍伐。但也有一些绵延的森林得以保留，它们大多靠近哈尔、布雷恩城堡、尼维尔、昂吉安、班什和蒙斯等小城市。在 13 世纪，这些森林被作为标准灌木林进行管理，并在轮伐系统中采伐收获（7 至 25 年为一个轮伐周期；Soumillion，1997；Chahou，1997；Charruadas，2016）。

布鲁塞尔市的索尼娅森林（"索尼亚森林"，*Forêt de Soignes*）提供了另一个关于经济、社会、政治环境与环境相互动态作用的案例，同时也是一个复杂的关于社会—自然过程的有趣案例。直到 19 世纪初，这座南方低地国家的重要城市一直与一片相对较大的国有森林共存，这片森林延伸到城市的东南部，占地约 1 万公顷。大量城市人口的存在有助于保护这片主要由小灌木林和木材林组成的森林，从 16 世纪起，木材林就开始以 80 年为周期的轮伐制度被开发利用。然而，这种相互作用并没有那么简单。为了理解城市和森林之间的关系，必须考虑到两个互补的特征，以及使这种保护成为可能的社会—制度安排。首先，至少从 12 世纪起，布鲁塞尔就一直是皇室的宫殿所在地。对皇室来说，打猎是非常重要的。索尼亚森林拥有高大的木材树种，皇室政府甚至认为这片森林具有巨大的象征意义，并努力维持这片"宏伟"的自然景观。鉴于此，尽管该景观位于城市范围之外，但它依然成为了宫殿和城市的装饰性延伸（Charruadas，2012）。其次，这里不像日耳曼帝国或意大利北部地区的城市，可以控制其邻近的森林，这一区域的森林并不由城市当局直接控制。皇室官员（主要来自布鲁塞尔的林务长或"森林掌管者"，以及其他官员）拥有对森林的控制权，而一些木材商人（大多数也来自布鲁塞尔）在宣誓后被任命为商业事务的司法支持。他们确保了由皇室森林管理局制定的林业法规得到遵循。在这种情况下，虽然商人确实促进了索尼亚森林的商业生产——为城市市场提供木柴和木炭，并促进了短期轮伐的森林管理，但森林的象征性意义也在保护大面积的高大木材林方面发挥了重要作用。这就解释了为什么它的管理在南部低地国家的北部和中部地区是一个惊人的例外，因为在那里，灌木林短期轮伐制度占主导地位。

南部和东南部地区的情况则明显不同，因为人口密度较低，森林和林地受当地发展需求的影响较小，至少在中世纪末期之前都是如此。这些林地的特点是更复杂的景观排列,在不同的空间尺度上结合了不同种类的林区。这些地区共存着单纯的灌木林采伐(为燃料生产而集中开采等)、高大树木区的大范围开采,以及介于这两种采伐方法之间的方式。第一种方式可能更适用于城市中心和(或)可航运的河流附近,而第二种方式则适用于难以采伐的偏远地区(Billen,1993a;De Moreau de Gerbowye,1996)。

从整个南部低地国家尺度上看,北部和南部经默兹河和斯凯尔特河相连。默兹河从南部树木繁茂的阿登山脉流向默兹—莱茵三角洲的"中心",与佛兰德斯、北布拉班特、荷兰和泽兰的高度城市化区域接壤(Fanchamp,1966;Sosson,1996;Suttor,2000,2006)。斯凯尔特河从南佛兰德斯(现在的法国)和埃诺的树木相对繁茂的地区,流经佛兰德斯的中心地带,到达北海枢纽(Sosson,1996;Suttor,2011。由于所处的地理位置,默兹河流域的城市(特别是那慕尔、列日和多德雷赫特)迅速成为"桑布尔(*Sambre*)和默兹之间"及阿登高地的重要木材市场。其中,阿登高地的木材可顺流而下,或由船只运送。各种木材(原木和木柴)在当地销售或在出口之前在此集散。位于默兹—莱茵三角洲中心的多德雷赫特市可能是木材和木材贸易的主要场所。它为荷兰、乌得勒支和海尔德兰等北部城市以及根特、布鲁日、安特卫普等佛兰德与布拉班廷城市提供服务(Sosson,1996;Suttor,2006;Haneca,2015)。从 14 世纪开始,就已有木材商人在默兹河上为佛兰德人供货(Bruwier,1958;Billen,1993b),而在佛兰德人考古遗址(根特的比洛克医院)发现的来自阿登高地的最古老木材则可以追溯到 13 世纪中叶(Hoffsummer,1991)。斯凯尔特河域的木材供应模式尚不清楚,因为相关的历史记录很少。

从 15 世纪开始,随着木材资源逐渐商品化和商业化,阿登高地的经济也随着金属工业的发展而逐步改变,特别是在那慕尔附近和默兹河上游地区,这两个地区都是富铁地区。工业扩张极大地增加了对木柴的需求和对林地的压力,这可能会促进林地管理向短周期砍伐转变,并有利于高乔木林向新标准灌木林的树种转变。在某些情况下,过度开采会导致毁林,如列日市东南部的赫托根瓦尔德(Hertogenwald)森林,由于当地钢铁工业的发展,该森林的面积在 16 世纪初至 18 世纪末期间减少了一半(Goblet d'Alviella,1927)。在这样的背景下,对于与默兹河相连的城市来说,波罗的海区域的木材和大木料就成为其重要且必需的供应来源(North,1996；Riis,1996)。在 16 世纪末和 17 世纪初,波罗的海市场(如但泽、加里宁格勒、里加以及斯堪的纳维亚港口)增加了对西欧特别是阿姆斯特丹的木材出口(主要为锯木产品如桶杆、横梁和木板),并在那里继续向英格兰和南部低地国家出口(North,1996)。

在南部低地国家尺度上,这些发现初看似乎证实了冯·杜能的经典模式,即原材料通过水路从偏远地区运输过来,使得人口密集的北方消费地和南方生产地之间产生相互联系。拉德卡指出："木材供应问题可以产生空间结构的平衡效应,因为它们主要影响的是大城市,并且有利于城市周边森林茂密地区的发展。"(Radkau,2008)然而,仔细观察南部低地国家的区域空间结构后就会发现,在大多数情况下,由于供应网络非常复杂,必须将腹地的范围视为动态空间。这些网络既不局限于城市和城镇周围的径向腹地,也不局限于通过水路商业连接南北的轴向腹地。在许多案例中,这些网络贯穿了从近到远的各种原产地(Clark and Lepetit,1996；Schott,2012)。根据巴勒斯(Barles)和诺尔(Knoll)在本书中的观点,木材供应问题需要考虑到多个腹地(另见 Clarke,2014)。

三、森林作为腹地：从传统空间模式到网络环境

佛兰德人和布拉班特的城市对木柴、木材和其他几种类型木质资源具有非常大的需求,对他们而言,南方地区的资源(通过默兹河、斯凯尔特河或其他路径运输)是不够的,在存在区域可能性的情况下,必须调动更偏远的资源。像布鲁日这样的中世纪重要城市,周围树林满足了其木柴和木材需求,但更重要的是,通过国际贸易及其作为欧洲大陆商业门户的地位来获取资源(Murray,2009)。贸易的地理起源和路线相当多样化:通过海洋与波罗的海东部地区和英格兰东南部相连,通过莱茵河与德国北部相连,通过斯凯尔特河或陆上路线与法国北部相连,通过河流以及海洋与默兹河地区相连(Sosson,1996；Haneca,2015)。除此之外,布鲁日和整个佛兰德斯的城市网络可以依赖泥炭的经济开发,特别是在佛兰德斯的沿海地区(Thoen and Soens,2009)。另一边,我们知道贸易是双向的。14 世纪,来自泽兰、佛兰德斯和法国的商人甚至会到英格兰东南部的威尔德森林地区购买木柴,他们在温切尔西港乘船,沿着罗瑟河逆流而上,到达沿河

岸延伸的大片内陆灌木林（Witney，1990）。同时，英国的木材商也会来到连接布鲁日和北海的兹温河口，出售块状木材（Sosson，1996）。

埃诺与布拉班特南部城市所处的地理位置略有不同。埃诺大多数城市都远离海岸，远离适合航运的主要水道（列举一些最重要的例子，如蒙斯、班什、布鲁塞尔、尼维尔）。因此他们必须通过保护和合理利用当地资源来满足其木材需求——他们的需求量甚至超过了佛兰德斯（Chahou，1997；Charruadas，2012，2016）。上文提及的布鲁塞尔市的情况就是个范例，这座城市位于一条非常小的河流——塞纳河之上，难以利用船只进口木材和木柴。然而，正如前文所述，直到19世纪，这座城市附近仍然有一片约1万公顷的森林。这片拥有高大森林和标准灌木林的林区，主要用于砍伐木柴和生产木炭，以满足城市和区域人口的采暖需求。标准灌木林可以定期提供一定量的木材（见上文）。除此之外还有一些小型林区，加以许多树篱和其他路边树木，可以一定程度上供给木材生产（Weitz et al.，2014）。

与布鲁日市一样，布鲁塞尔市的木材需求能得到满足，还要归功于其丰富的资源供应体系（从波罗的海东部船运而来，或从南部通过陆路运输）。但是与布鲁日市不同的是，布鲁塞尔市与国际木材市场的联通较少，因此面临着更高的运输成本。在这种情况下，城市开发了周围所有可用的木材资源（林地、狩猎公园和篱笆树），也会非常谨慎地重复循环利用自身的建筑材料（Sosnoss-ka，2013）。例如根据15世纪布拉班特公爵的账目，他在布鲁塞尔地区建造、修复或重建众多建筑所用的木材，除了波罗的海的进口木材外，都来自城市半径30千米内的大约20个不同村庄以及城市本身（Sosson，1996）。在这种情形下，像位于城市郊区的沃斯特修道院这样的森林所有者，拥有大约200公顷林地，可以以非常高的价格出售其全部木材产品。根据克莱尔·比伦（Claire Billen，1995）的说法，在城市市场销售木材产品是该修道院主要的现金收入来源。

布鲁塞尔的情况并不罕见。几位作者已经指出，在中世纪和近代早期的木材供应中，树篱（尤其是果树）的重要性被低估了（Goblet d'Alviella，1927；Pryor，2011）。保罗沃德认为，"在（西欧和中欧的）许多地区，大多数树木可能生长在田野或树篱中，而非林地中"（Warde，2004）。类似的复杂性也可以在南部

124

和东南部地区发现。这些地区似乎已经基本自给自足，甚至能够在不影响当地需求的情况下维持出口贸易。例如在 13 世纪，位于那慕尔省南部（即所谓的桑勃雷和默兹的中间地带）的标准灌木林通过陆路和水路出口到北部的布拉班特和埃斯拜（布拉班特以东和默兹河以北的地区），显然没有对那慕尔省城市的自给自足造成任何损害（Deligne，2016）。同样，在中世纪末期，人口较少的卢森堡城市的木柴和木材需求很容易满足，其需求一方面是通过开发树丛（*Baumbusch*），即附近由城市整体持有的公共森林，另一方面是在格鲁内瓦尔德（*Grunewald*）的城郊森林中行使共同权利，因此无须大量依赖进口（Schmit，2010；Pauly and Uhrmacher，2011）。

在这个阶段的研究中，同样的情况似乎也出现在了那慕尔省的案例中（Sosson，1996；Schmit，2010）。然而，微观层面的情况可能比最初设想的更加复杂。例如 16 世纪初，卢森堡城市当局从孚日山脉进口松木用于公共工程（Schmit，2010），这可能是因为当时城郊林地和灌木林缺乏具体管理标准而无法满足其总体木材需求。我们尚缺乏详细和广泛的研究与资料，来理解区域间贸易、当地消费模式和环境因素之间的具体影响和相互作用。

四、考虑当地条件：行动者、权力、所有权

在较小时空尺度上，木材供应模式既不是单一的，也不是静态的，他们被不断变化的经济、政治和社会条件日渐重塑。在资料不够详尽的情况下，我们将提及一些重要的演变。首先是默兹和阿登高地林区的商品化。这一过程始于 12 世纪和 13 世纪，并在 16 世纪得到了进一步的推动（Bruwier，1958；Billen，1993a，1993b）。商品化的一般性过程可能会导致局部情况差异较大。例如早在 12 世纪和 13 世纪，许多资料就证实了，对大致位于两条主要水道之间的那慕尔省而言，投资森林和林地变得日益重要（Deligne，2016）。与前文提到的香槟林地案例并无不同，该地区 90% 的林地（约 1 万公顷）被砍伐作为木柴出售。相比之下，在更南边的卢森堡公国，安利尔或希尼这样的大型森林在 15 世纪末仍在被用作木材场。

如前文所述,第一批商业森林位于城市中心和(或)可航行的河流附近,而位于比较偏远地区的林地,其销售规模要小很多。例如林堡小镇附近有一片赫托根瓦尔德森林,位于列日市东南部,沿韦德尔河(一条航行不畅的水道)分布(Suttor,2006),在 19 世纪铁路建成之前,利用这片森林资源生产的木制品一直用于当地消费,从未用于出口(Goblet d'Alviella,1927;Yans,1938)。相比之下,尽管距离那里只有大约 40 千米,但在利兹上游的默兹河右岸,瑟朗和伊沃兹的圣休伯特修道院林地却是商业化的理想之地。在 14 世纪,账目中所提到的对标准灌木林的开发,比农业种植和煤炭开采更加有利可图(Van Derveeghde,1955)。

历史分析清楚地表明,商业活动和商人行为作为南方低地国家城市和林地之间的中介力量,具有很强的影响力。因为仅有良好的区位条件并不够,人为因素同样十分重要。这就提出了一个问题,即哪些驱动力决定了木材腹地的位置和布局。在将自然资源与消费场所联系起来的过程中,涉及各种各样的行动者,通常有森林使用者和当地森林官员、土地所有者(教会机构、中央政府、私人所有者)、城市当局、商人和商业投资者。

前文提及的希尼的森林和圣休伯特修道院的林地都是非常好的案例,它们反映了空间布局如何被连续的社会安排所塑造,以及自然"物体"如何在特定情况下转化为原始材料(Godelier,1984)。希尼案例是一片占地约 9000 公顷的私有森林,坐落于默兹河的一条可航行的支流——瑟穆瓦河沿岸,至少从理论上讲,出口很容易。在近代早期这片森林已归属国有,受制于强大的习惯权利,森林官员以满足地方利益为导向进行管理,这实际上已经超出了位于布鲁塞尔的中央远距离行政机构的控制。由于无法提供必要的投资或管理重组,直到 19 世纪,中央政府才将这片森林用于商业目的(Leroy,1973;Billen,1993a)。而位于希尼以北 40 千米处的圣休伯特修道院的林地则完全不同。由于这片林地远离主要河流,因此直到 17 世纪末仍被用于当地的工业用途。但是当时的修道士——可能意识到了新的经济机会和(或)与某些商家进行了接触,他们与农民重新谈判了林地的准入权利,把农民拥有的 8500 公顷林地的惯例使用权限制在其中的 3500 公顷内。在 18 世纪,当钢铁厂开始兴起,默兹河的一些城市(迪南、那慕尔和列日)对木柴的需求大幅增长,情况迅速发生了改变。与城市商人的交易经常出现在修道院的账目中,与此同时,为了准许和促进木材运输,水道也被大幅改造(修建了水坝和水闸)(Dupont,1991)。

圣休伯特修道院林地的案例阐明了一个关键:在中世纪晚期和近代早期,特别是在南部低地国家,"所有权"并不是控制林地开发的唯一决定性因素。更重要的,一方面是对林地的有效占有,另一方面是商人对木材资源的充分了解。这些要素是将资源与潜在市场机会联系起来的关键(Boissière,1997)。令人震惊的是,从这个意义上讲,完全由城市当局掌握和控制的林地案例十分稀少,卢森堡市拥有整个树丛森林,是南部低地国家的一个例外(Pauly and Uhrmacher,2011)。当然,农村和城市社区居民可以对大部分区域和国有森林行使一些使用权[对于布鲁塞尔的穷人来讲是索尼亚(*Forêt de Soignes*)森林;在那慕尔是马拉格尼(Marlagne)森林;在卢森堡是格鲁内瓦尔德(Grunewald)森林]。但这些权利明确排除了商业性活动。

然而,在这一分析框架中,我们仍然难以界定市场吸引力的概念,或者更具体地说,难以理解特定商品如何被吸引到特定的城市市场——这里的市场被定义为买卖双方相遇并创造贸易机会的中心地点。运输成本和距离无疑发挥了重要作用。在木材供应方面,正如威尼斯或伦敦那样,大木料的高需求和高价值可以负担比木柴更高的运输成本,使得这种货物能够远距离流通。然而,正如前文已经提到的,我们很难提出一个特定的城市周围木材流通的"普遍"模式——即使考虑到水道的存在与否。毕竟,无论是物理上还是经济上,像水道这样的地方性和区域性特征可以被完全改造,以便将城市与偏远地区连接起来。

事实上,大多数城镇会通过调整它们所必需的产品和商品通行费,来吸引卖家和买家。个别城市甚至从他们的领主那里获得了一项贸易主导权,即强迫商船和车队在城市市场上卸下货物,并在一定时期内展销的权利。据我们所知,有两个城市被授予这种木材特权。1299 年,多德雷赫特市从荷兰伯爵约翰一世那里获得了水运的木材、燕麦和葡萄酒的贸易主导权。这项贸易主导权在 1355 年进一步扩展到南荷兰境内的所有河流运输(Van Uytven,1985)。多德雷赫特市位于默兹—莱茵三角洲枢纽上,这座城市可以轻松、持续地接触到来自欧洲西北部许多地区的木材(来自默兹河上游、"桑勃雷和默兹的中间地带"、法国北部、德国西部等）。这样一来，城市商人就能更容易地为北方低地国家的其他地区提供商品并从中获利。那慕尔城，位于更南边的桑布尔河和默兹河交汇处，于 1424 年和 1568 年分别获得了木柴和木炭的同样特权（Suttor，2006）。就像多德雷赫特市一样，这一法律特权帮助该市在其围墙内获取燃料以满足自身需求。但是，最重要的是，它还允许该市的商人向布拉班特、埃斯拜或多德雷赫特出口木材。在这两种情况下，应该强调的是这些贸易主导权追求的商业目标，涉及了超区域和城际的供应网络（不仅是当地的木材供应）。另外值得注意的是，这两座城市正是位于树木繁茂的南部，与森林遭受一定砍伐的中北部的交界处。

　　一般情况下，南部低地国家城镇内的政治精英都积极地涉足商业领域。因此，管理森林和林地的"城市能动性"（与某种"商业机构"有着内在联系）会与城市当局的能力密切相关，比如与商人保持沟通，并留心本市居民的需要。城市当局通过帮助商人、规范城市市场和提高市场吸引力来确保木材供应（Boone，2010）。因此，无论是在资源转化、集体政治与商业谈判、信息处理还是路线塑造方面，商人对于塑造市场"吸引力"的作用都至关重要。因此，市场和供应领域是复杂的社会—政治建构。

129

五、结论

　　通过对中世纪和近代早期南部低地国家城市和林地之间关系的适度回顾，我们最终强调几个观点。首先，就城市的木材供应而言，挑战"腹地"的传统重要性似乎是合理的，"腹地"常被描述为围绕中心弯曲的空间或同质供应区（根据传统的冯·机能模式），应该用一个网络系统的概念取代它，根据经济、政治、社会或文化条件和变化，特定的"经济空间"/腹地（复数）可以连接到网络系统，作为商业场所的城市是网络系统中的重要节点。显然，一些小城市，特别是在南部和东南部地区，大体上符合简单、静态的冯·机能模式。但是，即便是卢森堡这样的中等城市，木材供应有时也需要调动更遥远的货源。

　　然而，要清楚地识别这种网络结构背后的行动者和驱动力仍然很困难。中世纪和近代早期的商业行动者采用了不同的木材产品商业化策略，林地所有者也是如此。两者都在城市当局和国家设计的法律框架内行事。因此，即使在次区域尺度上，最终展现的景观也可能差异巨大（小灌木林、乔木、标准灌木林）。有些城市（但不是所有城市）似乎在特定林地和森林的命运中发挥了重要作用，尤其是在"保护"某些林地和森林方面。当城市的商业行动者能与建立在城市之上的王权分享他们的利益时，这种保护作用可能会得到最优发展。在这种情况下，如果君主权力要与林木所有权之间建立紧密联系，文化因素可能会起到决定性作用。

最后，面对当地可用木材、木料和原木的短缺，城市社会制定了可以合理开发各种木材资源（例如树篱或重复利用材料）的集约化战略，并尽可能采用其他材料代替木材或采用新的建筑技术。城市的建筑结构往往体现了这种创造性。尽管城市规模和水运可达性在一定程度上决定了这些选择、限制和连接，但城市依然可以通过开发强有力的工具来改变环境，特别是水路建设方面。

130

参 考 文 献

Aberth, J., 2012. *An environmental history of the middle ages: the crucible of nature*. London and New York: Routledge.

AGN, 1980. *Algemene Geschiedenis der Nederlanden, vol. 2, 4, 6*. Haarlem: Fibula-Van Dishoeck.

Appuhn, K., 2000. Inventing nature: forests, forestry, and state power in Renaissance Venice. *Journal of Modern History*, 72 (4), pp. 861–889.

Appuhn, K., 2009. *A forest on the sea: environmental expertise in renaissance Venice*. Baltimore: Johns Hopkins University Press.

Billen, C., 1993a. De la forêt domestique à la forêt commerciale: les bois du Luxembourg avant l'ordonnance des archiducs (1617). In: *Le Luxembourg en Lotharingie: Luxembourg im Lotharingischen Raum. Mélanges Paul Margue*. Luxembourg: Editions Saint-Paul, pp. 43–64.

Billen, C., 1993b. Peasant Forestry in a metallurgical area: forests between the Sambre and the Meuse during the Modern Period. In: H. Brandl ed. *Geschichte der Kleinprivatwaldwirtschaft. Geschichte des Bauernwaldes: Tagung der IUFRO—Gruppe S.6.07 forest history (Freiburg, 1991)*. Fribourg: Forstlichen Versuchs-und Forschungsanstalt Baden-Württemberg, pp. 269–273.

Billen, C., 1995. La gestion d'une abbaye périurbaine: Forest à la fin du Moyen Âge. In: J-M. Duvosquel and E. Thoen eds. *Peasants & townsmen in medieval Europe: Studia in honorem Adriaan Verhulst*. Ghent: Snoeck-Ducaju & Zoon, pp. 493–515.

Boissière, J., 1997. La forêt des marchands. In: A. Corvol, P. Arnould and M. Hotyat eds. *La forêt: Perceptions et représentations*. Paris: L'Harmatan, pp. 133–145.

Boone, M., 2010. *A la recherche d'une modernité civique: La société urbaine des anciens Pays-Bas au bas Moyen Âge*. Brussels: Editions de l'Université de Bruxelles.

Braudel, F., 1979. *Civilisation matérielle, économie et capitalisme, XVe-XVIIIe siècle*. Vol. I. Paris: A. Colin. [English Translation: 1981. *Civilization and capitalism, 15th–18th Century*. London: Collins.]

Bruwier, M., 1958. Note sur l'exploitation des bois de Mirwart par le comte de Hainaut en 1333. In: *Etudes sur l'histoire du Pays mosan au Moyen Âge. Mélanges Félix Rousseau*. Brussels: La Renaissance du Livre, pp. 145–155.

Chahou, A., 1997. Les bois du Domaine dans le Hainaut au XVIIIe siècle (1730–1780): le domaine de Binche. *Etudes sur le XVIIIe siècle*, 25, pp. 79–109.

Chalvet, M., 2011. *Une histoire de la forêt*. Paris: Seuil.

Charruadas, P., 2012. *Une forêt capitale? Recherche sur les modes de gestion et l'évolution des paysages en forêt de Soignes (Moyen Age-XIXe siècle)*. Unpublished report. Brussels.

Charruadas, P., 2016. L' 'ombre' de la forêt charbonnière. Environnement, exploitation et paysages forestiers aux confins du Hainaut et du Brabant, des origines à 1300. In: M. Pauly and H. Pettiau eds. *La forêt en Lotharingie médiévale/Der Wald im mittelalterliche Lotharingien*. Actes des 18e Journées Lotharingiennes. Luxembourg: Section historique de l'Institut grand-ducal, pp. 87–135.

Clark, P., 2010. *European cities and towns 400–2000*. Oxford: Oxford University Press.

Clark, P. and Lepetit, B., 1996. Introduction. In: *Capital cities and their hinterland in early modern Europe*. Aldershot: Ashgate, pp. 1–25.

Clarke, H. B., 2014. Cities and their spaces: the Hinterlands of Medieval Dublin. In: M. Pauly and M. Scheutz eds. *Cities and their spaces: concepts and their use in Europe*. Cologne: Böhlau, pp. 197–215.

Corvol, A., 1994. La décadence des forêts: Leitmotiv. In: *La forêt malade: Débats anciens et phénomènes nouveaux, XVIIe–XXe siècles*. Paris: L'Harmatan, pp. 3–17.

Corvol, A., 1996. Connaître la forêt: problèmes et documents. In: S. Cavaciocchi ed. *L'Uomo e la foresta secc. XIII–XVIII: Atti della Ventisettimana di Studi di Prato (8–13 maggio 1995)*. Prato and Florence: Le Monnier, pp. 43–77.

Cronon, W., 1992. *Nature's metropolis: Chicago and the great West*. New York: W. W. Norton & Company.

Deligne, C., 2003. *Bruxelles et sa rivière: Genèse d'un territoire urbain (12e-18e siècle)*. Turnhout: Brepols.

Deligne, C., 2016. Les sylves du Namurois et d'entre Sambre et Meuse: convergences et contrastes. In: M. Pauly and H. Pettiau eds. *La forêt en Lotharingie médiévale/Der Wald im mittelalterliche Lotharingien*. Actes des 18e Journées

131

Lotharingiennes, Luxembourg: Section historique de l'Institut grand-ducal, pp. 137–162.

Delort, R. and Walter, F., 2001. *Histoire de l'environnement européen*. Paris: Presses Universitaires de France.

De Moreau de Gerbehaye, C., 1996. Un massif forestier à l'agonie: l'Ardenne luxembourgeoise aux XVIIᵉ et XVIIIᵉ siècles. In: S. Cavaciocchi ed. *L'Uomo e la foresta secc. XIII-XVIII: Atti della Ventisettimana di Studi di Prato (8–13 maggio 1995)*. Prato and Florence: Le Monnier, pp. 1003–1014.

Descola, P., 2005. *Par-delà nature et culture*. Paris: Gallimard. [English Translation: 2013. *Beyond nature and culture*. Chicago: University of Chicago Press.]

Dupont, P-P., 1991. Domaine forestier et ressources financières de l'abbaye de Saint-Hubert aux XVIIᵉ et XVIIIᵉ siècles. *Saint-Hubert d'Ardenne. Cahiers d'histoire*, 8, pp. 333–342.

Fanchamps, M. L., 1966. Transport et commerce du bois sur la Meuse au Moyen Âge. *Le Moyen Âge*, 72, pp. 59–82.

Galloway, J., Keene, D. and Murphy, M., 1996. Fuelling the city: production and distribution of firewood and fuel in London's region, 1290–1401. *The Economic History Review*, 49 (3), pp. 447–472.

Goblet d'Alviella, F., 1927–1930. *Histoire des bois et forêts de Belgique: De l'origine à la fin du régime autrichien*. 4 vol. Paris and Brussels: P. Lechevalier.

Godelier, M., 1984. *L'idéel et le matériel. Pensée, économies, sociétés*. Paris: Fayard. [English Translation: 1986. *The mental and the material: thought, economy and society*. New York and London: Verso Books.]

Haneca, K., 2015. Historisch bouwhout uit Vlaanderen: import uit noodzaak? *Bulletin KNOB*, 114 (3), pp. 158–169.

Haneca, K. et al., 2009. De 'houten eeuw' van een Vlaamse stad. Archeologisch en dendrochronologisch onderzoek te Ieper (prov. West-Vlaanderen). *Relicta. Archeologie, Monumenten- en Landschapsonderzoek in Vlaanderen*, 4, pp. 99–134.

Hoffsummer, P. et al., 1991. Bijlokekaai, Ziekenzaal. *Stadsarcheologie: Bodem en Monument in Gent*, 15 (1), pp. 56–57.

Keyser, R., 2009. The transformation of traditional woodland management: commercial sylviculture in medieval Champagne. *French Historical Studies*, 32 (3), pp. 353–384.

Knoll, M., 2006. Urban needs and changing environments: Regensburg's wood supply from the early modern period to industrialization. German Historical Institute. *Bulletin Supplement*, 3, pp. 77–101.

Latour, B., 1991. *Nous n'avons jamais été modernes: essai d'anthropologie symétrique*. Paris: La Découverte. [English Translation: 1993. *We have never been modern*. Cambridge, MA: Harvard University Press.]

Leroy, A., 1973. *La grande forêt de Chiny. Son histoire, ses usages, ses partages*. Gembloux: Ardenne et Gaume.

Monnet, P., 2000. Villes et forêts communales: administration de l'espace, politique territoriale et aménagement des ressources dans les cités d'Empire à la fin du Moyen Âge. In: P. Lardin and J-L. Roch eds. *Mélanges en l'honneur de Jean-Pierre Leguay*. Rouen: Dalloz, pp. 67–83.

Murray, J. M., 2009. *Bruges, cradle of capitalism, 1280–1390*. Cambridge: Cambridge University Press.

North, M., 1996. The export of timber and timber by-products from the Baltic region to Western Europe, 1575–1775. In: M. North ed. *From the North Sea to the Baltic: essays in commercial, monetary and agrarian history, 1500–1800.* Ashgate: Aldershot, pp. 1–9.

Pauly, M. and Uhrmacher, M., 2011. Das Versorgungsgebiet der Stadt Luxemburg im späten Mittelalter. In: R. Holbach and M. Pauly eds. *Städtische Wirtschaft im Mittelalter: Festschrift für Franz Irsigler zum 70. Geburtstag.* Cologne, Weimar and Vienne: Böhlau, pp. 211–254.

Pinol, J.-C. ed., 2003. *Histoire urbaine de l'Europe.* Vol. 1. Paris: Seuil.

Pfeiffer, G., 1972. Wasser und Wald als Faktoren des städtischen Entwicklung. *Franken, Jahrbuch für fränkische Landesforschung, 32,* pp. 151–170.

Pryor, F., 2011. *The making of the British landscape: how we have transformed the land, from prehistory to today.* London: Allan Lane.

Quenet, G., 2014. *Qu'est-ce que l'histoire environnementale?* Seyssel: Champ Vallon.

Rackham, O., 1996. Forest history of countries without much forest: questions of conservation and savanna. In: S. Cavaciocchi ed. *L'Uomo e la foresta secc. XIII–XVIII: Atti della Ventisettimana di Studi di Prato (8–13 maggio 1995).* Prato and Florence: Le Monnier, pp. 297–326.

Rackham, O., 2001. *Trees & woodland in the british landscape. the complete history of Britain's trees, woods and hedgerows.* London: Phoenix Press.

Rackham, O., 2006. *Woodlands.* London: Collins.

Radkau, J., 2008. *Nature and power: a global history of the environment.* Washington, DC and Cambridge: Cambridge University Press.

Radkau, J., 2007. *Holz.* Munich: Oekom Verlag. [English Translation: 2012. *Wood: a history.* Cambridge: Polity Press.]

Reith, R., 2014. The forest as a topic of environmental history. In: M. Knoll and R. Reith eds. *An environmental history of the early modern period: experiments and perspectives.* Vienne and Berlin: Lit, pp. 33–36.

Riis, T., 1996. Les forêts de l'Europe du Nord-Est, leurs produits et leur rôle économique. In: S. Cavaciocchi ed. *L'Uomo e la foresta secc. XIII–XVIII: Atti della Ventisettimana di Studi di Prato (8–13 maggio 1995).* Prato and Florence: Le Monnier, pp. 763–803.

Roche, D., 1991. De la forêt exploitée à la forêt protégée et urbanisée: Quelques réflexions sur le bois et la ville. In: J-L. Biget, J. Boissière and J-C. Hervé eds. *Le bois et la ville, du Moyen Âge au XXᵉ siècle.* Fonteney-aux-Roses: Ecole Normale Supérieure de Fontenay/Saint-Cloud, pp. 3–11.

Schmit, L., 2010. Les forêts péri-urbaines des villes de Namur et de Luxembourg aux 15ᵉ et 16 siècles. In: I. Parmentier and C. Ledent eds. *La recherche en histoire de l'environnement: Belgique, Luxembourg, Congo, Rwanda, Burundi.* Namur: Presses universitaires de Namur, pp. 141–146.

Schott, D., 2004. Urban environmental history: what lessons are there to be learnt? *Boreal Environment Research, 9,* pp. 519–528.

Schubert, E., 1986. Der Wald: wirtschaftliche Grundlage der spätmittelalterlichen Stadt. In: B. Herrmann ed. *Mensch und Umwelt im Mittelalter.* Stuttgart: Deutsche Verlags-Anstalt, pp. 257–274.

Scott, T., 2012. *The city-state in Europe, 1000–1600: Hinterland-territory-*

region. Oxford: Oxford University Press.

Sommé, M., 1990. Règlements, délits et organisation des ventes dans la forêt de Nieppes (début XIVᵉ-début XVIᵉ siècle). *Revue du Nord*, 72, pp. 511–528.

Sosnowska, P., 2013. *De briques et de bois: contribution à l'histoire de l'architecture à Bruxelles: Étude archéologique, technique et historique des matériaux de construction utilisés dans le bâti bruxellois (XIIIᵉ-XIXᵉ siècle)*. Unpublished PhD. Brussels: Université libre de Bruxelles.

Sosson, J-P., 1977. *Les travaux publics de la ville de Bruges, XIVᵉ–XVᵉ siècles: Les matériaux. Les hommes*. Brussels: Crédit communal de Belgique.

Sosson, J-P., 1996. Le commerce du bois au bas Moyen Age: réalité régionale, interrégionale et internationale. Quelques réflexions à propos des anciens Pays-Bas méridionaux. In: S. Cavaciocchi ed. *L'Uomo e la foresta secc. XIII–XVIII: Atti della Ventisettimana di Studi di Prato (8–13 maggio 1995)*. Prato and Florence: Le Monnier, pp. 743–761.

Soumillion, D., 1997. Le Bois de Strihoux. *Annales du Cercle archéologique d'Enghien*, 31, pp. 57–122.

Suttor, M., 2000. Les ressources forestières et le développement économique de la vallée mosane du 11ᵉ au 17ᵉ siècle d'après l'étude du trafic fluvial. In: M. Agnoletti and S. Anderson eds. *Forest history: international studies on socioeconomic and forest ecosystem change*. Wallingford: CABI Publications, pp. 21–35.

Suttor, M., 2006. *Vie et dynamique d'un fleuve: La Meuse de Sedan à Maastricht (des origines à 1600)*. Brussels: De Boeck.

Suttor, M., 2011. La navigation sur l'Escaut, des origines au XVIIᵉ siècle. *Revue du Nord*, 391–392 (3–4), pp. 851–867.

Tack, G. and Hermy, M., 1998. Historical ecology of woodlands in flanders. In: K. J. Kirby and C. Watkins eds. *The ecological history of European forests*. Wallingsford: CAB International, pp. 283–292.

Tack, G., Van den Bremt, P. and Hermy, M., 1993. *Bossen van Vlaanderen: Een historische ecologie*. Leuven: Davidsfonds.

Tallier, P-A., 2004. *Forêts et propriétaires forestiers en Belgique de la fin du XVIIIᵉ siècle à 1914: Histoire de l'évolution de la superficie forestière, des peuplements, des techniques sylvicoles et des débouchés offerts aux produits ligneux*. Brussels: Académie Royale de Belgique.

Thoen, E. and Soens, T., 2009. Mais où sont les tourbières d'antan? Géographie, chronologie et strategies économiques du tourbage en Flandre (XIIᵉ-XVIᵉ siècles). *Aaestuaria: Cultures et développement durable*, 14, pp. 45–50.

van Bavel, B., 2010. *Manors and markets. economy and society in the Low Countries, 500–1600*. Oxford: Oxford University Press.

Van Derveeghde, D., 1955. *Le domaine du Val-Saint-Lambert de 1202 à 1387*. Paris: Les Belles Lettres.

Van Uytven, R., 1985. L'approvisionnement des villes des Anciens Pays-Bas au Moyen Âge. In: *L'approvisionnement des villes de l'Europe occidentale au Moyen Age et aux Temps Modernes*. Flaran 5. Auch: Centre Culturel de l'abbaye de Flaran, pp. 75–116.

Verhulst, A., 1995. *Landschap en landbouw in middeleeuwen Vlaanderen*. Brussels: Gemeentekrediet.

134

Verhulst, A., 1999. *The rise of cities in North-West Europe*. Cambridge: Cambridge University Press.

Warde, P., 2004. Forests and woodlands. In: J. Dewald ed. *Europe, 1450 to 1789: encyclopedia of the early modern world*. New York: Charles Scribner's Sons.

Warde, P., 2006. Fear of wood shortage and the reality of the woodland in Europe, c.1450–1850. *History Workshop Journal*, 62 (1), pp. 28–57.

Weitz, A. et al., 2014. Réalisation d'un inventaire typologique et dendrochronologique des charpentes anciennes en région Bruxelles-Capitale. *Archaeologia Mediaevalis. Chroniques*, 37, pp. 123–125.

Williams, M., 2003. *Deforesting the earth: from prehistory to global crisis*. Chicago: University of Chicago Press.

Witney, K. P., 1990. The woodland economy of Kent, 1066–1348. *Agricultural History Review*, 38 (1), pp. 20–39.

Yans, M., 1938. *Histoire économique du duché de Limbourg sous la maison de Bourgogne: Les forêts et les mines*. Brussels: Palais des Académies.

第六章 为欧洲城市提供能源：从木材到太阳能——在 19 世纪至 21 世纪间为城市需求供能

迪特尔·肖特

一、引言

不论过去还是现在，能源一直是城市代谢的基本输入要素之一（Fischer Kowalski，1997；Schott，2014b）。当然，能源的"性质"随着时间推移发生了非常显著的变化。鉴于目前的环境争论，从使用木材、水、风能等可再生能源（所有这些都是太阳能的最终类型）向煤炭、石油和天然气等化石能源的转型，被认为是一种根本性的转折，即向一种全新的能源制度转型（Sieferle，1997，2001）。这种转型不仅意味着主要使用的能源发生了转变，还意味着城市与其能源"腹地"（Barles and Knoll，2020）之间重构了新的空间关系和技术系统。通过这些新的技术系统，新能源被获取、运输、处理、分配给最终用户并投入使用。本章旨在阐明这种转型在城市层面上的实现方式。显然，不仅能源制度发生了一个大转变，化石能源制度内部还有许多小转变，例如基于煤、石油或天然气的家庭采暖，或是由马匹、燃油发动机或电力驱动的公共交通。与保罗·沙鲁阿达斯和克洛艾·德利涅关于中世纪和近代早期低地国家城市木材供应转变的章节互补，笔者将重点关注欧洲城市——尤其是德国——在 19 世纪和 20 世纪如何组织能源供应，以及城市如何体现"能动性"，不仅作为市政当局，还作为消费者、企业家、技术创新者等的集合。

　　笔者首先回顾了 1800 年时城市木材供应的一些核心特征，然后展示政治、经济和技术变革如何改变了 19 世纪的城市能源供应和能源系统。接下来将论证"城市的网络化"是怎样一个基本和长期的过程，它给城市管理的演变方式、城市能源需求对自然的影响方式，以及城市代谢的组织方式带来了哪些重大变化。 ¹³⁶"城市的网络化"是指供水、供气、供电、污水处理、城市交通与通信综合技术等基础设施系统的连续建立（Schott，1999a，2015b）。新的技术组织模式也对权力结构产生了重大影响；在 19 世纪末和 20 世纪初，能源政策方面的权力制衡在很长一段时期内都在向有利于城市发展的方向转变。在第一次世界大战之前，供应能源和调节能源系统的决定权再次移交给了国家。而第二次世界大战之后，石油、天然气和原子能等新能源相继被迅速引进（Pfister，1995），这些能源从根本上巩固了两次世界大战期间到 1945 年二战刚结束时形成的中央集权结构。在过去的 20 年里，我们可以观察到城市能源供应中的一个非常矛盾的局面，特别是在德国和那些强烈主张生态保护运动的欧洲国家：一方面，欧盟要求放松管制并开放能源市场；另一方面，几乎所有人都拒绝使用核能，并且普遍认为要对能源系统完全脱碳，这导致了 20 世纪所制定的能源政策发生了部分逆转。从 20世纪 20 年代到 90 年代，关注点主要聚焦在大型发电站、远距离电力运输和高度垄断的供能结构，当下我们可以观察到——作为向可再生能源转型的必然结果——能源公共事业再市政化和能源生产再本地化的倾向。

二、19 世纪：木材作为主要城市能源

　　20 多年前，约阿希姆·拉德卡发表了一份关于工业化前德国部分城市木材供应的调查报告，这份报告后来被频繁引用，报告中他将这个问题描述成一个"谜语"或"谜团"（Radkau，1997）。为了揭开这个谜团，拉德卡根据木柴的供应模式定义出四种城市类型（关于中世纪的木柴供应，请参阅本书第五章）。第一种城市类型接近丰富的森林资源，这些森林资源或是由市政当局拥有所有权，或者多少被城市掌控，纽伦堡市都是一个突出的案例，它展示了森林战略管理的悠久历史。纽伦堡市在木材航运或漂运方面处于相当不利的地位——当地的佩格

尼茨河无法通航且没有其他合适的水道,因此必须重点关注城市附近的两片皇家森林。而在 1348 年黑死病疫情之后,由于人口大规模下降,当地的资源压力减轻,纽伦堡利用这个历史性机遇的窗口期,全面控制了因过度使用而枯竭的皇家森林,并通过种植松树而不是生长缓慢的本土树种山毛榉,来恢复这些森林(Sporhan and Stromer,1969;Radkau,1997)。纽伦堡为满足城市木材燃料需求而保留森林的政策非常一致且有延续性,在 1340 年纽伦堡的请愿活动开始之后,德意志帝国明令禁止在森林开展能源密集型活动,如生产木炭、沥青和玻璃,以及后来的银、铜冶炼生产活动。因此在当地,为城市居民提供必要的燃料木材以维持生计,优先于产业发展产生的利益(Radkau,1997)。

拉德卡的第二种城市类型是那些水路可达性较强的城市。在理想的情况下,这类城市位于可航行的河流上,河流上游是茂密的森林,没有木材消费工业或其他大城市作为竞争对手。如果这些城市拥有贸易主导权(staple rights),能强制停留运经的木材并在一定时间内(通常为三天)按照当地固定价格销售木材,那么对城市消费者来说再好不过。在这种情况下,对本地所拥有和控制的森林资源的开采利用,有时可以被不受市政府控制的更远的森林所代替,但同时这些更远森林的木材必须能够便宜地通过水路运输:廉价运输始终是木材供应的关键。一项关于巴黎能源消耗的长期研究表明,在 1800 年,巴黎 80% 的总能源需求是通过水路运输的,而且几乎全是木材(Kim and Barles,2012)。来自森林深处的木材,其固有成本几乎是零,但使用手推车运输木材燃料却产生了巨大的运输成本。因此,城市试图尽可能地通过水路运输木材,并经常投入大量资金将小河小溪改造得适合漂运或移动木材。然而,对于依河而居的城市而言,问题在于如何控制漂浮物以及驱动木材移动的复杂系统,因为这涉及许多不被沿岸城市木材经济需求所支配的行动者。例如,奥格斯堡虽位于莱希河和韦尔塔赫河这两条可漂运的河流上,但在控制其资源流方面存在问题。除了常因浮木被盗造成损失外,奥格斯堡和雷根斯堡等其他帝国城市的根本问题是政治性问题:由于领土面积很小,它们的木材供应依赖于邻近的巴伐利亚公国,而巴伐利亚公国偶尔会把木材供应作为权力游戏的棋子。当奥格斯堡 1806 年不再独立存在,成为巴伐利亚的一部分时,这些问题几乎在一夜之间就消失了(Radkau,1997)。

　　第三类城市是专门从事矿石冶炼和制盐的城市。因为它们是高耗能的行业，城市需要消耗大量木材，因此不得不对木材供应给予极大关注。拉德卡认为，在这些城市常常可以观察到一种着眼于长远经济视角的发展策略，类似于可持续的森林管理方案。巴伐利亚州的盐城——莱辛哈尔（Reichenhall）于 1661 年宣布了可持续的森林管理准则（Radkau，1997；另见 Hallein et al.，2002）。根据拉德卡的说法，"森林意识"（Waldbe-wußtsein）的发展取决于对森林的控制程度或与森林的距离。然而中世纪德国北部最重要的盐城——吕讷堡市就是一个完全漠视森林的案例，该市毗邻的森林资源在中世纪时就已经耗尽，使得该地区变成了如今著名的"吕讷堡荒野（Lüneburg Heide）"，不得不将木材从梅克伦堡州的森林中运来。在施瓦本哈尔市（Schwäbisch Hall）的案例中，由于提供制盐燃料的森林位于邻近的林堡县，不在施瓦本哈尔市政当局的行政控制范围内，木材"生产者"和"消费者"之间既可能发展为合作关系，有时也会出现关系紧张的局面。每年原木通过当地的科赫河（Kocher）运输到达施瓦本哈尔市的那一天，一直是这座城市生命周期中的重要事件。

　　第四类城市是居住型城市或首都。这类城市统治者的政治意志是要获取足够的木材，不仅为了王宫使用和建设，也为了城市居民所需。例如，慕尼黑自 1255 年起就成为了巴伐利亚州的统治者——维特尔斯巴赫王朝——的所在地，在地理和政治上都处于有利地位：它下令在伊萨尔河上漂运和航运原木，而伊萨尔河发源于森林茂密的阿尔卑斯山下游，几乎没有城市与它竞争；而且由于维特尔斯巴赫统治者的政治权威，确保了慕尼黑对其森林腹地的霸权不会受到任何人的严重挑战（Radkau，1997）。对于维也纳和巴黎等更大的首都城市而言，供应问题显得更为复杂和紧迫。18 世纪时，维也纳当地的森林（Wiener Wald）已经无法为快速增长的人口提供足够的薪材。到 18 世纪晚期，该市采取了大规模的工程措施，以向多瑙河上游进一步扩展其木材腹地（Johann，2005）。在皇室授予特权的支持下，私营企业家开始建造一系列技术装置，以便将木材运输到通航的河流（Zumbrägel，2014）。原则上来说，原木从木料采伐地到抵达维也纳的整个运输过程都是技术性的。木制滑道使新切割的原木更容易移动到小河，并从那里被运到多瑙河。为了在全年都能运输原木，私营企业家们在水源处建造了蓄水池，这些蓄水池可以根据需要排空，以产生高水浪将原木冲到下游。河流在

一些情况下被改道，穿过多瑙河和摩尔多瓦河之间的分水岭，以便为这些蓄水池
补充足够的水量。在多瑙河或其较大的支流上，原木被组装成漂浮物后运往维
也纳。在森林深处一些更加偏远的地方，甚至还安装了将原木拖上山坡的装置，
这些装置通常由水力驱动（Zumbruchägel，2014）。由施瓦辛格伯爵修建的运河
连接了多瑙河和摩尔多瓦河流域，它为维也纳的木材供应开辟了位于 150 千米
外广袤的波希米亚森林。除此之外，维也纳还在 19 世纪初挖掘了一条贯穿拉克
斯山（Raxalpe）的 450 米长的隧道，这是当时奥地利最长的隧道，为维也纳开辟
了一大片尚未开发、人迹罕至的木材供应森林（Radkau，1997）。在这些案例中，
我们可以非常清晰地发现，为了满足城市对木材燃料的能源需求，早在 1800 年
之前就诞生了强烈的"城市化自然"的趋势。这种"殖民自然"的尝试对环境造成
了相当大的影响（Fischer-Kowalski，1997）。由于建造这些技术系统非常昂贵，
只有在大规模采伐森林时才能够负担得起。为加速木材生产，后来在这些土地
上种植了能快速生长的针叶林。这不可避免地导致了本地动物群落的变化：猫
头鹰和乌鸦消失了；原木运输的连绵小河中鱼类数量急剧减少，曾经占主导地位
的鳟鱼完全消失了（Zumbruchägel，2014）。

在巴黎也可以见到类似的模式，法国国王授予了这座城市大量权力，因而
巴黎建立了一种由大都市垄断控制塞纳河及其支流流域森林和木柴贸易的城
市制度，其控制范围延伸至塞纳河及其所有支流两岸半径内 24 千米的区域。
人们在较小的河流源头建了一百多个蓄水池，以便原木在河流中能够顺流而
下，从而更大程度利用上游的森林。巴勒斯将这些虽然远离城市但是基于城
市利益且在其管辖范围内建造的复杂技术构筑物解释为"外部基础设施"或
"技术性的城市附属物"，它们是真正意义上的城市功能组成部分（Barles，
2017）。巴黎还成功将需要燃烧木材的其他行业排除在森林之外：整个冶金工
业和铁矿石冶炼行业都位于法国东部塞纳河流域之外（如洛林），因此塞纳河
流域的木材资源得以保留，以满足巴黎的木材燃料需求（Radkau，1997；Kim
and Barles，2012）。

三、19 世纪早期是否有"木材危机"？

在 19 世纪早期，"木材危机"经常在资料来源中被提及，这似乎类似一种通货膨胀。约阿希姆·拉德卡告诫我们不要把这些关于"木材紧急情况"（*Holznot*）的"警报"看得太重，因为正如他所说，这些警报的动机通常是林业工作者和地方森林所有者采取的长期策略，旨在淘汰森林的常规利用方式（草甸、凋落物），使森林管理完全朝着增加可销售木材产量的目标方向发展（Radkau，1997；更关键的是：Ross-seaux，2006）。这些警报的另一个目的是维持传统的木材消费贸易，禁止潜在的木材竞争对手进入他们的行动范围。然而拉德卡承认，城市木材经济系统由于过于复杂而面临着危机。鉴于 19 世纪上半叶的自由化和放松管制趋势，长期存在的特权、旧的保留地以及像贸易主导权这样的权利逐步被废除，正如 1831 年《莱茵河航运美因茨法案》（*the Mainz Act on Shipping on the Rhine*）废除了莱茵河作为木材运输主干线的贸易主导权那样（Cioc，2002）。一般来说，城市的木材供应处于一系列进程的压力之下，在领土重组的过程中，继 1803 年的立宪会议（*Reichsdeputationshauptschluss*）之后，帝国的大多数城市——包括纽伦堡、奥格斯堡和雷根斯堡——失去了自治权，并成为领土国家的一部分（Krabbe，1989）。在这之后，他们的自治权力特别在巴伐利亚州经常遭到严重削弱（Freytag and Piereth，2002）。另一方面，帝国城市与封闭领土国家之间的昔日政治对立也消失了。

19 世纪的长期运输改善过程，特别是内陆航运（开凿河流和修建新运河）和道路的改善，以及从 19 世纪 30 年代后期开始的铁路修建，都极大地促进了运输，并改变了交通地理格局，使得没有水路连接的地区间的木材运输第一次成为可能（Ziegler，2005）。从 1810 年起前帝国城市雷根斯堡成为了巴伐利亚王国的一部分，它的案例可以说明，在 19 世纪中叶，交通改善、市场营销和社会政策考量这些过程如何以特定的方式相互作用。雷根斯堡附近的森林相对较少，但该市地理位置优越——它属于拉德卡城市分类体系中的第二类，位于多瑙河上两条支流交汇的位置，纳布河和雷根河在雷根斯堡附近汇入多瑙河，人们可以进入雷根斯堡北部和东部的大片林区（"巴伐利亚森林"）。雷根斯堡的常规木材供应

140

区一直是多瑙河上游的凯尔海姆,以及下游几千米处的沃斯(Wörth)附近。19世纪30年代,雷根斯堡的木材价格明显上涨,主要是由于路德维希-美因-多瑙运河(Ludwig-Main-Donau-Canal)即将开放,这将推高多瑙河沿岸木材市场的木材价格,因为当时人们预测到纽伦堡附近工业化的弗朗哥地区旺盛的木材需求(Schott,2013)。在1850年前后雷根斯堡城市木材供应的冲突中,我们可以确定三个主要行动者。首先,巴伐利亚州在财政部的财政利益主导下,希望将森林发展为本州的主要收入来源,因此引导木材涨价,尽管内政部对遏制木材价格上涨的城市需求很敏感。其次,雷根斯堡市基本上自视为城市木材燃料消费者的代表,为了应对1848年前后的贫困问题和革命动荡,政府觉得有必要进行干预,以扩大木材供应并降低木材价格(Knoll,2006,2007)。再次,私营企业家认识到,通过在雷根河上发展原木运输,就有机会开发巴伐利亚森林中迄今尚未利用的木材资源,从而获得可观的利润。1846年,一名犹太木材商通过雷根河向雷根斯堡市运输了大量木材。继这一先例之后,该市于1853年开始在雷根河上发展起原木运输,并创立了市政木材规章来规范当地的木材贸易。三年后,巴伐利亚政府公布了在雷根河上运输和漂运原木的规定,试图维持对这一贸易的控制。1859年,当雷根斯堡与施旺多夫-兰德肖特(Schwandorf-Landshut)铁路连接后,情况又发生了变化。自1862年起,波希米亚地区的煤开始通过铁路进口到雷根斯堡,煤的价格低于木柴,极大地改变了当地的燃料市场。从1890年开始,我们可以观察到多瑙河木材运输的主要方向发生了逆转,顺流航行的浮木数量显著减少,更多的是蒸汽船拉着浮木逆流而上。河流的自然流动不再决定运输腹地的形状和范围。从根本上,对于雷根斯堡市的木材供应而言,河流的运输垄断已被打破(Knoll,2007)。

四、从木材到煤炭:城市向化石能源转型

英国的城市尤其是伦敦,在17世纪时,其能源供应从木材向煤炭转变已经取得了非常显著的进展,相比之下,多数大陆城市直到19世纪(通常到19世纪中期)仍然将木材作为主要能源。18世纪90年代,法兰克福市曾试图用煤炭代替木材,但终是昙花一现(Radkau,1997)。至于领土首府达姆施塔特市——黑

森州（Hesse）大公爵驻地，一座1825年约有2万居民的城市，其能源转变可以追溯到19世纪50年代和60年代初。由于达姆施塔特市没有可通航的河流，在1846年才只能通过铁路（南北方向的内卡尔铁路）到达，因此该市不太可能在1846年前就获得大量煤炭（Schott，1999a）。另一方面，达姆施塔特市三面都环绕着森林。在1888年吞并郊区贝松根（Bessungen）后，城市管辖的森林面积又扩大了1 552公顷。达姆施塔特自诩为一个"树木繁茂的城市"，直到1913年仍在强调木材燃料的性价比（Gallo，2013）。

142

　　然而，当时木柴消费占能源消费总量的比重已经微不足道，只有不到1％。基于对当时"货物入市税"（octroi，一种本地的销售税）统计调查的详细分析，按热量计算，煤炭在1871年就已经占到能源消费总量的78％（Gallo，2013），木材占比为18.3％，泥炭占比为3.8％，并在1881年迅速下降到1％以下。货物入市税的数据还显示，由于工业化程度的提高以及达姆施塔特居民能源密集型的生活方式，几十年来人均煤炭消费量显著增加，1871年的人均煤炭消费量为924千克，到1910年和1911年上升到近1 600千克（Gallo，2013）。1871—1914年，达姆施塔特的能源消费总量增加了3.5倍。煤炭的消费曲线清晰地显示了与经济周期的相关性，特别是在19世纪80年代后半期，无论是从19世纪70年代的经济萧条中复苏，还是到19世纪90年代早期的短暂萧条，都反映在增长曲线的陡度变化中（Gallo，2013）。

　　维也纳呈现的模式也基本类似。到1840年，木炭和木柴仍占维也纳能源消耗总量95％以上，但到1880年，这一比例降至不足20％。随着1838年通往北部的铁路开通，多瑙河畔王国东部省份的煤炭资源得以进入能源匮乏的首都，维也纳的木材占比从1840年开始迅速下降。1860—1890年，维也纳的能源消费总量增长了300％。如果不是利用具有"地下森林"之称的煤炭来满足其能源需求（Sieferle，2001），那么到1900年，维也纳将需要100万公顷的森林，相当于现代奥地利领土总面积的三分之一（Krausmann，2005；Hauer et al.，2012）。

五、新能源需求:城市煤气产业的兴起与市政社会主义

　　煤炭代替木材这一过程的部分原因还在于新能源需求的增长,随着新能源需求随着城市中产阶级文化日益成熟、"公共领域"(哈贝马斯)的出现以及同时发生的技术变革,新能源需求迅速发展起来,技术变革更催生并进一步加速了这些过程。随着城市煤气照明的发展和普及,城市文化发生了重大变化,人们娱乐和文化活动方面的夜生活迅速多样化。自 19 世纪 10 年代煤气工业在英国建立后(Goodall,1999),大陆城市在 19 世纪 20 年代开始建立煤气厂和煤气照明系统。最初这些变革往往发生在王室住宅和地区首府,如柏林、汉诺威和德累斯顿等,通常由英国公司出资并实施(Schivelbusch,1983; Williot and Paquier, 2005)。19 世纪 50 年代,德国城市的煤气照明技术取得突破,促使煤气厂从1850 年的 32 家猛增到 1858 年的 193 家(Schott,2005)。煤气照明完全改变了城市日常生活。在使用煤气照明之前,由于街道照明相当稀少,大多数人都避免在天黑后上街。有了煤气照明之后,晚间和深夜在灯光明亮的城市街道上漫步,出入于剧院、歌舞厅、餐馆、酒吧和商店,开始变得可以接受甚至成为了一种时尚。新兴的资本主义商品生产因为煤气灯的出现而愈加精心安排,这带来了货物和商品的新繁荣景象(Schivelbusch,1983)。在当时占主导地位的经济自由主义的影响下,大多数煤气厂以私营公司的形式建立,通常由当地股东持股。杜伊斯堡是当时莱茵河畔快速发展的工业城市,1854 年,十名本地企业家精英作为股东创建了该市的煤气厂。杜伊斯堡市授予了该公司一项特许权,允许该公司使用市政街道来建设煤气管道,并在未来 25 年为市政街道照明提供煤气的垄断权(Ring,1954)。这种合同在其他城市也相当普遍,在某些情况下,城市可以免费或以较低的费率获得煤气,并每年支付固定数额作为利润的一部分。在特许期间,大部分是 25 到 30 年,由于逐渐积累了诸多不满和紧张情绪,这使市政机构不愿再延续特许权——原因通常是由于煤气公司不按照新的城市发展规划来扩展其网络、煤气价格被认为过高、煤气质量被认为不足、网络维护也令人不满等。在杜伊斯堡市,消费者曾大规模抗议煤气价格过高,并计划建立一个市政煤气厂作为它的竞争对手,这最终迫使私营煤气厂大幅降低煤气价格,并将煤气

厂搬迁到更外围的地点，以减少对居民的干扰（Ring，1954）。作为一种普遍情况，市政委员会常找到许多理由，在煤气特许权到期后不再续期。他们开始将煤气厂置于地方当局的控制之下，以便利用其利润（通常相当可观）来增加市政预算（brunckhorst，1978）。

　　"市政化"最著名、最典型的案例是伯明翰市，前市长约瑟夫·张伯伦 144（Joseph Chamberlain）早在 1870 年就已经开始推进"市政化"，他将水和煤气的销售利润用于其他市政用途，以减轻市政费用上涨的压力（Millward，2000）。这种"市政化"战略，有时也被称为"市政社会主义"，在 19 世纪 80 年代德国的自治市以及英国、荷兰、瑞士、奥地利和北欧等其他欧洲国家成为主要形式。此外，市政化还带来了城市管理性质的深远转变（Kühl，2002；英国：Millward，2000）。到 19 世纪 70 年代，由于雇用的工作人员很少，市政当局常由杰出公民来领导，他们通常是退休人员，自愿无偿地领导地方议会（Reulecke，1985；Krabbe，1989）。然而，由于需要管理大型资本密集型企业，如煤气厂以及后来加入的自来水厂、屠宰场和其他市政企业，这种"门外汉"式的管理方式已经无法持续，市政当局逐渐由专业人员（通常是律师）领导，他们全职担任市长，并获得可观的工资。一般来说，政府会日益形成分工明确且专业化的官僚机构，而高级工作人员的技术基础和专业知识不可或缺（Hofmann，2012；Roth and Beachy，2007）。在技术方面，如果市政当局在（煤气或水）市政化以及决定推进电气化或有轨电车之前，还不具备任何专业知识，那么就得由从事发电站或有轨电车网络建设的工程公司招聘技术人员（Schott，1999a）。在 19 世纪的后三十年，许多德国和北欧城市的市政当局因此变成了"福利管理机构"（*Leistungsverwaltungen*）。这些行政机构逐渐意识到，他们要通过战略性城镇规划、基础设施活动投资、提前购买土地来积极引导城市发展进程，同时通过呼吁共同的公民身份来整合日益分化的人口，并以大量的市政福利服务作为后盾（Reulecke，1995；Lenger，2013）。因此在这一时期，我们可以在能源供应领域发现强大且不断增长的城市能动性，它同时也被用于促进城市发展的其他目标。

六、城市网络化:构建新型城乡关系

地方议会管理机构的角色逐步转变为积极主动、干涉主义且通常富有企业
145 家精神,部分原因在于笔者前文描述的"城市网络化"过程。这个过程的发展,一
方面是对市场需求和个人能动性的回应,如煤气工业案例情况;另一方面是对卫
生问题和关于"公共卫生"重要辩论的响应,这场辩论最先发生在英国并在不久
之后扩散至欧洲大陆。为了应对霍乱的流行,以及对穷人的过度福利支出,埃德
温·查德威克在 1842 年发表的著名的《公共卫生报告》(*Sanitary Report*)中建
议,应通过安装饮用水供应系统和废水处理综合系统来彻底清洁城市,这项建议
经细微修改后,最终于 19 世纪下半叶在欧洲和北美各地实施。尽管这些措施的
科学依据仍有缺陷,如"瘴气理论",但它们结合改善营养等其他因素,显著降低
了流行病的发生频率和死亡率,并提高了城市卫生标准(Vögele,2001;Hamlin,
2003)。

"城市网络化"也完全改变了城市与其腹地之间的关系。这种网络为城市家
庭提供了当时已经成为日常生活必需品的物品和服务,如煤气灯、饮用水和之后
的电力供应,它们还可以为家庭和社区街道清除粪便和垃圾等问题物质。在城
市代谢功能方面,这些网络取代了以前的大量人力劳动,例如收集或砍伐木材,
将木材运输到城镇、储存和锯切后用于家庭壁炉,将水从水井或河流运送到家庭
等(Schott,2014a)。在许多情况下,这些网络不仅渗透到城市街道,还与城市边
缘及城市外更广泛的网络相连,例如在远离城市的农村开发淡水资源。因此,欧
洲和北美的城市转型成了巨型机器,由多个技术基础设施系统组合形成。与
1850 年相比,这些系统到 1900 年时已彻底改变了城市居民的日常生活(Hard
and Misa,2008)。

随着城市代谢的物质吞吐量大幅增加,城市"生态足迹"的空间和范围都显
著扩大。因此,在 1850 年至 1900 年间,尽管城市在健康、安全和宜居性方面确
实有所改善(Lees and Lees,2007),但城市赖以获取资源并储存气态、液态和固
态废弃物的周边农村的情况却明显恶化。此外,"城市网络化"不仅对紧邻的农
村地区产生了影响,还开启了在相当遥远的区域开采、加工和利用资源的大门,

因为从前高运输费用对大宗货物的禁止性效应已不再适用。由于建立了覆盖全境的专为大宗运输而设计的大型运输网络，包括铁路网和运河、河流网等，实际的运输成本稳步下降，使得从几百千米以外的矿区向大城市供应煤炭逐步变得可行（Ziegler，2005）。伦敦市是一个特例，在 17 世纪，煤炭就可以通过水运从泰恩河畔的纽卡斯尔一路运输到伦敦（Periman，2004），而对于许多欧洲城市而言，直至 19 世纪下半叶，通过广泛的铁路和运河网煤炭运输才基本可行。在巴黎，1800 年时木材作为主要能源具有完全支配地位，到 1850 年已经变成木材和煤炭各占一半。这一转变还意味着平均运输距离从 1800 年的不到 200 千米增加到 1870 年的 270 千米，因为大多数煤矿区到巴黎的距离比森林要远得多。水路和铁路的大规模扩建使得城市范围不断扩大。20 世纪开始，由于能源向石油和天然气转变，以及法国和西欧煤炭资源枯竭，平均运输距离暴增至 2 700 千米（1965 年）和 3850 千米（2006 年）（Kim and Barles，2012）。

　　由于地方或区域森林的木材已经失去了垄断地位，近代早期地方依赖森林生产木柴的巨大压力一定程度上得到了缓解；城市附近的森林可以且确实获得了新功能，即作为更广泛群体的休闲和娱乐场所，而不仅是贵族行使狩猎特权的区域。城市森林的物质意义下降，同时城市附近绿地（树林和开放空间）的新内涵被启用，并成为了城市休闲的专门场所（Clark，2006）。到 19 世纪晚期，许多欧洲城市都在外围开设了新的"森林公园"或"森林墓地"，且通常有新设置的电车线路相连接。这些场所为那些迫切想要每周至少有一次远离市中心烟雾和噪声机会的城市居民提供了在户外散步的空间（Walden，2002）。即使是规模相对较小、工业化程度不高的黑森州首府达姆施塔特市，一个 1900 年只有约 9 万名居民的城市，也建立了奥伯瓦尔德豪斯（*Oberwaldhaus*）——一处市政休闲场所，位于离城市边缘约 2 千米的前林务员宅邸内。在那里除了有森林可供散步，还有一个小型人工湖，附近配套有餐厅、游乐场和划船设施（Sauer，2006）。1902 年奥伯瓦尔德豪斯开放时，一个新的有轨电车终点站建造在它的森林边缘，人们在森林中只需简单步行 15 分钟即可到达休闲场所。该场所很快成为一个非常受欢迎的周日郊游目的地（Schott，1999a）。然而，城市森林在发挥休闲场所新功能的同时，作为燃料采集场所的旧角色仍然可以引起居民的共鸣和回忆。在法兰克福市的森林节，即圣灵降临节之后的周二，城市居民按照传统，每年都会

在这一天从森林中获得木材燃料（他们必须自己把木材运回家），自此这一天成
为城市日历上的一个节日，也是一个重要的地方性节日（Radkau，1997）。

七、城市电气化：照明与交通的新视角

19世纪末，煤气对于城市能源需求的重要性与日俱增，但与此同时，它的霸
主地位也受到了一项新技术的挑战，即电力（Hughes，1983）。煤气照明的发展，
曾让人们惊叹于夜晚灯火通明的街道以及歌剧院、剧院和餐馆明亮的室内空间，
但后来那场突如其来的灾难——1881年维也纳环形剧院的火灾导致了近400
人伤亡（Patzer and Koll，1981）——使得人们早期对煤气灯的热情被恐惧取代，
这种失望还来自煤气灯日常使用所带来的不便。煤气灯需要消耗氧气，室内空
气质量因此恶化。为了改善空气质量，公共建筑必须安装复杂的通风系统。此
外，燃烧气体还会产生一系列有害物质如焦油、二氧化硫等，煤的组分仍然留存
于通过焦化过程产生的煤气中，这些物质飘落在椅子、窗帘和图画上，如果家具
不经常清洁和上漆的话，其表面就会覆盖上一层深褐色。19世纪80年代早期，
托马斯·爱迪生（Thomas Edison）发明了一种用于室内照明的电气系统，公众
对这种号称清洁无毒的新照明系统的反响非常热烈。然而直到世纪之交，大多
数德国城市才真正引入了电力。电力扩散缓慢、延迟的原因是早期电力照明的
成本非常高，以及另一个事实，即从19世纪80年代后期开始，有三种相互竞争
的技术系统可供选择，每个系统都有其特定的优点和缺点。在爱迪生发明的直
流电系统中，电力生产地点必须要靠近其消耗地点，因为传输过程会造成巨大的
电力损失，以至于传输半径超过一千米在经济上就不可行，因此发电站必须位于
市中心，因为那里有剧院、豪华娱乐场所、百货公司等主要消费者。但是发电站
会产生噪声、振动和烟雾；电力的生产消耗大量煤炭，产生的大量灰烬和其他废
弃物必须清除。总之，发电站是较大的环境公害。然而直流电的一个优点，是多
余的电能可以储存在蓄电池中——即电池组。这与煤气站的工作原理类似，煤
气站可以把多余的气体存储在储气罐中，并根据需要释放，而单相交流电和三相
交流电这两个竞争系统却无法提供这种存储设备。作为补偿，他们设法将发电
站安置在城市外围，在那里不会造成环境危害。不过，这两个系统需要复杂的装

置才能将电能输送给最终用户，因此电网建设的资金成本要显著高于直流电。此外，它们在可用的发动机类型上有所不同，单相交流电没有适合工业用途的发动机，而三相交流电的异步电机非常适合工业用途（Wengenroth，1989）。然而，到了 19 世纪 80 年代后期，许多城市都开始在市政能源基础设施上投入大量资金，他们将煤气厂纳入市政范畴，并由此实现了煤气厂的现代化和扩建，这同时也阻碍了电气化的快速发展。1891 年法兰克福举行的一次国际电力展览曾广受欢迎，展示了城市电力的巨大潜力，三相电力系统在此令人惊叹地首次亮相——用电力能将水远距离输送到 175 千米外的展览场地。然而城市并没有欣然接受这项新技术（Schott，1999b）。市政当局非常清楚，对建立电力系统的私营公司让步会减少他们从煤气厂获得的收益。可是，电气化不可能被完全阻止，许多久负盛名的餐馆、剧院等都自行安装了私人的电力供应系统，或者与街区的其他房主合作，安装了面向街区内消费者的供电网络（Herzig，1992）。煤气工业也面临着挑战，例如奥尔气罩（the Auer gas mantle）的技术创新，这是一种通过用煤气点燃一块纺织品并利用纺织品发光的装置，它宣称能将照明的气体消耗量减少到六分之一（Braun，1980）。煤气厂担心，这种新照明技术的引入会引起其主要市场——照明用煤气的急剧萎缩。为此，他们采取了多样化的应对措施。煤气厂推出了更低的燃气价格，用于采暖和为技术设备供电；他们还在陈列室里提供了新型煤气设备以供参观宣传，这样消费者就可以观察如何用煤气做饭，如何用煤气加热洗澡水甚至整个房子，以及燃气发动机可以在车间或工厂中执行哪些任务（Schott，1999a）。这些设备最初相当昂贵，通常以分期付款的方式租借给客户，而客户支付这些燃气灶的租金和煤气费（Ditt，2011）。这种多元化和市场渗透的战略非常成功，使得煤气的消费量出现了上升，而非预期中的下降。煤气，特别是用于做饭和烧水的煤气，在 1900 年左右成为现代城市生活中不可或缺的资产，引领了住宅技术化，产生了现代"浴室"，并改变了许多城市家庭的文化（Schott，2015b）。同样，在 19 世纪 90 年代中期开始的经济繁荣的强劲推动下，旧煤气厂达到了产能极限，新煤气厂纷纷建立，而且往往建在靠近水域和铁路的交通便利的郊区（Schott，2005）。

　　19 世纪 90 年代，公共交通也被提上了市政议程。1870 年以后，由于德国和北欧许多城市的人口快速增长，城市的空间边界扩展了，市民对公共交通的需求大大增加。从 19 世纪中期到 20 世纪 20 年代的很长一段时期内，马成为城市主要的能源转换器和城市交通运行的"活机器"，它们的数量和集中度迅速上升（McShane and Tarr,2007）。由英国和比利时投资者建立的有轨马车公司通常能满足一些交通需求，但由于轨道线路需要每隔一段距离设立一处换马站，费用过于昂贵，以至于工人阶级难以负担，该系统也无法根据新的发展情况轻易延长线路。而以蒸汽为动力的城市铁路对于城市街道生活而言是一种滋扰，蒸汽机车令马感到不安，排放的烟雾使本已受到污染的城市空气雪上加霜。有轨马车公司试验了一系列不同的牵引技术，如燃气发动机、缆车等，但最终证明最灵活、经济的有轨列车动力技术是电力和高空吊车技术（McKay,1976）。因此，市政当局不得不努力应对城市电气化过程中出现的一系列极其复杂的选择。到 19世纪 90 年代早期和中期，德国许多考虑电气化的城市面临着一系列令人困惑的问题：

　　（1）电气化应由私营企业运营还是由市政控制？

　　（2）应选择哪种技术体系？ 它们对城市发展和产业结构的影响是什么？

　　（3）如何在这个选择和决定范畴内处理运输问题？

　　针对这些问题作出的决定是否合适，取决于它是否可以适应需求结构、特定的消费者特征以及城市面临的最重要的发展瓶颈问题。以曼海姆市为例，它是位于巴登州北部边缘莱茵河和内卡河交界处的一个转运港，几十年来一直是大宗货物从船运（莱茵河下游）到铁路运输的转运点——因此是否在未来规划中继续定位为港口至关重要。由于从曼海姆起始的莱茵河上游已被决定开发并供大型船舶全年航运，曼海姆预计将失去之前的战略地位。为了寻找新的经济角色，市政当局决定将内卡河上的一个尚未充分利用的浮船港口开发为新的工业港口，服务于需要廉价取水的生产和加工企业（如谷物加工厂）。出于为工业港口供电的需要，以及港口本身为发电厂提供了合适位置这一事实，最终曼海姆市作出了技术系统和建造位置的合适选择。三相电力系统适用于港口的起重机和滑轮，而工业港口似乎是最佳设置位置（Schott,1999a）。此外，曼海姆幸运地说服了迅速发展起来的瑞士布朗博韦里（Brown,Boveri & Co.）电气公司，将生产工厂从法兰克福转移过来。曼海姆支付了建造发电厂的资金，并允许他们在前五年以租赁的方式运营工厂。而且，曼海姆还将私人经营的有轨马车纳入市政范

150

畴，使之电气化，并极大扩展了轨道网络。它进一步运用了现代城市规划原理，特别是住宅区和工业区分离的概念。由于预计会造成高度污染，这个工业港口区几乎没有住房，取而代之的方案是利用有轨电车将港口与现有的和新规划的住宅区相连。在其他城市，有轨电车主要是中产阶级的交通工具，而曼海姆推出了工人票，这样至少可以让相对富裕的工人也能使用上有轨电车（Schott，1998）。因此，电气化成为一种潜在的授权技术；如果运营得当，它可以给城市提供新的发展机会和空间，使其工业组合多样化，并为城市工业或住宅开发开辟新的区域。

总体来看，我们可以将1895年至1914年这段时期看作是"市政社会主义"的鼎盛时期，从这个意义上来说，许多城市自觉、全面地发展了技术基础设施的建设，为经济和人口的进一步增长奠定了基础，并为市政预算提供了稳定的收入。这也是一个电气化和煤气厂同步发展的时期，主要体现在城市尺度上。然而事实证明，强大而广泛的城市能动性在地方能源政策方面的作用却是短暂的。在第一次世界大战前的几年里，电气化向着区域尺度发展。事实上在多相电力技术的应用范围内，发电地点和电力消费地点可以在空间上相分离，人们可以利用远离城市消费中心的能源和资源。这些能源资源主要是莱茵兰地区〔科隆和艾克斯拉沙佩勒（Aixla-Chapelle）之间〕和萨克森州的大型褐煤田，以及大型河流或山区的水力资源。远离煤矿开采区的德国南部各州如巴伐利亚和巴登，开始制定能源政策，努力利用水力发电——并冠以"白煤"的标签，将这种电力推广到迄今为止尚未通电的广大农村地区（Stier，1999）。在第一次世界大战之前的几年里，城市电力公司在试图扩张到城市以外的地方时，经常会遇到像巴登公司（Badenwerk）或巴伐利亚公司（Bayernwerk）这类新竞争对手，或者像鲁尔地区的公私合营公司"莱茵施-威斯特伐利亚电力公司"（Rheinisch-Westfälische-Elektrizitätswerke, R. W. E.）这类大公司，这些公司将莱茵兰的褐煤发电与奥地利阿尔卑斯山脉的水力发电联合起来（Todd，1999）。

151

八、能源转型：赋予和(或)不赋予城市权力？

在大约 19 世纪 90 年代至 20 世纪 30 年代的过渡时期，网络化城市的建立，特别是在能源领域的进步，增强了城市的能动性，从而促进城市发展并影响了城市居民的日常生活(Schott，2008)。然而，随着全国电网和煤气网的发展和形成，尽管城市通常维持对地方配电网的控制，在电网的塑造和引导方面却逐渐被边缘化。世界大战和战时工业的巨大能源需求，以及发电厂规模扩大和配电网络的日益广泛，造成了规划难题和大规模资金筹措压力。这似乎向各国政府证明，市政当局不再是运行和制定能源政策的合适层级。此外，人们还指责市政府为了平衡预算而维持过高的电费和煤气费。因此，各国政府在几个阶段进行干预，以协调国家层面的电力供应，例如：建立国家公共服务机构，如英国的"国家电网"；将通航河流中的水力资源等战略资源纳入帝国控制之下，如第一次世界大战后的德国；或者将广泛的监管权力赋予国家政府，如 1935 年的德国(Hellige，1986)。最激进的措施是将公用设施和能源行业国有化，正如二战后英国、法国和意大利的做法。这种由国有或准公共化的能源公用设施主导和垄断的发电系统组织体系，已经持续了半个多世纪。这些公用设施依赖于以褐煤、核能或水能为动力的大型发电站。核能从 20 世纪 60 年代开始发挥重要作用，但它并没有形成中央集权管理，而是强化了向更大发电站和更高电压传输发展的趋势。在家庭采暖方面，20 世纪 60 年代以来石油在私营部门兴起，而 20 世纪 70 年代以后被天然气部分取代，由此巩固了公用设施(在许多情况下是市政公用设施)的地位，因为它们充当了配电网络，并出于经济和生态因素促进了天然气的广泛使用。直到 20 世纪 90 年代，新的多方面矛盾才打破了这些集中和垄断的结构，特别是在电力市场。一方面，欧盟大力推行放松管制的政策，促进能源市场的私有化，使新公司进入市场的机会大大增加；另一方面，大规模的社会抗议，特别是针对核能以及化石燃料的——鉴于气候变化和全面脱碳的呼吁，许多欧洲国家通过立法补贴可再生能源的使用[例如德国的《可再生能源法》(Emeubare Energie Gesetz，EEG)]。这一政策促进了太阳能电池板、风力涡轮机、沼气厂和家庭木材采暖系统的普及，其规模和速度始料未及。在土地利用方面，与向化石能源转型相伴而生的旧时变化被部分扭转。人们现在再次在更加广阔的区域上"收割"能源，这几乎回到了工业化前的状态，那时土地的可用性和能量生产率（生产木材燃料、干草和食物的周期及效率）一直是经济增长的主要限制因素。在这种变化的监管环境中，许多具有巨大环保政治影响力的城市克服了早期的被动，重新开始实施市政能源政策，以促进向可再生能源转变。我们可以观察到，发电系统重新市政化的趋势显著。这将使能源政策更容易受到来自大众的压力，即要求制定更注重生态的能源政策（Libbe et al.，2011）。2011年的福岛核事故以及德国随后立刻采取的"能源转型"（Energiewende），为制定和实施这些政策提供了更多动力。但能源转型也带来了新问题，特别是电力的运输问题，如将风力充足的德国北部所生产的风电输送到南部的能源消费中心；新的高压输电线路建设引发了大规模抵制，不得不通过在地下铺设昂贵的电缆来解决。另一个问题涉及能源价格上涨的社会影响，这将使电力再次成为奢侈品。可能存在的危机，是关于电价的辩论会在这些转型社会中再度出现，正如19世纪早期木材燃料价格成为社会冲突的热门话题一样。总体来看，未来城市层面上的能源系统会是如何尚不清楚且富有争议，但我们似乎有理由认为，与20世纪下半叶相比，城市将在能源领域发挥更大的作用。

153

参 考 文 献

Barles, S., 2017. The Seine as a Parisian river: its imprint, its ascendancy and its mutual dependencies, 18th–20th centuries. In: M. Knoll, U. Lübken and D. Schott eds. *Rivers lost, Rivers regained: rethinking city-river-relationships*. Pittsburgh: University of Pittsburgh Press, pp. 46–62.

Braun, H., 1980. Gas oder Elektrizität? Zur Konkurrenz zweier Beleuchtungssysteme, 1880–1914. *Technikgeschichte*, 47, pp. 1–19.

Brunckhorst, H., 1978. *Kommunalisierung im 19: Jahrhundert, dargestellt am Beispiel der Gaswirtschaft in Deutschland*. Munich: Tuduv.

Cioc, M., 2002. *The Rhine: an eco-biography, 1815–2000*. Seattle: University of Washington Press.

Clark, P. ed., 2006. *The European city and green space: London, Stockholm, Helsinki and St. Petersburg, 1850–2000*. Aldershot: Ashgate.

Ditt, K., 2011. *Zweite Industrialisierung und Konsum. Energieversorgung, Haushaltstechnik und Massenkultur am Beispiel nordenglischer und westfäli-*

scher Städte 1880–1939. Paderborn: Schöningh.

Fischer-Kowalski, M., 1997. *Gesellschaftlicher Stoffwechsel und Kolonisierung von Natur. Ein Versuch in Sozialer Ökologie*. Amsterdam: GIB Verl. Fakultas.

Freytag, N. and Piereth, W., 2002. Städtische Holzversorgung im 18. und 19. Jahrhundert: Dimensionen und Perspektiven eines Forschungsfeldes. In: W. Siemann, N. Freytag and W. Piereth eds. *Städtische Holzversorgung: Machtpolitik, Armenfürsorge und Umweltkonflikte in Bayern und Österreich (1750–1850)*. Munich: C.H. Beck, pp. 1–8.

Gallo, A., 2013. *Darmstädter Stoffwechsel 1871–1914. Einblicke in den Ressourcenverbrauch anhand des Octroi*. Unpublished M.A. thesis. Technical University of Darmstadt.

Goodall, F., 1999. *Burning to serve: selling gas in competitive markets*. Ashbourne: Landmark.

Hamlin, C., 2003. *Public health and social justice in the age of Chadwick, Britain, 1800–1854*. Cambridge: Cambridge University Press.

Hård, M. and Misa, T. eds., 2008. *Urban machinery: inside modern European cities*. Cambridge, MA: MIT press.

Hauer, F. et al., 2012. Die Wiener Verzehrungssteuer. Auswertung nach einzelnen Steuerposten 1830–1913. *Social Ecology Working Paper*, 134, pp. 1–147.

Hellige, H., 1986. Entstehungsbedingungen und energietechnische Langzeitwirkungen des Energiewirtschaftsgesetzes von 1935. *Technikgeschichte*, 53, pp. 123–155.

Herzig, T., 1992. Wirtschaftsgeschichtliche Aspekte der deutschen Elektrizitätsversorgung 1880 bis 1990. In: W. Fischer ed. *Die Geschichte der Stromversorgung*. Frankfurt am Main: Verlags- und Wirtschaftsgesellschaft der Elektrizitätswerke m.b.H., pp. 123–166.

Hofmann, W., 2012. Oberbürgermeister als politische Elite im Wilhelminischen Reich und in der Weimarer Republik. In: W. Hofmann ed. *Bürgerschaftliche Repräsentanz und kommunale Daseinsvorsorge: Studien zur neueren Stadtgeschichte*. Stuttgart: Steiner, pp. 121–138.

Hughes, T., 1983. *Networks of power: electrification in western society, 1880–1930*. Baltimore: John Hopkins University Press.

Johann, E., 2005. Das Holz-Zeitalter: Die städtische Holzversorgung vom 17. bis zum 19. Jahrhundert. In: K. Brunner and P. Schneider eds. *Umwelt Stadt: Geschichte des Natur- und Lebensraumes Wien*. Cologne: Böhlau, pp. 170–179.

Kim, E. and Barles, S., 2012. The energy consumption of Paris and its supply areas from the eighteenth century to the present. *Regional Environmental Change*, 12, pp. 295–310.

Knoll, M., 2006. Urban needs and changing environments: Regensburg's wood supply between the early modern period and industrialization. *Bulletin of the German Historical Institute Washington*, Supplement 3, pp. 77–101.

Knoll, M., 2007. Wald und Holz als verknappte Ressourcen: Anmerkungen zur städtischen Brennholzversorgung im 18. und 19. Jahrhundert am Regensburger Beispiel. In: B. Hermann ed. *Beiträge zum Göttinger Umwelthistorischen Kolloquium 2004–2006*. Göttingen: Universitätsverlag Göttingen, pp. 193–211.

Krabbe, W., 1989. *Die deutsche Stadt im 19. und 20. Jahrhundert*. Göttingen:

154

Vandenhoek & Rupprecht.

Krausmann, F., 2005. Sonnenfinsternis? Wiens Energiesystem im 19. und 20. Jahrhundert. In: K. Brunner and P. Schneider eds. *Umwelt Stadt: Geschichte des Natur- und Lebensraumes Wien*. Cologne: Böhlau, pp. 140–147.

Kühl, U. ed., 2002. *Der Munizipalsozialismus in Europa*. Munich: Walter de Gruyter GmbH & Co KG.

Lees, A. and Lees, L., 2007. *Cities and the making of modern Europe, 1750–1914*. Cambridge: Cambridge University Press.

Lenger, F., 2013. *Metropolen der Moderne: Eine europäische Stadtgeschichte seit 1850*. München: Beck.

Libbe, J., Hanke, S. and Verbücheln, M., 2011. *Rekommunalisierung—Eine Bestandsaufnahme*. Berlin: Difu.

McKay, J., 1976. *Tramways and trolley: the rise of urban mass transport in Europe*. Princeton: Princeton University Press.

McShane, C. and Tarr, J. A., 2007. *The horse in the city: living machines in the nineteenth century*. Baltimore: John Hopkins University Press.

Millward, R., 2000. The political economy of urban utilities. In: M. Daunton ed. *The Cambridge history of urban Britain, Vol. III 1840–1950*. Cambridge: Cambridge University Press, pp. 315–349.

Patzer, F. and Koll, E. eds., 1981. *"Alles gerettet!" 100 Jahre Ringtheaterbrand. Ausstellung, Anfang Oktober 1981 bis Ende Jänner 1982*. Wien: Wiener Stadt- und Landesbibliothek (Wechselausstellung der Wiener Stadt- und Landesbibliothek, Band 194).

Periman, R., 2004. Energy flow in early industrial world. *Encyclopedia of Energy*, 1, pp. 849–858.

Pfister, C. ed., 1995. *Das 1950er Syndrom: Der Weg in die Konsumgesellschaft*. Bern: Paul Haupt.

Radkau, J., 1997. Das Rätsel der städtischen Brennholzversorgung im hölzernen Zeitalter. In: D. Schott ed. *Energie und Stadt in Europa: Von der vorindustriellen Holznot bis zur Ölkrise der 1970er Jahre*. Stuttgart: Steiner, pp. 43–75.

Reulecke, J., 1985. *Geschichte der Urbanisierung in Deutschland*. Frankfurt am Main: Suhrkamp.

Reulecke, J., 1995. Einleitung. In: idem ed. *Die Stadt als Dienstleistungszentrum: Beiträge zur Geschichte der "Sozialstadt" in Deutschland im 19. und frühen 20. Jahrhundert*. St. Katharinen: Scripta Mercaturae, pp. 1–18.

Ring, W., 1954. *Von der Öllaterne zur Leuchtstoffröhre: Duisburger Energie- und Wasserversorgung seit hundert Jahren. 1854–1954*. Duisburg: Selbstverlag Stadt Duisburg.

Rosseaux, U., 2006. *Städte in der Frühen Neuzeit*. Darmstadt: Wissenschaftliche Buchgesellschaft.

Roth, R. and Beachey, R. eds., 2007. *Who ran the cities? city elites and urban power structures in Europe and North America, 1750–1940*. Aldershot: Ashgate.

Sauer, M., 2006. Oberwaldhaus. In: Historischer Verein für Hessen ed., *Stadtlexikon Darmstadt*. Stuttgart: Konrad Theiss Verlag, p. 681.

Schivelbusch, W., 1983. *Lichtblicke: Zur Geschichte der künstlichen Helligkeit im 19. Jahrhundert*. Munich and Vienna: Hanser.

Schott, D., 1998. Eine Bürgertram für die Residenzstadt: Planung, Bau und Betrieb der Elektrischen in Darmstadt, 1890–1945. In: D. Schott and S. Klein eds. *Mit der Tram ins nächste Jahrtausend: Geschichte, Gegenwart und Zukunft der elektrischen Straßenbahn*. Essen: Klartext, pp. 69–85.

Schott, D., 1999a. *Die Vernetzung der Stadt. Kommunale Energiepolitik, öffentlicher Nahverkehr und die "Produktion" der modernen Stadt. Darmstadt, Mainz, Mannheim 1880–1918*. Darmstadt: Wissenschaftliche Buchgesellschaft.

Schott, D., 1999b. Das Zeitalter der Elektrizität: Intentionen—Visionen—Realitäten. *Jahrbuch für Wirtschaftsgeschichte*, 2, pp. 31–49.

Schott, D., 2005. The significance of gas for urban enterprises in late 19th century German cites. In: S. Paquier, and J-P. Williot eds. *L'Industrie du Gaz en Europe au XIX et XXe Siècles: L'innovation entre marches privés et collectivités publiques*. Brussels: P. Lang, pp. 491–508.

Schott, D., 2008. Empowering cities: gas and electricity in the European urban environment. In: M. Hård and T. J. Misa eds. *Urban machinery: inside modern european cities*. Cambridge, MA: MIT Press, pp. 165–186.

Schott, D., 2013. Stadt und Fluss: Zentrale Dimensionen städtischer Umweltgeschichte. In: B. Kuhn and A. Windus eds. *Umwelt und Klima im Geschichtsunterricht*. St. Ingbert: Röhrig Universitätsverlag, pp. 57–76.

Schott, D., 2014a. *Europäische Urbanisierung (1000–2000): Eine umwelthistorische Einführung*. Cologne: Boehlau.

Schott, D., 2014b. Urban development and environment. In: M. Agnoletti and S. Neri eds. *The basic environmental history*. Cham: Springer, pp. 171–198.

Schott, D., 2015a. Stadt und Infrastruktur: Einleitung. *Informationen zur modernen Stadtgeschichte*, 1, pp. 5–16.

Schott, D., 2015b. Technisiertes Wohnen in der modernen Stadt. In: J. Eibach and I. Schmidt-Voges eds. *Das Haus in der Geschichte Europas: Ein Handbuch*. Berlin: De Gruyter, pp. 255–271.

Sieferle, R., 1997. *Rückblick auf die Natur: Eine Geschichte des Menschen und seiner Umwelt*. München: Luchterhand.

Sieferle, R., 2001. *Subterranean forest: energy systems and the industrial revolution*. Cambridge: The White Horse Press.

Siemann, W., Freytag, N. and Piereth, W. eds., 2002. *Städtische Holzversorgung: Machtpolitik, Armenfürsorge und Umweltkonflikte in Bayern und Österreich (1750–1850)*. München: Beck.

Sonnlechner, C. and Winiwarter, V., 2002. Räumlich konzentrierter Verbrauch von Holz: Das Beispiel der Saline Hallein und der Stadt Salzburg vom 16. bis zum 19. Jahrhundert. In: W. Siemann, N. Freytag and W. Piereth eds. *Städtische Holzversorgung: Machtpolitik, Armenfürsorge und Umweltkonflikte in Bayern und Österreich (1750–1850)*. München: Beck, pp. 55–77.

Sporhan, L. and Stromer, W., 1969. Die Nadelholzsaat in den Nürnberger Reichswäldern zwischen 1469 und 1600. *Zeitschrift für Agrargeschichte und Agrarsoziologie*, 17, pp. 79–99.

Stier, B., 1999. *Staat und Strom: Die politische Steuerung des Elektrizitätssystems in Deutschland 1890–1950*. Weiher and Ubstadt: Verlag Regionalkultur.

Todd, E., 1999. Von Essen zur regionalen Stromversorgung, 1886 bis 1920: Das Rheinisch-Westfälische Elektrizitätswerk. In: H. Maier ed. *Elek-

156

trizitätswirtschaft zwischen Umwelt, Technik und Politik: Aspekte aus 100 Jahren RWE-Geschichte 1898–1998. Freiberg: Technische Universität Bergakademie Freiberg, pp. 17–49.

Vögele, J., 2001. *Sozialgeschichte städtischer Gesundheitsverhältnisse während der Urbanisierung.* Berlin: Duncker und Humblot.

Walden, H., 2002. *Stadt—Wald: Untersuchungen zur Grüngeschichte Hamburgs.* Hamburg: Dobu.

Wengenroth, U., 1989, Motoren für den Kleinbetrieb. Soziale Utopien, technische Entwicklung und Absatzstrategien bei der Motorisierung des Kleingewerbes im Kaiserreich. In: Idem ed. *Prekäre Selbstständigkeit. Zur Standortbestimmung von Handwerk, Hausindustrie und Kleingewerbe im Industrialisierungsprozess.* Stuttgart: Steiner, pp. 177–205.

Williot, J. and Paquier, S., 2005. Origine et diffusion d'une technologie nouvelle au XIXᵉ siècle. In: S. Paquier and J. Williot eds. *L'Industrie du Gaz en Europe aux XIXᵉ et XXᵉ Siècles.* Bruxelles: Peter Lang, pp. 21–51.

Ziegler, D., 2005. *Die Industrielle Revolution.* Darmstadt: Wissenschaftliche Buchgesellschaft.

Zumbrägel, C., 2014. Die vorindustriellen Holzströme Wiens: Ein sozionaturales großtechnisches System? *Technikgeschichte,* 81 (4), pp. 335–362.

第七章　西欧城市中的
重复利用与循环利用

乔治·施特格尔

一、引言

　　城市的生产和消费需求导致资源和货物流入城市、在城市内部流动以及流出城市。所有这些材料和物品，将成为城市代谢的一部分，因此有一个或多个循环，包括被嵌入环境介质（空气、水或土壤）、传递、"重复利用"或"循环利用"。"重复利用"或"循环利用"这两个术语涉及了相同的原理：将材料或物品返回到生产和消费周期的过程。然而，它们可以用不同的方式来定义："重复利用"是指重新利用，而"循环利用"是指将用过的材料或废弃物转化为"新"的原材料。"循环利用"一词本身是一个相对较新的概念，它出现于 20 世纪 20 年代，最初是指石油工业的工艺流程。从 20 世纪 70 年代开始，它被归结为将使用过的材料作为一个整体进行再加工，随后成为环境话语的核心原则（Liborion，2012；Oldenziel and Weber，2013）。因此，循环利用和重复利用分别涵盖了二手物品的转移和消费，二者都涉及了材料再利用的广泛领域。一方面，这些商品流通可以是非商业性的（私人的，有时是慈善的或非法的）做法；另一方面，它们可以以利润为导向进行转移。后者被称为二级市场。

　　多年来，虽然学者们对城市垃圾的历史一直颇感兴趣（本书第十二章），但他们并没有对循环利用的问题给予太多关注。欧洲（西欧）存在一些从长期视角讨论循环利用市场和实践的综述,并对某些材料、地点或时间段开展了一些案例研究。尽管这些研究经常涉及城市环境,但多数没有明确关注城市本身。这些研究似乎相当多样化,范围从讨论城市卫生和废弃物管理的做法到大众消费社会的副产品。至于研究时段,有关循环利用历史的研究主要集中在 19 世纪末和 20 世纪(另见 Stöger and Reith,2015)。在对贫困、非精英消费和替代经济研究兴趣的驱动下,学者们对二手物品的贸易和消费开展了许多研究(另见 Fontaine,2008;Stobart and Van Damme,2010;Stöger,2016)。然而到目前为止,对前现代时期特别是 19 世纪的研究占多数,而 20 世纪城市二手市场和二手交易问题基本上仍然是一个"黑匣子"。总体而言,关于重复利用和循环利用的学术工作参差不齐,展现了多样性和复杂性,即使不考虑市场条件和制度框架的差异,每种材料也有各自的历史。因此,正如苏珊·斯特拉瑟(Susan-Strasser)所言,我们不能指望对循环利用和重复利用的历史有一个"直接了当的整体叙述",但我们可以识别暗示着一般特征和轨迹的模式(Strasser,2013)。本章概述了前现代和现代时期城市所涉及的重复利用和循环利用,以及循环利用的转型和(或)延续。在这个过程中,笔者会针对日常用品和商品进行论述,而不考虑奢侈品和收藏品,或灰烬、粪便、化学和工业废弃物等其他物品或物质的重复利用和循环利用。聚焦物质性、城市性和能动性问题,讨论重复利用和循环利用的各个方面。

158

二、物质性和技术变革

在前现代时期,循环利用和重复利用主要是由商品和原材料的高(相对)价值引发的。劳动力成本对价格的贡献不大,这对金属或玻璃等材料而言显而易见,对纺织品也是如此。18 世纪晚期萨尔茨堡的案例表明——即使是相当朴素的衣服——我们也必须承认劳动力成本可能低于总价的 10%(Stöger,2016)。对于城市的下层阶级而言,纺织品和服装非常昂贵,在 15 世纪末的纽伦堡市,一件二手大衣要花费 480 便士,相当于当时一个非熟练工人 43 天的工作报酬(Groebner,1993)。在近代早期,至少在中欧,这种情况似乎没有太大变化。例如在 18 世纪 90 年代的萨尔茨堡市,一件相当不起眼的男士夹克要花费 15 盾

（弗罗林，一种货币单位），而一个非熟练的工人需要为此工作近 60 天（Blondé and Stobart，2014；另见：Fennetaux，2015）。

许多前现代的遗嘱认证清单和家庭账簿都记载了家庭的金属制品主要是按重量而非按设计来估价的习惯，这也可以用材料的高价值来解释。然而，不同的材料有着不同的"故事"，正如先进的收集系统（见下文）和城市考古学家的发现所展现的，金属和玻璃可以很容易且确实在城市生产中被循环利用了。在家庭（和城市机构）中，人们通常将其他废料或功能异常的物品储存起来，然后交给收集者或用作不同用途，例如作为备用件、用于维修或作为燃料。建筑材料很大程度上是"原地"重复利用，许多城市工匠自身也是回收者，特别是当部分材料的回收需要某种专业知识或设备时。有些产品（如纸张）则是完全依赖材料回收（Woodward，1985；Stöger and Reith，2015；Groebner，1993）。

工业化发展带来了大规模生产，导致商品和材料的（实际）价格下降。纺织品尤其受到这一演变的强烈影响。19 世纪下半叶成衣开始变得非常便宜，而人们对卫生的担忧与日俱增，因此二手服装消费的重要程度开始下降（Rose，2010；Ginsburg，1980；Fontaine，2008）。还有一些迹象表明，纺织品的耐用性逐渐下降——尤其是棉和混纺织品，也阻碍了二手服装消费（Blondeé and Stobart，2014）。与此同时，流通的服装数量增加了，闲置服装仍有一定价值——它并没有被"随意"处理。事实上，城市贫困劳动者严重依赖二手服装，运输成本下降为二手纺织品创造了更广阔的市场，包括将服装从欧洲城市转移到非洲或亚洲殖民地（Shell，2014；Richmond，2013；Rose，2010）。

在 19 世纪，一些废旧材料仍然比原始材料便宜。工业化导致了某些材料市场的扩大，工业系统提供了重复利用的新形式和可能性。自 19 世纪 60 年代以来，关于"工业废弃物回收"的讨论愈演愈烈，运输革命促进了废料的跨国转移（Desrochers，2007；Cooper，2011）。即使在 19 世纪下半叶木浆被引入造纸工业之后，生产过程中仍然保留了与废料（纸和破布）使用的关联。1900 年前后，德国造纸工业每年仍要使用 18 万吨破布（可能还有 8.5 万吨废纸）（Weber，2015）。技术创新带来了新的回收形式，例如将羊毛材质的破布再加工成被贴上"劣质"标签的纱线和织物。劣质工业源于西约克郡羊毛工业的扩张，这里的羊毛工业从 19 世纪 10 年代开始使用劣质再生毛作为羊毛的（廉价）替代品。这些羊毛破布主要运自伦敦，从欧洲大陆收集或进口而来。19世纪上半叶劣质产业 160显著扩张，并且在第一次世界大战前的几年中达到了顶峰（Shell，2014；Clapp，1994）。

但从长远来看，原材料和消费品的价格明显下降，而且自战后繁荣以来这种发展的趋势明显加速。从20世纪50年代开始廉价的化石能源导致各种材料和消费品的价格出现了前所未有的下降，而劳动力成本开始上升（Pfister，2010）。因此，循环利用——作为一种劳动密集型过程，能够带来的收益大幅下降。同样，不同材料之间存在显著差异，特别是那些价值更高的材料，更容易被分离和加工的材料，或是大批量出现的材料（如金属、玻璃或打印机的废弃物），它们很大程度上仍然由专门的行业部门来回收。此外，技术创新（主要是分类和处理废料的机械化）使大规模循环利用成为可能，并随后降低了循环利用的成本。但循环利用同样面临着新的障碍，一些材料由于技术或经济的限制而很难循环利用。例如，轮胎中的橡胶只能以复杂且昂贵的方式进行再加工，在经过尝试改装和重复利用后，废弃轮胎从20世纪70年代起主要用作水泥工业的替代燃料，或者大规模出口到欠发达地区。"降级循环利用"（即循环利用过程中材料质量的损失）和复合材料的不可分离性也造成了一定障碍（Liborion，2012；Cooper，2009，2010；Winkler，2016）。尤其是在纸张循环利用过程中，材料质量的损失成为核心问题。因此，废纸更有可能被再加工成劣质产品，如纸板或包装纸。同时，重大技术进步（如脱墨过程）使废纸质量得到改善，并取代了（昂贵的）人力。然而到了20世纪，由于木浆价格稳步下降以及劳动力成本增加，家庭废纸对于纸张循环利用而言不再重要。工业和服务业中的废纸一直得到回收使用，因为该过程劳动密集程度较低，而且纸张质量通常较高（Weber，2015；Stokes et al.，2013）。废纸的贬值体现在城市内明显产生了大量废纸，城市中乱扔的废纸成为两次世界大战期间的一种新现象，纸张和纸板占家庭垃圾的份额在20世纪显著增加——如该份额在20世纪60年代末的英国增加了30%（按重量计算）（Stöger and Reith，2015；O'Brien，2008；Weber，2015）。

自19世纪末以来，因为引入了"消除"垃圾的新技术和做法，如垃圾填埋场或焚化炉，"现代"城市垃圾处理系统的发展一定程度上影响了循环利用的市场。 161"传统"收集者并没有被完全排除在外，但不知何故被边缘化了（Weber，2020）。

当我们考虑 19 世纪末的"生活垃圾"由什么组成时,可以假设循环利用系统仍然是起作用的——无论是在社区(通过挨家挨户的收集者)回收还是在垃圾场(通过分拣员)"事后"回收。对 19 世纪 90 年代伦敦垃圾桶垃圾的当代测算结果显示,垃圾主要由灰烬、灰尘和煤渣组成(重量占比为 80%)。可重复使用材料的比例极低,纸和纸板占比 4%,玻璃占比 1%,黑色金属和破布的比例甚至低于1%。在 20 世纪 30 年代中期,英国近 60% 的城市垃圾依然主要是灰烬、煤渣和灰尘(Stöger and Reith,2015)。虽然在 20 世纪上半叶,城市垃圾处理只是为了将可重复利用的材料分离出来,但这种做法从 20 世纪 50 年代开始就面临劳动力成本不断增加的压力。

三、重复利用与循环利用的城市性

对于前现代时期,我们可以认为重复利用和循环利用在城市经济和社会生活中无处不在(Woodward,1985;Barles,2005)。在家庭和车间之外,这些材料和商品在高度融入城市经济与消费的市场上进行交易,二手物品通过拍卖和典当流通,有执照和无执照经销商在街道上或商店、摊位里售卖。在巴黎、伦敦、纽伦堡和维也纳等大城市,甚至还有大型的二手物品集贸市场和修理厂。据记载,巴黎在 18 世纪 20 年代有 700 多名二手贸易商,维也纳在 19 世纪 10 年代有 500多名二手贸易商——但我们必须清楚,这些数字通常只涵盖了正规纳税的贸易商,不包括市场上大量的非正规贸易商、合作人和其他交易者/工匠(Stöger,2016;Fontaine,2008)。城市是纺织品消费的中心,也是旧衣服交易的中心,它提供了大量的供应和需求。服装和纺织品要么在家庭内部流通(作为礼物或给家庭佣人的部分报酬),要么在二手市场上交易。因遗赠或需要现金而举行的拍卖活动也成为一个重要的城市旧衣销售渠道,但多数转手由城市二手商人处理,他们在专门的市场上销售旧衣服,同时也提供新衣服,从而模糊了新旧衣服之间的差距(Ginsburg,1980;Palmer and Clark,2005;Naggar,1990;Levitt,1991)。

162 关于废品收集者,几乎没有任何参考数据,因为他们大多是非正规的或转包的工人。但是,一些当代的估算揭示了大量数据。1829 年巴黎有近 2 000 名(有执照的)拾荒者(如,捡破布和垃圾的人),1850 年大约增加到 25 000 名,而到 19

世纪80年代这一数字超过了4万(Barles,2011)。这些废品收集者提供的资源可用于城市生产,甚至是一些行业的核心,例如一直到19世纪下半叶,造纸业都完全依赖于碎布和废纸的循环利用。因此,破布有时是一种受欢迎的稀缺材料,特别是纸张消费量在近代早期开始增加的时候。前现代时期的造纸厂通常建在城市或其腹地,主要是因为它受制于城市消费者提供的废料。破布的需求量相当大,据估计在1500年前后,一个小型造纸厂能够回收处理15 000到20 000人提供的破布。在18世纪50年代,维也纳市政府经营的造纸厂每月可以加工大约5吨的破布,而这家造纸厂只是维也纳或其附近的几家造纸厂之一(Stöger and Reith,2015)。因此尽管频繁受到禁令的限制,破布在整个近代早期仍然经常被远距离大量交易。在18世纪90年代早期,大不列颠群岛每年从德国和意大利的领地进口近4 600吨破布(Zaar-Görgens,2004;Schmidt,2013;Barles,2005)。这意味着存在一个相当庞大的网络和大量的劳动力来从事破布的收集、加工和运输。

城市系统的设置在循环利用和重复利用方面发挥了至关重要的作用。城市消费提供了大量的废旧物资,而这些材料和物品有现成的市场和稳定的需求。例如港口城市提供了大量的废铁,废铁易于转卖,可用作压舱物,它们主要来自回收的船舶——尤其是自19世纪以来(Mende,2001)。城市腹地为城市贸易和生产提供废料(如金属或纺织品),它也是城市二手市场的出口:小贩到农村售卖,农村居民进城购买。甚至在19世纪之前,城市服装还从西欧出口到海外殖民地(Fontaine,2008;Lemire,1991;Ginsburg,1980;Palmer and Clark,2005;Naggar,1990;Levitt,1991)。在19世纪,一些废料市场进一步扩大,尤其是废金属和破布。19世纪上半叶,随着纸张消费量稳步增长,破布再次成为人们追捧的材料。这种需求(以及运输成本的降低)导致大量破布在国际市场上交易并在纸张生产中被加工。在19世纪50年代,每年有将近5万吨破布从欧洲运到北美港口,而英国造纸工业使用了9 000吨进口破布,占总供应量的五分之一(Strasser,1999;Clapp,1994)。破布的稳定需求导致了暂时的供应短缺,这主要再次归咎于破布的出口——与前现代时期一样(Wynne,2015)。循环利用市场在20世纪期间再次扩大,特别是在20世纪50年代之后步伐加快,这主要来自西方城市地区的二手耐用消费品(服装、汽车)出口到了欠发达经济体,导致循环

163

164

利用和重复利用日益成为全球化的问题。但与此同时，废弃物也随之转移到这些地区，尤其是那些功能异常的电子设备（Fontaine，2008；Salehabidi，2016）。

　　前现代城市关于重复利用和循环利用的政策有所不同。当二手物品在家庭之外交易或再加工时，它们通常被视为商业产品，因此受到当地贸易规则和工艺规则的约束。不出所料，大城市似乎更早地实施了监管——一些地方甚至从中世纪晚期开始就有规则可寻。通常，城市的管理机构（地方行政长官和封建领主，但也有军队）会对某些二手交易发布正式的授权。这些许可证通常受公会约束并由公会管理，但在公会系统之外还有大量的持证贸易商，也有许多贸易商没有任何正式的贸易许可就擅自行动。因此，这些市场大部分仍然是非正规和不受管制的。一些城市——甚至是像伦敦一样的大型城市，似乎已经能够自由进行二手物品交易。规则的探索制定主要是出于财政动机或是为了监督市场，基于商人、工匠与其他行动者（通常是公会成员）之间的冲突。这通常与公共空间的"无序"活动有关，据笔者所知，这种"无序"活动在 18 世纪后半叶加剧了（Stöger，2011）。

　　关于循环利用的规则往往只影响某些材料，它们或是针对城市工艺和生产的特定领域（通常是垄断领域），或是针对那些被认为稀缺的材料。在 15 世纪，一些德语地区已经对收集破布授予"特权"（垄断），这些特权由城市行政长官或地区统治者管理，并分配给特定地区。这些地区通常与造纸厂绑定，造纸厂再转包给破布商或个人收集者。在 18 世纪纸张消费的增加（以及蓬勃发展的国际破布贸易）导致了破布短缺，引发许多地区禁止出口破布。在 18 世纪末和 19 世纪初，这些禁令大多被撤销，贸易也得以自由化，尽管一些州仍试图通过高税收来阻碍出口（Schmidt，2013；Stobart and Van Damme，2010；Woodward，1985）。

165　除此之外，在前现代时期，废料收集大部分仍然是不受管制和非正规的。重复利用和循环利用形成了市场和流通，这可能被消费者（包括生产商）和地方当局视为一种可行的解决方案。总体来说，在 19 世纪以前，城市当局在这些领域似乎相当不活跃。他们一再颁布规范，以禁止垃圾处置的几种不合理做法，这些做法可以追溯到中世纪晚期的许多城市。一般来说，二手材料供应和处置很大程度上交给了市场驱动机制和个人责任。当二手交易和某些可重复利用材料的收集行为被暂时禁止时，只有协会垄断和特权，或发生违法行为的情况下，以及在流行病发期间才有例外(Fontaine,2008;Stöger,2016;Stöger and Reith,2015)。

　　城市政府内部的改革在 18 世纪下半叶取得了重大进展,促进了城市管理部门的日益专业化。在这一时期,城市致力于建立"秩序"和"现代性",并因此具有代表性。这些变化必然要考虑到"便利"和美学,它的反响也可以从城市空间的某些变化中窥见,例如引入绿地、公共照明和道路建设。与此同时,城市人口增长给传统的废弃物处理系统带来了更大的压力。这些变化导致了责任的转移,废弃物处理和清洁日益成为市政当局要处理的议题。因此,在城市"公共卫生"之前已经发生了重要的变化。然而在流行病(特别是霍乱和斑疹伤寒)和努力"清洁"城市空间需求的推动下,这些变化在 19 世纪加速发展,导致产生了由合同工或直接由市政府运行的处理系统(Schott,2020;Luckin,2000;Stokes et al.,2013)。这些变化也影响了二手市场,二手市场被转移到城市外围——同维也纳一样,市中心收集者的工作也越发受到卫生政策和垃圾箱引入的阻碍(Barles,2011)。

　　在 20 世纪,关于重复利用和循环利用的城市政策发生了很大变化,在 20 世纪前半叶,城市循环利用仍然由市场、废料行业和个人收集者主导。两次世界大战标志着巨大的休止期,因为国家政策严重干扰了城市垃圾的循环利用。在战后的繁荣时期,生活垃圾的数量大幅增加,但这并没有直接促使市政府努力推动垃圾回收,因为城市仍然致力于寻求卫生和高性价比的废弃物处理方式,即通过焚烧或将废弃物倾倒在垃圾填埋场来实现。通过这一过程,循环利用过程也开始离开城市地区(Weber,2020)。自 20 世纪 70 年代以来,生态保护运动和国家环境政策已经开始改变循环利用的做法,在城市层面同样如此。自此,市政当局鼓励循环利用废弃材料,如通过分类垃圾箱或通过宣传活动,但主要还是通过将城市废弃物回收转包给私营公司来实现(Stokes et al.,2013)。

166

四、行动者及其动机

　　促使人们重复和循环利用的原因,不仅仅是物品和材料的价值。在 19 世纪以前,现成商品的数量有限——衣服或家具通常必须定制,而二手物品可以立即消费。在城市生产中,材料也可能短缺,这就促进了节约、替代和回收的策略。

通过二手市场交易和转让可以减少费用(当选择更便宜的二手物品时),个人物品可以很容易地兑换成现金(特别是在遗赠、需要货币或移民的情况下)。这些转让对前现代城市社会的大部分人而言是必要的,它们还创造了机会,将二级市场整合到由多种消费和劳工战略所组成的"临时经济"中(Fontaine and Schlumbohm,2000;Fontaine,2008;Stöger,2016)。此外,这些重复和循环利用的模式是由广泛蔓延的节俭行为习惯所推动的,目的是集约和经济地使用材料和商品。重复利用的做法是服装消费的核心,由于服装的高价值,消费者试图通过修复或改造服装来延长其寿命。通过销售和购买二手服装来减少开支,既为减轻经济负担创造了一种可能性,同时还能穿着体面且具有代表性的衣服。二手服装——如果剪裁好、用料贵,甚至可能比新制造的同类产品更昂贵。因此,来自富裕家庭的服装和其他纺织品经常进入二手市场,并在社会链中传递(Fennetaux,2015;Fontaine,2008;Blondée and Stobart,2014)。当这些衣服的寿命结束时,它们通常会被剪开并用于修补衣物或其他家庭用途(例如清洁)。即使是这些衣服的碎布也会被小心地储存起来,因为它们代表了某种(实用和金钱)价值,而且是造纸的核心资源。从中产阶级和更富裕的家庭,到救济院、孤儿院和武装部队等城市机构都参与了这种流通。这些情况都在当时的账簿上留有完好的记录。此外,重复利用、修理和循环利用是城市就业的重要领域,工匠特别是裁缝和鞋匠,以及建筑和金属工人。他们承担维修工作,接受二手物品作为非货币付款,同时一定程度上依赖二手材料供应作为其生产资料(Woodward,1985;Strasser,1999;Lemire,2011;Stöger and Reith,2015;Groebner,1993)。

二手流通的主要材料——二手服装——在 19 世纪下半叶开始失去了重要性(见上文),而其他物品与二手流通的关联性保持时间更长,例如家用物品和家具(Stobart and Van Damme,2010)。过去就有高价格耐用消费品的二手市场,尤其是汽车或电器的二手交易至今仍然存在(Fontaine,2008;Gregson and Crewe,2003)。然而,随着大宗商品价格下跌和消费扩张,战后的繁荣开始从根本上改变了人们对"旧"和"使用过"的物品的看法。"旧"越来越成为落后和贫困的标志,而用过的或修复过的衣服也开始从公共场合消失。物品在被处理之前使用的时间较短,这体现在自 20 世纪 60 年代末以来生活垃圾的增加以及更多的大件垃圾的出现。这一转变可以用二手服装的案例来说明,在 20 世纪初二手服装失去其重要性之后,二手服装的消费范围进一步缩小到儿童服装、慈善、出口,以及后来的"复古"纺织品市场,二手服装开始成为消费者抗议和时尚趋势的标志(Palmer and Clark,2005;Ginsburg,1980)。

二级市场一直是城市贫困劳动者谋生的重要选择,特别是那些部分或完全被排除在城市劳动力市场之外的人,如妇女和少数族裔(主要是犹太人)。许多贸易活动的非正规性质和贸易商的社会背景有时会导致负面看法,当这些观念与现存问题相结合,例如处理被盗或不卫生的衣服时,会导致城市当局对他们普遍不信任,这种情况在 18 世纪变得更加严重(Stöger,2011;Scanlan,2007)。除了拾荒者,我们对前现代城市垃圾收集者知之甚少。通常收集破布的工作是由造纸厂或破布商转包给贫穷的劳动者。虽然被贴上了"拾荒者"的标签,但许多收集者可能还收集了其他可以转售和回收的材料,如骨头、食物残渣、金属、玻璃甚至木柴碎片。利用破布等一些有价值的材料,他们采用以物易物的方式来交换小产品,或者花很少的钱来购买。大多数收集者似乎都有稳定的收集路线和惯例,因此我们猜测他们在附近活动是为人熟知的。但是,正如当代叙述和描绘所表明的那样,他们职业的"不洁"性和天生的贫困使他们成为城市的弃儿(Ratcliffe,1992;Faure,1996;Stöger and Reith,2015;Wynne,2015)。

城市二级市场的重要性丧失和就业机会的扩大导致了不同方向的发展。一方面是专业化(古董贸易)和集中化(废品工业),另一方面是贫困化(小商贩和拾荒者)。在西欧城市,从 20 世纪 50 年代起,个体垃圾收集者的常态化景象已经消失——在德语地区(以及二战期间被纳粹分子占领的领土),由于种族政策、大屠杀和战时救援行动,大量垃圾收集者已经被排除在商业之外。然而在 20 世纪50 年代之后,人们仍然可以找到非正规的拾荒型谋生方式,尤其是在经济困难时期和欠发达城市(Naggar,1990;Denton,2013;Weber,2020)。

直到 20 世纪下半叶,国家政策对城市重复利用和循环利用都影响甚微。但两次世界大战是例外,在战争经济中,许多材料和物品被赋予战略意义。在第一次世界大战期间,国家官僚机构已经启动了救助计划,或者向地方当局施加压力,要求在地方层面加强循环利用。在被"救助"的材料中,就有纸张和纸板,因

168

为它们是军工弹药所需的材料，可用于包装材料和行政管理。这些救助工作大多在一战后不久就结束了，一些国家的城市管理部门例如德国，甚至开始宣传用炉子焚烧废纸以减轻垃圾收集系统的负担。而在第二次世界大战期间的欧洲各国、美国和加拿大，由国家主导的救助工作又重新开始。由于男性劳动力短缺，这些救助工作严重依赖于妇女以及儿童——负责生活必需品的生产和消费。除了金属和纸张，这些活动还部分扩展到橡胶、纺织品和骨骼。纳粹德国在上一次战争经验的基础上，甚至在战争爆发之前就启动了几个循环利用的项目，后来在被占领的国家也推出了类似行动。即使这些救助行动的目的确实是为了节约（或替代）原材料，我们也不能忽视这样一个事实，即他们有很大的宣传动力，而且可以借此掩盖其政治和经济上的缺陷。在废纸方面，这些活动经常提到通过收集和回收纸张来拯救"德国"林地。然而，德国造纸工业的木材进口地主要是北欧和东欧，因为纳粹德国的林业完全是不可持续的。有趣的是，20世纪80年代，德国关于纸张回收重复利用的讨论又一次使用了森林枯梢病（森林死亡，*Waldsterben*）的主题。纳粹德国的救助计划还旨在掩盖废料和二手物品的可能来源，即集中营或被占领土。即使收集了大量的废料——英国在1939年9月至1945年5月期间收集的废纸超过400万吨，战时救助计划的影响仍然有限，因为个别材料的循环利用比收集复杂得多（Cooper，2008；Thorsheim，2013；Denton，2013；Oldenziel and Veenis，2013；Weber，2013，2015；Stöger and Reith，2015；Berg，2015；Irving，2016；Köster，2016）。在西欧城市，这些循环利用的做法很难在20世纪50年代后延续下来（Stokes et al.，2013；Cooper，2010）。如果市政部门仍然在收集废料，则通常主要是废纸。英国在这方面可作为一个典型案例，1945年9月，英国造纸工业出现了废纸"饥荒"，但在20世纪40年代末，许多英国城市遇到了收集的废纸难以销售的问题，促使其结束了这一时期的市政废纸收集。在20世纪70年代之前的几十年里，英国没有多少城市从家庭收集废纸，如果他们这样做，就会收集到大量废纸，例如1966年伦敦的"路边收集"积累了52 731吨废纸。然而总体而言，纸张的收集成本往往可能高于收入（Gandy，1993；Stokes et al.，2013）。

　　只有社会主义国家在二战后继续并扩大了循环利用的计划。如同战时经济一样，循环利用和其他形式的重复利用被视为资源管理的核心要素，为提高利用效率和减少原材料投入提供了可能。这点对于必须进口的材料而言尤其重要。同样，通过宣传措施，这些国家使用女性和未成年劳动力，以及建立收集点和企业来促进回收工作。尽管如此，上述循环利用废料的实际问题仍然存在，匈牙利和德意志民主共和国的案例就体现了这一点（Gille，2007；Möller，2014）。

20 世纪 70 年代，西方世界对循环利用的"再发现"是由关于环境污染的讨论和关于资源限制的持续辩论引发的（Cooper，2010；Oldenziel and Weber，2013）。这些讨论涉及不同层次的行动者，国家政策提倡循环利用，将其作为减少材料投入和浪费的解决方案，而市政当局开始对用过的材料进行单独收集，或开始对废弃物进行垃圾分类。显然，倾倒废弃物的成本增加也是这些市政行动的重要诱因。到 20 世纪 60 年代，纸张已成为生活垃圾的主要组成部分，因此特别提倡纸张的循环利用。纸张消费和废弃的数量进一步增加——例如，德国的纸张消费量从 20 世纪 60 年代到 80 年代翻了一番多。到 20 世纪 80 年代，许多城市都建立了垃圾收集站，这为城市家庭循环利用纸张垃圾提供了可能性。当市场方案失败时，循环利用通常被私营公司接管，这些私营公司会获得国家和市政的补贴（作为固定价格的保证），从而创造了新的循环利用市场（Weber，2015；Köster，2016；Stokes et al.，2013）。自 20 世纪后半叶以来，许多城市所采取的分类收集系统（或收集站）已成为（城市）环保主义/可持续性的成功案例；但是，即使是像纸张这样可高比例使用废料进行制造的商品，其封闭循环的愿景也没有实现——未循环利用废料的数量仍在持续增长。

有趣的是，自下而上的举措在一定程度上领先于"生态性"的循环利用，它们主要是一种城市现象。早在 20 世纪 60 年代，非政府组织（Non-Governmental Organization，NGO）和城市居民——例如德国或荷兰的市民们——就反对通过自组织收集或由市政当局提供回收机会的方式集中扔掉废纸，这些行为显然是由对这种抛弃型社会演变的某种不安而引发的，这可能是源于战时物资稀缺和节俭生活的经历，但也可能是受到了新兴的批判消费主义的影响（Oldenziel and Veenis，2013；de Jong and Mulder，2012）。然而消费者重复利用的旧形式消失了，一次性用品进一步普及，从 20 世纪 80 年代起，玻璃饮料瓶的押金机制开始从零售店消失。自 20 世纪 80 年代以来，关于环境退化的国际讨论产生了新的、有时是超越国家（如欧盟）的政策和法律，这些政策和法律要求他们循环利用废弃物，给地方政府施加了一定压力，尽管西欧城市在生活垃圾回收利用的基础设施方面存在显著差异。德语地区和北欧国家被视为先行者，而英国则被视为后来者。从 20 世纪 90 年代开始，生态概念（如"城镇转型"运动）促进了可持续城市理念的发展，它们通常包括通过修复来提高商品寿命的愿景，或者通过循环利用来减少城市垃圾的总量，这后来被称为"城市采矿"。以互联网为主要代表的新媒体，也呼吁消费者回归到重复利用和循环利用的做法中来（Gregson et al.，2007，2016；Bulkeley and Gregson，2009；Simpson and Zimmermann，2013；Brunner，2011；Fontaine，2008；Joergesen，2013；Wheeler，2014）。

五、结论：转变和连续性

重复和循环利用的历史与城市区域的历史有着密切的联系，城市提供了大量的二手材料和物品，使它们发挥了重要的市场作用，并在一定程度上将其腹地融入这些交换和转移中。在前现代和现代时期，循环和重复利用一直是城市经济和社会的组成部分。长期以来，这些流通主要是由高价值的材料和货物所驱动。在节俭和稀缺经济中，消费者和生产者珍视物品和材料，他们的目标是尽可能循环利用和重复利用。这也产生了大量的二手物品和废料市场，并为相当数量的城市居民提供了收入来源。

这些情况在工业化过程中开始改变，因为材料和物品的价格下降，人们逐渐以不同的方式来看待"用过的"或"旧的"的物品。然而，这并不是一个线性过程。虽然一些循环利用和二手物品（如纺织品）市场的重要性开始丧失，但其他市场却持续存在，例如耐用消费品贸易、易于再加工或价值更高的材料的贸易。此外，新材料和技术创新重塑了循环利用的做法，工业生产本身产生了大量的货物和材料，可以重复利用和循环利用。参与循环和重复利用的收藏家/贸易商也没有立即消失，1900 年前后，纺织品的大规模回收仍然主要依赖于个人收集者——通常是城市的个人收集者，这意味着需要大量劳动力。在 20 世纪上半叶，城市收集者仍然经常从垃圾场和家庭收集废纸，并将其出售给造纸工业。

战后的繁荣和消费社会无疑带来了最深刻的变化,劳动力成本的增加以及许多商品和材料价值的下降,使得重复和循环利用的做法受到质疑。虽然个别材料之间的差异巨大,但许多废料已不再是有用的资源,而形成了垃圾处置问题。新行动者的出现也许可以解释重复和循环利用的不同发展。在19世纪,循环和重复利用越来越受到城市政策的影响,而以前这些领域主要由市场调节。当城市开始把服务市政化和公共空间卫生作为目标时,循环和重复利用的前现代做法及其市场在一定程度上受到了影响,随着废弃物的集中处置和倾倒在城市以外的垃圾填埋场,循环利用开始从城市中转移出去。

在20世纪进程中,国家政策对城市循环利用的重视程度与日俱增,两次世界大战造成了国家政策的重大分歧。在战后时期,国家大多从这一领域中撤出——社会主义国家成为例外,他们出于经济原因仍然致力于回收材料和货物。20世纪70年代以来,环境主义的兴起促使西欧各地实施环境政策和立法,这也影响了城市的重复和循环利用。重复和循环利用从消费者那里开始部分"复出",他们要求城市提供循环利用的解决方案,或者自己开始对废弃物进行重复利用。消费者的积极性,加上城市废弃物流的不断增长,以及国家立法压力,促使城市提供了循环利用的可能性。然而,这一发展的整体图景是矛盾的,城市循环和重复利用的解决方案或倡议,与废弃物数量不断增加以及二手物品和废料从城市消费者向欠发达地区大规模转移正在同时发生。

173

致　谢

本章的早期版本(尽管遵循不同的理念)是与伊莎贝尔·帕门蒂耶(Isabelle Parmentier)共同编写。作者还要感谢路易莎·皮赫莱尔-鲍姆格特纳(Luisa Pichler-Baumgartner)和马丁·诺尔对本章的编辑。

参 考 文 献

Barles, S., 2005. A metabolic approach to the city: 19th and 20th century Paris. In: D. Schott *et al.*, eds. *Resources of the city: contributions to an environmental history of modern Europe*. Aldershot: Ashgate, pp. 28–47.

Barles, S., 2011. Les chiffonniers, agents de la propreté et de la prospérité parisienne au XIXe siècle. In: D. Corteel and S. Lelay eds. *Les travailleurs du déchet*. Toulouse: ERES, pp. 45–67.

Berg, A., 2015. The Nazi rag-pickers and their wine: the politics of waste and recycling in Nazi Germany. *Social History*, 40 (4), pp. 446–472.

Blondé, B. and Stobart, J. eds., 2014. *Selling textiles in the long eighteenth century: comparative perspectives from Western Europe*. Basingstoke: Palgrave Macmillan.

Brunner, P., 2011. Urban mining. A contribution to reindustrializing the city. *Journal of Industrial Ecology*, 15 (3), pp. 339–341.

Bulkeley, H. and Gregson, N., 2009. Crossing the threshold: municipal waste policy and household waste generation. *Environment and Planning A*, 41, pp. 929–945.

Clapp, B. W., 1994. *An environmental history of Britain since the industrial revolution*. London and New York: Longman.

Cooper, T., 2008. Challenging the 'refuse revolution': war, waste and the rediscovery of recycling. *Historical Research*, 81, pp. 710–732.

Cooper, T., 2009. War on waste? the politics of waste and recycling in post-war Britain, 1950–1975. *Capitalism Nature Socialism*, 20 (4), pp. 53–72.

Cooper, T., 2010. Burying the 'refuse revolution': the rise of controlled tipping in Britain, 1920–1960. *Environment and Planning A*, 42, pp. 1033–1048.

Cooper, T., 2011. Peter Lund Simmonds and the political ecology of waste utilisation in Victorian Britain. *Technology and Culture*, 52, pp. 21–44.

de Jong, F. and Mulder, K., 2012. Citizen-driven collection of waste paper (1945–2010). A government-sustained inverse infrastructure. In: T. M. Egyedi and D. C. Mehos eds. *Inverse infrastructures: disrupting networks from below*. Cheltenham and Northampton: Edward Elgar, pp. 83–101.

Denton, C., 2013. 'Récupérez !' The German origins of French wartime salvage drives, 1939–1945. *Contemporary European History*, 22 (3), pp. 399–430.

Desrochers, P., 2007. How did the invisible hand handle industrial waste? By-product development before the modern environmental era. *Enterprise and Society*, 8, pp. 348–374.

Faure, A., 1996. Sordid class, dangerous class? Observations on Parisian ragpickers and their cités during the nineteenth century. *International Review of Social History*, 41, pp. 157–176.

Fennetaux, A., 2015. Sentimental economics: recycling textiles in eighteenth-century Britain. In: A. Fennetaux, A. Junqua and S. Vasset eds. *The afterlife of used things: recycling in the long eighteenth century*. New York and London: Routledge, pp. 122–141.

Fontaine, L. ed., 2008. *Alternative exchanges: secondhand circulations from the sixteenth century to the present.* New York and Oxford: Berghahn.

Fontaine, L. and Schlumbohm, J., 2000. Household strategies for survival: an introduction. *International Review of Social History*, 45, pp. 1–17.

Gandy, M., 1993. *Recycling and the politics of urban waste.* London: Earthscan.

Gille, Z., 2007. *From the cult of waste to the trash heap of history: the politics of waste in socialist and postsocialist Hungary.* Bloomington and Indianapolis: Indiana University Press.

Ginsburg, M., 1980. Rags to riches: The Secondhand clothes trade 1700–1978. *Costume*, 14, pp. 121–135.

Gregson, N. and Crewe, L., 2003. *Second-hand cultures.* Oxford and New York: Berg.

Gregson, N., Metcalfe, A. and Crewe, L., 2007. Identity, mobility, and the throwaway society. *Environment and Planning D*, 25, pp. 682–700.

Gregson, N. et al., 2016. Doing the 'dirty work' of the green economy. resource recovery and migrant labour in the EU. *European Urban and Regional Studies*, 23 (4), pp. 541–555.

Groebner, V., 1993. *Ökonomie ohne Haus: Zum Wirtschaften armer Leute in Nürnberg am Ende des 15. Jahrhunderts.* Göttingen: Vandenhoeck.

Irving, H., 2016. Paper salvage in Britain during the second world war. *Historical Research*, 89, pp. 373–393.

Joergesen, F. A., 2013. Green citizenship at the recycling junction: consumers and infrastructures for the recycling of packaging in twentieth-century Norway. *Contemporary European History*, 22 (3), pp. 499–516.

Köster, R., 2016. Waste to assets: how household waste recycling evolved in West Germany. In: R. Oldenziel and H. Trischler eds. *Cycling and recycling: histories of sustainable practices.* New York and Oxford: Berghahn, pp. 168–182.

Lemire, B., 1991. Peddling fashion: Salesmen, pawnbrokers, taylors, thieves and the second-hand clothes trade in England, c. 1700–1800. *Textile History*, 22 (1), pp. 67–82.

Lemire, B., 2011. Budgeting for everyday life: Gender strategies, material practice and institutional innovation in nineteenth century Britain. *L'Homme: European Journal of Feminist History*, 22 (2), pp. 11–27.

Levitt, S., 1991. Bristol clothing trades and exports in the Georgian period. In: *Per una Storia della Moda Pronta: Problemi e ricerche. Atti del V Convegno Internazionale del CISST.* Milano, 26–28 febbraio 1990, Prato and Florence: Le Monnier, pp. 29–41.

Liborion, M., 2012. Recycling. In: C. A. Zimring and W. L. Rathje eds. *Encyclopedia of consumption and waste: the social science of garbage. Vol. 2.* Thousand Oaks, CA: Sage, pp. 735–738.

Luckin, B., 2000. Pollution in the city. In: Martin Daunton ed. *Cambridge urban history. Vol. 3.* Cambridge and New York: Cambridge University Press, pp. 207–228.

Mende, M., 2001. Alteisen zur Innovation von Giesserei und Frischprozess. *Ferrum: Nachrichten aus der Eisenbibliothek*, 73, pp. 32–44.

Möller, C., 2014. Der Traum vom ewigen Kreislauf. Abprodukte, Sekundärrohstoffe und Stoffkreisläufe im 'Abfall-Regime' der DDR (1945–1990). *Technikge-schichte*, 81 (1), pp. 61–89.

Naggar, B., 1990. Old-clothes men: 18th and 19th centuries. *Jewish Histori-cal Studies: Transactions of the Jewish Historical Society of England*, 31, pp. 171–191.

O'Brien, M., 2008. *A crisis of waste? understanding the rubbish society.* New York and London: Routledge.

Oldenziel, R. and Veenis, M., 2013. The glass recycling container in the Nether-lands: symbol in times of scarcity and abundance, 1939–1978. *Contemporary European History*, 22 (3), pp. 453–476.

Oldenziel, R. and Weber, H., 2013. Introduction: reconsidering recycling. *Con-temporary European History*, 22/3, pp. 347–370.

Palmer, A. and Clark, H. eds., 2005. *Old clothes, new looks: second hand fash-ion.* Oxford and New York: Berg.

Pfister, C., 2010. The '1950s Syndrome' and the transition from a slow-going to a rapid loss of global sustainability. In: F. Uekötter ed. *The turning points of environmental history.* Pittsburgh: University of Pittsburgh Press, pp. 90–118.

Ratcliffe, B. M., 1992. Perceptions and realities of the urban margin: the rag pickers of Paris in the first half of the nineteenth century. *Canadian Journal of History*, 27 (2), pp. 197–233.

Richmond, V., 2013. *Clothing the poor in nineteenth-century England.* Cam-bridge and New York: Cambridge University Press.

Rose, C., 2010. *Making, selling and wearing boys' clothes in late-victorian England.* Farnham and Burlington: Ashgate.

Salehabidi, D., 2016. The scramble for digital waste in Berlin. In: R. Oldenziel and H. Trischler eds. *Cycling and recycling: histories of sustainable practices.* New York and Oxford: Berghahn, pp. 202–212.

Scanlan, J., 2007. In deadly time: the lasting on of waste in Mayhew's London. *Time and Society*, 16, pp. 189–206.

Schmidt, F., 2013. 'Ich brauch Hadern zu meiner Mül': Die Lumpenwirtschaft der Papiermacher. *Ferrum: Nachrichten aus der Eisenbibliothek*, 85, pp. 50–62.

Shell, H. R., 2014. Shoddy heap: a material history between waste and manufac-ture. *History & Technology*, 30 (4), pp. 374–394.

Simpson, R. and Zimmermann, M. eds., 2013. *The economy of green cities: a world compendium on the green urban economy.* Dordrecht: Springer.

Stobart, J. and Van Damme, I. eds., 2010. *Modernity and the second-hand trade: European consumption cultures and practices, 1700–1900.* Houndmills: Pal-grave Macmillan.

Stöger, G., 2011. Disorderly practices in the early modern urban second-hand trade (sixteenth to early nineteenth centuries). In: T. Buchner and P. Hoffmann-Rehnitz eds. *Shadow economies and irregular work in urban Europe 16th to early 20th centuries.* Berlin: LIT, pp. 141–163.

Stöger, G., 2016. Premodern sustainability? The secondhand and repair trade in urban Europe. In: R. Oldenziel and H. Trischler eds. *Cycling and recycling: his-tories of sustainable practices.* New York and Oxford: Berghahn, pp. 147–167.

Stöger, G. and Reith, R., 2015. Western European recycling in a long-term perspective: reconsidering caesuras and continuities. *Jahrbuch für Wirtschaftsge-schichte*, pp. 267–290.

Stokes, R. G., Köster, R. and Sambrook, S. C., 2013. *The business of waste: great Britain and Germany, 1945 to the present*. Cambridge and New York: Cambridge University Press.

Strasser, S., 1999. *Waste and want: a social history of trash*. New York: Holt.

Strasser, S., 2013. Complications and complexities: reflections on twentieth-century European recycling. *Contemporary European History*, 22 (3), pp. 517–526.

Thorsheim, P., 2013. Salvage and destruction: the recycling of books and manu-scripts in Great Britain during the second word war. *Contemporary European History*, 22 (3), pp. 431–452.

Weber, H., 2013. Towards 'total' recycling: women, waste and food waste recovery in Germany, 1914–1939. *Contemporary European History*, 22 (3), pp. 371–397.

Weber, H., 2015. Ökonomie, Ökologie oder Ideologie? Motivationen für das Recycling von Altpapier im 20. Jahrhundert. In: G. Schulz and R. Reith eds. *Wirtschaft und Umwelt vom Spätmittelalter bis zur Gegenwart*. Stuttgart: Steiner, pp. 153–180.

Wheeler, K., 2014. Nice save: the moral economies of recycling in England and Sweden. *Environment and Planning D*, 32, pp. 704–720.

Winkler, A. M., 2016. Weiternutzen, Recyceln, Entsorgen. Der Umgang mit Altreifen in der Bundesrepublik Deutschland und in Österreich seit den 1960er Jahren. *Technikgeschichte*, 83 (3), pp. 201–228.

Woodward, D., 1985. 'Swords into ploughshares': recycling in pre-industrial England. *The Economic History Review*, 38 (2), pp. 175–191.

Wynne, D., 2015. Reading Victorian rags: Recycling, redemption, and Dickens's ragged children. *Journal of Victorian Culture*, 20 (1), pp. 34–49.

Zaar-Görgens, M., 2004. *Champagne—Bar—Lothringen: Papierproduktion und Papierabsatz vom 14. bis zum Ende des 16. Jahrhunderts*. Trier: Porta Alba.

第四部分

作为城市挑战的自然

第八章 近代早期的水利专家与水资源挑战：基于欧洲殖民城市的比较

卡雷尔·戴维兹

一、引言

近代早期，当欧洲人开始在海外建立殖民地城市时，不可避免地遇到了来自水资源的挑战。这些挑战不止一个方面。问题不仅是如何为市民提供满足其日常需要的足量的水，还在于如何有效地处理过量的水，以及如何将水资源用于能源、运输方式、排污功能，或是在必要情况下用作保卫城市的手段。来自欧洲的殖民者无论如何都要找到解决水资源短缺、过剩、污染和空间组织问题的办法。

这些挑战并非新出现，欧洲城市本身也存在类似的问题，但它们在某些方面的环境和制度条件有所不同。正如巴托洛梅·本纳塞尔（Bartolomé Bennassar）笔下所写，西班牙的征服者们在美洲遇到了他们想象不到的自然。那里有比他们国内"更高的山峰、更干燥的沙漠、更极端的温度和更深的森林"，"他们没有经历过如此猛烈的风暴，也没有经历过如此连绵不绝和来势汹汹的阵雨天气"（Bennasser，1993）。在热带地区，"雨季"和"旱季"的区分比欧洲明显得多。海外的制度环境也在某些方面与欧洲国内有所不同。近代早期的欧洲海外殖民地城市，无论是由帝国当局管辖而总部设在伦敦、巴黎或马德里，还是由荷兰东印度公司或英国东印度公司等特许公司控制，往往都会被纳入等级制度中。

本章中，笔者将重点关注水资源管理专家的作用和背景，以及他们所处的环境。专家被认为是在专门知识领域中具备一定能力的人；这种能力可以通过工作经验和（或）训练来习得。在特定领域中，"专家"或"专业知识"的含义可能随着时间的推移而发生变化。正如术语"深思熟虑"（considered）所暗示的，"专家"的地位事实上未必稳定，有时在拥有不同社会地位的群体（如工匠或学者）之间，或是在不同领域的差异化知识主张群体（如理论技能或实践经验）之间，这些情况都可能导致激烈的竞争（Ash，2010）。这种变化、差异和冲突在国外城市水资源管理领域也可能发生。

180

继萨拉·普理查德（Sara Pritchard）之后，水利专家所工作的环境可被称为"环境技术体系"。在普里查德的定义中，"环境技术体系"是"生态"和"技术系统"交织形成的特定历史和文化结构，可能由人工制品、实践、人类、机构和生态等不同要素组成。环境技术体系包括各个方面的自然和技术（Pritchard，2011）。与"专家"和"专业知识"的含义一样，环境技术系统的含义也随时间和空间变化。本章讨论了水利专家和专业知识向欧洲海外殖民地的转移，重点探讨了近代早期城市水资源技术和水资源管理的"本土"模式在多大程度上被移植到了海外，在哪些方面统筹考虑了当地的知识，以及如何解释殖民地城市环境中环境技术体系的发展。是因为人类行动者吗？是技术驱动的吗？是由非人力驱动的吗？我们能观察到特定的城市"能动性"吗？如果能，又是什么方面的能动性？[①]

笔者将通过比较的方式来分析美洲和亚洲地区的不同殖民城市案例，以便解决上述问题。第一部分讨论欧洲城市的"本土"模式。接下来三个部分着眼于世界不同地区、拥有不同政治制度环境的三个殖民城镇：16世纪至19世纪早期的墨西哥城（Mexico City）、巴达维亚（Batavia）[②]和费城（Philadelphia）。我们将关注交叉但不同的研究时段，对这三座城市进行考察。案例研究中不断转换的时间片段，使我们能够确定是否发生了知识标准化和"技术化"（从技术增量效应的意义上讲）过程，因为知识标准化和"技术化"的出现可能会引发对"专家"和"专业知识"需求的增加。本章结论部分对殖民地案例进行了比较研究，并分析

———————

①　其他有趣的问题（如治理原则和权力是否随技术一起转移，或殖民地经验是否有助于提高欧洲人的生态意识）由于太过宽泛而无法在简短的文章中进行讨论，因此本文将不做考察。关于19至20世纪城市与水资源管理之间的关系，见弗兰克和甘迪的研究（Frank and Gandy，2006）。

②　译者注：印度尼西亚首都雅加达（Jakarta）的原称。

了欧洲城市与殖民城镇之间的联系。

二、欧洲城市的专家与水利知识

中世纪的欧洲城市主要采取自身的独特做法来应对水资源挑战(Magnusson,2001)。16世纪开始,水利知识被更大范围传播,这场不断扩张的知识运动,中心位于意大利、西班牙和低地国家,而欧洲的这些地区也成为水利专业知识的孕育地。

意大利北部的各个城邦很早就设立了水资源管理事务特别办公室。例如威尼斯市在1224年成立了一个监管运河的公共办公室,在1501年成立了一个负责处理所有水利问题的组织(*Magistrato all'Acqua*)(Ciriacono,1994;Lane,1973),在1677年设立了一处专门负责管理阿迪盖河(Adige)的办公室,并向维罗纳(Verona)和帕多瓦(Padua)派驻了分支机构。这些委员会的管理人员均为威尼斯的贵族成员,管理人员还可以聘请少量的技术专家并称之为鉴定师(*proti*)(Maffioli,1994)。在16世纪末期,威尼斯的水利专家多次被要求就费拉拉(Ferrara)周围的水资源问题给出解决方案与建议(Fiocca,2003)。博洛尼亚(Bologna)也建立起了一个水利区域委员会,招聘应对水域问题的专家作为雇员(*Assunti*)。这些从参议院聘请的雇员,同样得到了来自实践专家(*periti*)团队的支持(Maffioli,1994)。

西班牙也是水利知识传播的重要中心。基于其悠久的伊斯兰技术传统,以及通过聘请意大利工程师、获取意大利艺术家(特别是莱昂纳多·达·芬奇)的手稿笔记而从意大利引入专有技术,西班牙在16世纪下半叶成为水利专业知识发展的前沿地区。根据尼古拉斯·加西亚·塔皮亚(Nicolás García Tapia)的说法,当时,西班牙城市的水资源供应十分充足,既可供宫廷和修道院等机构客户使用,也可供广大民众使用(Tapia,1989,1990,1996)。

水利知识的第三个温床是低地国家,特别是位于佛兰德斯(Flanders)、泽兰(Zeeland)和布拉班特(Brabant)交界地带的斯凯尔特河三角洲地区。低地国家带来了筑堤、排水和复垦方面"经验丰富的杂工",16世纪末至17世纪初,他们在英格兰、法国和德国北部孜孜求索其专业知识（De Hullu and Verhoeven，1920；Harris，1961；Ash，2004；Dienne，1891；Davids，2008），此外，低地国家还带来了建造挖泥船，以及建设水闸和水力提升装置的专家（Davids，2008）。例如，伦敦城不仅向意大利工程师弗雷德里科·热内贝利（Frederico Genebelli）寻求解决其公民供水问题的建议，还与"荷兰或佛兰德人"彼得·莫里斯（Peter Morris）签订了顾问合同。1582 年，伦敦市长和市议员向莫里斯批准了租约，以在伦敦桥第一座拱门下建造一台发动机，将泰晤士河的水通过管道输送到城市东部的家庭。为了采用莫里斯的设备而成立的伦敦桥公司（London Bridge company）一直运营到 19 世纪的一季度（Magnusson，2001；Jenner，2000；Matthews，1835）。

　　欧洲城市水利专家所处的背景及其主张的知识基础均具有显著差异。帕梅拉·朗（Pamela Long）指出，在 16 世纪 50 至 60 年代，那些十分关心如何解决罗马城洪水和供水问题的人，有着"相差很大的背景和专业领域"。这些人有医生、军事工程师、法学家兼地方法官、建筑师以及神学家兼图书管理员各一位。与意大利北部同时期的专家不同，罗马城的专家对于使用数学方法和研究物理定律来应对水资源挑战不感兴趣。然而，所有人都一致认为，仔细研究古代文物、实践做法和文字记录是解决困扰教皇城市水资源问题的关键（Long，2008）。

　　类似的情况也出现在近代早期欧洲的其他地区。水利专家的知识背景并不单一，他们可能包括水管工、建筑师、工程师、测绘师、医生、法官和宗教团体成员等不同类型。例如佩德罗·胡安·德·拉斯塔诺萨（Pedro Juan de Lastanosa）是一名在低地国家、意大利南部和西班牙工作的建筑师兼工程师，他在 1570 年前后对全部类型的机器、仪器和水利建筑进行了广泛的描述（García Tapia，1990）。安德里斯·菲尔林（Andries Vierlingh）是一名布雷达（Breda）市议员和地产管理员，还是荷兰最早撰写堤防相关论文的作者（1575 年左右），他也是低地国家水资源问题领域备受追捧的顾问（De Hulluand Verhoven，1920）。

　　随着时间推移，具备不同水利基础知识的专家之间的区别也变得更加明显，是否接受过正规的数学教育成为他们能否出类拔萃的标志。在 17 世纪的意大利北部，大学和教会学校中出现了新的水力学专业中心。水力学的学习不再局限于岗位培训（Maffioli，1994）。在 16 世纪的西班牙，大学训练的"理论"工程师和"实践"工程师之间出现了分化，前者是拥有各种技术问题（包括水力学）的一般性知识，后者通过实践经验获得了特定领域的专业知识（García Tapia，1990）。17 至 18 世纪，荷兰共和国的许多顶尖水利专家不仅接受了岗位培训，还在莱顿（Leiden）大学的杜伊切数学研究所（*Duytsche mathematicque*，此为该大学的附属机构，主要为测绘师和工程师提供方言课程）或弗兰克尔大学（Franeker）类似的机构进行学习（Davids，1990；Van Winter，1988；法国方面：Graber，2007）。

正是这些在意大利北部高等院校设立的新专业中心——他们独立于专家和鉴定师的水利办公室，使更理论化的河流水力学方法取得了进展。这一始于 17 世纪 20 年代的教皇国（Papal States），并在几十年后传播至威尼斯共和国（Venetian Republic）的理论转变，正如切萨雷·马菲奥利（Cesare Maffioli）所说，本质上是以"几何方式，围绕速度相关的基本概念"来重塑已有的河流水力学理论，目的是获得关于河水运动的更可靠的知识（Maffioli，1994；Davids，2006）。该"水科学"的拥护者们声称，相比专家和鉴定师的经验做法，他们的"几何思维方式"将产生更加可靠也更加有用的知识（Maffioli，1994）。水科学在 18 世纪传播到荷兰和其他欧洲国家。理论知识成为水利工程师教育体系的一部分（Davids，2006）。

与意大利北部一样，近代早期欧洲其他城市的水资源管理通常也由政府当局主导。除了负责供应直接取自河流、小溪、运河或私人水井的水资源外，市政府或州政府还承担在公共场所建造和维护渡槽、管道、水井、喷泉的责任。在一些地方，小规模的私人企业家也参与到这一政府供水系统中。在巴黎、伦敦、托莱多（Toledo）或塞维利亚（Seville）等大城市，售水者通过将公共水源的水运送到私人住宅来谋生（Graber，2007；Jenner，2000；García Tapia，1990）。阿姆斯特丹市（Amsterdam）开发了一个几乎包罗万象的水资源管理系统，到 17 世纪末，市政当局不仅负责维护河岸和码头、借助泥浆厂疏浚运河和港口、通过一组水闸来调节运河中的水循环等工作，还运营着垃圾收集的公共系统，并提供用船只从附近砂质地区供水的服务，其公共事务部门雇佣来执行上述工作的劳动力达到了几百人（Davids，2008；Bakker，2004；Diederiks，1982）。

从 16 世纪后期开始，伦敦市脱离了公共管理的一般模式，将越来越多的城市供水业务交给了私营公司，这些公司通过管网将水输送到千家万户。1581 年成立的伦敦桥水务公司(London Bridge Waterworks company)创建的经营模式被许多其他企业家效仿。因此,18世纪伦敦市的供水是"网络化城市"的早期典型(Jenner,2000;Tomory,2014,2015)。相比之下,巴黎市18世纪70至80年代的一家私营公司所发起的运用蒸汽机从塞纳河(Seine)抽水向城市供应的项目却惨淡地失败了。尽管在拿破仑战争后的一段时间里,伦敦的水资源配送模式成为法国工程师羡慕的对象,但巴黎仍坚持其水资源公共管理系统(Graber,2007;Chatzis,2010)。

　　这些近代早期的城市水利技术和水资源管理"本土"模式在多大程度上移植到了海外?又在哪些方面统筹考虑了当地知识?另外,如何解释殖民地城市背景下环境技术体系的发展?为了回答以上问题,笔者现在将转向所选择的、用于比较分析的殖民地城市,即墨西哥城、巴达维亚和费城。针对每一个案例,笔者将讨论以下内容:一是所面临的主要水资源挑战;二是为解决相关问题而提出的重要解决方案;三是水利专家的角色及其所处的环境;四是特定解决方案得以实施或不得实施的原因。

三、湖泊排水:墨西哥城

　　墨西哥城建造于16世纪20年代,坐落在中美洲内陆一处低洼盆地的湖泊之中。在这个特别的地方建立新西班牙(New Spain)首都的决定,是出于政治动机——在曾作为阿兹特克(Aztec)帝国首都所在地特斯科科湖(Lake Texcoco)的岛上建造一座城市,被认为能增强新政权的合法性。该决定的另一个考虑,是西班牙人和阿兹特克人面临同样的困扰,即应该如何应对来自周边山区的过量水资源?城市屡次遭受洪水的冲击,尤其是在1555年、1580年、1604年、1607年、1629~1634年、1647年、1691年以及1697年。随着时间推移,城市中的水道需要不断地为城市街道腾出空间,填河造地时有发生,加之毁林开荒加剧河流侵蚀,导致洪水的威胁越来越大(Hoberman,1980;Lopez,2012;Musset,1991)。

　　关于如何应对墨西哥盆地(Mexico Basin)日益增加的洪水风险的争论,在1607年毁灭性的大洪水之后变得尤为激烈。先前通过堤道、堤坝和水闸来实行水资源管理的阿兹特克系统，被西班牙政府或多或少地保留着，但是事实证明它们已经不再适用了。在德国地图制作者兼工程师恩里克·马丁内斯（Enrico Martínez）的建议下，殖民地当局选择了一个新的解决方案。他们修建了一条水道和隧道，称之为排水管道（desagüe），用于将湖北部的湖水排到图拉河（Tula），之后再排到墨西哥湾（Gulf of Mexico）（图 8-1）。有人推断，挖掘这条长 6 千米、横截面达 13.5 平方千米、深度接近 50 米呈拱顶形结构的隧道，得益于欧洲的采矿技术。此外，来自另外一条库奥蒂特兰河（Cuautitlán）的水，也将通过水坝转道流向排水管道。建造排水管道的资金，则来自额外征收的财产税。在挑选并调动了数千名本土印第安劳动力的情况下，排水管道的整体架构在一年时间之内得以完成，并于 1608 年底正式投入使用（Hoberman，1980；Lopez，2012）。

图 8-1　诺奇斯顿戈（Nochistongo）水道入口，建于 17 世纪，是墨西哥城排水系统的一部分
资料来源：Marrovi(CCSA 2.5 MX)，来自 Wikimedia Commons。

　　然而仅过了几年时间，排水管道就开始出现严重的问题。一方面，因为水道和隧道过窄，容纳不了大量的水；另一方面，隧道也被泥土和碎片堵塞。在海拔

185

方面,水道的河口相对于特斯科科湖和库奥蒂特兰河过高(Hoberman,1980;
Lopez,2012)。于是,在西班牙王室的倡议下,殖民地当局邀请了另一位来自欧
洲的专家参与进来。为了满足国王菲利普三世(King Philip III)关于寻找一名
"精通几何及水测量"工程师的要求,驻巴黎的西班牙大使推荐了来自荷兰代尔
夫特(Delft)的工程师阿德里安·博特(Adriaan Boot),他当时受雇于法国的排
水管理项目。博特(被西班牙王室以极高的工资聘用)于1614年到达新西班牙,
调查了墨西哥盆地后,他制定了一个完全不同的计划(Lopez,2012)。他不建议
通过排水管道将湖水排干,而是提议建造一个环绕城市的大型堤坝,同时改进已
有的阿兹特克水坝、堤坝和运河结构,这样一来,城市的水位可以通过防洪闸、风
力排水厂、人力或动物带动的抽运泵、清除湖泊和城市运河中淤泥的疏浚器等
设施来进行调节,从而实现保护城市的目的。同时他还准备安装一种把船只
拖过堤坝的装置(*Overtooms*),以便在水闸关闭时允许独木舟进出城市
(Lopez,2012)。简而言之,博特的建议可以归结为将原有的阿兹特克水资源
管理系统与一套欧式的机械装置相结合,同时允许该市的居民和附近的农民
继续使用特斯科科湖作为交通线路。该建议能够确保在墨西哥盆地的自然环
境和技术之间实现更精妙的协调,这与以排水管道建设和维护为代表的环境
对抗性技术体系是不同的。

　　尽管国王菲利普三世部分支持博特的计划(他裁定墨西哥城附近的部分湖
泊应当保留,北部的部分湖泊应当排水),但是这位荷兰工程师规划的水资源管
理体系从未得到执行。总督认为其项目成本过高,作为克里奥尔(Creole)纳税
人和印第安劳工雇主代表的墨西哥市议会也从最初赞同博特计划转向了重新支
持排水管道方案(Hoberman,1980;Lopez,2012)。1629年以后,由于墨西哥城
再次发生了一系列灾难性大洪水,殖民地政府决定采取由当地工程师安德烈·
德·圣米格尔(Andrès de San Miguel)修士建议的第三种方案。他的想法是将
隧道改造成明沟,以增加排水管道的容量。圣米格尔在水利方面的专业知识,是
基于他对古文明和文艺复兴时期作家(如亚里士多德、维特鲁威和阿尔贝蒂)的
熟悉以及自身的经验积累(Hoberman,1980)。

　　事实上,由于财政和技术的双重原因,实施第三个方案也是一个极其费力
的过程。由于克里奥尔的业主不愿意为该项目捐款,也不愿意让美洲土著劳

工参与建造工作,隧道改造工程长期缺乏资金和人力。虽然在天主教方济会
(Franciscan)修士的监督下,这一工程于 17 世纪 30 年代开始动工,但直到 1789 年
明沟才改造完成。它的最终建成更多地归功于墨西哥商人协会,而不是殖民地政
府。然而,即使在改造完成后,排水管道的容量也不足以支撑极端化的水量,这在
17 世纪 90 年代的另一系列大洪水中得到体现。在 20 世纪初以前,水资源过量的
问题一直困扰着墨西哥城(Musset,1993;Candiani,2012;Hoberman,1980)。在很
长一段时间里,墨西哥城的自然战胜了人力资源和人为能力。

四、迁城:巴达维亚

与新西班牙的首都不同,荷兰东印度公司(VOC)亚洲总部的所在地并非处
于内陆地区,而是沿海而建(见图 8 - 2)。政治因素之外的货物运输和商业原

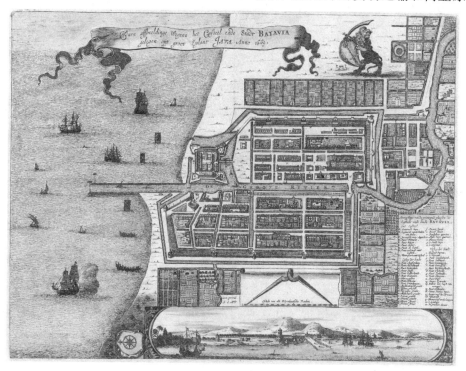

图 8 - 2　17 世纪中叶的巴达维亚城镇规划

资料来源:Jan Janssonius{PD-1923},来自 Wikimedia Commons。

188　因，对于巴达维亚建设区位的选择具有决定性意义。这个位于爪哇岛（Java）北
海岸的荷兰东印度公司新总部，与母国以及亚洲的港口、公司工厂之间有着相对
便捷的联系。巴达维亚的优势在于其位于西里旺河（Ciliwung）入海口，可以保
证饮用、排泄和运输用水的规律供应，同时也可以将西里旺河作为该城镇的护城
河。尽管巴达维亚在 17 世纪 20 至 30 年代的布局属于临时起意的结果，并没有
按照荷兰绘制的蓝图进行建造，但它"大量借鉴了（荷兰）共和国现行的建筑实践
和理论原理"（Raben，1996；Niemeijer，2005）。在荷兰国内的城市和海外新建立
的荷兰殖民地（如巴达维亚等），都可以找到"典型的荷兰"元素，即"正交型街道
模式，由运河贯穿其中，并被防御工事墙和充满水的护城河环绕"（Van Oers，
2000）。"荷兰模式"由荷兰东印度公司聘用的测绘师和工程师传播到了海外，他
们曾在莱顿大学的杜伊切数学研究所或者在荷兰共和国其他地方的大学和私立
学校中接受过相关培训。这些测绘师和工程师中的一些人，也在亚洲的荷兰东
印度公司殖民地接受过教育（Zandvliet，1988）。

　　然而，这座城市的特殊设计以及坐落在西里旺河入海口的区位特征也有
不利之处，这是在建城之时没有预料到的。城市中水道、护城河的数量与布局
导致河水的流量稳步下降，河水在城前以及城市周边的水道里留下了越来越
多的淤泥。大约在 1660 年之后，城市附近越来越多的土地被用作耕地，同时
其他河流和新挖的水道逐步与西里旺河和巴达维亚水利系统相连通，这使得
城市内的水流速度进一步减慢，泥沙问题也因而变得更为严重。腹地中的水
土流失和向城市水道中倾倒垃圾的情况，使形势更为严峻。河流、河道与水井
相邻，他们都是巴达维亚居民的基本水源，但却变得越来越脏，并散发着恶臭
（Van Der brug，1994；Blussé，1985）。尽管从爪哇岛其他地区招募来的数百名
徭役工人经常（手工）疏浚河道，但河流和河道的情况似乎还在继续变差。在
18 世纪 70 年代，手工清理工作被叫停（Blussé，1985），巴达维亚也并没有像
17 世纪的阿姆斯特丹（Amsterdam）那样采用挖泥机、水闸综合体或垃圾收集
公共系统。

　　与此同时，从 17 世纪 30 年代初开始，欧洲新移民的死亡率激增。最近的研
究表明，死亡率的突然性急剧上升完全有可能是由于在城前淤塞的地区建造了

新的鱼塘，使得这里变成了一处携带疟疾的蚊子的繁殖地（Van derbrug，1994）。　189
18 世纪后期的专家们从另一个角度寻求这一情况的解释，认为这与当时在欧洲
占主导地位的瘴气理论相吻合。同时期的专家（如医生和军官）表示，巴达维亚
不健康现象加剧的主要原因是"有害性蒸气"，他们认为这些蒸气来自城市和海
域之间的沼泽地以及运河中污浊、脏乱的水域，由于城市里和建筑物内缺乏良好
的通风环境，因而没能充分消散。此外，这些受过欧式培训的观测员还将空气污
染归咎于其他因素，如蒸馏厂和石灰窑的存在，以及在城市内部或附近掩埋尸体
的做法等（Blussé，1985；Duurkoop，1784；Van Hogendorp，1800；Raffles，1830；
Groot，2009）。

　　在荷兰东印度公司——政府的支持下，巴达维亚尝试了多种解决方案，用于
减少令人畏惧的蒸气所带来的传播和影响，包括填埋了当地的几条河道，在城镇
附近开垦稻田以减少积水，以及改变西里旺河的路线，使其流到城西的海里。事
实证明，这些措施都不足以使巴达维亚成为一个更健康的地方（Bleeker，1843）。
在一篇首次发表于 1799 年、有关东印度群岛现状的文章中，前军官兼公司官员
德克·范·霍根多普（Dirk van Hogendorp）暗示了一个更为激进的解决方案：
如果不能消除城市不健康的原因，就应该放弃巴达维亚，转而选择另一个地方。
正如 20 年后斯坦福德·莱佛斯爵士（Sir Stamford Raffles）一针见血地指出，问
题的关键在于"是从巴达维亚消除疾病更容易，还是让巴达维亚市民远离疾病更
容易"。事实上，从 18 世纪中叶起，越来越多的市民已经离开巴达维亚，寻求更
健康的环境（Van Hogendrop，1800；Raffles，1830）。范·霍根多普提出的革命
性解决方案最终是由亨德里克·威廉·丹德尔斯（Hendrik Willem Daendels）
推动实现的，丹德尔斯起初是一名律师，后转业为军官，他被新的荷兰国王路易
斯·拿破仑（Louis Napoleon）任命为荷兰印度群岛总督。丹德尔斯在 1808 年
到达爪哇岛后不久就放弃了旧城，将总部迁往内陆（Bleeker，1843）。原"巴达维
亚"的城墙被夷为平地，大部分的护城河和河道被填埋。因此，巴达维亚所面临
的水资源挑战，最终是通过逃避而不是改变现有的技术系统来克服的。最终，荷
兰当局选择了大规模转向一个不同的环境，而不是全面改革现有的生态技术体
系结构。

与墨西哥城相比,巴达维亚的案例既有相似之处,也有不同之处。在这两个案例中,殖民地当局都选择采用"本地"的城市水力技术和水资源管理模式来应对当地的水资源挑战。除了在墨西哥城发展的早期阶段,那时本地知识几乎没有被考虑在内。新引进的体系依赖于固定结构的建立和大规模劳动力的投入,而不是机械装置的有序使用。同时,在这两个案例中,来自不同背景的专家都参与到体系塑造的相关讨论,以及体系建设、维护和变更的过程中。另外,在这两个案例中,都没有证据表明知识的标准化或技术的递增效应会提升拥有特定类型"专业知识"的特定"专家"群体的主导地位。

对特定解决方案的选择,不仅取决于特定技术知识存在与否,还取决于权力关系和财政预算的具体结构。与巴达维亚不同的是,墨西哥城的结构涉及更多不同的机构和团体,包括宗教秩序、克里奥尔的财产所有者、市议会和商会等,这导致了长时间的谈判和冲突。事实也证明,墨西哥城要比巴达维亚有着更为强烈的路径依赖情况。虽然巴达维亚政府在面对自然能动性时最终选择了对环境技术体系进行大规模转移,但同样面对强大的自然力量,墨西哥城当局却没有放弃他们在最初出于政治原因选择的地址上建造的体系。

五、建立城市水网：费城

像巴达维亚一样,费城在 18 世纪面临着日益严重的水污染和健康问题,但原因却完全不同。费城建立于 1682 年,是宾夕法尼亚(Pennsylvania)殖民地的首都,位于斯古吉尔河(Schuylkill)和特拉华河(Delaware)之间的一个半岛上,距离内陆有几十英里,很容易到达海上。它的区位优势在于这座城市既可以作为国际贸易网络的枢纽,也可以作为通往广阔腹地的门户。到了 19 世纪中叶,港口所在的特拉华河一侧居民密度远远高于斯古吉尔河沿岸。与巴达维亚不同的是,费城没有河道穿插其中,也没有护城河环绕,它最初依靠泉水、水井和小溪流作为日常用水的来源,而不是依靠河流的水源输入。

由于城市的扩张增加了水资源需求,同时城市内现有的水源逐渐受到垃圾和工业废弃物的污染,公共卫生风险随之增加,费城市政当局和市民都在寻找新的解决方案来应对这一挑战。例如 1769 年,宾夕法尼亚议会授权建造一些排向特拉华河的公共下水道(Albert,1988)。费城著名市民本杰明·富兰克林(Benjamin Franklin)在其 1788 年起草的遗嘱附加条款中写道,要捐赠给他的家乡1000 英镑,并指定用于维萨奇肯河(Wissahickon Creek)的引水工程建设,以便于为市民供水,(他)认为这可以毫不费力地完成,因为河水水位比城市的海拔高得多,还可以通过水坝使其更高(Labaree et al. ,1959;Will and codicil,1788)。

　　这样看来,富兰克林提出了一个政府管理之下的供水系统,无须安装复杂、昂贵的机器,也不会给市民自身带来额外的成本,就能够减少费城对水井和泉水的依赖。1791 年,一家新成立的私营公司提出修建一条从斯古吉尔河到特拉华河的河道,这一计划可以在为城市带来淡水的同时促进当地交通,但由于缺乏资金,该公司未能实施这一工程。1793 年爆发的黄热病导致费城及其附近城镇10％的人口死亡,随后几年又爆发了新的流行病,引发了市民向市政府的大规模请愿活动,要求市政府授权建设一个能为该市提供充足清洁用水的新系统。为回应市民要求,费城市当局成立了城市供水联合委员会,即"供水委员会",并于1798 年发布了一份报告(Smith,2013)。

　　与巴达维亚的丹德尔斯一样,"供水委员会"选择了一个激进的解决方案。委员会没有采纳富兰克林或河道公司的想法,而是决定采用英国建筑师、工程师本杰明·拉特罗贝(Benjamin Latrobe)提出的一项大胆的计划,即利用蒸汽动力为城市提供清洁用水。根据拉特罗贝的计划,从斯古吉尔河进行泵水,并在蒸汽机的作用下通过地下管道输送到费城市中心;在每年支付 10 美元费用后,清洁用水将从市中心通过松木和公共给水栓分配给全城中的私人客户。费城市政府通过借款和征收新税形成了额外收入,用于支付供水系统的建设和维护费用。在拉特罗贝的监督下,新供水系统于 1801 年投入运营(Smith,2013)。因此,费城和伦敦一样都采用了供水网络系统,但费城是将其置于政府管理之下,而不是留到私人手中。

　　然而,事实证明,这套供水系统比预期的贵得多。建设和维护自来水厂的成本大大超过了预算,但由于定期向该系统缴纳费用的市民人数比拉特罗贝预计的要少,因此供水系统的收入一直很低。拉特罗贝卸任之后,在继任监理

工程师的建议下，市政府最终决定对该系统进行重大调整。动力来源由蒸汽
动力变为由水力驱动。市政府在斯古吉尔河上修建了一座大坝用于建造一处
蓄水池，蓄水池的水流被用来驱动水车，从而确保城市有足够的清洁用水供
应。新系统于 1822 年投入使用，到 19 世纪 30 年代中期开始产生利润
(Smith, 2013)。因此，费城转向了一个新的环境技术体系，该体系由自然条件
和技术产物（先前建造的蒸汽式驱动供水系统）之间不同的平衡所支持。费城
案例与墨西哥城和巴达维亚的关键性区别，不仅在于缺乏大规模廉价劳动力
供给和对机械解决方案的偏好，还在于市政府的决定性作用。市政府负责在
不同的专家和专业知识之间作出选择，并负责供水系统的建设和调整。城市
社区是整个过程的关键。

六、结论

墨西哥城、巴达维亚和费城都曾为当地面临的水利挑战不懈寻找有效的
解决方案。这些挑战中，部分具有当地特殊性，部分具有普遍性。它们既与特
定的环境条件有关，又与水资源短缺、过剩、污染和空间组织等常见问题有关。
除了早期的墨西哥城之外，欧洲人在尝试应对这些挑战时，很少求助于当地现
有的技术，也几乎没有咨询过当地专家。本章所讨论的殖民地城镇应用于处
理水利问题的知识，大部分是从欧洲移植的。修建排水通道，将城市规划成由
运河贯穿的正交模式，使用蒸汽机或水车来取水，这些都是殖民地从欧洲城市
引进技术的示例。

与欧洲城市一样，参与上述殖民地城镇工程项目的专家背景各不相同，他们
有工程师、测绘师、医生、军官和天主教方济会修士。他们相关技能的取得是基
于古典和人文主义作家的"伟大传统"教育、理论培训或实践经验。从 17 世纪
起，"水科学"在欧洲兴起，但这并没有让殖民地城市的某一类专家群体比其他群
体更有优势。也没有证据表明，知识的标准化或技术的递增效应提升了拥有特
定"专业知识"背景的特定"专家"群体的主导地位。在 19 世纪早期的费城，所有
工程师的意见都非常重要，在同时期的巴达维亚也是如此。

然而，技术本身在解决水利问题上从来都不具有决定性作用。环境技术体系的变化不仅取决于特定技术知识是否存在，还取决于人力关系和财政预算特征。例如，墨西哥城和巴达维亚的劳动力相对便宜，这可能解释了为什么这两座城市明显偏好劳动密集型技术（如手工挖掘），而不投资于机械设备（如挖泥机或风车）。无法从税收中获得足够收入，意味着相关工程项目可能会停滞或拖延几十年。因此，环境技术体系的变化不是技术驱动的，主要取决于社会政治因素。

同墨西哥城和巴达维亚不一样，在 18 世纪末的费城，城市社区成为水利问题的关键参与者。市民作为一个群体共同要求市政府拿出解决供水问题的办法，他们甚至准备支付额外的税收（尽管不情愿）以促成这一问题的解决。费城并不接受"伦敦"式的商业化供水网络系统。在 1800 年之后的费城，作为自然资源的水出现了一定程度的商品化并出售给私人客户，但供水网络系统的管理并没有分配给私人公司，而是成为一项市政事业来运营。殖民地城市政治环境的差异显然十分重要。尽管墨西哥城和巴达维亚从早期开始就被赋予了一系列市政机构，但它们并没有达到费城那样的自治程度。毕竟，这两个城市首先是作为由帝国政府或大型贸易公司主导的区域政府中心。巴达维亚的地方行政机构一直是由荷兰东印度公司的官员所领导（Blussé，1985）。因此，在整个近代早期阶段，墨西哥城和巴达维亚的城市社区始终坚定地服从于更高的权力。这些城市几乎没有展现自身的能动性。

然而，自然本身在欧洲殖民地城市中确实也发挥了作用。水资源不仅受人为活动的制约，它本身也是一种强大的非人类行动者。本章所讨论的三个城市以不同的方式来应对这一自然力。墨西哥城依靠排水管道，巴达维亚改变了它的城址，费城将水力为自身所用。因此，在近代早期，欧洲殖民地城市对水资源的挑战并没有标准的应对模式。

参 考 文 献

194

Albert, R. C., 1988. The historical context of water quality: management for the Delaware estuary. *Estuaries*, 11, pp. 99–107.

Ash, E. H., 2004. *Power, knowledge and expertise in Elizabethan England*. Baltimore and London: Johns Hopkins University Press.

Ash, E. H., 2010. Introduction: expertise and the modern state. *Osiris*, 25, pp. 1–24.

Bakker, B., 2004. De zichtbare stad. In: W. Frijhoff and M. Prak eds. *Geschiedenis van Amsterdam*, vol.II-1. Amsterdam: SUN, pp. 17–101.

Bennassar, B., 1993. El agua en el Nuevo Mundo. In: *Obras hidráulicas en América colonial*. Madrid: Centro de Estudios Históricos de Obras Publicas y Urbanismo, pp. 43–53.

Bleeker, P., 1843. Bijdrage tot de medische topografie van Batavia. *Tijdschrift voor Nederlandsch Indië*, 5, pp. 281–332.

Blussé, L., 1985. An insane administration in an insanitary town: The Dutch East-India Company and Batavia (1619–1799). In: R. Ross and G. J. Telkamp eds. *Colonial cities: essays on urbanism in a colonial context*. Dordrecht: Springer, pp. 65–85.

Candiani,V., 2012. The Desagüe reconsidered: Environmental dimensions of class conflict in colonial Mexico. *Hispanic American Historical Review*, 91, pp. 5–39.

Chatzis, K., 2010. Eaux de Paris, eaux de Londres: Quand les ingénieurs de la capitale française regardent outre-Manche, 1820–1880. *Documents pour l'histoire des techniques*, 19, pp. 209–218.

Ciriacono, S., 1994. *Acque e agricoltura: Venezia, l'Olanda e la bonifica europea in età moderna*. Milan: FrancoAngeli.

Davids, K., 1990. Universiteiten, illustre scholen en de verspreiding van technische kennis in Nederland, eind 16ᵉ—begin 19ᵉ eeuw. *Batavia Academica*, 8, pp. 1–34.

Davids, K., 2006. River control and the evolution of knowledge: a comparison between regions in China and Europe, c.1400–1850. *Journal of Global History*, 1, pp. 59–79.

Davids, K., 2008. *The rise and decline of Dutch technological leadership: Technology, economy and culture in the Netherlands 1350–1800*. Boston and Leiden: Brill.

De Dienne, E., 1891. *Histoire du dessèchement des lacs et marais en France avant 1789*. Paris: Champion.

De Hullu, J. and Verhoeven, A. G. eds., 1920. *Andries Vierlingh, Tractaet van dijckagie*. The Hague: Martinus Nijhoff.

Diederiks, H., 1982. *Een stad in verval: Amsterdam omstreeks 1800*. Meppel: Krips Repro.

Duurkoop, J. A., 1784. Bekroond antwoord op de vijfde algemeene prijsvrage/ Welke zijn de oorzaken der meesten, vooral Epidemique, of gewoone ziektens van Batavia, inzonderheid van de rotkoortsen? *Verhandelingen van het Bataviaasch Genootschap der Konsten en Weetenschappen*, II, pp. 301–317.

Fiocca, A., 2003. Regolamentazione delle acque e transfert tecnologico tardo rinascimento. Il caso di Ferrara e Venezia. In: A. Fiocca, D. Lamberini and C. S. Maffioli eds. *Arte e scienza delle acque nel Rinascimento*. Venice: Marsilio, pp. 137–167.

Frank, S. and Gandy, M. eds., 2006. *Hydropolis, Wasser und die Stadt der Moderne*. Frankfurt am Main and New York: Campus Verlag.

García Tapia, N., 1989. *Tecnica y poder en Castilla durante los siglos XVI y XVII*. Salamanca: Junta de Castilla y Leon.

García Tapia, N., 1990. *Ingeniera y arquitectura en el Renacimiento español*. Valladolid: Universidad de Valladolid.

García Tapia, N., 1996. Ingeniería del agua en los códices de Leonardo y en os manuscritos españoles del siglo XVI. *Ingeniería del Agua*, 3 (2), pp. 17–38.

Graber, F., 2007. Inventing needs: expertise and water supply in late eighteenth- and early nineteenth-century Paris. *The British Journal for the History of Science*, 40, pp. 315–332.

Groot, H., 2009. *Van Batavia naar Weltevreden: Het Bataviaasch Genootschap van Kunsten en Wetenschappen, 1778–1867*. Leiden: KITLV Uitgeverij.

Harris, L. E., 1961. *The two Netherlanders: Humphrey Bradley and Cornelis Drebbel*. Leiden: Brill.

Hoberman, L. S., 1980. Technological change in a traditional society: the case of the desagüe in colonial Mexico. *Technology and Culture*, 21, pp. 386–407.

Jenner, M., 2000. From conduit community to commercial network? Water in London, 1500–1725. In: P. Griffiths and M. Jenner eds. *Londinopolis: essays in the social and cultural history of early modern London*. Manchester: Manchester University Press, pp. 250–272.

Labaree, L. W. *et al.*, eds., 1959. *The papers of Benjamin Franklin. Vol. 46*. New Haven: Yale University Press.

Lane, F. C., 1973. *Venice: a maritime republic*. Baltimore and London: Johns Hopkins University Press.

Long, P. O., 2008. Hydraulic engineering and the study of Antiquity: Rome, 1557–1570. *Renaissance Quarterly*, 61, pp. 1098–1138.

López, J. F., 2012. 'In the art of my profession': Adrian Boot and Dutch water management in colonial Mexico City. *Journal of Latin American Geography*, 11, pp. 35–60.

Maffioli, C., 1994. *Out of Galileo: the science of waters 1628–1718*. Rotterdam: Erasmus Publishing.

Magnusson, R. J., 2001. *Water technology in the middle ages: cities, monasteries and waterworks after the Roman empire*. Baltimore and London: Johns Hopkins University Press.

Matthews, W., 1835. *Hydraulia: an historical and descriptive account of the waterworks of London*. London: Simpkin, Marshall and Co.

Musset, A., 1991. De Tlaloc à Hippocrate. L'eau et l' organisation de l'espace dans le basin de Mexico XVIe-XVIIIe siècle. *Annales ESC*, 46, pp. 262–298.

Musset, A., 1993. El siglo de oro del desagüe de México. In: *Obras hidráulicas en América colonial*. Madrid: Centro de Estudios Históricos de Obras Publicas y Urbanismo, pp. 53–66.

196　　Niemeijer, H. E., 2005. *Batavia: Een koloniale samenleving in de zeventiende eeuw*. Amsterdam: Balans.

Pritchard, S. B., 2011. *Confluence: the nature of technology and the making of the Rhône*. Cambridge, MA: Harvard University Press.

Raben, R., 1996. *Batavia and Colombo: the ethnic and spatial order of two colonial cities 1600–1800*. Leiden: Raben.

Raffles, S., 1830. *The history of Java*, vol. II. London: John Murray.

Smith, C., 2013. *City water, city life: water and the infrastructure of ideas in urbanizing Philadelphia, Boston, and Chicago*. Chicago and London: University of Chicago Press.

Tomory, L., 2014. Water technology in eighteenth-century London: the London Bridge Waterworks. *Urban History*, 42, pp. 381–404.

Tomory, L., 2015. London's water supply before 1800 and the roots of the networked city. *Technology and Culture*, 56, pp. 704–737.

Van Der Brug, P. H., 1994. *Malaria en malaise: De VOC in Batavia in de achttiende eeuw*. Amsterdam: De Bataafsche Leeuw.

Van Hogendorp, D., 1800². *Bericht van den tegenwoordigen toestand der Bataafsche bezittingen in Oostindie en den handel op dezelve*. Delft: J.C. Leeuwestyn and M. Roelofswaert.

Van Oers, R., 2000. *Dutch town planning overseas during VOC and WIC rule (1600–1800)*. Zutphen: Walburg Pers.

Van Winter, P. J., 1988. *Hoger onderwijs avant-la-lettre. Bemoeiingen met de vorming van landmeters en ingenieurs bij de Nederlandse universiteiten in de 17ᵉ en 18ᵉ eeuw*. Amsterdam: Noord-Hollandsche Uitgevers Maatschappij.

Zandvliet, K., 1988. *Mapping for money: maps, plans and topographic paintings and their role in Dutch overseas expansion during the 16th and 17th centuries*. Amsterdam: The Batavian Lion.

第九章　斯德哥尔摩变化的水景：
城市及其流水的长期视角

埃娃·雅各布森

一、引言

　　来到斯德哥尔摩的游客漫步在老城区周围，可以欣赏皇家城堡，参观议会首相的住所和办公室。那里是瑞典政治权力的中心以及该国历史政治形成之处。这些具有象征性意义的建筑坐落在圣城岛（Stadsholmen）和圣灵岛（Helge-andsholmen）之上，这些小岛属于斯德哥尔摩所在的群岛之列。事实上，斯德哥尔摩市中心区域三分之一的面积是水（Abrahamsson，1997）。梅拉伦湖的淡水与波罗的海的海水在此相遇，形成了斯德哥尔摩动态变化的水景。不过，很少有游客了解这些小岛周围流水的历史作用。

二、城市、土地和水

　　在斯德哥尔摩的历史上，水是恒久不变的事物。笔者将斯德哥尔摩动态变化的水景放在开头部分，意在强调这座城市与瑞典国内一处面积达 22 650 平方千米且占国土面积 5% 的大型流域之间的相互作用。斯德哥尔摩位于梅拉伦湖的入海口，湖水在此流入波罗的海。梅拉伦湖面积 1 140 平方千米，有 8 000 多个岛屿、小岛和岛礁散布在湖上。这座城市的水景被描述为"一段水域延伸到城市内部,另一段水域延伸到城市外部,它们看起来相似,却不尽相同"
(Mårtelius,1998)。[1]

尽管我们将斯德哥尔摩描述为一座沿海城市,但我们将着眼于内陆视角,并
将其置于瑞典第三大湖梅拉伦湖的入海口来看待(不同的水景研究也见于
Mukherjee,2015)。这一视角将突出斯德哥尔摩的历史依赖性及其与水景的相
互作用。通过运用长期视角并突出水景在历史中的作用,我们可以理解城市与
其水景之间变与不变的联系。长期视角还强调,并非只有现代化城市的河流才
可以改变自然世界(Hoffman,2010)。

三、城市景观的融合

关于自然和人造世界相互交织的假设,在环境史写作中产生了巨大的影响
(Jakobsson,2008),特别是在河流历史研究中的影响十分深远(例如:White,
1995;Mauch and Zeller,2008;Langston,2003;Blackbourn,2006;Tarr,2010;
Castonguay and Evenden,2012;Pritchard,2013;Tvedt and Østigaard,2014)。
此外,水历史学家泰耶·特韦特(Terje Tvedt)和泰耶·厄斯蒂加德(Terje
Østigaard)强调了将"城市空间不仅仅是一种文化……或一种工程关系,而且是
一种自然"来看待的重要性,尤其是在城市历史中尤为重要。水历史学家强调城
市和水系统之间的联系是普遍存在的,因为每个城市都依赖于水资源(Tvedt
and Østigaard,2014)。

数百年来,瑞典首都斯德哥尔摩一直努力适应并且试图控制其不断变化的
水景。通过水系统的视角分析斯德哥尔摩,将突出自然城市化的一个方面(另见
Barthel,2008;Elmqvist et al.,2013)。[2] 在本章中,斯德哥尔摩与其水景之间的
相互关系将被描述为城市景观混合体(White,2004)。此外,在使用一些引入
的、以打破自然—文化二分法概念的情况下,斯德哥尔摩及其水景可以被描述为
有机体(White,1995)、社会自然地点(Schmid et al.,2010)或环境技术景观

---

① 作者翻译自瑞典语。
② 斯德哥尔摩的城市自然研究主要关注城市自然的绿色部分。

(Pritchard,2011)。这些概念的历史维度非常重要,"城市场所和自然不应被视为地理上的对立者……因为城市在发展和活动的每个层级都包含并使用着水资源"(Tvedt and Østigaard,2014)。

研究水的历史就是要掌握"水同时具有的普遍性和特殊性"(Tvedt and Østigaard,2014)。在本章中,我们将基于长期和短期的双重视角,分析陆地抬升和城市水资源流动过程中斯德哥尔摩水系统的特殊性。由于水景的普遍性和特殊性,水景在不同的地点、不同的时间常常呈现出差异化的形式。因此,斯德哥尔摩的水历史是由多种因素融合而共同创造的,包括陆地抬升、水文事件、解冻期与冰冻期水景的季节性变化、利用流水利益冲突的方式、水流的人为调节、水景向城市水体和污水基础设施的并入、对监管的不同社会需求以及对未来气候变化的预测。

本章还将探讨在环境史研究中,将自然"作为历史的主体和客体"定义为自然能动性的两个方面,纳入历史研究的过程中来(Hoffman,2014),这将有助于本章的分析。首先,斯德哥尔摩地处流域下游的位置特征,使得该市依赖于流域中的其他行动者。其次,持续不断的陆地抬升正在改变水景,在过去、现在和未来的发展中,该市需要对水景中缓慢出现、甚至有时突然发生的后果做出反应,这也将增进对这座城市水系统特殊性的理解。

四、梅拉伦湖和波罗的海之间的斯德哥尔摩

在斯德哥尔摩建立之前,水景曾经是北欧海盗领土的中心。当时梅拉伦湖是波罗的海的一个海湾,船只能够远航到陆地上,那里有许多水道易于通航。在《挪威王列传》(Heimskringla)中(1230年前后),斯诺里·斯图拉松(Snorre Sturlasson)描述了该地的情景:

> 在整个斯维斯约德(Svithjod,瑞典的旧名),所有的流水都进入了梅拉伦湖;但它通向大海的唯一出口是如此之小,以至于许多河流都显得宽得多,当大量雨雪落下时,水会像斯托克逊德(斯德哥尔摩)的大瀑布一样冲出水面,湖水抬升得很高,淹没了土地。

200

在本章中,我们正是置身于巨大的梅拉伦湖汇入大海的地方。此外,对梅拉伦湖广阔流域的早期感知,以及对天气如何影响水景的理解,也同样值得注意。

1252 年之前都没有关于"斯德哥尔摩"的记录。因此,从欧洲的角度看,斯德哥尔摩是一座年轻的城市。瑞典诗人埃萨亚斯·泰格纳尔(Esaias Tegnér)将瑞典首都描述为"森林中央的皇家城市",直到 1840 年左右,那里仍然有狼在附近游荡(Ahnlund,1953)。[①] 有证据表明,大约从 1280 年起,斯德哥尔摩开始有了城市管理和市民权利(Dahlbäck,1983;Dahlbäck,2002)。这座城市后来成为国王的居所(Hillerdal,2010),到 1300 年前后,它成为瑞典最重要的政治中心,也是位于波罗的海两岸的一个国家(芬兰)的中心。不过,瑞典在 16 世纪之前并不是中央集权制的国家(Bolin,1933;Ahnlund,1953;Ericsson,1998)。

当然,有很多理由可以解释为什么斯德哥尔摩选址于此(Hansson,1956;Dahlbäck,1987)。斯德哥尔摩有机会控制瑞典内陆的大片地区,这显然是它成为政治中心的一个重要原因(Dahlbäck,2002)。16 世纪作家奥劳斯·马格努斯(Olaus Magnus)在《北方民族简史》(*History of the Nordic People*)一书中,便已提到了这座城市的战略地位:"此处四面被溪流包围,这些溪流在过去只是用来捕鱼的,斯德哥尔摩位于大海和湖泊之间,可以被称为整个瑞典的钥匙。"[②]

五、海上升起的斯德哥尔摩

在本章中,除了梅拉伦湖的水流之外,我们还需要考虑另一个自然因素,即陆地抬升,这是环境历史研究中很少提及的主题。由于冰河期之后厚冰盖的消失,波罗的海附近的沿海区域仍不断被抬升。正如对 19 世纪末期所描述的那样,这片土地"从冰和水之中浮现"(Nordlund,2001)。

最近的冰河期大约在一万年前结束,又过了六千年,第一批岛屿破开海面浮现出来(Vattenprogram,2001)。自 18 世纪以来,斯德哥尔摩地区的陆地每年抬升约 4 至 5 毫米,或每一百年抬升约 0.4 米(Kallstennius,2010)。所以在 13 世

---

① 作者翻译自瑞典语。
② 来自奥劳斯·马格努斯(Olaus Magnus),作者翻译自瑞典语。

纪中叶,水位会比现在的陆地高出约 3.5 米(Anderberg,1986)。我们可以对陆地抬升这个缓慢的背景力进行研究,它使得斯德哥尔摩的水景史成为一个长期的环境历史。然而,陆地抬升并没有慢到对于一代人来说不可察觉。新陆地从海洋中升起的速度取决于陆地抬升本身,以及气候对海平面的影响。在有些时期,气候变暖可以暂时性地抵消陆地抬升的效果(Dahlbäck,1983)。如果到 2100 年由于气候变化海平面将上升一米,那么陆地将需要抬升半米的高度来抵消(Andreasson et al. ,2011)。因此,斯德哥尔摩市中心的水景仍在不断变化,未来这座城市还必须适应充满活力的自然。

17 至 18 世纪以来,科学家们一直在争论陆地抬升的原因(Nordlund,2001)。这种缓慢但可见的现象过去被称作水面下降(wattuminskning)或海岸线位移(strandförskjutning),这表明正确的理解尚未形成。在 19 世纪后期,前述理论变得很有争议,取而代之的是一种陆地从海中升起的理论(Nordenskiöld,1889)。由于冰河时代后冰盖融化而导致的陆地抬升,甚至在后来被引入作为海拔高度的解释。最初它被认为是线性的过程(Granlund,1930),后来有记录证明,抬升过程是不规律的(Öhman,1987)。可以通过使用老橡树、符文石、墓地遗址的位置信息以及 17 世纪以来的地图,大致确定陆地抬升的速度(Granlund,1930;Dahlbäck,1983)。13 世纪出现了尤为显著的陆地抬升,据估计,该世纪内陆地抬升了高达一米。这极大地改变了地形,以及人们开发利用海岸线附近土地的可能性。桥梁变得没有意义,磨坊也失去了水力。同时,新土地上的水被排干,可以在其上进行建设(Öhman,1987;Hallardt,1997)。在 13 至 14 世纪期间,梅拉伦湖和波罗的海之间的海拔高度差估计达到了一米。为了查明梅拉伦湖和波罗的海之间的高度差异,1774 年古斯塔夫三世国王(King Gustaf III)启动了对水位观测值的系统记录。这些观测值显示,湖和海之间的高度差约为 35 厘米。河流的侵蚀使得湖泊的水位处在较低的水平,并与海平面之间保持稳定的差距。20 世纪初,当水位到达河流下的岩石时,侵蚀才停止(Dahlbäck,1983;Granlund,1930;Hallardt,1997;Havståndet,2009)。

然而,不仅仅是陆地抬升促进了水景的形成。从水中升起的小岛和布满小岛海岸线的人类之间也存在着动态的相互作用(Anderberg,1986)。考古发掘

202 表明,这些人类对水景的改变可以追溯到 13 世纪(Hedlund,2002)。斯德哥尔摩的小岛面积在 15 世纪翻了一番,水景也在不断缩减。那时,这座城市甚至禁止倾倒废弃物和垃圾(Ambrahamsson,1997)。这一过程被描述为"旧桥变新街"(Ström-Billing,1984;Ahnlund,1953)。[①]

六、瀑布的形成

在公元第一个千年期间,陆地抬升慢慢地切断了梅拉伦湖向外的大部分通道(Hallerdt,1997)。最终大约在 13 世纪时,梅拉伦湖几乎与波罗的海完全分离。剩下的唯一出海口就在斯德哥尔摩,这条通道位于城市小岛的北部。在只有一条通道进出梅拉伦湖的情况下,控制这条通道变为可能(Dahlbäck,1983)。这里也是瀑布正在形成的地方。13 世纪期间,梅拉伦湖和波罗的海因水位差太高而无法通航,特别是在春季和初夏时这一情况更为突出。曾经停滞的水慢慢变得流动起来(Ahnlund,1953;Dahlbäck,2002;Kallstennius,2010;Hedlund,2002)。在 1286 年的一份文件中,梅拉伦湖被描述为"滞水体",人们将其解释为当时的梅拉伦湖已经成湖,河流也已出现。因此 13 世纪早期,在梅拉伦湖和波罗的海之间形成了一条河流(Hansson,1956;Dahlbäck,1983)。北部河流(Northern Streams,*Norrström*)和南部河流(Southern Streams,*Söderström*)的河流名分别于 1332 年和 1305 年首次出现在文件中(Hansson,1956)。

斯德哥尔摩就是在这些河流周围发展起来的。1907 年,陆地抬升在斯德哥尔摩建立过程中的作用得到了描述。当时人们认为河流的起源时间在 1050—1250 年。从 20 世纪初的这一时点开始,变化的水景在斯德哥尔摩的历史学研究中起到了重要作用(Granlund,1930;Öhman,1987)。"我们的城市是直接从景观的形成中发展而来的,只有在顽强地抵抗之后,才放松了它那过于坚定的拥抱"(Ahlund,1953)。[②] 陆地抬升所造成的通道切断和河流形成,即"从海上升起的景观"(Andersson,1997;Kallstennius,2010),[③]成为斯德哥尔摩早期历史有

---

① 作者翻译自瑞典语。
② 作者翻译自瑞典语。
③ 作者翻译自瑞典语。

关写作的出发点（Ahnlund，1953；Dahlbäck，1983；Cronström，1986；Anderberg，1986；Öhman，1987；Andersson，1997；Kallstennius，2010；Dahlbäck，2002；Ojala，2017）。新的陆地抬升理论也旨在为瑞典的自然赋予一种独特的历史，历史学家克里斯特·诺德伦德（Christer Nordlund）将其描述为"瑞典新边界内自然的国有化"（Nordlund，2001）。在之后的时期，水主题的相关研究从斯德哥尔摩历史学中消失了，而水景主题重新出现在了与排水史相关的专题研究和城市规划文献中。对于历史学家来说，斯德哥尔摩的水景作为一个历史对象消失了。

七、城市及其水景

即使历史学家们在讲述斯德哥尔摩的历史时忽略了水，这座城市也不得不适应和改造其整个历史进程中动态变化的水景。如前所述，在一段时间内，北部河流成为梅拉伦湖和波罗的海之间唯一可通航的水道。河流南边的小山上修建起了一座防御工事，这是中世纪斯德哥尔摩皇家"三王冠城堡"（Tre Kronor）的前身，那里居高临下，可以俯瞰这条具有战略地位的短河。人们通过打桩到河底的方式对这座防御工事进行加固修缮。考古学家发现大量的桩被压入水底。这些建筑物的存在，既让控制贸易成为可能，也可以服务于军事目的，让航行进入梅拉伦湖变得更为困难。最后，这些桩形成了一个圆圈——一个围绕城镇的防御工事（Dahlbäck，1983；Ström-Billing，1984；Dahlbäck，2002）。

新的航运技术也成为了航行通过斯德哥尔摩的障碍。因此，当水不断地从停滞状态变得流动起来时，中世纪汉萨同盟的船（*Kogg*）以及其他吃水较深的船只，便无法在河流中航行（Bolin，1933；Ström-Billing，1984）。13世纪末期的文件中提到了北桥（Northern Bridge）和南桥（Southern Bridge）。当船只经通道进入梅拉伦湖时，这两座桥可能也会阻碍船只的航行（Melin，1930；Dahlbäck，1983）。

斯德哥尔摩位于陆海间交通联系的交叉口，位于湖泊之上，同时位于内陆冰盖融化后留下的排干水的顶峰上（Ahnlund，1953）。该岛的战略地位使其成为贸易和货物交换的中心。小河的上下游都进行着渔业活动。能够想象到，这里是处理和交易铁、铜、玉米、牛只、海豹脂、毛皮、鲑鱼、鳕鱼、梭子鱼和火车油的活跃场所。这里发展成为当地和国际货运最重要的地点，因此也成为国家控制的战略资产。在 19 世纪中叶之前，斯德哥尔摩是国家最重要的港口（Ahnlund，1953；Ström-Billing，1984；Ahnlund，1998；Dahlbäck，2002；Andersson，2013）。然而，这一前工业化城市的季节性格局却让水景变得不够稳定（Hoffman，2010）。斯德哥尔摩是土地和水的混合体，其水景在夏季和冬季之间发生着变化，该市是夏季和冬季交通交会的地方。在冬季，湖西侧和海东侧的大部分水景都会结冰，因而适合陆路运输。冬季道路的概念对于理解北欧运输历史非常重要。在一年当中的大部分时间里，尚未排干水的水景（Jakobsson，2013）充满了湖泊、池塘、湿地和沼泽地，很难进行陆路运输。当冬天来临时，这片水景结成冰，就变成了一处稳定的冰雪景观，在那里，雪橇可以很容易地、丝滑地通过结冰的土地和水景。寒冷的冬季对于用雪橇将木炭、生铁和矿石运出梅拉伦湖以北的森林和矿区非常重要（Söderberg et al.，2008）。

对于船运来说，冬季则意味着暂停期。根据 16 世纪斯德哥尔摩记载的第一批船只在入冬后停泊时间的海关记录，历史学家估计，16 世纪到 19 世纪，四月港口已经解冻。而冰期通常在一月形成，并在接下来的几个月暂停对外贸易。[①] 然而，随着城市的扩张，水景温度变得更高，继而导致冰期缩短（Söderberg et al.，2008）。1637 年，斯德哥尔摩的第一座水闸通过一个小地峡建造，该地峡将城市小岛的南侧连接到大陆。当时，瑞典是欧洲市场铜和铁的主要出口国，这些金属在梅拉伦湖流域开发。至今，船只仍需要被拖着经过波罗的海和梅拉伦湖之间的狭长地带。克里斯蒂娜女王水闸（Queen Christina Sluice）一天开放四次。当水景解冻后，梅拉伦湖再次连通波罗的海，并为航运提供保障。从那个时候起，王室就开始征收水闸税，而不是河流税。后来，水闸由于人为或洪水的原因被摧毁，不得不重新修建（Schütz，1964；Ström-Billing，1984；Abrahamsson，2004；Ahnlund，1998）。

---

① 平均冰期：www. smhi. se/OCEANOGRAFI/istjanst/islaggning. pdf（2018 年 1 月 2 日访问）。

八、新的和相互冲突的水资源利益

随着河流历史愈加悠久，通往梅拉伦湖的水道逐渐消失了。水力发电取代了航运，成为王国的商业利益来源。随着水位不断上升，供水系统使得湖泊出水量变得越来越小，这对梅拉伦湖周围的农民和庄园来说是一个困境，这些利益相关的上游主体非常清楚，他们依赖于斯德哥尔摩的开放性出水口。17至18世纪的记录显示，为了更好地实现湖泊排水，磨坊主被迫拆除磨坊，河流也被清理干净（Öhman，1987；Ahnlund，1998）。流域上下游之间的冲突在一个水资源丰富的国家经常发生，因为水道的每一次变化都会影响小溪、河流和湖泊上下游堤岸的周边居民，河流使得堤岸附近的人彼此依赖。由于水资源不是公共的，而是私人的，因此引发了许多法律纠纷（Jakobsson，2010a）。在瑞典，关于水冲突的论述有着悠久的传统，即使在13世纪第一部用瑞典语写成的法律中，水立法也得到了很好的确立。至少在1900年以前，农业利益集团更喜欢湖泊保持低水位，他们在水立法中占据着强大的法律地位。这是一个支持排水的政治时代，根据法律，河流和小溪应该保持开放（Jakobsson，2010a）。因此，我们在斯德哥尔摩市中心的梅拉伦湖流出时所经历的，是一场典型的上下游利益冲突。

1780年5月，春天的洪水摧毁了河流上正在建设的第一座石桥的地基。"令人诧异"的是，人们随之拆毁了建筑物、柱子、磨坊和渔场，以便打开一切可以打开的通道让水流通过（Ericson，1851；Dahlbäck，1983）。[①] 洪水既威胁到了梅拉伦湖周围深居瑞典腹地的农民，也威胁到了河岸边拥有建筑物的农民。就算人们不去拆除像渔场、屠宰场和磨坊之类的建筑物，水流本身也有可能把它们冲走（Ahnlund，1998；Abrahamsson，2004）。

在挖掘过程中，考古学家在溪流中央发现了横穿海尔根荷尔曼岛（Helgeandsholmen）的东西方向的运河（Dahlbäck，1983）。[②] 甚至可以在档案中找到关于

---

① 作者翻译自瑞典语。
② 水道的遗址现为中世纪博物馆的入口。

这些小运河被封锁的记录，以及由此造成的上下游冲突。当运河被填埋以建造房屋时，记录显示"举国上下都在抱怨他们的草地会遭到破坏"。不过，尽管采取了一些人为措施，政府还是决定重新开放运河。后来，陆地抬升使运河丧失了作用（Dahlbäck，1983）。这些案例说明了流域上游堤岸附近的人们对斯德哥尔摩出水情况的依赖性，同时也说明存在着一种广泛共识，即斯德哥尔摩水景的任何变化都会对遥远的梅拉伦湖岸线产生影响。19 世纪，学者们试图获得更多关于水系统的知识，包括讨论流域不同部分之间的相互关联。例如，相对于流域面积，人们认为梅拉伦湖太小了（Jakobsson，2010b），[①]"所有大小支流都汇入湖泊，但斯德哥尔摩却是唯一的出水口，这是一个明显的不便"。人们同样认为梅拉伦湖"与大海直接相连"的事实影响了排水能力，并由此得出了梅拉伦湖水位不能下降的结论（Ericson，1851）。[②]

九、来回流动——不仅是潮汐

正如 16 世纪作家奥劳斯·马格努斯（Olaus Magnus）所阐述的那样，斯德哥尔摩的河流被认为是"来回流动"的。[③] 当水流回到梅拉伦湖时，它扰动了磨坊，水闸里充满了砾石和泥浆（Hallerdt，1997；Polhem，1759）。这种现象，或者说这种特殊性，成为斯德哥尔摩的一个问题，这是该市独特水文情况的产物。因此在给排水系统建设的过程中，不稳定的水景再次成为人们关注的焦点。

为什么水会来回流动？19 世纪末期，当这种水文现象成为供水系统的一个问题时，人们将梅拉伦湖描述为既不是湖也不是海湾的状态，即梅拉伦湖"目前正处于与大海交融的最后状态"。[④] 该引文描述了陆地高程尚不能确保稳定的水流流出湖泊。根据湖泊水位与海平面、波罗的海上空气压和风向的关系，水流有时会改变方向。但这不是潮水，在斯德哥尔摩几乎看不到潮水。因此，流水的

---

① 同时也讨论了作为瑞典最大的湖泊却只有一个尺寸很小的出海口的情况。
② 作者翻译自瑞典语。
③ 奥劳斯·马格努斯，1555，第 13 卷，第 12 章。作者翻译自瑞典语。
④ 作者翻译自瑞典语。

变向并不像泰晤士河那样规律性地发生（Jakobsson，1999；Havsvattenstånd，2009）。在1854年到1889年间，据估计，平均每年有321天从湖中出水，31天向湖中进水，11天处于湖海平衡状态。但可能每年之间、每周之间差异都很大。例如，1859年有96天发生向湖中进水，而第二年只有4天。这些现象都有自己的名字，从湖中出水叫作落潮（ned-sjö），向湖中进水叫作涨潮（upp-sjö）（Sondn，1889；Jakobsson，1999）。当斯德哥尔摩开始计划引入厕所系统时，涨潮现象毫无疑问会引起问题。即使污水是向河流的下游排放，但由于很少出现的涨潮，它也会进入与取水口相同的水域。当水流转向时，实际上可以看到清澈的海水卷着污水向上流入梅拉伦湖（Jakobsson，1999）。在涨潮期间，水流回湖中，这也是供水系统的进水口。这一进水口位于梅拉伦湖中一处狭窄海湾上游几千米处。

19世纪的最后几十年里，在斯德哥尔摩城市行政管理领域，不同部门围绕是否应允许将厕所纳入污水管道系统的问题产生了冲突。这可以解释为对供水系统安全性是否信任的冲突，以及如何估计涨潮期间污水进入供水厂取水口的风险的问题。这场冲突说明了不同的群体如何对基础设施系统的可持续性给出了不同的定义，在这种情况下，基础设施系统与水景紧密相连（Jakobsson，1999）。

斯德哥尔摩公共健康委员会与医生们联合，利用卫生论据支持将厕所纳入污水管道系统。他们尤其不愿意保留一个将垃圾储存在家中的系统，他们的首要任务是把粪便从公寓里排出。此外，他们还假设，随着涨潮而来的细菌在进入梅拉伦湖的过程中，会在到达公共水厂并进一步流入海湾之前就"沉淀"下来（Jakobsson，1999）。同时，城市规划办公室与供水厂的工程师联合在一起，他们将主要关注点落在系统建设方面。即使出现了最微小的错误，整个供水系统也可能会受到污染，影响到全部市民。在他们看来，除了明显的健康风险外，这还会导致人们对供水系统的不信任（Tvedt and Østigaard，2014）。因此，城市规划办公室的意见是，在水景得到控制并避免涨潮之前，不允许设置厕所。

在厕所问题的长期僵局中，斯德哥尔摩购入了一处新的供水水源。为保证供水系统的水质和水量，该市于1900年收购了波恩湖（Lake Born）及其流域。

207

波恩湖比梅拉伦湖海拔高 10 米,因而与斯德哥尔摩的水景没有任何联系。此后,波恩湖禁止游泳和洗涤(Anderberg,1986;Jakobsson,1999)。为什么斯德哥尔摩不选择直接对梅拉伦湖实施更大力度的监管?因为这种解决方案可能会受到水域私有权人的阻挠,就湖泊管理调控方案而言,预计会出现与河岸居民之间长时间的法律斗争(Jakobsson,1999)。当取水不再受到涨潮的威胁时,该市出于卫生原因,仍然只优先考虑"急需而有用的冲洗"(Jakobsson,1999)。① 由于这场冲突从未涉及厕所本身,此时城市规划办公室和供水厂的工程师们放下了抵制情绪。这场持续不断的冲突让斯德哥尔摩的政客们犹豫不决,该市业主不得不等到 1909 年才被允许将其厕所接入城市下水道系统(Jakobsson,1999)。这一决定是 20 世纪长达几十年的水质恶化的导火索。20 世纪 20 年代,梅拉伦湖再次成为斯德哥尔摩供水系统的淡水水库。即使取水口已进一步向梅拉伦湖上游移动,但涨潮仍然构成带来海水和污水的危险。当涨潮发生时,波恩湖水源会成为该市唯一的水源。

十、治理梅拉伦湖

　　数百年来,为了保护农业利益、防御洪水和保障航行利益,存在各种各样的梅拉伦湖治理计划(Jakobsson,2003)。当新的卫生技术体系建立时,人们首次将涨潮引起的海水流入看作是一种威胁。那时,梅拉伦湖的低水位不仅造成海水入侵,污水还威胁到城市的取水口,"一场剧烈的落潮对城市的水环境卫生至关重要"(Lundqvist,1930)。② 斯德哥尔摩在 1924 年经历了特大洪水。值此契机,该市成立了一个湖泊管理委员会,但未能达成任何一致意见。1940 年,该市加深了北部河流(Norrström)的河道,以便能够排出更多的水。1943 年,斯德哥尔摩在北部河流中的王国大桥(the Kingdom Bridge,Riksbron)下面建造了一座调水坝,目的是防止海水和未完全处理的污水流入梅拉伦湖。这一治理措施于1943 年 1 月生效。然而,湖泊的治理只是片面的,这在 1955 年和 1959 年的干

208

---

① 作者翻译自瑞典语。
② 作者翻译自瑞典语。

旱年份得到了证实，干旱年份梅拉伦湖的水位较低，仍然遭受着持续开放的稳定运河（theStable Canal, *Stallkanalen*）中海水引发的洪涝灾害。1961年，一座新水坝封闭了河流中的这处出入口。这座新大坝只在波罗的海的水位高于梅拉伦湖或与梅拉伦湖持平时使用。1967年，它被重建为一座完全调节型大坝，能够在春季洪水之前降低湖泊水位（Anderberg, 1986; Melin, 1930; Cronström, 1986）。

因此，在如何管理湖泊水位方面，这些治理型水坝有许多不同的目的和相关利益，这使得治理机制变得越来越复杂。此外，随着流域上游段出现了水电治理和水位下降，治理工作也变得更加复杂。所以，在19至20世纪，流入梅拉伦湖的水流也发生了变化。北部河流的水坝阻止了波罗的海的海水流入梅拉伦湖。如今，梅拉伦湖是斯德哥尔摩市民唯一的水源，波恩湖作为后备水库，而地下水从来都不是一种选择。斯德哥尔摩上游的第一座水处理厂于1934年投入运营，为了保证水资源安全，其取水口被设在较高的位置，因为海水往往会沉到湖底。该技术方案在1960年的治理工作之后进行了调整。

从20世纪70年代起，所有从斯德哥尔摩上游取出的水都经过机械、生物和化学处理。目前，有200万瑞典公民依赖于梅拉伦湖供水。水的回收量为每秒8立方米，约为平均排水量的5%。同市政当局和流域其他城市一道，斯德哥尔摩努力保护着供水系统，例如水源区内避免石油运输，1969年政府甚至禁止在区域内建设制浆厂（Anderberg, 1986; Norling, 2004）。

在21世纪初，人们对如何管理斯德哥尔摩的治理体系提出了新的想法，特别是有关环境和美学的想法。由于治理型水坝正好位于斯德哥尔摩的市中心，因此该治理工作也包含了文化遗产方面的内容，现如今，让王国大桥下更长时间拥有流水是件非常有价值的事（Andreason et al., 2011）。皇家城堡和议会前小溪中的流水，对于斯德哥尔摩市民和游客来说具有巨大的美学价值。水景的美也成为斯德哥尔摩城市的重要价值，并被用来提升斯德哥尔摩的整体城市景观。

十一、斯德哥尔摩水景的品牌化

将瑞典首都与其水景联系起来的历史可以追溯到雅各布·齐格勒(Jacob Zieglers)1532 年出版的游记书籍《斯堪迪克》(*Scandica*),书中写道:"这里是瑞典人的城堡和交易市场,得到自然和艺术的加持。它就像威尼斯一样坐落在水上"。[①] 此后,斯德哥尔摩通常被称为北方威尼斯(Nordens Venedig)。这一话题在 20 世纪后期得到延续,当时将斯德哥尔摩的水景作为旅游目的地来营销斯德哥尔摩(Ågren,2013)。城市旅游委员会改变了以往将斯德哥尔摩描述为福利城市的言论,建构起以当代环境话语为中心的语境。斯德哥尔摩被描绘成城市与自然交汇的地方。作为斯德哥尔摩最著名的小说家之一,佩·安德斯·佛格斯特洛姆(Per Anders Fogelström)在一份营销手册中写道:"水无处不在、近在咫尺——斯德哥尔摩属于它的群岛,但自由空间和荒野却跳进了城市"(Ågren,2013)。[②]

另一个案例来自一本著名的地理学读本——瑞典诺贝尔奖获得者塞尔玛·拉格洛夫(Selma Lagerlöf)的《尼尔斯骑鹅旅行记》(*The Wonderful Adventures of Nils Holgerson*)。她称斯德哥尔摩为"在水上游泳的城市"(Lagerlöf,1906—1907)。[③] 后来,从 50 年代到 70 年代,斯德哥尔摩旅游协会引用这个比喻来表达城市和自然的交汇,并将其命名为"水上城市"(Ågren,2013;Ågren,2011)。[④] 在此之后的 20 世纪 80 年代,又出现了一个新的口号,英文译为"斯德哥尔摩——水上之美(Stockholm—Beauty on Water)"。该市还利用其近乎"非自然清洁的水"来营销自己。这里有一个众所周知的轶事,而它与 20 世纪后期取得的良好水质相关。当斯德哥尔摩成为 2004 年夏季奥运会的候选城市时,一

---

① 作者翻译自瑞典语。
② 作者翻译自瑞典语。
③ 作者翻译自瑞典语。
④ 然而,水仍然是斯德哥尔摩叙事中隐喻呈现的主题,例如,《水之城(The City on Water)》(Nilsson,2002)。

位瑞典政治家试图通过直接饮用梅拉伦湖的水来说服国际奥委会成员。当然，这并不能表明饮用湖水是否会对国际奥委会选择斯德哥尔摩作为主办国产生影响（Jarnhammer，2008；Ågren，2013）。自 1991 年以来，著名的斯德哥尔摩水奖每年会颁发给水领域的研究人员和活动家。

十二、未来水景

目前，梅拉伦湖的排水口分布在 8 个地点，其总容量为每秒 800 多立方米。这一水量是可变的，取决于梅拉伦湖和波罗的海的水位。水位差越大，流出的水就越多。在 2000 年秋，有记录显示梅拉伦湖达到了湖泊治理以来的最高水位，引发了同年 12 月的洪水。这再次提醒了斯德哥尔摩，当梅拉伦湖水位异常高时，通过斯德哥尔摩市中心的出水量十分有限。包括斯德哥尔摩地铁系统在内的一些重要的社会功能也受到了水位上升的威胁。2011 年，一个委员会建议建立新的水治理体系，将梅拉伦湖的出水量提高到每秒 1 500 立方米。其动机与以往相同，旨在降低洪水风险、降低湖泊水位以及阻止海水入侵。

在遥远的未来，当气候变化导致海平面上升到足够高时，梅拉伦湖可能再次成为波罗的海的海湾。波罗的海和梅拉伦湖之间的水位差将从 70 厘米缩小到 22 厘米，即使陆地抬升将其抵消到 52 厘米。这种看似微小的水位差异，将使斯德哥尔摩失去其淡水来源。为了确保淡水资源的安全，必须建立堤坝对梅拉伦湖实施保护，以保持其水位高度并阻止海水入侵。替代方案是通过修建一条 150 至 200 千米长的隧道以利用其他大型湖泊，或者类似于其他欧洲城市，在群岛修建屏障（Mälaren om 100 år，2011）。[①]

①　关于梅拉伦湖的事实，可参见 www. smhi. se/kunskapsbanken/Hydrologi/fakta-OM-Malaren-1. 5089。

十三、结论

　　城市和水景之间的相互关系被描述为城市景观的混合体。然而，这种混合性在不同的地点和时间会采取不同的形式。斯德哥尔摩水历史的特征概览，可作为展示水与城市交汇特殊性的一个典型案例。城市化的自然涵盖了众多环境方面的概念。本章重点研究了自然的一部分——流动的水（Tvedt and Coopey，2010）。以方法论为手段，可以建立起考察斯德哥尔摩及其水景历史的纵向视角。我们可以识别这种独特的水景特征如何为城市带来不同的挑战，所有这些都取决于城市的发展阶段。自然和人类行为带来的错综复杂的变化，创造了城市和流水之间不同形式的融合状态。水不断地流过城市，在混合的城市景观中创造了不同场景，供历史学家们分析。本章描述了这一城市融合水景的三个不同形成阶段。

　　第一阶段始于 13 世纪，陆地抬升过程在波罗的海及其一处海湾之间形成了瀑布。梅拉伦湖就此诞生。正是在这个地方，斯德哥尔摩围绕着皇家"三王冠城堡"发展起来。国王控制了通航权以及进出未来瑞典中心地区的贸易。这一小片区域将成为瑞典政治权力的中心。水景变化也为这一地区的战略地位创造了条件，即同时控制了陆地和海洋的国土和水景。

　　第二阶段发生于近代早期，此时梅拉伦湖沿岸的居民与不断扩张的斯德哥尔摩之间的联系变得越来越密切。这种关系可理解为典型的上下游关系，引发了关于如何管理水流的理念冲突。斯德哥尔摩的自来水厂阻碍了梅拉伦湖出水口保持开放，并导致湖水水位升高。这种相互关系因不可预测的水景而变得复杂。一年当中，不仅湖水水位会发生变化，波罗的海的水位也会由于风和气压的影响而发生变化。

　　第三阶段大约从 1900 年开始，水景因不受控制而成为安全开发供排水系统的挑战。由于水景受陆地抬升的影响仍在不断变化，波罗的海的海水在一定条件下会上涨到梅拉伦湖的水位线以上。海水随后回流造成侵入，并同污水一起对梅拉伦湖的取水口构成威胁。这种水景的特殊性产生了独特难题。关于如何控制水景以确保斯德哥尔摩城市安全用水的不同解决方案，被理解为关于如何定义与水景交织的技术系统可持续性标准的分歧。结语部分对斯德哥尔摩未来的水景进行了讨论。关于预测的气候变化情景下斯德哥尔摩水景的问题再次被提出，而持续的陆地抬升过程是未来水景规划中的又一大变量。

参 考 文 献

Printed Sources

Andréasson, J., Gustavsson, H. and Bergström, S., 2011. *Projekt Slussen—Förslag till ny reglering av Mälaren*. SMHI rapport nr 2011–2064.

Ericson, N., 1851. *Memorial af herr öfversten och commendeuren Ericsson angående Mälarens flöden under sednaste 76 år, eller från 1774 till 1851, till Stockholms stads Drätsel-Commission ingifvet samt på dess föranstaltande till trycket befordrat*. Stockholm.

Havsvattenstånd, 2009. Havsvattenstånd vid svenska kusten. *SMHI, Faktablad*, 41, juli.

Lagerlöf, S., 1906–1907. *Nils Holgerssons underbara resa genom Sverige*. Stockholm: Bonnier.

Mälaren om 100 år, 2011. *Mälaren om 100 år Förstudie om dricksvattentäkten Mälaren i framtiden*. Rapport 2011:22, Länsstyrelsen i Örebro.

Olaus Magnus, 1555 [1976]. *Historia om de nordiska folken*. D.3. Stockholm: Gidlund.

Polhem, G., 1759. Tilläggning til föregående Rön, angående olägenheterna af Upsjö i Mälaren och deras förekommande. *Kongl. Vetenskaps Academiens Handlingar För År 1759*, 20, pp. 273–274.

Sondén, K., 1889. *Stockholms afloppsvatten och dess inflytande på vattendragen kring staden: Berättelse till Kongl. Medicinalstyrelsen om allmänna helsotillståndet i Stockholm under året 1888*. Bihang till Stockholms stads helsovårdsnämnds årsberättelse 1888. Stockholm.

Sturlasson, Snorre, c. 1230. *Heimskringla*. Edition www.gutenberg.org/files/598/598-h/598-h.htm#link2H_4_0239.

Vattenprogram, 2001. *Vattenprogram för Stockholm 2000. Rapport 2: Allmänt faktaunderlag till strategi för Stockholms vattenarbete*. Stockholm: Stockholms stad.

Websites

Fakta om Mälaren, www.smhi.se/kunskapsbanken/hydrologi/fakta-om-malaren-1.5089 (last accessed 20 July 2017).

Medeldatum för isläggning, www.smhi.se/oceanografi/istjanst/islaggning.pdf (last accessed 31 October 2018).

212

213

Literature

Abrahamsson, Å., 1997. Vattnet som försvann. *Sankt Eriks Årsbok*, pp. 57–66.

Abrahamsson, Å., 2004. Kristinaslussen. *Sankt Eriks Årsbok*, pp. 22–31.

Ahnlund, H., 1998. Stockholm och vattnet: Om stadens kajer, slussar och broar fram till 1800-talets början. In: *Vattenstäder: Sankt Petersburg—Stockholm*. Vol.7. Stockholm: Riksarkivet, pp. 255–288.

Ahnlund, N., 1953. *Stockholms historia före Gustav Vasa*. Stockholm: Norstedts.

Anderberg, S., 1986. *Stockholms vattenförsörjning genom tiderna*. Stockholm: s.n.

Andersson, L., 2013. En bro för själen: Resandet under 1000-talet. *Sankt Eriks Årsbok*, pp. 20–31.

Andersson, M., 1997. *Stockholms årsringar: En inblick i stadens framväxt*. Stockholm: Stockholmia.

Barthel, S., 2008. *Recalling urban nature: linking city people to ecosystem services*. PhD. Stockholm: Stockholm University.

Blackbourn, D., 2006. *The conquest of nature: water, landscape and the making of modern Germany*. London: W. W. Norton & Company.

Bolin, G., 1933. *Stockholms uppkomst: Studier och undersökningar rörande Stockholms förhistoria*. Uppsala: Appelbergs boktryckeri.

Castonguay, S. and Evenden, M. eds., 2012. *Urban rivers: remaking rivers, cities, and space in Europe and North America*. Pittsburgh: University of Pittsburgh Press.

Cronström, A., 1986. *Stockholms tekniska historia: Vattenförsörjning och avlopp*. Stockholm: Kommittén för Stockholmsforskning.

Dahlbäck, G., ed. 1983. *Helgeandsholmen: 1000 år i Stockholms ström*. Stockholm: Liberförlag.

Dahlbäck, G., 1987. *I medeltidens Stockholm*. Stockholm: Stockholmia.

Dahlbäck, G., 2002. Stockholm blir stad. In: L. Nilsson, G. Dahlbäck and T. Hall eds. *Staden på vattnet. Part 1, 1252–1850*. Stockholm: Stockholmia, pp. 17–72.

Elmqvist, Th., Redman, Ch., Barthel, S. and Costanza, R., 2013. History of urbanization and the missing ecology. In: T. Elmqvist *et al.*, eds. *Urbanization, biodiversity and ecosystem services: challenges and opportunities: a global assessment*. Berlin: Springer, pp. 13–30.

Ericson, L., 1998. Att förmena fienderna inloppet: Om försvaret av Stockholms vattenvägar. In: *Vattenstäder: Sankt Petersburg—Stockholm*. Stockholm: Riksarkivet, pp. 243–254.

Granlund, E., 1930. De geografiska betingelserna för Stockholms uppkomst. *Ymer. Tidskrift utgiven av svenska sällskapet för antropologi och geografi*, pp. 278–301.

Hallerdt, B., 1997. Vid strömmarna. *Sankt Eriks Årsbok*, pp. 81–100.

Hansson, H., 1956. *Stockholms stadsmurar*. Stockholm: Stockholms kommunalförvaltning.

Hedlund, J., 2002. Gamla stans ursprungstopografi och öns naturhistoria. *Sankt Eriks Årsbok*, pp. 105–110.

Hillerdal, Ch., 2010. Early urbanism in Scandinavia. In: P. J. Sinclair, G. Nordquist, F. Herschend and C. Isendahl eds. *The urban mind: cultural and environmental dynamics.* Uppsala: Uppsala University Press, pp. 499–525.

Hoffman, R. C., 2010. Elemental resources and aquatic ecosystems: medieval Europeans and their rivers. In: T. Tvedt and R. Coopey eds. *A history of water, series II, Vol. 2 Rivers and society: from early civilizations to modern times.* London: I.B. Tauris, pp. 165–202.

Hoffman, R. C., 2014. *An environmental history of mediaeval Europe.* Cambridge: Cambridge University Press.

Jakobsson, E., 1999. Introduktionen av wc i Stockholm—ett vattensystemsperspektiv på staden. *Polhem: Tidskrift för teknikhistoria,* 17 (2–4), pp. 118–139.

Jakobsson, E., 2003. Kan en sjö ha en historia? Några tankar om Mälaren i ett vattenhistoriskt perspektiv. In: B. Hallerdt ed. *Mälardalens vattenvägar i industrihistoriskt perspektiv.* Stockholm: Statens maritima museer, pp. 11–23.

Jakobsson, E., 2008. Narratives about the river and the dam. Some reflections on how historians perceive the harnessed river. In: Dahlin Hauken, Å ed. *Technological society—multidisciplinary and long-time perspectives.* Stavanger: Haugaland Akademi, pp. 43–61.

Jakobsson, E., 2010a. The history of flowing water policy in Sweden: from natural flow to industrialized rivers. In: T. Tvedt and R. Coopey eds. *A history of water, series II, Vol. 2 Rivers and society: from early civilizations to modern times.* London: I.B. Tauris, pp. 424–439.

Jakobsson, E., 2010b. Understanding Lake Vänern: science history perspectives on Sweden's largest lake, 1600–1900. In: W. Østreng ed. *Transference: interdisciplinary communications 2008/2009.* Oslo: Centre for Advanced Study.

Jakobsson, E., 2013. Ditching from a water system perspective: draining the Swedish water landscape 1200–1900. *Water History,* 3, pp. 349–367.

Jarnhammar, L., 2008. Myterna om Nordens Venedig. *Sankt Eriks Årsbok,* pp. 92–107.

Kallstenius, P., 2010. *Minne och vision: Stockholms stadsutveckling i dåtid, nutid och framtid.* Stockholm: Max Power.

Langston, N., 2003. *Where land & water meet: a western landscape transformed.* Seattle: University of Washington Press.

Lundqvist, G., 1930. Drag ur Stockholmstraktens hydrografi. In: *Huvuddragen i Stockholms geografi.* Stockholm: Geografiska förbundet i Stockholm, pp. 221–242.

Mårtelius, J., 1998. Rikets huvudplats: Stockholm kring Norrbro. In: *Vattenstäder: Sankt Petersburg—Stockholm.* Stockholm: Riksarkivet, pp. 289–322.

Mauch, C. and Zeller, T. eds., 2008. *Rivers in history: perspectives on waterways in Europe and North America.* Pittsburgh: University of Pittsburg Press.

Melin, R., 1930. Om Stockholms strömmar och Mälaren. In: *Huvuddragen i Stockholms geografi.* Stockholm: Geografiska förbundet i Stockholm, pp. 256–277.

Mukherjee, R., 2015. Approaching a history of water. *Water History,* 7, pp. 159–177.

Nilsson, L. ed., 2002. *Staden på vattnet, Del I: 1252–1850.* Stockholm: Stockholmia.

Nordenskiöld, A., 1889. On the gradual rising of the land in Sweden. *Nature*, 39, pp. 488–492.

Nordlund, C., 2001. 'On going up in the World': nation, region and the land elevation debate in Sweden. *Annales of Science*, 58, pp. 17–50.

Norling, B., 2004. *Norsborgs vattenverk 100 år*. Stockholm: Stockholmia.

Ojala, M., 2017. Water and urban space in late mediaeval Stockholm. In: J. Costlow, Y. Haila and A. Rosenholm eds. *Water in social imagination: from technological optimism to contemporary environmentalism*. Leiden: Brill, pp. 28–48.

Pritchard, S. B., 2011. *Confluence: the nature of technology and the remaking of the Rhône*. Cambridge, MA: Harvard University Press.

Pritchard, S. B., 2013. Joining environmental history with science and technology studies: promises, challenges and contributions. In: D. Jørgensen, F. A. Jørgensen and S. B. Pritchard eds. *New natures: joining environmental history with science and technology studies*. Pittsburgh: University of Pittsburgh Press, pp. 1–20.

Schmid, M., Winiwarter, V. and Haidvogl, G., 2010. Legacies from the past: the Danube's riverine landscapes as socio-natural sites. *Danube News (International Association for Danube Research)*, 21, pp. 2–5.

Schütz, F., 1964. Teknikens utveckling i gamla Stockholm. *Sankt Eriks årsbok*, pp. 79–112.

Söderberg, J., Moberg, A., Leijonhufvud, L., Retsö, D. and Söderlind, U., 2008. 500 års väder i Stockholm. *Forskning och Framsteg*, 43 (5), pp. 12–17.

Ström-Billing, I., 1984. Stockholms hamn genom tiderna. *Sankt Eriks Årsbok*, pp. 85–118.

Tarr, J. A., 2010. The city as an artifact of technology and the environment. In: M. Reuss and S. H. Cutcliffe eds. *The illusory boundary. Environment and technology in history*. Charlottesville: University of Virginia Press, pp. 145–170.

Tvedt, T. and Coopey, R., 2010. A 'water systems' perspective on history. In: T. Tvedt and R. Coopey eds. *A history of water, series II, Vol. 2 Rivers and society: from early civilizations to modern times*. London: I.B. Tauris, pp. 3–26.

Tvedt, T. and Østigaard, T., 2014. Introduction: urban water systems—a conceptual framework. In: T. Tvedt and T. Østigaard eds. *A history of water, series III, vol. 1 Water and urbanization*. London: I.B. Tauris, pp. 1–21.

White, R., 1995. *The organic machine: the remaking of the Columbia river*. New York: Hill and Wang.

White, R., 2004. From wilderness to hybrid landscape: the cultural turn in environmental history. *The Historian*, 66 (3), pp. 557–564.

Ågren, K., 2011. Stad till salu: Marknadsföringen av Stockholm sedan 1945. In: L. Fälting, M. Larsson, T. Petersson and K. Ågren eds. *Aktörer och marknader i omvandling: studier i företagandets historia tillägnade Kersti Ullenhag*. Uppsala: Uppsala universitetv.

Ågren, K., 2013. *Att sälja en stad: Stockholms besöksnäring 1936–2011*. Stockholm: Stockholmia.

Öhman, A., 1987. *Stockholms tre borgar: Från vikingatida spärrfäste till medeltida kastellborg*. Lund: Lunds universitet.

第十章 法国的城市空气污染问题：
从 19 世纪中叶到 20 世纪 70 年代

斯特凡娜·弗柳尔

一、引言

> 环境历史学家不应匍匐在过去的尘埃里，或是踌躇地站立于泥泞中，他们需要仰望天空，让想象力尽情驰骋，并认清他们已经俯视地面太久的事实。

> ——弗莱明(Fleming)，2014

自欧洲国家(西欧)于 1970 年左右进入"环境政治"时代以来，城市的空气污染一直是政治家和城市活动家最重要的应对生态挑战的议题之一。他们关注的问题主要涵盖经济和公共卫生两方面，前者如能否要求企业家为了公共利益买单、减少利润，空气污染的经济成本是多少；后者如空气污染的人力成本是多少，是否可能通过污染控制措施与呼吸道疾病作斗争。所有这些问题都不是全新出现的，在 19 世纪时随着城市化和工业化发展进程均被提出过。但是，没有一个问题完全得到解决。其中一些问题如今在亚洲特别是中国和印度的城市中时常出现，如密集的燃煤和汽车交通引发的城市大雾。媒体对这些"空气启示录"的报道让环境历史学家回忆起 1952 年伦敦烟雾事件，这场雾霾后来被证明是在战后城市和经济增长的背景下，实施城市空气污染整治措施的催化剂

(Thorsheim，2006)。

　　研究空气污染问题让环境历史学家穿越了不同的时间尺度，因为天气和自然的变化节奏不一定与社会和经济周期相吻合。对这一主题的讨论也得益于多尺度分析工具的掌握(Fleming and Johnson，2014)。国家层面的环境立法并不是唯一相关的考察框架，尤其当涉及城市问题时更是如此。例如，由经济合作与发展组织专家委员会(Organization for Economic Cooperation and Development，OECD)或公共卫生机构(如世界卫生组织，World Health Organization，WHO)制定的国际标准，常常被地方用于评估城市空气质量。有时，专家意见对敦促面临"污染高峰期"的地方政府采取特定措施起到了激励作用，如根据车牌或车龄来限制汽车使用。

　　美国、英国和德国的环境历史学家充分研究了公众倡议反对城市污染的悠久历史，从 19 世纪开始的"烟雾时代"，一直到当前这个充满臭氧、氮氧化物和细颗粒物等其他隐形污染物的时代。[①] 然而，研究空气污染却引发了关于如何书写环境历史的问题，在空气污染这一现象中，哪些应归因于"自然条件"，哪些应归因于"人类行为"？根据历史书写者的观点以及学科背景的不同，叙事和综合的起点要么是自然主义框架，如一位地理学家在"无尽的烟雾"主题章节的开头指出，"城市空气污染取决于当地地形和城市上空的大气结构"(Douglas，2013)；要么安全从社会和政治因素出发(Uekoetter，2009)。关于空气污染的历史叙事类型还取决于研究工作中可用的、已用的资料性质。当然，学者们会经常使用来自社会和文化历史的经典资料来源，研究人们忍受大型烟雾时的感知和烟雾治理先驱们的言论(Mosley，2008)。几项研究检查了促使地方和国家层面通过市政法规和"清洁空气法案"(clean air acts)的行政管理工作(Hawes，1998；Thorsheim，2006；Uekoetter，2009；Temby，2013，2016)。

　　笔者想要指出，对于历史学家而言，将那些虽然"空洞"但与"专家领域"明显相关的文件纳入考虑范围是非常重要的，因为这些知识可以用于辅助决策(Lestel，2013；Longhurst，2005)。比如关于 SO_2 比率的图表、关于空气污染研究的

---

　　① 斯蒂芬·莫斯利(Stephen Mosley)最近一项关于空气污染的环境历史调查研究借鉴了对英国、德国和美国等有关西方工业化世界的详细研究(Mosley，2014)。

专业性科技期刊、技术论文以及污染清除装置的广告（如 19 世纪至 20 世纪早期的"无烟炉"），这些都值得纳入历史叙事中。因此，这类研究成为了自然特征及其变化（地形、天气和当地气候）、人类活动（政治措施和社会运动）以及为监测空气质量或减排而设计的技术设备之间互相交织的故事。与气候史一样（Fleming，2014），空气污染史也涉及思想、制度和非人为力量（如大气条件或燃料）的能动性，这符合环境历史的定义，即把自然元素提升到历史进程中的共同行动者和共同决定因素之列（Cronon，1992；McNeill，2001；Bickerstaff and Walker，2003）。空气污染问题初看不那么"社会化"，但也不那么容易处理，实际上它们是在社会建构过程中产生的。关于污染物监测过程，以及更普遍的科学和工程问题的历史资料，对于理解专业知识、进行政治决策和法规实施之间的联系至关重要。

　　笔者将在本章中聚焦于法国，而不是试图归纳所有国家的文件。到目前为止，法国历史学家还没有对城市空气进行过详细研究，除了有一篇采用历史视角和比较分析的政治学专业博士论文（Vlassopoulou，1999）。整体上来说，工业污染监管研究（从 18 世纪末到 20 世纪初）也需要开展更进一步的工作，因为它还涉及城市水污染、污染行业的行政管理以及公民、公共卫生专家、企业家和地方当局的作用等问题（Massard-Guilbaud，2010；Le Roux，2011）。每家污染性工厂都可能会出现气体和各种化学物质（法语：débordement）的"外溢"，这个启发式概念已经用于多个揭露地方污染的抗议研究中（Le Roux and Letté，2013；Charvolin，2015）。相比之下，盎格鲁-撒克逊（Anglo-Saxon）民族和德国的编史学一直建立在比法国更多的资料来源上，这些资料主要来自民间社会和报纸。在英国和美国，城市和社会改革者、公民协会所作的努力，对将空气污染问题列入地方当局的议程发挥了重要作用，他们利用报纸作为竞选平台，这与法国（可能还有许多其他国家）形成了强烈反差。[①] 由此不但引发了对曼彻斯特、伦敦、匹兹堡和洛杉矶等重点城市（Standling and Thorsheim，1999；Mershon and Tarr，2003）和严重雾霾事件（Snyder，1994）的研究，还引发了国家和跨国层面的调查（Knoepfel and Weidner，1986）。

---

① 他们以当地报纸作为宣传平台。一个关于匹兹堡的案例见 Mershon and Tarr，2003。

本章试图借助从里昂和巴黎城市群收集到的各种来源的数据，为法国的案例研究提供一个新视角，并利用行政档案，特别是地方政府档案，以及20世纪下半叶的部门档案和国家档案来构建研究论点。除了这些标准化资料以外，笔者还将采用早期的科学和工程领域的学术文献，以了解城市空气这个由"自然"和人类活动共同产生的环境问题，是如何随着时间推移而被建构和重构的。关于现实和行动者的主要问题"是什么？什么时候？是谁？在哪？（What？When？Who？Where？）"，对于理解当地背景下的决策过程和揭示城市自然演变背后的基本驱动因素至关重要。

二、从煤炭时代到隐形污染物时代的城市空气污染性质

220　　　煤炭是首个非人类的行动者，它与大气环境方面出现的城市—自然关系的重大转变有关。几十年来，煤炭燃烧释放出烟尘和厚重的黑色颗粒，这些颗粒标示着城市大气与农村大气的不同。在19世纪前夕，煤炭的使用并不普遍，仅在英国首都等部分地区得到使用（Cavert，2016）。到1800年时，伦敦人每年燃烧约100万吨煤炭（Thorsheim，2006）。当煤炭逐步用于工业锅炉和家庭采暖时，19世纪的城市居民开始了"烟雾时代"。绿地和蓝天消失了，几乎每个城市都受到了黑云的影响，这些黑云是由大型工厂、蒸汽机车和河船燃煤引起的，也是由家庭的煤炭消费引起的，但至少在20世纪之前，专家们在其大部分的著作中都忽视了家庭煤炭消费的因素。城市大气的转变具有深远而持久的社会和文化影响，在像曼彻斯特这样蓬勃发展的城市中表现得相当快速且激烈，而在其他城镇中则较为缓慢。最好的案例是"烟=繁荣"这个等式，数百份叙述、诗歌和图画都表明，在那个时代，冒着烟的烟囱是财富和个人福祉的象征。空气的变化也引发了新的激进主义主题。曼彻斯特烟雾防治协会成立于1842年，可能是第一个为抗击空气污染而成立的协会，而曼彻斯特科学家罗伯特·安格斯·史密斯（Robert Angus Smith）在1859年创造了"酸雨"这一术语（Mosley，2008）。城市中变暗的天空讲述着"浪费和低效率"的故事，这一问题也开始引起不同群体的反应，先是中产阶级群体，随后是政府当局，最后是企业家。城市社会在如何看待烟雾方面存在分歧，从而阻碍和推迟了潜在的集体行动者的干预措施。英国

雾蒙蒙的暗沉天空成为工业化带来的新城市自然的矛盾符号(Luckin,2015)。在伦敦,贯穿整个 19 世纪,漫画讽刺性地描绘了"煤炭"和"烟雾"的能动性,并提出了城市环境质量问题(Thorsheim,2006)。在法国,19 世纪 90 年代有一系列文章被撰写,并发表在地方管理人员翻阅的专业期刊或公共卫生评论上,这些文章抱怨城市上空的烟雾,其中最糟糕的便是英国首都的烟雾。[1]

对污染的视觉理解并不是这种现象的唯一感官体验,另外还有气味这个感官维度。开创性研究表明,从 18 世纪中期到 19 世纪中期,城市对气味的反应发生了显著的变化(Corbin,1986)。使用腐烂物质的旧式工业所产生的气味被视为潜在有毒物质,而来自新化学工业的气味(如制造业中的硫酸)却被卫生学家辩护为净化物质(Le Roux,2016)。时至今日,尽管对越来越小、甚至看不见的颗粒实施监测已成为明显的趋势,但气味仍然是空气质量监测人员的一个关键话题。虽然嗅觉测定分析已经取得了一定发展,但人类的鼻子仍然主要被用于评估消除恶臭的公共政策之中(Charvo-lin et al. ,2015)。

在 20 世纪上半叶,绝大多数城市都经历了一种局部能动性制度,即只要就业不受威胁,城市领导人就着手同烟雾和气味作斗争。经济方面的考虑能够抑制最初的监管倾向。工业被列为空气污染的主要制造者;只有少数人的声音强调,包含运输工具和家用火炉的城市作为一个整体也在影响城市的自然。法国在两次世界大战期间有关汽车排放的新兴专业知识是保密的,我们仅能获取到来自巴黎塞纳省(*Préfecture de la Seine*)的毒理学家埃米尔·科恩-阿布雷斯特(Emile Kohn-Abrest)的调查资料(Humery,1933)。资料显示,在当时,国家鼓励地方当局制定相关规章制度,并建议当地企业家采用一种当局宣称高效的解决方案:或提高烟囱,或采用新燃料(例如焦炭),或培训锅炉操作员(怀疑他们工作粗心)。烟雾方面的研究持续了一段时间,并因城市和当地利益相关者的差异而存在强烈的区位差异(见下文中里昂的案例,它是当地试图提高城市大气相关知识水平的一个案例)。从 20 世纪 50 年代起,在私家汽车的高频率使用背景下,以汽车为中心的交通系统迅速兴起,导致了新的空气污染问题出现。这一问题的扩大很难控制,因为它不像基于逐个工厂的监管体系。

---

[1]　在 Le Génie Sanitaire 和 La Revue municipale 可找到有关例证。

　　渐渐地，空气污染似乎变成了进步的代价，已经到了人们再也无法接受的地步。"烟雾时代"治理空气污染的典型地方做法在 20 世纪 50 年代宣告停止，这一问题随后上升到国家和国际层面。1952 年伦敦烟雾事件后，国家和地方政府开始更直接地解决空气污染问题。新的科学工作随之产生，例如在洛杉矶就光化学烟雾问题开展了相应的科学研究（Uekoetter，2009）。在英国，"大烟雾"事件需要一个特别委员会开展工作，并于 1956 年促成了《清洁空气法》的通过（Thorsheim，2006）。该法律确立了一项重要原则，即在理论上禁止低质煤炭并鼓励其他燃料（焦炭、天然气、电力）的城市，允许建立"无烟区"。接下来的几年里，越来越多的专家发表了关于空气污染问题的研究，他们认为空气污染是一个城市性的、多元化的问题，而不仅仅是工业方面的问题。汽车尾气在污染等级上与家用壁炉及采暖系统不相上下。

222

　　从第二次世界大战结束到第一次石油危机之间的岁月，被法国经济学家让·富拉斯蒂耶（Jean Fourastié）称为"辉煌三十年"（*Trente Glorieuses*），在这段时间里，空气污染成长为一个真正令人担忧的问题。这一时期以城市人口和汽车使用量的惊人增长为特征，同时见证了技术官僚政府的普遍化。技术官僚政府强调前瞻性研究的作用，并推进实施前瞻性研究以帮助政治家们进行科学决策。新的专业知识也与改革创新的信念携手并进，从技术和管理方面促进社会和环境的"现代化"（Bess，2003；Pritchard，2004）。

　　与此同时，专家和政府开始解决以酸雨为代表形式呈现的跨国污染问题。人类必须面对的空气污染问题，并不仅仅发生在地方和城市尺度。这一问题似乎是跨国的，不管是关于酸雨的争论，还是关于氯氟碳化合物（CFCs）的禁令，抑或是臭氧层问题。长期以来，酸雨主要产生地方性或区域性的影响，但新的科学研究逐渐揭示，酸雨正在造成国际尺度的环境破坏（Mosley，2014）。在 20 世纪 60 至 70 年代，挪威和瑞典开始控诉英国烟囱造成了他们本地的酸雨。在 20 世纪 80 至 90 年代，臭氧峰值成为主要关注的问题，随后又相继出现氮氧化物污染问题、细颗粒物（PM_{10}、$PM_{2.5}$）污染问题，或许不久，我们将会面临纳米颗粒（直径小于 1 μm）污染问题。然而对许多人来说，相比气候变化问题和亚洲城市污染激增这些触目惊心的画面，关于隐形污染物的地方性和国家性争论似乎并不那么紧迫。

三、人为行动者与城市空气污染

　　在研究空气污染的历史时，如何界定城市能动性？所有的历史变革是否最终都可以归结为城市内部（甚至城市之外）的行动者和行动者群体的能动性？在一篇关于技术、环境问题和城市发展的开创性文章中，马丁·梅洛西提出了识别城市环境的重大变革背后的行动者问题："谁是主要的决策者？政治家？官僚？商业领袖？工程师？民间领袖？……城市新技术的倡导者如何在城市之间充当该技术或某些技术知识的'搬运工'？"（Melosi，1990）。

　　与其他地方一样，在法国，只有当不同利益集团之间达成妥协时，情况才有所改善。政府官员和私人企业的工程师是当前行动的最主要驱动者。1898 年，在两位地方行政长官（塞纳大省省长和巴黎警察局长）领导市议会的巴黎，通过了一项法令。卫生学家认为，官僚制政府比民主政府更有效率，因为在许多城市，民主政府中的大多数人四年一任期。在政治博弈及其大多数成员发生改变的情况下，政策的延续性不足，环境改善计划往往只能被直接封存在当地档案之中（Frioux，2013a）。

　　在反城市写作的传统中，城市环境被隐喻地认为具有自身的能动性，比如在 18 世纪卢梭（Rousseau）将城市描绘为"人类的坟墓"。公共卫生运动继续批评城市空间及其所有恶劣的社会产物（贫民窟、酗酒等）。人们认为城市就像两面神（Janus），一方面带来光、电、舒适、现代性，另一方面带来贫困、传染病和污染。19 世纪的《英国公共卫生法案》越来越多地将卫生责任交给地方当局。在法国，自法国大革命以来，公共卫生理论上由市长负起领导责任，是市长治安权力的一部分，并在 1884 年的一部法律中体现。然而根据 1810 年颁布的一部拿破仑法令，在对潜在有害工业的管理规程做出规定时，市长在这一事项上并没有真正的权力。作为政府代表的地方行政长官在市政当局反对的情况下，仍可以批准成立一家化工厂，这意味着市长在工业排放问题上没有最终的话语权。而长期以来，工业排放即便不是空气污染的唯一方面，也是主要方面（Massard Guilbaud，2010）。

　　在很多情况下，空气污染确实涉及政府官员（高级公务员、部级机构的专

223

家），而在政治和行政边界的另一端，此事还涉及公民协会。研究城市烟雾治理的历史学家强调了这两类行动者，在英国维多利亚时代晚期和美国的"进步时代"，他们表现得尤为突出。在这些国家，也包括在德国，工程师和当地官员在19世纪80年代就认识到，现有的公害法和蒸汽机法并没有解决空气污染问题。因此，不仅是作为大型制造商的副产品、更是作为现代生活普遍特征的烟雾治理话题，越来越多地受到企业家、公共卫生官员甚至中产阶级的广泛讨论，包括《笨拙报》（*Punch*）在内的一些受欢迎的报纸，就用漫画来针砭烟雾问题（Thorsheim，2006）。公民抗议活动在美国"进步时代"兴起，但遵循的是一种弗兰克·尤科特（Frank Uekoetter）描述的典型模式："开展大约两三年的密集性活动，然后变得不温不热，直至完全放弃"，尤科特还指出，"在现代环保组织兴起之前，公民抗议往往是随意的，而且众所周知的不稳定"（Uekoetter，2009）。

224　　在巴黎1898年条例颁布后不久，专家们注意到了在烟雾治理目标下的人群利益。1899年上半年巴黎共收到139份投诉，其中79份投诉针对的是未按照1810年法令框架从事生产活动的工厂。[①] 每个城市的情况都具有特定性。同年，经过简短的调查，里昂的一名警官向市长报告，没有必要在里昂采取类似的烟雾治理措施；但在六年后，另一位市长却领导出台了一项反对"长期"排放"黑色浓烟"的市政法规。这表明，地方当局的能动性会根据负责制定监管措施的人的政治意愿而改变。此外，包括屠宰场、煤气厂（Thorsheim，2002）、水厂等在内的市政服务，其本身也是烟雾排放的重要来源。因此，在公共设施无意于学习"好榜样"的情况下，烟雾治理措施的效率十分有限。20世纪30年代，里昂的总工程师多次抱怨一家医院、一所中央高中和市中心总邮局的锅炉排放所产生的烟雾问题。[②]

几十年后，从1960年开始，法国各大城市相继成立了新的行动者联盟，均作为1958年在巴黎成立的全国空气污染防治协会（The National Association for the Prevention of Air Pollution，APPA）的地方委员会。APPA的成员中不仅包括医生和流行病学家，还包括煤炭开采和能源生产领域大型国有企业的工程

---

① Le Génie sanitaire, mai 1899 p. 6.
② 里昂档案馆（AML），第1111栏，10WP。

师和医务人员。地方委员会的成员不仅包括大学教授和市政府官员,还包括企业家。这些团体开始监测城市大气中二氧化硫的排放情况,例如在1960年后的里昂就开展了相关监测工作。后来,在20世纪70年代,地方委员会被国家正式认定为地方污染物监控网络的管理者,并被赋予了监测空气质量的职责。相较于对空气质量监测的重视,医疗问题已下降至次要位置。[①] 迄今为止,这些在区域性机制中组合而成的机构,共同在一个联合框架内开展工作,而且,它们还一直被要求合并成更大的区域性机构。在治理方面的这一新近变化,并没有考虑到问题的现实性,因为空气质量监测工作仍然是在城市区域范围内进行的,并外推到互联网上所发布的区域地图中。[②] 地图并不能反映实际的监测情况,而是通过建模来实现精度提升。APPA的行动和议程没有反映环境运动的相关内容。当工业代表和国家工程师代表召开委员会会议时,他们的目标是达成共识,并向公众广泛地传达两方面的信息:一方面,空气质量正在改善;另一方面,每个驱动者都可以做一些简单的事情来避免产生过多的污染。

随着地方监控网络数量和规模的增加,空气污染逐渐由能够使用特定机械的专家负责监测。对SO_2和CO浓度的监测成为解决污染问题以及防止民众抗议的一种方式。[③] 这有助于消除地区的空气污染,特别是对市中心地区更是如此,那里正逐步拆除工厂烟囱,转而为行政、商业和住宅建筑腾出空间。最后,公民发挥了新的作用。一是20世纪60年代,在繁忙的道路和十字路口站立数小时的警察,其身体被用作在一氧化碳环境下暴露活动测量实验的"小白鼠";二是汽车驾驶员参与到培训活动中以提高其驾驶水平;三是各种志愿者甚至随机选择的人可被纳入"头部网络"中(Charvolin et al.,2015)。有很多种方法可以让人们参与到保护环境中来,特别是通过影响他们的日常习惯。这些方法大多采用了技术"改进"或设备方面的升级措施。

225

[①]　罗讷省档案馆(ADR),第1924栏,W 19。

[②]　有关例证见 www.air-rhonealpes.fr/和 www.orhane.fr/。

[③]　见地方行政长官1972年5月3日写给韦尔内(Verney)先生的信,里昂档案馆,462 WP 14。

四、城市空气污染与技术能动性

非人类行动者在烟雾现象中有多重要？在空气污染领域有哪些类型的专业知识？不同类型的专业知识之间是否产生了某些冲突？空气污染问题的技术解决方案，对社会进步的信念，反之或是对城市—工业文明的悲观看法，都塑造了空气污染专家构思自然—城市关系的方式。

第一个转折点发生在由燃木炉向蒸汽机过渡的时期。19 世纪 50 年代，许多法国城市建成了城市间的铁路网，将煤炭输送到工业和大型公共设施，如医院、高中和邮局等。1861 年，里昂公共卫生委员会发表了一份一般性报告，强调铁路和蒸汽机等技术系统如何影响城市自然的产生，即城市里的雪已经不再是白色的。[①] 在巴黎（1854 年）和里昂（1857 年），地方行政长官已经采取措施，在议定的时间范围内要实行理论上的禁烟（如里昂设定了五年期限）。条例明确提到了焦炭这种燃料，相比普通煤，焦炭虽然成本更高但污染更少；当局还强调推广采用无烟装置而不点名某一特定发明，以避免无意中做广告。这一时期禁烟行动者的总体想法是，烟雾缭绕的天空是可以避免的，包括一系列公共卫生问题、美观问题和经济挑战的空气污染，是可以通过技术手段来消除的。换句话说，在这个以科学信仰和实证主义为标志的时代，为了扭转煤炭消费对城市居民与生物物理环境之间关系的负面影响，技术手段被视为一种解决方案。直到 20 世纪末，这一范式一直是空气污染解决框架的基础。例如，技术解决方案被重新重视，应用于家用燃料和 20 世纪 60 年代以来的汽车交通等（如催化剂转化器和无铅汽油等解决方案）方面。

公共卫生专家开创了空气污染研究领域的先河。与采用处置和净化技术（污水处理厂、废弃物焚烧炉）进行污水和废弃物管理的方案相反，他们对于空气污染问题的主要关注点是，如果没有一项包含减排的策略，空气污染是无法解决的。这就要求必须评估每一个主要污染源的责任，以采取预防措施，而不是仅仅依靠"寻找最终的汇集点"（Tarr，1996），其中，代表性预防措施之一是提高烟囱

226

---

① 本报告载有关于前十年（19 世纪 50 年代）的内容，见：Hygiène de Lyon（1860）。

的高度，以清除那些会落到较远地区上的烟尘和微粒。监管规则考虑了"最佳的可行方法"，以避免给企业家带来过重的负担。此外，还需要调查通过应用无烟设备取得的进展，空气污染评估工具的出现恰逢其时。大约在 1898 年，法国学者马克西米利安·林格尔曼（Maximilien Ringelmann）创建了一个烟雾视觉评估系统，后来被称为"林格尔曼量表"或"林格尔曼图"。事实证明，这一工具在城市研究领域里非常有效且很受欢迎，甚至传播到了海外（Uekoetter，2005）。它很容易为公务员、企业家和城市活动家所理解，有助于促进实施那些禁止排放黑色、浓稠且持久存在的烟雾的市政法规。

如前所述，盎格鲁-撒克逊（Anglo-Saxon）国家率先组织公众社会和地方当局抗击烟雾污染。1907 年，英国消烟联盟成立；1912 年，英国举办了一场消烟展览，同年，全国性的消烟举措网络开始在几个城市实施（Mosley，2008，2009）。对于企业家来说，只有看到通过减少煤炭消耗和降低运营成本等方式能够带来经济回报时，他们才认为消烟工作是有效的。然而，在 20 世纪初，水质问题对法国公共卫生专家和市政官员来说显然更为重要，因为水污染比空气污染更容易引发疾病（伤寒、腹泻），且通过化学和物理净水方法也更容易解决（Frioux，2013a）。

五、城市空气污染与植被能动性

关于非人类行动者能动性的讨论不能局限于工具和技术。城市不仅仅是由石头、建筑、道路和人类构成的整体，也是改造的自然（Meisner et al.，1994；Gandy，2002）。对空气污染的论述已经为植被安排了一席之地，我们很容易注意到，将空气净化的力量归因于绿地的论述亘古不变，如果将城市当作人体，绿地则被视为人体的"肺"。[①]在涵盖了城市结构若干部分的整体战略中，大型公园的建设是一个关键组成部分。1895 年，巴黎工程师乔治·贝希曼（Georges Bechmann）断言，在城市卫生的众多目标中，空气净化"不需要付出很大的努力，

227

---

① Pollution atmosphérique，n°3（1959），由前建设部部长皮埃尔·叙得罗（Pierre Sudreau）主编。

既然风能够带来新的空气，那么留下足够宽的道路就足以促进它们行动"。① 当
然，将烟囱设置在盛行风向会把烟尘带离人口密集地区的一侧，这一原则也是众
所周知的。

　　在英国，城市公园已经不得不通过选择能够承受空气污染的物种（如接骨
木、山楂和杨树）来确保成活（Mosley，2014）。但同时，树木和植物也起到了警
示的作用。这种必须由人类解密的能动性，在1959年法国全国空气污染防治协
会第一次大会上得到了强调：

　　　　树木和植被展现出比人类更强的污染物敏感性，这给我们带来了警告。
很长一段时间以来，巴黎广场上的泡桐一直没有开花，因为它们的花蕾被汽
车尾气所污染，在成熟之前就脱落了。②

六、寻找城市能动性：城市烟雾管理

　　一方面，应制定减少污染物产生的技术解决方案，另一方面，也要了解导致
空气质量变化的机制，以便确定主要污染物，进而确定造成污染的主要行动者。
在实施监管之前，获取知识是合乎逻辑的一步。笔者将以里昂为例来进行解释。
里昂是一个工业城市，位于罗纳河（Rhône）和索恩河（Saône）这两条主要河流的
交汇处，很长一段时间里以烟雾闻名（Le Lay，2014），烟雾引发了开创性的科
学研究和长期的政策辩论。这种烟雾的现象十分复杂，通常被归因于两条河
流释放的湿气。一位气象学家在1913年提出："城市大气中的灰尘和烟会凝
结湿气，使其以烟雾的形式变得可见。但我们应当注意到，预先存在的湿气是
实现这一点的前提"，同时，"烟并没有产生烟雾，而是将自己加入其中，因此烟
雾变得更重……烟还给烟雾带来恶臭的气味，以及或黄或棕的颜色（Onofrio，
1913）。"③换句话说，他认为雾在里昂如此频繁不是因为工业污染，而要归因

---

① 　Bechmann，1895，p. 130，作者翻译。
② 　De Saint-Rat，1960，作者翻译。
③ 　作者翻译。

于当地的地形和水文。地面温度条件、水面、地形和阳光的复杂组合共同决定了烟雾的产生。然而，尽管如此，污染也可能是催化剂。这一现象可能会每天、每周、每季都在变化，这种极端的变异性让人们很难掌握。在 1959 年，一位专家说道：

228

> 大城市的过度扩张对当地的气象不无影响……技术的进步、新产品的引进、生产率的提高都会导致我们呼吸的空气不断被新物质改变，这些物质在被其他物质取代之前，我们几乎来不及研究。[①]

在两次世界大战之间，正如专业大会的议程所示，"空气污染"问题在技术科学领域越来越突出。20 世纪 30 年代，大约 85 个英国城市已经开始监测空气质量。如果说笼罩在城市上空浓浓的黑云是 20 世纪的陈词滥调，那么这些黑云的成分是什么呢？它们是否会造成健康后果？科学家和医生在试图回答这些问题时面临着不确定性。一位名为哈罗德·德沃（Harold Des Voeux）的医生，同时也是伦敦煤烟减排协会的成员，在 1905 年左右创造了"烟雾"（smog）一词来描述烟和雾的结合体。1930 年 12 月，比利时列日市（Liège）工业区的"默兹河谷烟雾"事件与 12 月份的"正常"死亡率相比，导致了大约 60 人的超额死亡，这一事件是偶然性因素（逆温现象）或结构性因素（地形）在自然条件与人类活动之间致命性结合的例证。在逆温现象的作用下，含有污染物的热空气无法上升，污染物不能扩散，使雾和烟停留在工业区上空。从污染物扩散的角度来看，位于深谷中或被山体包围的城市如洛杉矶等，都处于不利的扩散环境中。有关比利时烟雾事件的两份报告减轻了工业的责任（Zimmer，2013，2016），在这一事件发生两个月后，里昂市政府以非常积极的方式作出了回应，成立了一个"烟雾委员会"（*Commission d'études des brouillards et fumées*），以确定里昂及其周边地区是否会发生类似于比利时的"灾难性"污染事件（图 10 - 1）。

里昂当局的决定，一方面是基于市长和市议员的意志，另一方面是基于当

---

① Avy，1960.

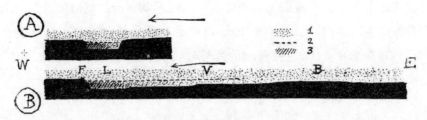

图 10 - 1　默兹河谷(A)和里昂(B)相应"工业烟雾地形条件"的比较

资料来源：Allix, A., 1932。[①]

地公共卫生总工程师强有力且长期性地参与。[②] 默兹河谷致命性的烟雾让里昂当地政客意识到，大气现象与行政边界并不一致，烟雾的发生并不局限于城市边界。自 19 世纪末以来，该地重要的化学、纺织和金属工厂一直设在圣冯（Saint-Fons）、维勒班（Villeurbanne）、韦尼雪（Vénissieux）等东向和南向的邻近城市。当时，法国只有市政法规来限制烟雾的排放。1905 年和 1929 年，里昂都出台了市政法规，但邻近的城市却没有。里昂市政府抓紧说服地方行政长官成立了一个部门委员会（*départemental*，它超越地方政府且包括了郊区社区），该委员会可以研究里昂行政边界以外的情况，并提出具体措施以在都市区层面解决问题。行政管理当局必须提高其对事态严重性和问题可解决性的认识。1931 年春，委员会刚成立又设置了两个小组委员会。第一小组委员会负责研究雾（图 10 - 2），主要由气象学家组成；第二小组委员会则专门研究烟雾问题。

科学家们的主要目标，是评估里昂的烟雾中哪些与自然因素有关，哪些与工业污染有关。当英国城市已经开始监测空气中的灰尘和二氧化硫时（Mosley, 2009），法国里昂的科学家们仍然在谈论着每年从富维耶山（Fourvière）山顶上能看到阿尔卑斯山的天数。一位物理学家试图复制英国的设备、制造一种测量仪器，但他的实验研究似乎没有产生切实的结果。虽然里昂在几年来进行的研究工作并没有提供一个明确的解决方案，但发表在当地学术期刊《罗丹尼亚研

---

① 这些图表来自一位地理学家撰写的文章，旨在研究"默兹河谷烟雾事件"的天气和地形条件是否也会在里昂出现。

② 本部分以里昂市政档案中的若干文件为依据，特别是第 10WP1111 栏的文件。

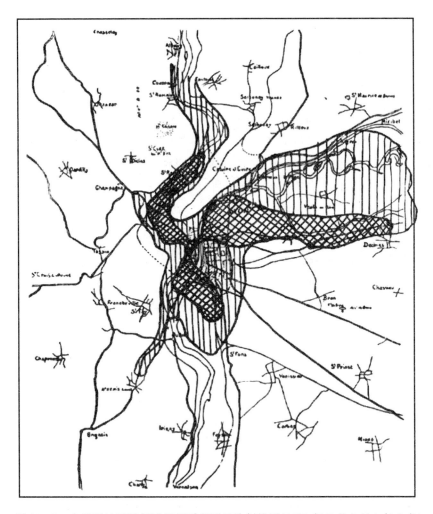

图 10-2　在里昂地区进行飞机烟雾观测后绘制的图（1931 年 7 月 2 日上午 7 点）

资料来源：Allix, A., 1931。

究》（*Les Etudes Rhodaniennes*）上的文章揭示了空气污染的混杂性问题，这让专家们深感困惑。它显示了地方精英群体（政治家和科学家）的能动性和局限性，这情况在市政当局和州立法的地理边界上表现得尤为明显。

20 世纪 20 年代末，城市能动性在一场说服里昂行政区域内工厂经理的运

230   动中体现。此次空气质量倡议是在市政总工程师的监督下进行的。1932 年，中
央政府与地方当局之间起了冲突，导火索是 1932 年 4 月 20 日的《莫里泽法
(Morizet law)》，①这是法国第一部明确针对烟雾排放的法律（1810 年以法令形
式颁布，1917 年修订为法律，涉及包括恶臭和水污染在内的所有工业公害）。这
一禁止工业烟尘的首部全国性法律，要求公共管理部门树立良好的榜样，并给予
私有工厂三年的缓冲期来执行该规定，而公共和商业建筑只有一年的缓冲期，因

231   而整体上缺乏效率。里昂总工程师利翁·卡米耶·沙吕莫(Lyon Camille Chal-
umeau)在给市长的报告中尖锐地控诉道，《莫里泽法》终止了他针对企业家的说
服性工作，而这些工作正是为那些高效利用燃料的人节省开支而开展的。此外，
研究烟雾问题的专家开始指出，家庭排放是造成黑云笼罩城市上空的一个突出
因素，事实上，当时巴黎 80％左右的烟雾来自家用壁炉(Humery，1933)。沙吕
莫认为新的国家法规妨碍了当时的说服性工作，成为地方治理空气污染的障碍。
二战后的里昂，那些仍然记得两次世界大战期间说服性工作的市政官员，也未能
成功重启全面的消烟计划。② 专家的知识在很长时间里都十分欠缺。正如法国
最优秀的专家之一在 1970 年所写道，"微气象现象、风的变化、热梯度、绿地的影
响、水体、建设区等因素，对湍流区和污染物集聚区以及吸收区的产生都发挥了
相当大的作用，但目前还没有得到很好的理解"。③ 法国于 1961 年④通过了一部
新的法律，并和 1963 至 1964 年颁布的法令一起得到了部分实施。该法律文本
的目标是允许在城市环境中建立"无烟区"，但只有巴黎当局建立了一处试验区，
主要针对使用煤炭或硫化燃料（如重型燃料油）进行集中采暖的大型住宅区。巴
黎地区一直由一名地方长官负责管理，直到 1977 年，该市都没有民选市长，因此
政治问题和争议对决策的影响较小。

---

①   这项法律是以参议院议员、巴黎郊区布洛涅-比兰库尔工业区长官安德烈·莫里泽(André Mori-
zet)的名字命名的。
②   里昂档案馆，第 482 栏，WP 14，文件"1958"。
③   Détrie，1970.
④   皮埃尔菲特(Pierrefitte)国家档案馆，19760161/23 栏。

七、寻找城市能动性：空气污染的多尺度管理路径

研究空气污染意味着多尺度交叉，在这些尺度中，不同的行动者扮演着与空气污染问题相关的各种角色。20 世纪 50 年代末出现了与空气污染问题或直接相关或间接相关的国际组织（世卫组织、欧洲毒理学会、经合组织等）的组合。当时兴起的法国空气污染专家群体，本身就是 19 世纪以来发展起来的跨国专家群体（包括德国、美国、荷兰等国专家在内）的一部分（Rodogno et al. , 2015）。20 世纪 70 年代，随着环境问题的增多，专家人数也显著增加（Kaiser and Meyer, 2017）。国家规划者和技术官员日益将城市空气污染与全球环境问题联系起来。他们的专业期刊，如《法国 2000》(the French 2000)、《领土管理评论》(Revue de l'aménagement du territoire)等，均很好地展示了对"系统性"思维方式和生物圈脆弱性相关认识的传播。

1970—1971 年，"环境"的行政和政治"创新"将空气污染问题置于城市环境挑战的前沿，标志着城市机构在超越地方尺度上的参与有所增加。1970 年 6 月，法国政府提出了"百项环境措施"，第一项就是关于在里昂和里尔(Lille)建立新的特区，以防 SO_2 进一步升高。对一些城市活动家来说，1971 年新成立的政府环境事务部门"自然和环境保护部"(Ministère de la protection de la nature et de l'environnement)，成为抗议污染设施和大型工业项目的手段。里昂的周边地区在 1970 年发生了一起神秘性臭气事件，之后的情况，是在公民社会或地方政客中，几乎没有人支持位于城市南部的费赞(Feyzin)炼油厂扩建项目，也没有人支持在北部满是葡萄园的农村地区建造第二个大型炼油厂。[①] 在 1970 年公共政策首次"绿色化"的背景下，城市的空气污染在重新定义人与自然关系方面发挥了作用。与此同时，由于新技术和新燃料（如天然气和核能）取代了煤和高硫燃料的燃烧，旧的污染形式（烟雾、高浓度二氧化硫污染）开始消失。在这种情况下，非人类行动者（燃料和技术）的作用与人类的偏好及战略便紧密联系在了一起。

空气污染问题在 20 世纪 50 至 60 年代的国家政策中得到解决，但很快又成

232

---

① 罗讷省档案馆，第 1238 栏，W 15。

为跨国专家论坛和欧洲指令中的事项(20 世纪 80 年代是二氧化硫问题)。空气和水污染跨越行政边界,因而需要建立专业的国际智库机构。然而,要强调的是,在空气污染控制方面存在多种可能的"国家路径"(Knoepfel and Weidner,1986)。在法国,环保标准的制定备受争议,汽车制造商还试图阻止法国政府实施相关标准。他们给出了经济-商业方面的理由,宣称如果一个国家决定为当地行业引入这些标准,而另一个国家却不采取同样的做法,那么这个国家的企业将处于不利地位。与瑞士和德国等国相比,法国专家和政府官员更加重视人类健康,认为人类健康优先于其他领域。这种人类中心主义导致其标准要低于那些同时考虑植被、动物和建筑材料"健康"状况的国家(Knoepfel,1998)。因此,空气污染的控制似乎是一个令人着迷的议题,它不仅涉及了若干行动者,还考虑了不断演变的文化观念,即什么应"算作"污染,以及什么"应该"被保护。

八、结论

233　　自 18 世纪以来,关于空气的科学知识和公众认知发生了很大转变。尽管如此,一些共性特征仍需强调,如空气污染风险的混杂性。据专家所述,空气污染风险总是同时涉及自然因素(腐烂物质、温度逆转、地形等)和人类活动。一些城市积极引领反对污染运动,而另一些城市则将污染问题留给子孙后代。地方经济、社会和政治背景多样性是理解这些城市差异的关键所在。研究空气污染意味着要跨越不同的时空尺度。几十年来,法国基于以林格尔曼量表为代表的本土化检查方法和 20 世纪的规章制度来实施空气污染管理。可以说,污染清除工作在社区协会甚至是在市政当局层面取得了成功。

　　法国城市具有低工业化程度、低煤炭导向的特征,不像英国城市那样迅速且强烈地受到空气污染的影响。然而,在 20 世纪初,法国的一些市政管理部门也探究了烟雾清除措施。对企业家进行劝说似乎是唯一可行的选择,因为无烟型技术设备并不一直有效。1932 年,国家层面出台了首部专门针对空气污染的法律,并在严格的限定条件下(只适用于"工业"烟雾,不包括家庭排放)开始实行。科学家和高级公务员在 20 世纪 50 年代伦敦"大烟雾"事件之后作出了反应,这说明这起特殊事件发挥了关键作用。20 世纪 60 年代初,空气污染问题被重新定义，从工业排放转向家庭和个人排放（采暖、汽车）。市政当局决定联合（工程师优先于卫生学家）建立空气污染监测网络，公共卫生问题随即变得不再那么突出。在这种情况下，城市能动性可能已经消失，但在来自欧盟、绿色公民和政治运动以及城市知识流动网络（地方层面的政策转移）的刺激下，城市能动性在 20 世纪后期重新显现。1996 年，随着流行病学研究等新科学的发展，法国通过了一项雄心勃勃的法律。进入 21 世纪后，欧盟制定了新的环保标准，导致法国政府 2011 年以来因主要城市不遵守空气质量标准而受罚。立法者允许的空气质量分区快速调整，目前正逐步实施，并有待在未来几十年中对其进行持续评估。与此同时，专家们开始着手解决室内空气质量的问题，开辟了一条涉及多样化的行动者的新战线，行动者的覆盖范围从跨国尺度一直到公寓和个人实践等微观尺度。

参 考 文 献

Archival Sources

234

Archives Municipales de Lyon (AML).
———. Box 1111 WP 10.
———. Box 462 WP 14, letter of the prefect to Mr Verney, 3 May 1972.
———. Box 482 WP 14, File "1958".
Archives Départementales du Rhône.
———. Box 1238 W 15.
———. Box 1924 W 19.
National Archives, Pierrefitte.
———. Box 19760161/23.

Literature

Allix, A., 1931. Plan d'étude météorologique des brouillards lyonnais. *Les Etudes rhodaniennes*, 7 (3), pp. 299–307.
Allix, A., 1932. A propos des brouillards lyonnais. 4. Le brouillard mortel de Liège et les risques pour Lyon. *Les Etudes rhodaniennes*, 8 (3–4), pp. 133–144.
Avy, A.-P. 1960. *Exposé introductif de M. l'ingénieur Avy: Journées d'information sur la pollution atmosphérique organisées les 3 et 4 décembre 1959, par l'Association pour la Prévention de la Pollution Atmosphérique avec le concours du C.IC.A.D et de l'INS, à Paris*. Paris: Hermann, p. 12.

235

Bechmann, G., 1895. Assainissement des villes. *Le Génie sanitaire*, September, p. 130.

Bess, M., 2003. *The light-green society: ecology and technological modernity in France, 1960–2000*. Chicago: University of Chicago Press.

Bickerstaff, K. and Walker, G., 2003. The place(s) of matter: matter out of place—public understandings of air pollution. *Progress in Human Geography*, 27 (1), pp. 45–67.

Cavert, W., 2016. *The smoke of London: energy and environment in the early modern city*. Cambridge: Cambridge University Press.

Charvolin, F., 2015. Mesurer l'air: Une fuite de phosgène à l'usine toulousaine Tolochimie en 1973. *Ethnologie française*, 45 (1), pp. 77–85.

Charvolin, F., Frioux, S., Kamoun, L., Mélard, F. and Roussel, I., 2015. *Un air familier? Sociohistoire des pollutions atmosphériques*. Paris: Presses des Mines.

Corbin, A., 1986. *The foul and the fragrant: odor and the French social imagination*. Cambridge, MA: Harvard University Press.

Cronon, W., 1992. A place for stories: nature, history and narratives. *The Journal of American History*, 78 (4), pp. 1347–1376.

De Saint-Rat, L., 1960. La pollution de l'atmosphère. Ses divers aspects, sa réglementation. In: *Journées d'information sur la pollution atmosphérique organisées les 3 et 4 décembre 1959, par l'Association pour la Prévention de la Pollution Atmosphérique avec le concours du C.IC.A.D et de l'INS, à Paris*. Paris: Hermann.

Détrie, J-P., 1970. L'évolution de la pollution atmosphérique. 2000. *Revue de l'aménagement du territoire*, 15, pp. 41–43.

Douglas, I., 2013. *Cities: an environmental history*. London: I.B. Tauris.

Fleming, J. R., 2014. Climate, change, history. *Environment and History*, 20 (4), pp. 577–586.

Fleming, J. R. and Johnson, A. eds., 2014. *Toxic airs: body, place, planet in historical perspective*. Pittsburgh: University of Pittsburgh Press.

Frioux, S., 2013a. *Les batailles de l'hygiène: Villes et environnement de Pasteur aux Trente glorieuses*. Paris: PUF.

Frioux, S., 2013b. Problème global, action locale: les difficultés de la lutte contre les fumées industrielles à Lyon (1900–1960). In: M. Lette and T. Le Roux eds. *Débordements industriels dans la cité et leurs conflits, XVIIIe-XXe siècle*. Rennes: PUR, pp. 317–333.

Gandy, M., 2002. *Concrete and clay: reworking nature in New York City*. Cambridge, MA and London: MIT Press.

Hawes, R., 1998. The municipal regulation of smoke pollution in liverpool, 1853–1866. *Environment and History*, 4, pp. 75–90.

Humery, R., 1933. *La lutte contre les fumées, poussières et gaz toxiques*. Paris: Dunod.

Hygiène de Lyon, 1860. *Compte rendu des travaux du Conseil d'hygiène publique et de salubrité du département du Rhône (du 1er janvier 1851 au 31 décembre 1859)*. Lyon: Aimé Vingtrinier.

Kaiser, W. and Meyer, J-H. eds., 2017. *International organizations & environmental protection: conservation and globalization in the twentieth century*. New York: Berghahn.

Knoepfel, P., 1998. Remarques d'un observateur étranger sur la lutte contre la pollution atmosphérique en France. In: B. Barraqué and J. Theys eds. *Les politiques d'environnement: Evaluation de la première génération: 1971–1995*. Paris: Editions Recherches, pp. 153–170.

Knoepfel, P. and Weidner, H., 1986. Explaining differencies in the performance of clean air policies: an international and interregional comparative study. *Policy and Politics*, 14 (1), pp. 71–92.

Le Lay, Y-F., 2014. *Lyon capitale des brouillards?* http://perso.ens-lyon.fr/yves-francois.le-lay/?p=673 (last accessed 14 October 2017).

Le Roux, T., 2011. *Le laboratoire des pollutions industrielles. Paris, 1770–1830.* Paris: Albin Michel.

Le Roux, T. and Letté, M. eds., 2013, *Débordements industriels dans la cité et leurs conflits, xviiie–xxe siècle*. Rennes: Presses Universitaires de Rennes.

Le Roux, T., 2016. Du bienfait des acides: Guyton de Morveau et le grand basculement de l'expertise sanitaire et environnementale (1773–1809). *Annales historiques de la Révolution française*, 383, pp. 153–176.

Lestel, L., 2013. Pollution atmosphérique en milieu urbain: de sa régulation à sa surveillance. *Vertigo*, Hors Série n°15. doi 10.4000/vertigo.12826

Longhurst, J., 2005. 1 to 100: creating an air quality index in Pittsburgh. *Environmental Monitoring and Assessment*, 106, pp. 27–42.

Luckin, B., 2015. *Death and survival in urban Britain: disease, pollution and environment*, 1800–1950, London: I. B. Tauris.

Massard-Guilbaud, G., 2010. *Histoire sociale de la pollution industrielle en France, 1789–1914*, Paris: Éditions de l'EHESS.

McNeill, J. R., 2001. *Something new under the sun, an environmental history of the twentieth-century world*. New York: W. W. Norton & Company.

Meisner Rosen, C. and Tarr, J., 1994. The importance of an urban perspective in environmental history. *Journal of Urban History*, 20 (3), pp. 299–310.

Melosi, M., 1990. Cities, technical systems and the environment. *Environmental History Review*, 14, pp. 1–2 and pp. 45–64.

Mershon, S. and Tarr, J., 2003. Strategies for clean air: the Pittsburgh and Allegheny county smoke control movements, 1940–1960. In: J. Tarr ed. *Devastation and renewal, an environmental history of Pittsburgh and its region*. Pittsburgh: University of Pittsburgh Press, pp. 145–173.

Mosley, S., 2008. *The chimney of the world: a history of smoke pollution in victorian and Edwardian Manchester*. London: Routledge.

Mosley, S., 2009. 'A network of trust': measuring and monitoring air pollution in British cities, 1912–1960. *Environment and History*, 15, pp. 273–302.

Mosley, S., 2014. Environmental history of air pollution and protection. In: M. Agnoletti and S. Neri Serneri eds. *The basic environmental history*. New York: Springer, pp. 143–169.

Onofrio, G., 1913. Le brouillard à Lyon: Comment il se forme, comment l'en empêcher. *Annales des sciences physiques et naturelles, d'agriculture et d'industrie de Lyon*, pp. 8–35.

Pritchard, S., 2004. Reconstructing the Rhône: the cultural politics of nature and nation in contemporary France, 1945–1997. *French Historical Studies*, 27 (4), pp. 765–799.

Rodogno, D., Struck, B. and Vogel, J. eds., 2015. *Shaping the transnational sphere: experts, networks, and issues from the 1840s to the 1930s.* New York: Berghahn.

Snyder, L. P., 1994. The death-dealing smog over Donora, Pennsylvania: industrial air pollution, public health policy, and the politics of expertise, 1948–1949. *Environmental History Review*, pp. 117–139.

Stradling, D. and Thorsheim, P., 1999. British and American efforts to control air pollution, 1860–1914. *Environmental History*, 4 (1), pp. 6–31.

Tarr, J., 1996. *The Search for the ultimate sink: urban pollution in a historical perspective.* Akron: University of Akron Press.

Temby, O., 2013. Trouble in smogville: the politics of toronto's air pollution during the 1950s. *Journal of Urban History*, 39 (4), pp. 669–689.

Temby, O. and MacFadyen, J., 2016. Urban elites, energy, and smoke policy in montreal during the interwar period. *Urban History Review*, 45 (1), pp. 37–49.

Thorsheim, P., 2002. The Paradox of smokeless fuels: gas, coke and the environment in Britain, 1813–1949. *Environment and History*, 8, pp. 381–401.

Thorsheim, P., 2006. *Inventing pollution. Coal, smoke and culture in Britain Since 1800.* Athens, OH: Ohio University Press.

Uekoetter, F., 2005. The strange career of the Ringelmann smoke chart. *Environmental Monitoring and Assessment*, 106, pp. 11–26.

Uekoetter, F., 2009. *The age of smoke: environmental policy in Germany and the United States, 1880–1970.* Pittsburgh: University of Pittsburgh Press.

Vlassopoulou, C., 1999. *La lutte contre la pollution atmosphérique urbaine en France et en Grèce: Définition des problèmes publics et changement de politique.* Unpublished PhD dissertation, Université Paris II.

Zimmer, A., 2013. Le brouillard mortel de la vallée de la Meuse (décembre 1930). Naturalisation de la catastrophe. In: T. Le Roux and M. Letté eds. *Débordements industriels dans la cité et leurs conflits, xviiie–xxe siècle.* Rennes: PUR, pp. 115–134.

Zimmer, A., 2016. *Brouillards toxiques: Vallée de la Meuse, 1930, contre-enquête.* Bruxelles: Zones sensibles.

第五部分

城市自然愿景

第十一章　城市边缘区：19 世纪征服河岸与湖畔的行动——以奥地利和瑞士的中等城市为例

克里斯蒂安·罗尔

一、引言

城镇的河湖沿线一直都是人类与环境密切互动的场所。众多依赖水资源供应的小型工厂都坐落在河湖沿岸，他们也必须应对巨大的洪水风险。制革工人、染坊工人和一些磨坊工人临河而居，渔夫和船长沿着湖面和河流上下游运输货物。这些贸易网络在很大程度上促进了城镇的发展和财富积累。此外，原始工业活动通常布局于河流和湖泊附近，这是为了获取水力发电和利用水路运输。基于上述目的，河湖沿线早在前工业时代就已经工地密布。但与此同时，这些地区总是容易遭受洪水袭击(Guillerme,1988;Hohenberg and Lees,1995;Clark,2013)。

在过去 20 年的环境史研究中，关于洪水历史的研究已经非常普遍(Lübken,2004)。与大多数同样对洪水历史感兴趣的水文研究(Brázdil et al.，2005)相反，环境史中的洪水史研究主要关注洪水对农村和城市地区易受影响人群的冲击。这些研究通常聚焦于居民对洪水的认知、管理和记忆(Rohr,2007)、洪水调节(Speich,2003;Nast,2006)、单个事件(Jackson,2010)、手工业和工业化以及河湖沿线的城市发展。研究视角既可以从河流出发(作为"河流传记")(Cioc,2002;Bernhardt,2016;Reynard,2009;Lübken,2014)，也可以从城市出发(Castonguay and Evenden,2012)。尽管如此，城市洪水史在某些方面的研究尚不详尽,特别是在河流或湖岸裁弯取直后对以前洪泛区的利用方面。①

242   本章重点关注 19 世纪下半叶和 20 世纪初新增城市空间的认知和利用。19
世纪下半叶是城市发展非常关键且充满活力的时期。许多位于河湖沿线的城市
在对河床裁弯取直和建造人工码头的过程中,对位于水域和过去城市中心之间
的洪泛区进行了重建。新的城市空间很快就被中上层资产阶级所占据,建造起
私人别墅和旅馆饭店。这种出于非专业需要(有利用水能、卫生原因、河道运输
等需要)却临水而居的做法,似乎试图将"自然"元素融入城市的平面图,与 19 世
纪建立大型城市公园的风向相类似。但是,资产阶级在追求"自然"的过程中往
往粗心大意,仍会受到洪水的袭击。

        本章将详尽分析位于特劳恩河边的奥地利韦尔斯市和位于卢塞恩湖边的瑞
士卢塞恩市(Vierwaldstättersee)这两个案例。位于旧定居点和自然环境之间的
"城市边缘区"考虑到社会分层和日常生活中防范洪水风险,是如何变化的? 本研
究中,"风险"一词指的是人们意识到的威胁。这种"风险社会"(Beck,1992)有意识
地评估了临水而居、临水而作的益处和劣势(另见 Luhmann,1991)。

        本研究还旨在识别人类和非人类行动者缺乏洪水风险意识的情况,并通过
查阅市政当局和当地媒体关于城市规划和洪水管控的论述,对缺乏风险意识与
特定城市背景相关的观点提出质疑。有意否定风险意识不仅仅是城市的特性,
在中世纪和近代早期的一些非城市案例中也时有发生。法国卢瓦尔河沿岸的社
区就是前现代时期农村社区在河流裁弯取直后缺乏风险意识的一个案例。为了
保证安全,农民们被补偿安置到河岸(Dion,1961)。然而,这一做法不太可能具
有普遍性。在许多毗邻河流的前现代城市和村庄,市政当局建立起了预警系统
(Rohr,2007),并安排专人观测城市内外桥梁处的水位上升情况(即所谓的
Wasser Beschauer;见 Rohr,2007)。在大多数情况下,洪泛区没有居民居住
(1649 年的韦尔斯市见图 11-1),仅作为农业用途(放牧等)。此外,本研究还将
考察洪水分析能在多大程度上支撑制定更优的防洪措施以及桥梁重建策略(现
在多由石料和钢铁建成)。

———————————

① Lübken(2012)开展的研究是一个例外情况,他将德国和美国那些有争议的洪泛区作为社会-自
然地点加以关注。

图 11-1　法兰克福的马特乌斯·梅里安(Matthäus Merian)于 1649 年创作的韦尔斯城铜版画
城墙以南的地区是一个较大的洪泛区,有广泛的支流河床,新别墅区后来建在图内矩形部分。
资料来源:作者个人收藏的公开来源铜版画副本。

　　除了书面资料(如市政当局的报纸和记录)、画作和地图之外,代表城市新生
活方式的早期摄影资料也受到了关注。结合书面和图像资料,一方面可以更细 243
致地重现城市发展蓝图和居民洪水风险意识下降的情况;另一方面,这些图画也
反映了对城市河岸和湖畔进行处理的一般做法。直到最近,环境史才经历了一
次"标志性转折"(或称"图像化转折"),①其中,图画在一些关于城市空间、景观
变化(Andraschek Holzer and Schmid,2012;Knoll,2013)和自然灾害(Rohr,
2012;Lübken,2014)的最新出版物中发挥了主导作用。地图、城市全景图和早
期摄影不再仅仅作为出版物的插图,而是作为重要的分析资料,通过剖析其时

---

　　①　基于阿比·沃伯格(Aby Warburg)、霍斯特·布雷德坎普(Horst Bredekamp)和其他学者的研
究,标志性转折的方法论已经达到了难以管理的规模。有关综述和介绍见 Burda and Maar,2005;Sachs-
Homback,2005;Paul,2006,2013,但这些研究均未提及环境历史。关于方法的讨论见 Hornuff,2012;
Boehm and Mitchell,2010 等研究中关于标志性转折和图像化转折之间概念差异的界定。

间、空间和社会阶层的背景,可以为研究自然和城市环境提供特别视角(Jäger,2009);而采用以感知为导向的方法,图像资料能够反映风险意识或者是作为风险意识缺乏的记载工具。[①]

244　　　本章中的两个案例奥地利的韦尔斯市和瑞士的卢塞恩市均是 19 世纪工业化时才起步的中等规模城市。韦尔斯市自罗马时代以来就是跨区域的重要定居点,因为当地特劳恩河密布的支流相对容易穿越。但到了中世纪晚期,尤其是 15 世纪末,韦尔斯市的光芒被邻近的林茨市所掩盖,林茨市(Linz)于 1490 年成为上奥地利州的首府和主要居住区。然而凭着桥梁以及粮食、牛和其他农产品市场,韦尔斯市继续保持着跨区域的中心地功能(Rohr,2007)。卢塞恩市位于罗伊斯河沿线的卢塞恩湖湖口处,是船只经过湖泊到达乌里州(Uri)阿尔卑斯山区的起点,也是穿过哥达(Gotthard)山口到达提契诺州(Ticino)和意大利的路线开端。19 世纪 40 年代,在沿着陡峭的湖东岸修建了第一条公路之后,卢塞恩市的重要性似乎有所下降。最终 1856—1859 年建设的从奥尔滕市(Olten)经埃门布鲁克(Emmenbrücke)到卢塞恩市的铁路,对卢塞恩及其周边地区的旅游业发展产生了重大影响(Omachen,2010)。

二、城市扩张、资产阶级别墅以及城市内对"自然"的求索

毫无疑问,工业化时代对城市的发展和布局产生了深远的影响。那些拥有工业区的城市发展尤为迅速,城市环境在许多方面发生了变化。空气和水污染成为重点问题,当时的科学家和利益相关者对此进行了探讨(另见:Uekötter,2003;Thorsheim,2006;Cavert,2016;Frioux,本书)。

笔者认为,城市环境的根本变化也带来了上流社会和上层中产阶级定居态度的新模式。包括老一代城市精英和新一代企业家领袖在内的较富裕家庭离开了破旧的城市中心,去找寻绿色的、处于自然包围中的生活场所(Meller,2005)。资产阶级别墅建在城市郊区,在许多情况下远离工业区,但离市中心也不太远。

---

① 关于早期现代城市历史研究中有关使用油画、素描画、照片和地图的一般考虑,见 Behringer and Roeck,1999。

这种发生在城市内部或边缘地区的"个人化的自然求索"新模式,与19世纪城市规划的趋势齐头并进,后者推进了在城市内部规划建设更大的公共公园作为"城市绿心"(Magyar,2013;Amsler et al.,2008;Buff,2015;Benesch,2016;Meller,2005;Clark,2006;Lawrence,2006)。在大多数情况下,这些公园与旧城中心分离,但成为新区发展的组成部分。公园所占城市面积从人均不到5平方米(布达佩斯)到人均超过19平方米(爱丁堡)不等;大多数大城市的人均公园面积为8—9平方米,如维也纳、布拉格、巴黎等(Maygar,2013)。起初,这些公园主要是中产阶级的集会地。后来,其中一些公园"市民化",工人阶级在闲暇时间也可以使用(见Fisher,2015,关于芝加哥的研究)。而且,是否能在日常生活中和闲暇时间里走进绿色、怡人的自然环境,显然已经成为区分上流社会和上层中产阶级、工人阶级的一种手段。因此,在河湖沿线建造带有大面积花园的房屋,既满足了在城市绿地中居住的需要,也显示了其社会地位。这一趋势在中欧和其他地区的许多城市中都可以看到,但对于中等城市来说,这一趋势似乎最为显著(Hartmann and Weininger,2010;Rohr,2014)。

三、韦尔斯市的案例

同奥匈帝国时期和19世纪末欧洲的众多城镇一样,韦尔斯市也从所谓的繁荣时期(创始人时代)中获益(Lenger,2013)。产生于旧市民家庭和新富阶层(特别是企业家)的新兴非贵族上层阶级,不仅具备地位和财富,而且此时还被允许参与市政和超行政区的政治活动(Holter and Trathnigg,1986)。在1907年之前,只有奥匈帝国的富裕阶层才享有选举权。因而,成为一名市政级别的政治家并影响城市的发展,是彰显资产阶级地位的一种手段(Fröschl,1996)。同样的,他们还负责对特劳恩河进行裁弯取直,并在先前的洪泛区建立新的定居点以及建造他们的资产阶级别墅。例如,利奥波德·格鲁贝尔(Leopold Gruber)是一位新富商,他不仅是韦尔斯的区议员(Gemeinderat),还是市规划委员会(Baausschuss)的成员,他于1880年在新设立的维伦街(Villenstraße,后来的Volksgartenstraße)20号建造了自己的陈列室。

位于这一类新城市边缘区的大多数资产阶级别墅,是从19世纪70年代末开始建造的。而位于旧城中心和河流干流之间的洪泛区是城市本身的财产。在前工业时代，这些地区要么被桥梁管理办公室使用，要么租给当地农民放牧和种植。由于河道的整治，人们认为这些地区再次遭受洪水淹没的概率很小，因此准备将其出售给当地富有的资产阶级。著名的律师约翰·绍尔（Johann Schauer）创作了前洪泛区中未来新区发展愿景的手绘图，他后来于 1887 年起担任韦尔斯市市长，直到 1914 年去世。在他的规划下，资产阶级别墅区距离市中心只有几百米远，距新治理的特劳恩河约 100 米。该别墅区也靠近新建的人民公园（Volksgarten park）和娱乐区，别墅四周环绕着郊区绿地，一条风景优美的人行道正在建设中。

　　然而，新资产阶级的业主没有考虑到重大洪灾的风险。旧城墙和特劳恩河之间的新"绿色"居住区在短时间内连续遭遇了两次灾难性洪水（1897 年和 1899 年）。[①] 房屋开发商没有意识到，他们在这片前洪泛区上建造的住宅，其基地大约比原先的城市中心低二至四米，因而仍然面临洪水的威胁（Rohr，2012）。前述在 19 世纪 80 至 90 年代作为城市规划负责人之一的利奥波德·格鲁贝尔，其新建造的别墅也遭遇了洪水淹没，因而遭受了严重的财产损失。但他仍在当地媒体上为其他受害者和当地消防队提供了捐助（Rohr，2012；Welser Anzeiger，1899）。

　　在 19 世纪末的韦尔斯市，风险意识的缺乏是值得注意的。中世纪晚期和近代早期的前几代人已经形成了"洪水管控文化"，这使新城市的住房建设规划和社会经济生活与频繁发生的洪水相适应（Rohr，2007）。然而，由于近几十年来洪水发生频率较低，在特劳恩河首次裁弯取直后，人们失去了应对较小洪水的经验，因此谨慎程度有所下降。新业主相信社会进步和技术革新能够帮助他们战胜洪水，但现实的河流管控情况并非如此。位于维伦街的资产阶级别墅建于 1880 年左右，在 19 世纪 90 年代，赫尔佐夫里德里奇大街（*Herzog Friedrich-Straße*，如今的 *Kolpingstraße*）上又修建了一些别墅，但两次大洪水发生时，河岸取直的防洪工事仍未完工。市政规划委员会对利用钢

247

248

---

① 1987 年 7 月下旬至 8 月上旬的洪水应该是 HQ 80（80 年一遇的规模），1899 年 9 月中旬的洪水相当于 HQ 100。见 Wiesner，2009（关于萨尔茨河 Salzach River 的研究）和 Rohr，2012。

铁石头改建旧木桥的方案进行了讨论，但没有决定采取行动，因而从中世纪晚期到19世纪末，旧木桥的形状一直没有改变。① 事实上，问题可能不在于缺乏治理河流和修建防护性水坝的技术知识，而在于市政当局是否愿意为这些事项投入资金并迅速推进。至少从书面证据来看，在规划委员会的讨论中，防洪绝对不是一个关键问题。

特劳恩河的两次洪水引发了1899年以后城市规划的快速调整。一方面，前洪泛区直到20世纪60年代之前都没有新立建设项目，只将未竣工的项目继续完成，直到20世纪60年代之后，韦尔斯市中心以南的这片土地才再次用于房地产开发。另一方面，市政当局开始着手建设一座新的钢铁石块桥。1899年洪水后，旧木桥完全损毁，部分桥段被冲垮，渡轮服务应运而生，在五个多星期的时间里运送了六万多人和7 700多辆马车通过特劳恩河，直到建立起一座临时性桥梁（Rohr，2012）。这表明了现代化桥梁对城市经济和居民生活的重要性。新钢铁石块桥在不到两年的时间内完工，并于1901年开始通车，这标志着韦尔斯市城市发展的新时代已经到来（Kalliauerand Micko，2008）。此外，河岸也很快得到了加固。市政当局显然不再以高昂的经费为由推迟落实这些开支。最后，当地媒体推动并建立了一种新的洪水纪念文化，他们不仅对洪水和救灾行动进行了广泛的报道，而且还出版发行了一些纪念洪水的照片。②

四、卢塞恩市的案例

与韦尔斯市截然不同，卢塞恩市域靠近卢塞恩湖（*Vierwaldstättersee*）出水口的罗伊斯河沿岸，自近代早期就已经开展了大规模建设活动，而到中世纪之后，罗伊斯河的河床一直在持续变窄（Küng，2006）。任何源自瑞士中部阿尔卑斯山脉溪流的洪水，都会被巨大的卢塞恩湖所缓冲，因此洪水的风险是相对可预测的；即使遭受长时间的强降雨，卢塞恩市罗伊斯河出水口附近的水位也只会缓

249
250

① 见韦尔斯市档案馆，建筑登记处，建筑记录46号箱（Traunbrücke Diverses, Traunslände Inundationsbrücke/Treppelweg）。

② Welser Anzeiger 后的附加页，1899年9月23日。韦尔斯市档案馆 Inv.-No. JA2－52。另见 Rohr，2014，pp. 554－555（图1a和图1b）。

慢上升。但是，一条名为克里恩巴赫（Krienbach）的溪流仍会给卢塞恩市带来洪水风险，该溪流在皮拉图斯（Pilatus）山区周围发生雷暴天气后可能会急剧膨胀，在流向卢塞恩市原城市中心以北河口的过程中沿途造成严重破坏（Keller，2014）。

卢塞恩市自 1859 年起与瑞士铁路网相连接，这在一定程度上影响了其 19 世纪的城市发展。尽管卢塞恩市的发展在 19 世纪中叶前一直困于狭窄的中世纪城墙范围内，但与铁路网连通之后城市便四向扩张开来，南至位于卢塞恩湖南岸的新火车站，北至正对着圣莱奥德加（Saint-Leodegar）教堂的湖北岸。卢塞恩湖北部地区在 19 世纪中叶前一直作为湖上渡船的停泊场所，这将在下文中做重点分析。在 19 世纪中叶之前，一座名为霍夫布鲁克（Hofbrücke，法院桥）的长桥横跨小海湾，湖岸边只有几所房屋。在 1840 年前后，海湾减少并最终被路堤取代。

接下来的几百年里，新码头和整个街区获得了一项新功能。上流资产阶级取代水手们，将该地区用作集会和散步的场所；此时，宽阔的步道旁丛林点缀，还有公园长椅以供休憩。一幅 1860 年左右的石版画代表了对城市边缘区绿色环境的新认知，图画以开阔的视角展现出了从瑞士之家酒店（the Schweizerhof Hotel）[或位于瑞士庭园（*Schweizerhofquai*）附近的任一房屋]眺望卢塞恩湖和瑞士中部周围山群的秀丽风景，这展示了当地资产阶级和游客选择此处居住并沿湖漫步的缘由。

并没有证据表明卢塞恩湖地区也会受到洪水的威胁。相比于河流，卢塞恩湖这样的大型湖泊沿岸受到水位上升的威胁较小。尽管如此，卢塞恩湖过去也的确发生过几次洪水，甚至在 1601 年和 1687 年还分别因地震和大型滑坡发生过海啸。正是由于整个卢塞恩湖区的景观显得太过田园风光，才让人们感受不到任何的环境风险。

有人可能会问，是否 19 世纪所有关于景观和地形的石版画，均只表现这种理想的、和平安宁的环境，而排除了自然环境中固有的全部威胁因素？实则不然，部分风景画甚至是将自然灾害作为画作的内容，1806 年发生在距卢塞恩市仅 30 千米远的戈尔多（Goldau）大滑坡就是其中之一。在这些深受追捧的石版画中，有的表现了灾害前后小城戈尔多周围的地区风貌，有的则展现了发生滑坡的瞬间（关于 1806 年戈尔多滑坡的图片证据详见：Weber，2003；Hürlimann，2006；Gisler，2009）。因此，当资产阶级社会挑选家庭装饰时，以自然灾害为主题的画作可能会独具吸引力。

19 世纪下半叶，当卢塞恩市的旅游业和经济蓬勃发展时，瑞士庭园对于当地的富裕市民和酒店经营者变得越来越有吸引力。1845 年建造瑞士之家酒店时，沿着湖岸也修建了一条宽阔的堤岸。原本横跨小海湾的霍夫布鲁克桥，先是长度缩减为一半，在几年之后被完全拆除。1856 年新成立的"卢塞恩银行"主要致力于为卢塞恩市新开发区的基础设施建设项目及酒店建造工程融资。1859 年新火车站启用后，卢塞恩湖北岸新建了几家颇具盛名的酒店，其中包括卢塞恩霍夫酒店（*Luzernerhof*，建于 1866 年，1950 年火灾后拆除）、国家酒店（*National*，建于 1870 年）、欧洲酒店（*Europe*，建于 1875 年）、宫廷酒店（*Palace*，建于 1906 年），以及建于 1883 年的卡萨尔（*Kursaal*）会所（Omachen，2010）。在这些酒店建造期间，卢塞恩市的富人也在附近的高档地段建造了华丽的自有住宅。与韦尔斯市一样，湖岸附近的地区显然非常吸引人，因为它既靠近市中心，又具有与"自然"相通的感觉。

洪水风险并不在新别墅和酒店业主的考虑范围之内。几十年来，卢塞恩市一直没有遭遇过卢塞恩湖暴发的洪水，甚至连曾是旧城中心多次洪水罪魁祸首的克里恩巴赫溪水灾（主要在雷暴天气之后），也在 19 世纪中叶开凿成运河之后暴发频率明显降低。改进的防洪技术，以及只是偶然没有发生重大洪水事件的"灾害窗口期"（Pfister，2009，关于 1882 年后的研究），让卢塞恩市的民众变得麻痹大意。

因此当 1910 年 6 月洪水来临时，着实让卢塞恩市民感到措手不及。瑞士中部的强降雨和积雪融化对农村造成了极大的破坏，与此同时，卢塞恩湖的水位上升到了超乎所有人想象的高度。靠近湖岸的新资产阶级住宅区首当其冲。整个瑞士庭园堤岸都被洪水淹没，水面比堤岸高出 20 到 40 厘米。此时，人行道上的行人和游客变得人满为患，市政当局不得不修建起人行天桥。马匹拉着的驿站马车、甚至是人们驾驶的汽车都直接在水中穿行，而资产阶级精英和游客则乘坐渡船沿着码头行进。对卢塞恩市的民众（至少对资产阶级）来说，这场洪水带来的娱乐性大于恐惧感，人们可以感受到一种"小威尼斯精神"（Frefel，2010）。尽管洪水给卢塞恩湖周围的其他地区造成了严重破坏，但卢塞恩市的众多照片还是传达出近乎浪漫的场景和当地人对洪水的愉悦感受。一家当地的报纸《卢塞纳日报》（*Luzerner Tagblatt*）推出了一项"游船之旅"，沿途穿过码头，靠近酒店后，众多客人可以一道坐在酒店的阳台上共进晚餐，体验"威尼斯之夜"（Frefel, 2010）。① 这种由照片和报纸上的报道所映射出的对洪水事件的认知，显然只属于资产阶级，洪水淹没了国家酒店（*National*）低层地下室的厨房，因此工作人员不得不临时在台球室准备饭菜（Frefel, 2010）。洪水对生活在瑞士庭园堤岸沿线的富人所造成的损害毕竟是有限的，也不会构成任何生存威胁。如此规模的洪水在 2005 年之前仅此一例。当 2005 年 8 月 22 至 24 日，卢塞恩湖岸附近的堤岸被洪水淹没时，水位超出了海平面 435 米，但是人们的预防工作仍和 1910 年一样不堪一击。即便这样，这次的洪水依然给过往的人带来了某种娱乐。报纸上所刊登的照片，不仅有紧急救援队施救的照片，还有儿童与天鹅嬉戏的照片，以及其他人享受这一意外事件的照片。②

五、结论与展望

本章重点探讨了城市中一类非常特别的地区，即位于古老的中世纪或近代早期的城市中心与河流或湖泊之间的新型绿色空间，它们数百年来一直是洪水泛滥的区域。在 19 世纪进程中，由于对河床和湖岸陆续进行了裁弯取直，在这些地区定居看起来似乎已经足够安全。特别是在 19 世纪后期，城市发展非常活跃，许多城市对河床开展了取直改造。与前几个世纪相比，水道附近的洪泛区不再是一个留给手工业者和下层阶级居住的非理想化住地，反而

---

① 洪水和其他自然灾害在 1900 年左右成为一种有吸引力的事（Steinberg, 2000；Steinberg, 2001）。例如，1900 年在得克萨斯州加尔维斯顿发生的破坏性飓风和洪水，在纽约科尼岛进行了奇观再现。美国人在他们的休闲时间和受控制的游乐园环境下，开始体验"自然灾害"。斯坦伯格推测了产生这种间接进行灾难体验的趋势的原因，他认为，当时在经历了所有的灾难性事件（1886 年查尔斯顿地震，1900 年加尔维斯顿飓风，1906 年旧金山地震和火灾）之后，受灾城市的领导人们呼吁市民控制自己的情绪，在灾难发生后保持冷静。由于人们此时被阻止公开表达他们的恐惧和情绪，作为一种反应，人们可能会觉得需要这些人为的灾难事件。

② 在娱乐报纸《风景》（*Der Blick*）线上刊登的卢塞恩市系列照片见 www. blick. ch/news/schweiz/hochwasser-neuste-Bilder-id556600. html（最后访问时间 2017 年 11 月 9 日）。

被中上层的资产阶级所占据。这种没有水力发电、河道运输等任何专业需要
而生活在水域附近的做法，显然成为一种将"自然"元素融入城市化景观的尝
试。免费"观赏自然"（以滨水区为代表）不仅对住户而言成为一种时尚，对富
有的游客而言亦是如此，这些新城市空间的许多建筑都是品牌酒店甚至是豪
华酒店。在苏黎世或日内瓦等其他旅游业发达的瑞士城市，也可以看到类似
的城市发展模式。在这一发展过程中，"中产阶级能动性"是多方面的。作为
政治家和金融家，他们负责对河湖沿岸取直整治，并随后修建起颇具盛名的别
墅和酒店；他们是从河湖沿线地区受益最多的社会阶层，既能靠近城市中心，
也能亲近"自然"；他们也是被突如其来的洪水袭击的受害者；有时候他们还会
为洪灾中的其他受害者提供捐助。

　　通过对韦尔斯市和卢塞恩市的有关图像证据进行分析，可以深入了解 19 世
纪以及 20 世纪初的（资产阶级）市民对邻近河流和湖泊的认知情况。油画、素描
画和照片能够帮助我们更好地理解这些认知，如环境风险意识是否发生了变化，
以及如何发生变化。因此，图像证据是书面证据（包括报纸报道、市政当局的记
录或其他公共行政部门的文件等）的重要补充，并在表现洪水对日常生活的影响
等方面更为形象。这些图像可以理解为城市资产阶级社会与城市边缘区之间关
系的叙述和表现。当然，我们还必须查阅其他的资料来源，以确定这种认知是否
真正占主导地位。

　　从风险意识来看，19 世纪可以被记载为一个根本性的变革期。在河湖沿岸
被取直整治后，房地产开发商显然低估了洪水风险，决定在原先的洪泛区建造房
屋。1897 年和 1899 年暴发于奥地利以及 1910 年暴发于瑞士的特大洪水，对这
些开发项目的业主来说是一个十足的"惊喜"。

　　征服河畔并没有随着 19 世纪资产阶级对城市发展蓝图的影响而结束。
近几十年来，许多靠近河流或湖泊的建设项目一直饱受争议。如今，由于土地
价格过高，上层资产阶级已不再在这些地区建造私人别墅，但他们仍然是建造
著名文化会议中心的主要受益者，例如卢塞恩文化与会议中心（Kultur und
Kongresszentrum Luzern，1998 年开业），或是汉堡市新建的易北爱乐厅（Elb-
philharmonie）等。这些引人入胜的新建设项目因为只青睐富有、财务稳定的
上层阶级而备受批评。征服河畔的尝试仍在继续。19 世纪的行动者们希望

256   通过建造豪华酒店来吸引本市或外来旅游的富有资产阶级。现今，这些城市
试图通过"明星建筑"来提高其在国际大都市竞争中的地位，而它们建造的城
市空间本质上是相同的。

参 考 文 献

Archival Sources

Wels, Municipal Museum, Inv.-No. 3.646; 20.824; 21.591/173.
Wels, Municipal Archives, Inv.-No. JA2–52; Bauregistratur, Bauakten, Box 46;
    Photographs.
257   Lucerne, Central and University Library, Sondersammlung, LSb.8.0.3g.
Lucerne, Municipal Archives, Photographs and Maps.

Printed Sources

Welser Anzeiger, 23 September 1899.

Literature

Amsler, C., Bovay, I. and Thomaïdes, M., 2008. Jardin, jardins. 3 siècles d'histoire
    des jardins à Genève. Gollion: Infolio.
Andraschek-Holzer, R. and Schmid, M., 2012. Umweltgeschichte und topo-
    graphische Ansichten: Zur Transformation eines österreichischen Donau-
    Abschnitts in der Neuzeit. Mitteilungen des Instituts für Österreichische
    Geschichtsforschung, 120, pp. 80–115.
Beck, U., 1992. Risk society: towards a new modernity. New Delhi: Sage.
Behringer, W. and Roeck, B. eds., 1999. Das Bild der Stadt in der Neuzeit, 1400–
    1800. München: C.H. Beck.
Benesch, A. R., 2016. Der Volksgarten Wels—im Herzen der Stadt. Eine 'Horti-
    graphie' des ältesten öffentlichen Grünraumes von Wels. Quellen und Darstel-
    lungen zur Geschichte von Wels: Sonderreihe zum Jahrbuch des Musealvereines
    Wels 15. Wels: Musealverein Wels.
Bernhardt, C., 2016. Im Spiegel des Wassers. Eine transnationale Umwelt-
    geschichte des Oberrheins (1800–2000). Umwelthistorische Forschungen 5.
    Köln, Weimar, Wien: Böhlau.
Boehm, G. and Mitchell, W. J. T., 2010. Pictorial versus iconic turn: two letters.
    In: N. Curtis ed. The pictorial turn. London: Routledge, pp. 8–26.
Brázdil, R., Dobrovolný, P., Elleder, L., Kakos, V., Kotyza, O., Květoň, V., Mack-

ová, J., Müller, M., Štekl, J., Tolasz, R. and Valášek, H., 2005. *History of weather and climate in the Czech Lands, vol. 7: historical and recent floods in the Czech Republic*. Praha: Masarykova Univerzita.

Buff, T., 2015. *St. Gallens Grüngeschichte(n) 1872–2015*. Schriftenreihe der Stadt St. Gallen. St. Gallen: VGS Verlagsgenossenschaft.

Burda, H. and Maar, C. eds., 2005. *Iconic Turn: Die neue Macht der Bilder*. Köln: DuMont Buchverlag.

Castonguay, S. and Evenden, M. eds., 2012. *Urban rivers: remaking rivers, cities, and space in Europe and North America: history of the urban environment*. Pittsburgh: University of Pittsburgh Press.

Cavert, W. M., 2016. *The smoke of London: energy and environment in the early modern city*. Cambridge studies in early modern British history. Cambridge: Cambridge University Press.

Cioc, M., 2002. *The Rhine: an eco-biography, 1815–2000*. Seattle: University of Washington Press.

Clark, P. ed., 2006. *The European city and green space: London, Stockholm, Helsinki and St Petersburg, 1850–2000*. Aldershot: Ashgate.

Clark, P. ed., 2013. *The Oxford handbook of cities in world history*. Oxford: Oxford University Press.

Dion, R., 1961. *Histoire des levées de la Loire*. Paris: Habauzit.

Fisher, C., 2015. *Urban green: nature, recreation, and the working class in industrial Chicago*. Chapel Hill, NC: University of North Carolina Press.

Frefel, S., 2010. *'Ein Abend in Venedig': Das Jahrhundert-Hochwasser 1910 in Luzern*. Luzern: Stadtarchiv. https://api.i-web.ch/public/guest/getDocumentString/g340/4caad854834b208f0223c9e636807132/0d5uz-yv5vbc (last accessed 9 November 2017).

Fröschl, G., 1996. Stadtbürgertum und Stadtpolitik in Wels: Politische und wirtschaftliche Entwicklungen zwischen 1887 und 1918. *Jahrbuch des Musealvereines Wels*, 30, pp. 201–247.

Gisler, M., 2009. Die Katastrophe als darstellerisch-ästhetisches Ereignis: Der Bergsturz von Goldau 1806. In: L. Kreye, C. Stühring and T. Zwingelberg eds. *Naturals Grenzerfahrung: Europäische Perspektiven der Mensch-Natur-Beziehung in Mittelalter und Neuzeit: Ressourcennutzung, Entdeckungen, Naturkatastrophen*. Göttingen: Universitätsverlag, pp. 281–298.

Guillerme, A. E., 1988. *The age of water. The urban environment in the North of France, A.D. 300–1800*. College Station, TX: Texas A&M University Press.

Hartmann, L. and Weiniger, M., 2010. *Schau an der schönen Gärten Zier. Historische Gartenanlagen und Villen in Lindau*. Neujahrsblatt des Historischen Vereins Lindau 50. Lindau: Historischer Verein.

Hohenberg, P. M. and Lees, L. H., 1995. *The making of urban Europe, 1000–1994: with a preface and a new chapter*. Harvard Studies in Urban History. Cambridge, MA: Harvard University Press.

Holter, K. and Trathnigg, G., 1986. *Wels von der Urzeit bis zur Gegenwart, 2nd enlarged edition*. Jahrbuch des Musealvereines Wels 25. Wels: Musealverein Wels.

Hornuff, D., 2012. *Bildwissenschaft im Widerstreit: Belting, Boehm, Bredekamp, Burda*. München: Wilhelm Fink.

Hürlimann, M., 2006. *Der Goldauer Bergsturz 1806: Geschichte der Natur-katastrophe und Betrachtungen 200 Jahre danach*. Schwyzer Hefte 89. Freien-bach: Verlag Schwyzer Hefte.

Jackson, J. H., 2010. *Paris under water: how the city of light survived the great flood of 1910*. Basingstoke: Palgrave Macmillan.

Jäger, J., 2009. *Fotografie und Geschichte*: Historische Einführungen 7. Frank-furt am Main: Campus Verlag.

Kalliauer, G. and Micko, I., 2008. *Wels in alten Ansichten*. Erfurt: Sutton.

Keller, A., 2014. *Hochwasser und Hochwasserschutz am Krienbach und Rängg-bach: Die Krienbach-Rechnungen von 1624 bis 1796*. Unpublished M.A. the-sis. Bern: Institute of History.

Knoll, M., 2013. *Die Natur der menschlichen Welt: Siedlung, Territorium und Umwelt in der historisch-topografischen Literatur der Frühen Neuzeit*. His-toire 42. Bielefeld: Transcript.

Küng, F., 2006. *Luzern: Bauen am Fluss. Archäologische Untersuchungen an der Krongasse 6–10*. Archäologische Schriften Luzern 10. Luzern: Kantons-archäologie Luzern.

Lawrence, H. W., 2006. *City trees: a historical geography from the renais-sance through the nineteenth century*. Charlottesville: University of Virginia Press.

Lenger, F., 2013. *Metropolen der Moderne: Eine europäische Stadtgeschichte seit 1850*. München: C.H. Beck.

Lübken, U., 2004. Zwischen Alltag und Ausnahmezustand: Ein Überblick über die historiographische Auseinandersetzung mit Naturkatastrophen. *Werkstatt Geschichte*, 38, pp. 55–64.

Lübken, U., 2012. Rivers and risk in the city: the urban floodplain as a contested space. In: S. Castonguay and M. Evenden eds. *Urban rivers: remaking rivers, cities, and space in Europe and North America*. Pittsburgh: University of Pitts-burgh Press, pp. 130–144.

Lübken, U., 2014. *Die Natur der Gefahr: Überschwemmungen am Ohio River im 19. und 20. Jahrhundert*. Umwelt und Geschichte 8. Göttingen: Vanden-hoeck & Ruprecht.

Luhmann, N., 1991. *Soziologie des Risikos*. Berlin and New York: Walter de Gruyter.

Magyar, E., 2013. Urban environment of Vienna, Budapest and Prague in the nineteenth century: public parks in the urban structure and their perception: similarities and differences. A comparative overview. In: H. Förster, J. Herzberg and M. Zückert eds. *Umweltgeschichte(n): Ostmitteleuropa von der Industri-alisierung bis zum Postsozialismus. Vorträge der Tagung des Collegium Caroli-num in Bad Wiessee vom 4. bis 7. November 2010*. Bad Wiesseer Tagungen des Collegium Carolinum 33. Göttingen: Vandenhoeck & Ruprecht, pp. 187–207.

Meller, H., 2005. Citizens in pursuit of nature: gardens, allotments and private space in European cities, 1850–2000. In: D. Schott, B. Luckin and G. Massard-Guilbaud eds. *Resources of the city: contributions to an environmental history of modern Europe*. Aldershot: Ashgate, pp. 80–96.

Nast, M., 2006. *Überflutet—überlebt—überlistet: Die Geschichte der Jura-gewässerkorrektionen*. Nidau: Verein Schlossmuseum Nidau.

Omachen, P., 2010. *Luzern—eine Touristenstadt: Hotelarchitektur von 1782 bis 1914.* Baden: Hier + jetzt.

Paul, G. ed., 2006. *Visual history: Ein Studienbuch.* Göttingen: Vandenhoeck & Ruprecht.

Paul, G., 2013. *BilderMACHT: Studien zur 'Visual History' des 20. und 21. Jahrhunderts.* Göttingen: Wallstein.

Pfister, C., 2009. Die "Katastrophenlücke" des 20. Jahrhunderts und der Verlust traditionalen Risikobewusstseins. *Gaia,* 18 (3), pp. 239–246.

Reynard, E., 2009. *Le Rhône: dynamique, histoire et société.* Cahiers de Vallesia 21. Sion: Vallesia, Archives de l'Etat du Valais.

Rohr, C., 2007. *Extreme Naturereignisse im Ostalpenraum: Naturerfahrung im Spätmittelalter und am Beginn der Neuzeit.* Umwelthistorische Forschungen 4. Köln, Weimar, Wien: Böhlau.

Rohr, C., 2012. Stadterweiterung versus Naturgefahr: Die Stadt Wels während der Hochwasserkatastrophen von 1897 und 1899. In: *Festschrift für Walter Aspernig zum 70. Geburtstag.* Jahrbuch des Oberösterreichischen Musealvereines—Gesellschaft für Landeskunde 157; Jahrbuch des Musealvereines Wels 36. Linz, Wels: Oberösterreichischer Musealverein—Gesellschaft für Landeskunde, pp. 551–574.

Rohr, C., 2014. Das Risiko im Bild. Frühe Naturkatastrophenfotografie als Quelle der Stadt- und Umweltgeschichte—die Beispiele Salzburg und Luzern. *Traverse. Zeitschrift für Geschichte/Revue d'histoire,* 21 (3), pp. 73–82.

Sachs-Homback, K., ed., 2005. *Bildwissenschaft: Disziplinen, Themen, Methoden.* Frankfurt am Main: Suhrkamp.

Speich, D., 2003. *Helvetische Meliorationen: Die Neuordnung der gesellschaftlichen Naturverhältnisse an der Linth (1783–1823).* Interferenzen 6. Zürich: Chronos.

Steinberg, T., 2000. *Acts of god: the unnatural history of natural disaster in America.* New York: Oxford University Press.

Steinberg, T., 2001. The secret history of natural disaster. *Environmental Hazards,* 3, pp. 31–35.

Thorsheim, P., 2006. *Inventing pollution: Coal, smoke, and culture in Britain since 1800.* Athens, OH: Ohio University Press.

Uekötter, F., 2003. *Von der Rauchplage zur ökologischen Revolution: Eine Geschichte der Luftverschmutzung in Deutschland und den USA, 1880–1970.* Veröffentlichungen des Instituts für soziale Bewegungen, Schriftenreihe A: Darstellungen 26. Essen: Klartext Verlag.

Weber, B., 2003. Das Elementarereignis im Denkbild. In: D. Groh, M. Kempe and F. Mauelshagen eds. *Naturkatastrophen: Beiträge zu ihrer Deutung, Wahrnehmung und Darstellung in Text und Bild von der Antike bis ins 20. Jahrhundert.* Literatur und Anthropologie 13. Tübingen: Gunter Narr Verlag, pp. 237–259.

Wiesner, E-M., 2009. *Dann kam das Wasser . . . Der Inn-Salzach-Bereich zwischen Hallein und Schärding vor und nach den Hochwasserereignissen 1897 und 1899.* Unpublished M.A. thesis. Salzburg: Department of History.

260

第十二章　20 世纪的废弃物景观：
城市、消费者及垃圾场

海克·韦伯

一、引言

　　20 世纪是大规模生产和消费的时代。但令人意想不到的是，20 世纪也随之成为垃圾填埋的伟大时代。在为固体废弃物寻觅最终去处的过程中（Tarr，1996），倾倒和填埋变成了生产和消费中剩余物料的主要处置方法。当 1960 年前后西欧开始出现大众消费时，废弃物数量开始大幅增加，废弃物的材质差异也在增大。1900 年前后，在城市公共卫生兴起的背景下，城市已经将倾倒和焚烧等传统处置方法，转变为大规模的废弃物处置服务，但这些传统方法难以被完全改变，而且它们无法适应战后城市代谢中不断变化的物质流，更无法适应大众消费社会的物质流，而大众消费社会自从其出现起，就在逐渐缩小城乡家庭之间的差距。在这种特定情况下，看似廉价且有效的"控制型"倾倒方式作为一种技术解决方案，用来解决废弃物问题，以及改善之前散布在城市外围的、不卫生的"野蛮型"倾倒方式。此外，与其前身类似，现代化的垃圾填埋场被用作一种景观美化的手段，人们近乎天真且一厢情愿地希望，垃圾填埋场的内部分解过程将会遵循堆肥中已知的有机质降解规律。20 世纪 70 年代之后，前期过于简单的垃圾填埋法明显造成了许多有问题的场地，未来需要重建和净化。2005 年时，就固体废弃物而言，垃圾填埋场的时代就此结束，到那时为止，欧盟垃圾填埋指令［1999 年；德国开始于 1993 年由安雷东技术公司（*Technische Anleitung Sied-*

lungsabfall)执行]便已经禁止倾倒任何未经处理且含5%以上有机物的垃圾。

　　近期的历史研究已经开始关注工业化、城市化以及消费对环境的影响。约翰·麦克尼尔(John McNeill)及其他学者创造了"大加速"(great acceleration)一词,暗指20世纪下半叶资源开采和废弃物排放的大规模扩张,克里斯蒂安·普菲斯特(Christian Pfister)此前也曾研究过这一情况,并描绘其为"20世纪50年代综合症"(McNeill and Engelke,2014;Pfister,1995;Pfister,2010)。众多分析城市公共卫生环境和(或)大众消费环境影响的研究已经阐明了固体废弃物的形成模式(Köster,2016;Stokes et al.,2013;Frioux,2013;Barles,2005;Melosi,2005),本章的重点不在于废弃物本身,而在于由此产生的"废弃物景观",即(西部)德国的城市固体废弃物填埋场。本章充分利用诸如科技期刊、市政杂志、专业文献和市政档案等资料来源,以展现城市废弃物景观的发展历程。20世纪60年代以前,废弃物均具有区域性乃至地方性。例如德国多数城市的废弃物以褐煤灰为主,但汉堡市与之不同,其废弃物主要是矿物煤的残留物,这些废弃物可以为这座港口城市千家万户的厨房所用,用于焚烧并获益。但在废弃物倾倒方面,不同城市的做法几乎如出一辙。长期以来,倾倒被认为是处置废弃物的一种简单而经济有效的方式,甚至可以美化景观。在实施废弃物焚烧或堆肥的场所,最终还需要附加填埋的手段,以处理日渐增多的非有机废弃物和焚烧炉渣。总之,填埋是20世纪处置城市废弃物的主要方法。

262

　　然而,在20世纪的进程中,填埋的概念和实践发生了很大变化,人们愈发强烈的环保意识促使废弃物处置往循环利用和彻底焚烧的方向转变。此外,垃圾填埋场的发展历史,是废弃物管理知识库和专业知识代理者内部重大转变的一部分。废弃物处置曾属于市政部门的专业领域,现在已经从城市官僚机构和城市卫生、政治、规划部门转移到专业化的工业企业、特定的工程学科以及与国家环境政策相关的代理者。与此同时,废弃物的产生在空间分布和材质类型方面都有所扩大。20世纪后期,农村家庭与城市家庭在消费主义、生活方式以及产生的废弃物数量和类型方面几乎别无二致。到1970年时,联邦德国人口中大约有42%居住在人口规模不足1万的小城市,有三分之一居住在人口规模超过10万的大城市。平均而言,三分之二的联邦德国家庭能够享受到原本仅限于城市范围内的废弃物处置服务,而大多数农村家庭缺乏这一服务(Städtetag,1970)。

本章着重强调了垃圾场的长期物质形成过程，及其过去和现在的意义。通常把垃圾场作为消费者的空间—物质印记来进行分析。在第一阶段，城市消费者和城市垃圾场是城市化的典型特征，进入第二阶段后，城市消费活动向农村扩张，城市和农村均由区域性、集中管理的垃圾填埋场来处置大众消费社会的消费残余——废弃物。随着时间推移，这些以弃坑回填和人造山丘形式呈现的空间—物质印记，部分恢复为自然状态或地方特有的植被类型，到 20 世纪末，它们形成了城市和半城市景观中或明显可见或隐蔽危险的地标。其中，最臭名昭著的是法兰克福、慕尼黑和汉堡等地所谓的"废弃物山"（Müllberge），甚至时至今日它们依然存在。除了这些"废弃物山"以外，还存在着大量的"废弃物景观"，它们要么被成功复垦复原，要么无法绿化或用作建设，甚至变成有毒场所。正是因为无处不在，垃圾填埋场被隐藏在光天化日之下。即使在标准地图上，垃圾填埋场也只是最低程度地显示为限定的"白地"，并以这种方式被建构为非实体。

正如在城市规划以及更高尺度的区域规划中所提到的，垃圾填埋场被认为既能使自然城市化，也能使城市自然化。一方面，垃圾填埋场代表了城市对自然的"殖民化"，从城市到越来越多的小城镇，最终再到村庄，都是通过将城市的过剩物质和后来的大众消费剩余转移到外围地区，从而完成过剩物质和大众消费剩余的外部化过程。另一方面，直到 1970 年左右，垃圾场仍经常被改造成建设区或绿地。按照卫生工程师们的设想，废弃物本身会随着时间的推移而降解成可建造的物质材料，进而促成城市废弃物的自然化。然而，由于垃圾场特定的物质材料组分，它们通常朝着第三个方向发展，即形成了包含城市、自然以及人造物质残留的混合实体，这一实体发展出了自身的能动性，并挑战人们对城市、自然、技术和环境的一般性认识。人工垃圾填埋场对于人类福祉有害，它们不受技术控制，形成了特殊的场地环境，其中一些已经被证实会毒害人类居住区和公共生态栖息地。

本章的第一部分详细介绍了 20 世纪垃圾填埋场的遗留问题。第二部分聚焦于一些曾经活跃的垃圾场，将它们作为城市边缘区重要的社会物质缩影。第三部分将更详细地介绍垃圾填埋场的两个平行目标，即处理废弃物和复垦土地。然而，正如最后一部分所解释的，垃圾场有自己不为人知的能动性，来对抗人类的控制。随着时间推移，即使是"受控型"垃圾场也逐渐变得"野蛮"，产生了渗滤液、甲烷排放和其他危及周围环境的不可预见的影响。与农药等化学技术类似，废弃物填埋也成了一种"不合规矩的技术"案例（Roberts，2014）。作为一种技术解决方案，这些技术通过其未知的甚至不可预知的有机技术效应，瞒骗或逃脱了工程师和科学家的知识和控制。布鲁诺·拉图尔最近在关于人类世的辩论中（Latour，2011），提出了"爱你的怪物"这一论述，主张人们需要持续关注技术，因为技术总是有缺陷的。在垃圾填埋场案例中，当人类在对自然、城市和废弃物进行重新归置时，采用了一种简单的技术解决方案，创造出了混合的"怪物"，而到了20世纪晚期，大多数群体都幡然醒悟，意识到人类必须应对和关心这些前所未知的人造环境。事实上，垃圾填埋场的遗留问题将在接下来的几百年里持续提醒我们，需要找到更好的解决方案来处置大众消费剩余，而不是将其简单地在空间上存储于某地。

264

二、废墟景观还是反景观？雕刻艺术还是疤痕？垃圾填埋世纪的废弃物景观遗产

在德国鲁尔（Ruhr）地区，过去煤矿开采残留的煤矸石堆是常见的遗迹。这些煤矸石堆无论是被改造成绿化公园，还是具有艺术特色的场所，都构成了鲁尔地区区域特性、记忆文化和旅游业的一部分。[①] 但同其他地区一样，鲁尔也拥有其他的人造高地——废弃物堆，与其说它们是由工业发展产生的，不如说是产生于消费活动，并且仍在等待人们更普遍地承认它们的存在。例如，在向大众消费社会转型的过程中，"埃姆舍布鲁赫"中央垃圾填埋场（*Zentraldeponie Emscherbruch*，简称 ZDE）被视为鲁尔地区废弃物管理领域的中流砥柱。事实上，这个垃圾填埋场彰显了鲁尔地区在其城市化进程中的那些层次鲜明的过往，但同时，它在鲁尔的区域特性和记忆文化中至今一直处于缺位的状态。

如今，仍有一定量的无机废弃物会运往"埃姆舍布鲁赫"中央垃圾填埋场的部分场区，但该填埋场的大部分场区现已关闭并实现复绿。我们从远处就可看

---

① 见（Berke，2016），这本小册子描述了修复后的煤堆，其中包括改造成山地自行车公园的古老垃圾堆"哈克德"（Huckarde）。

见这一高度人工化的景观。20 世纪 60 年代末，"埃姆舍布鲁赫"中央垃圾填埋场成为鲁尔地区所有城市的主要废弃物处置中心。同时，它也是联邦德国探索大规模垃圾填埋的试验田。近 40 年间，该垃圾填埋场吸纳了城市垃圾、工业废弃物和污泥，以及埃森-卡纳普（Essen-Karnap）垃圾焚烧厂的炉渣。20 世纪 80 年代初以来，它还拥有一座危险废弃物仓库。此处曾经的煤矿旧址（俾斯麦伯爵煤矿，*Zeche Graf Bismarck 7/8*）被鲁尔公社协会选作垃圾填埋场，主要出于以下几方面原因：第一，该地拥有庞大的垃圾处置容量；第二，该地无论如何都需要修复，区域规划者希望利用废弃物来尽可能地修复此处土地；第三，在《国家水资源管理法》（1959 年）将水行政部门纳入共同发放垃圾填埋场建设许可的主管部门后，地质和水文报告成为授权垃圾填埋许可的要件之一，而该处的地质和水文报告显示其具备垃圾填埋的条件。报告认为，当地的泥灰岩具有防渗性。此外，专家宣称流经该地区的水流由埃姆舍尔河（Emscher）主导，该河几十年来一直为鲁尔地区城市和工业的废水排放作出巨大"牺牲"，因此不会作为饮用水使用（Brüggemeier，2014）。

265　　　废弃物倾倒不是现代化的发明，也不属于突破了以往所谓自然型垃圾填埋场的"控制型"（在美国称为"卫生型"）垃圾填埋场。除了焚烧废弃物外，将废弃物堆积在别处是最古老的处置方式，这一事实在考古学家挖掘出的远古物料残余中得到了体现。例如，在大约 250 年的时间里，罗马人创造了罗马的第八座山——45 米高的泰斯塔卡乔山（Monte Testacacio，来自拉丁语 *testa*，即"碎片"；Martin-Kilcher，2003）。人们甚至认为当代的一些垃圾填埋场是地球上最大的人工建筑。因此，垃圾场代表了社会始终希望将废弃物变得不可见的空间—物质结果，即从人口稠密的地区转移到价值较低的僻静空间，后者包括未开垦的土地、砾石坑，或是其他认定为微不足道而能够"牺牲"的地方。

266　　　1900 年左右，当德国城市开始提供市政废弃物处置服务时，大多数城市将收集到的废弃物倾倒在城市边缘区。1910 年，在提供废弃物处置服务的 120 个城市中，几乎所有城市或将废弃物运至城市外围的垃圾场并填平地势（88 个城市），或将废弃物用于农业生产（27 个城市）（Silberschmidt，1919）。据统计，截至 1970 年，联邦德国大约有五万个垃圾场，意味着平均每个市政当局运转着两座垃圾场（Müll und Abfall，1969）。相比之下，仅有约 35 个垃圾焚烧厂处置了五分之一的城市垃圾，其余2%可以忽略不计的城市垃圾被用作堆肥（Müll und Abfall，1972）。这些20世纪70年代的联邦德国垃圾场在15到20年之后，约有5 000座（占垃圾场总数的1/10）被划定为污染场地，其中许多污染场地只是为了举国家之力结束野蛮的垃圾倾倒时代，而简单地实施了修建或绿化（Bilitewski et al.，1990）。此时的垃圾填埋方法是将大量的废弃物同工业废弃物、生活废弃物一道倾倒，结果产生了毒害性的遗留问题。此外，垃圾填埋还缺乏用于防渗屏障系统的先进技术，甚至在专家们确信底层土壤和地下水具备自然恢复和净化能力之后，这一情况变本加厉。尽管这种通过简单化的掩埋来处置废弃物的方法仍然持续存在，但从20世纪60年代末开始，垃圾填埋场的设计和垃圾倾倒的方法变得更为专业化。曾经遍布在城市周边、环绕着飞扬的垃圾和阴燃着烟雾的垃圾场现在已消失不见，取而代之的是与城市间隔一定距离的大型集中式垃圾填埋场，并且由几个城镇或地区协会共同使用。到20世纪80年代，大约有385个城市垃圾填埋场投入使用。不过，这个数量还远不够，需要增加更多的垃圾填埋场来进一步开展垃圾分类，包括用于建筑瓦砾的1 971个填埋场、用于废弃土壤的728个填埋场、用于污水污泥和炉渣的34个场地，以及用于工业废弃物的1 300多个填埋场（联邦统计局，1984）。到1979年，一项技术准则最终禁止了市政废弃物和工业废弃物合并倾倒的致命性垃圾填埋方法，并从80年代起建立了专门的危险废弃物仓库。

　　垃圾场变得无处不在，同时也充满了问题。然而，就像"埃姆舍布鲁赫"中央垃圾填埋场的情况一样，现代社会往往忽视它们的存在。许多德国城市都在纪念他们所谓的"瓦砾山（Trümmerberge）"，比如慕尼黑市的奥林匹亚山（Olympiaberg），就是第二次世界大战时期炸弹爆炸后留下的人工堆积的瓦砾。但人们似乎更不愿意透露城市垃圾山背后的历史。在慕尼黑北部的"弗洛特曼宁格山"（Fröttmaninger Berg）上，一位艺术家的雕塑作品至少让游客想起了这座重新开垦的公园曾作为废弃物处置场的过去，为此，这个小村庄（Fröttmaning）在战后被拆除了。① 包括汉堡市在内的一些城市，对其以前的"废弃物山"进行了

---

　　① 拆除弗洛特曼宁格小村庄是为给从1954年左右一直使用至20世纪80年代的"大裂片"垃圾场（Großlappen）以及公路立交桥腾出空间。在20世纪70年代，该垃圾场已经部分复垦为公园，80年代开展了修复工作（密封墙、除气装置、渗滤液处理）。现如今，它已是徒步旅行的绿地。

267　批判性反思(Wolf，1987a，1987b)。汉堡市所谓的"能源山(*Energieberg*)"前身是易北岛(Elbe island)上的"乔治斯瓦德(Georgswerder)"垃圾场，二战时期的碎石瓦砾就曾运到这里，从1967年起就已成为该市主要的垃圾填埋场。直到1979年关闭之前，该场地已扩张到44公顷，里面装满了大约1 400万立方米的废弃物，包括有毒废弃物。[①] 1983年，当"乔治斯瓦德"垃圾场的二噁英污染问题暴露出来时，这座欧洲历史上最大的废弃物处置地变得声名狼藉，附近的居民强烈要求其迅速治理恢复。21世纪早期的城市规划，已将这一污染场地规划为太阳能和风力发电站。一条公共的小径向游客们昭示着这座山的前世今生。

　　近年来，有一些过去极具影响力的垃圾填埋场，被公认展现了社会消费剩余和废弃物处置习惯的空间—物质印记，在这一过程中，它们被赋予了多种象征意义。一些垃圾场被重复利用并开展发电活动，否则这些土地只得荒废，汉堡市试图将过去痛苦的记忆与未来可持续发展的希冀相结合，以此来实现这一目标。坐落在斯塔滕岛(Staten Island)西北部的"清泉(Fresh Kills)"是1948年以来纽约市的主要垃圾场，这座垃圾场于2001至2002年被重新投入使用，由于它容纳了"9·11"事件中双子塔被摧毁后的建筑残片和人体遗骸，因此成为纪念该市和全球恐怖主义的象征(Melosi，2016)。有关作家和艺术家将"清泉"垃圾场视为一种"社会雕塑艺术"，是物质文化、消费主义、社会价值体系和话语体系相互碰撞的产物，用罗宾·纳格尔(Robin Nagle)的话说，"垃圾填埋场的人工地理环境是所有人共同创造和共同分享的，在关闭后也有可能转变为由所有人共用和共享"(Nagle，2011)。相比之下，美国的第一家卫生垃圾填埋场——弗雷斯诺(Fresno)垃圾填埋场，从1937年运营到1987年，完成运营使命以后，在2001年对其进行国家历史地标认定时，却很快被取消了认定，理由是这似乎与垃圾填埋场被列入受污染的"超级基金"场地名单相冲突(Melosi，2002)。

　　同废弃的工业场所、破旧的工厂或倒闭的购物商场相似，垃圾场是过去大规模生产和消费提速的产物。但我们是将它们理解为废墟，还是赋予它们更为具

---

　　① Energy Hill Georgswerder, see www.iba-hamburg.de/en/projects/energieberggeorgswerder/projekt/energy-hill-georgswerder.html.

体的分类体系? 在众多这样的"废墟景观"周围(Olsen and Petursdottir,2014),
一种新型的"废墟渴望(*Ruinenlust*)"呼之欲出,意为对毁灭和衰败的迷恋(De-
Silvey and Edensor,2012)。由于我们希望忘记废弃物及垃圾场的潜在毒性,垃
圾场免遭了最近有关"衰败中的现代碎片"的炒作。众多"垃圾填埋世纪"的遗迹
亟须重建、警醒乃至获得"未来的关怀"。事实上,废弃物处置工程师们正期望对
德国历史上的一些垃圾场进行几百年的后续关怀(Bilitewski, Härdtle and
Marek,2010)。因此,我们可能会按照"反景观"或"景观疤痕"的思路来看待垃
圾场(Storm,2014a,2014b;Nye,2014;David and Elkins,2014)。反景观被定义 268
为维持不了人类生命的"不可居住"空间,使用过度、荒漠化、毒害化或毁林等都
会导致这一结果。最近,以"后工业时代的景观疤痕"为题,安娜·斯托姆(Anna
Storm)强调了工业化废墟周围持续不断的社会进程,认为工业化废墟既是体现
社会不公、阶级矛盾和劳工冲突的场所,也是充满争议的记忆、"治愈"过程以及
身份认同形成的场所。本章用以描述古往今来垃圾场的术语——"废弃物景
观",也暗含了垃圾处理场及其矛盾含义的模糊性。它既是社会雕塑艺术和景观
美化工具,又是反景观的疤痕。此外,"废弃物景观"一词背后还隐含着塑造出废
弃物景观的行动者,不仅包括城市、卫生工程师和城市规划者,还包括废弃物本
身及其生产者(普通消费者)。

　　本章重点关注在消费过程中和消费"后"留下的废弃物,这些消费后废弃物
的最终归宿是垃圾场。源自其他地方的废弃物流(如工业废弃物流)或最终流向
其他地方的废弃物流(如焚烧厂里、非正规或非法处置渠道中或者流向国外的废
弃物流)不在本章的考虑范围之内,这些其他类型的废弃物流从古至今大多是极
其隐蔽的,即使工业废弃物也是如此,工业废弃物早已超过了消费产生的废弃物
量。① 自20世纪70年代以来,废弃物处置行业已经呈现出全球尺度(Brownell,
2011)。例如,联邦德国的废弃物从20世纪80年代中期开始输入德国,而在
1989年后,东欧变成了西方的垃圾场(Buck,1999;Gille,2007)。就像能源资源、
税收、工作或休闲娱乐一样,废弃物也越来越多地变成"离岸"状态(Urry,

---

　　①　20世纪60年代初,联邦德国废弃物专家估计,约有1 000万吨城市废弃物和2 000万吨工业废
弃物,见:DerStädtetag,1963。

2014)。根据戴维·佩洛(David Pellow)的说法,我们正在"摧毁地球"。倾倒废弃物仍然是环境不平等的最常见形式,其规模现已抵达全球范围(Pellow,2007)。作为一种有毒物质的殖民主义,发达国家将生产和消费活动中废弃物的环境危害转移到了南方国家。中国的贵屿和石角、孟加拉国的吉大港等城镇地区已经成为全球废弃物回收和处置链条的节点(Minter,2013;Breen,2011),也是 21 世纪早期全球化废弃物景观的代表。

　　废弃物流是复杂的,而且还很隐蔽,特别是在存在非正规或非法处置渠道、缺乏可靠统计数据,以及废弃物和(可交易)资源之间界限模糊的情况下。因此,试图掌握废弃物总量,以及由此产生的废弃物景观数量的想法是难以实现的。但是,在地方环境当局污染场地登记册的帮助下,城市环境史至少可以尝试绘制某些地区的废弃物景观地图。[①] 一旦我们对 20 世纪和 21 世纪废弃物产生及处置的地点有了更全面的历史把握,我们将意识到,废弃物已经超越城市范围,成为全球共同面临的突出问题。几十年来,废弃物流代表了尼尔·布伦纳(Neil Brenner)和其他学者所描述的"行星城市化"的关键形式(Brenner,2014)。

三、边缘地区的缩影:从生活在城市垃圾堆之上到远离城市垃圾堆,再到与城市垃圾堆共处

　　废弃物倾倒、堆肥、焚烧和循环利用等处置方式之间的严格区分,只是在 20 世纪漫长的专业化过程中才出现的。在 1900 年左右,垃圾场不仅是废弃物倾倒的场所,同时也是回收可回收材料的地方,一旦有机材料腐烂,还可以重复利用所谓的"废土"(*Müllerde*)。这些土壤或被农民所使用,或仅仅留在原地。垃圾场一面发生着自然分解,一面见证着城市中的穷人在此生活和工作。作为令人反感的社会—物质缩影,垃圾场的位置被限定在城市边缘区。这种充

---

　　① 制图工作相关研究见:Hurley,2016。赫尔利(Hurley)描绘了当美国的废弃物危机与去工业化进程发生冲突时,中心城市边界以外的地区变成垃圾场的方式。根据 EPA 的数据,Save On Energy 公司编制了一套地图,说明了垃圾填埋场的区域分布及其随时间的发展:www.saveonenergy.com/land-of-waste/(最后访问时间 2018 年 1 月 3 日)。

斥着稀缺和生存所需的非正规经济，同霍恩（Horne）19世纪中期对伦敦"大沙尘堆"（Great Dust Heap）时期的描述非常相似（Horne，1850；Cox et al.，2011），城市中的穷人边捡边卖废弃物品，包括骨头、纸张、纺织品、金属或瓶子，才能勉强糊口，有时还不得不与那些能将有机废弃物转化为可食用肉的猪共同生活。

　　20世纪上半叶，众多的德国城市议会将清理城市废弃物的权利租给了当地企业家，这些企业家随后又分包给个人。在私营企业负责废弃物处置服务的地方，这些企业通常雇佣一支劳动力在垃圾场范围内进行搜索。① 慕尼黑市是唯一一座将废弃物运送到中央分拣厂［位于普赫海姆（Puchheim）］进行垃圾分类的城市。这意味着要支付高额的市政补贴，大多数城市将这一垃圾分类工作交给非正规的垃圾回收和交易系统来做。从城区中那些破布烂衫下骨瘦如柴之人，到城市边缘区垃圾场里的拾荒者，城市里的穷人们始终在废弃物流中搜索着有价值的物品。虽然这种人工分拣工作非常不卫生、费力、令人作呕，但历经无数双手的人工分拣工作可以达到很高的分拣水平，并确保最终进入垃圾场的废弃物具有同质性。对于"谢尔贝利诺山"（Monte Scherbelino）这座位于法兰克福缅因州（Main）城市森林中的废弃物山，人们可以追溯到几个不同的废弃物清理阶段。这座距离市中心10千米的市政垃圾场于20世纪20年代开放，并且很快就被出租用于废弃物清理。② 尽管废弃物的收集和运输过程在两次世界大战期间变得更为机械化，但垃圾场现场的废弃物清理工作仍然是使用手和脚、耙子和篮子等原始工具进行的，图12-1即为同期的照片。在废弃物倾倒出来后，清理工人就手工将废弃物摊开，拾荒者从中挑选有价值的部分。只要向垃圾场浇水，就可以防止持续的火灾威胁。

　　1938年，当这座废弃物山高30米的时候，大约有20名拾荒者在此搜索废弃物，其中一位老人已年至70岁，他和儿子在垃圾场生活了大约30年（Neueste

---

　　① 如柏林废弃物公司（Wirtschaftsgenossenschaft Berliner Hausbesitzer）。在20世纪前10年，它用火车将废弃物运送到郊区的一处垃圾场，在那里它雇佣了100多名男女工人从事废弃物处理工作，其中大多数是自东方移民而来（Städtereinigung，1913）。

　　② 法兰克福城市历史研究所，废弃物处置场，6.962（"Müllabladeplätze"）。

图 12 - 1 1930 年前后"谢尔贝利诺山"废弃物山上的清理工人,拾荒者,狗和废弃物卡车

较小的照片中一名工人正在给垃圾堆浇水,此为杂志文章照片。

资料来源:"Kehraus",Das Illustrierte Blatt,1929 年 8 月 31 日,第 987 页。

Zeitung,1938)。当时的纳粹政权建立了严格的废弃物回收体系,强化了传统的破布和骨料贸易,并使之芳基化(aryanized)。最近的研究表明,废弃物回收并循环利用是纳粹在经济独立、种族关系和军事目标方面的重要组成部分(Berg,2015;Weber,2019)。当时,城市必须对市政垃圾进行分类。同期的数据表明,在废弃物流向城市垃圾场时,只有大约 3％ 的废弃物可以被循环利用(Neuy,1938),而纳粹则宣称回收率达到 10％ 以上。二战后由于物资十分匮乏,即使是在纳粹政权消亡之后,废弃物清理分拣的工作仍在延续。在 20 世纪 50 年代末,法兰克福的废弃物处置服务已经走上现代化道路,但传统型清理手段仍然同垃圾场里的现代化垃圾车和推土机齐头并进。废弃物的机械压实过程使得拾荒者的工作更加艰巨。但随着废品价格的下降,传统废弃物清拣工作也逐渐消失。

如今,在城市垃圾堆上从事清拣工作被视为全球社会不平等的标志。它往往与德里(Delhi)、里约热内卢(Rio de Janeiro)、马尼拉(Manila)或开罗(Cairo)等城市的极度贫困联系在一起(Medina,2007;Cortel and Le Lay,2011;Gill,2010),并且成为许多纪录片或新闻报道的主题。类似地,19 世纪中叶的城市垃圾场也出现在一些同期的文字表述中,比如佩罗特(Perrot)关于蒙福孔(Montfaucon)的报告或霍梅(Horne)提出的伦敦"大沙尘堆"(Perrot,1840;Horne,1850;Cox et al.,2011)。当时人们认为,清拣废弃物是一项令人既怜悯又反感的工作,但同时也是物质上的有效做法。随后的卫生城市时代不屑于清拣废弃物,认为它们不卫生且不合需要。尽管现代卫生城市并没有完全取消废弃物清拣工作,但我们将它高度隐蔽起来,并与现代基础设施、工业和经济统计相结合,从而将废弃物清拣工作限制在灰色市场和边缘地区。诚然如此,废弃物清拣工作直到 20 世纪初仍是城市经济部门中不可忽视的一环,为工农业部门提供了包括骨料或肥料在内的各种资源(Barles,2005)。20 世纪 60 年代初期,伴随着现代大众消费的兴起(Haupt,2009;Siegrist et al.,1997),我们依然可以经常在西欧地区的城市垃圾场里看见拾荒者,但却很少谈论他们。因此,像 1962 年这篇描写科隆(Cologne)郊区一处垃圾场的新闻文章就显得十分罕见:在那里,拾荒者、消费品废弃物和被社会排斥的营房似乎融为一体,形成了一片混乱的悲惨景象。在该报告的措辞中,人、老物件和废弃物变得无法分辨,最终将拾荒者和不合需要的废弃物混为一谈:

　　在铁路堤坝、棚屋、腐烂的地形之间，灌木丛、树干、罐子、汽车零件、生锈的自行车、保存良好的收音机外壳、红色床垫、木板堆等的旁边，有人在吹着口哨敲敲打打。在用木材和石头搭建的低矮棚屋里，这个人或是棚屋的主人停放了一辆车，圈养了小鸡和鸽子，周边有栅栏和金属网环绕。（法兰克福汇报，1962）①

272　　　但在联邦德国的"经济奇迹"期间，垃圾堆也可能成为当地零星的景点。在城市提供批量化的废弃物处置服务之前，市民会把废弃的橱柜、沙发或灯具丢弃在市政垃圾场里，而其他人通常会来垃圾场周围转一转，并把有用的物件带回家。还有一段时间，垃圾场也是孩子们被禁止进入的冒险乐园，充满独特的兴趣点（Nagle，2011）。② 从 20 世纪 50 年代中期开始，回收物价格的暴跌使废品行业无利可图，但惊奇的是，据报道称，1970 年前后仍有约三分之一的联邦德国垃圾场（其中包括"控制型"垃圾场）还存在一定的废弃物清拣活动（Müll und Abfall，1971）。截至目前，可回收材料的范围已经缩小到金属、瓶罐或铜电缆，电缆的保护套都会在垃圾场里当场烧除。控制型垃圾场的经营者越来越多地将第三方拒之门外，从长期看，城市垃圾场的社会—物质缩影逐渐为中央型、半城市半农村型以及所谓的控制型垃圾填埋场让路。以 1974 年的"埃姆舍布鲁赫"中央垃圾填埋场为例，这些控制型垃圾填埋场仅需安排少数废弃物处置工人即可实现运转（见图 12-2）。③

　　拾荒者和废弃物处置工人不得不忍受垃圾场的气味、污秽、啮齿动物、陷阱及其他恶劣条件。附近的居民自然也不那么宽容。市政档案中充斥着居民对附近垃圾场的投诉，并记录了环境不公平的各种做法，如垃圾场被优先设置于贫困地区等。④ 城市垃圾场的设置必须得到城市卫生员的正式批准，并且应当距离

---

① 作者翻译自德语原文。

② 来自内格尔（Nagle）回忆她在纽约州北部的童年：开车到垃圾场看熊觅食是一种寻常的休闲活动。

③ 它并没有停止回收废弃物，但这项工作仅限于由可能注意到铜线或大体量废弃物的处理人员实施（Reno，2009）。

④ 美国城市对垃圾堆造成的环境不公平问题进行了研究，但欧洲城市的研究较少（Pellow，2002；Bullard，2000）。

图 12 - 2　1974 年联邦德国埃姆舍布鲁赫卫生填埋场里装废弃物的卡车、货运汽车和毛虫
不同的卡车代表不同的废弃物类型,如散装废弃物、工业废弃物等。

资料来源:Müll und Abfall,1974,Erich Schmidt Verlag。

河流、湖泊、饮用水源地或人类居住区 100 米以上。但城市发展却迫使垃圾场和
城市居民之间的联系比预期的更加紧密。此外,趋紧的市政预算往往会削弱卫
生管理方面的经费保障。20 世纪 50 年代末至 60 年代,焚烧着的垃圾堆在城市
外围地区十分常见,给附近居民带来无尽的烟尘困扰(Städtehygiene,1962;
Städtetag,1965;Städtetag,1954)。由于废弃物的成分千变万化,包括橡胶、油
料残余、纸板包装等不同种类,因此经常发生阴燃。此外,由于集中采暖技术的
应用,投入到家庭壁炉中燃烧的废弃物数量有所减少。战后废弃物易燃性高的
另一个原因直到 20 世纪 60 年代末才得到承认,即废弃物厌氧腐殖化的过程中
产生了甲烷气体(Städtetag,1967)。在许多城市,居民都向社区代表或专业人
士投诉过垃圾场的卫生问题。联邦德国政府在 20 世纪 60 年代初发布的首份关
于废弃物处置情况的报告称,有 293 个人口万人以上的城镇因垃圾堆的存在给

273　公众带来严重的危害。① 后来，饱受困扰的市民还同卫生部（现被称为负责处理废弃物有关事宜的国家当局）取得联系，投诉了垃圾场的火灾、纸片四散、昆虫和啮齿动物丛生以及渗水等问题（Städtehygiene，1965；Städtehygiene，1969）。随着废弃物问题逐步从城市范围内的卫生事宜上升到国家层面，废弃物管理的责任在 20 世纪 60 年代末至 70 年代进行了调整。1972 年，联邦德国通过了首部将废弃物处置服务强制化的废弃物法，废弃物管理问题已进入国家环境政治领域，并有望进入欧盟和国际政治领域。为了实现对未来废弃物处置的系统规划，每个联邦德国的联邦州均必须制定区域废弃物处置计划，并评估日益稀缺的废弃物处置容量。同时，新建垃圾填埋场必须经过复杂的规划审批程序，其间市民

274　也拥有发言权。这些规划审批程序最终多是在法庭上做出决定的，耗时长达几十年之久，有的甚至以不予新建而告终。

四、城市规划：作为景观美化工具的废弃物景观

　　在卫生城市的优先事项中，自来水、河道或医疗服务名列前茅，与之相对应的基础设施作为城市的展示品，其维护和升级往往涉及大量市政资金。相比之下，即使城市将废弃物管理作为一项基本的市政职责，废弃物处置服务及其场地的运营管理实际上并没有较大规模的资金投入。因此，对大多数城市而言，倾倒是最常用的废弃物处置方式，它比任何其他的废弃物处置方式都便宜得多，所需的劳动力和技术设备也相对较少。1900 年左右，只有少数像慕尼黑或汉堡这样的城市会重金投资于废弃物处置设备。慕尼黑长期补贴了一家废弃物分拣厂，汉堡在 1892 年当地霍乱流行后建设了一家垃圾焚烧厂。由于大多数城市在废弃物处置方面的投资相对保守，倾倒成为占主导地位的垃圾处置方法。而且，倾倒往往还能起到开垦未利用土地或劣等土地的作用。时至今日，这种对废弃物处置方式的双重利用仍被认为是合理的城市规划。当前，大多数的垃圾焚烧厂还兼具供热或供能的作用。哥本哈根市于 2017 年在阿马格岛（island of

---

① 1963 年联邦德国政府报告。

Amager)上开设了一家"废弃物转能源"的工厂，该工厂建成后还可用作滑雪道。[①] 在1960年到20世纪80年代期间，人们开始接受对可靠的废弃物处置方式支付较高的费用，并持续积累废弃物处置领域的基础知识。只有在人们的环境意识普遍提高的同时，原市政当局以及现任国家当局才可能认识到，卫生且环境敏感的废弃物处置方式需要额外的投资、研究和技术开发。因此，废弃物填埋经历了一场深刻的专业化历程，其中，1974年成立的电子废弃物回收处理主管部门(*Umweltbundesamt*，UBA)起到了孵化器的作用。

然而在1970年以前，废弃物处置工作缺乏国家层面上的法规、机构或监督依据，对于废弃物倾倒的潜在环境危害，人们或尚未知晓，或不以为然(Weber，2014)。许多联邦德国废弃物研究领域的专家高估了水体和土壤在自净能力方面的环境容量，尽管1959年《水法》规定，对新建的垃圾填埋场必须进行地质和水文调查，但并没有改变人们对于"自然会以某种方式消解倾倒的废弃物""废弃物随时间推移会归于自然"的普遍认知。事实上，日常实践中，大多数市政废弃物处置服务是由非专业人员管理的，劳动力仅限于操作员、一位看门人(通常情况下)以及个别的履带车或压实机司机。废弃物处置工作的从业者可能在机械工程或运输物流方面有一定的专业背景，但是他们基本不了解废弃物的物质组成或垃圾填埋场内部的生化降解过程。垃圾填埋的基础科学研究始于20世纪60年代末，自70年代以来变得尤为突出。许多研究项目得到支持，大学也设立了固体废弃物的管理工程学位。废弃物填埋的知识体系超出了传统的城市卫生和物流领域，物流之所以重要，是因为废弃物的收集和运输是市政废弃物处置服务的主要支出项目。废弃物填埋有关知识体系的建设，首先吸收了建筑工程专业知识(用于建造垃圾填埋场)，其次借鉴了废水处理工程知识(分析垃圾填埋场的水平衡)，最后融合了化学和生物学知识，以了解废弃物的物质组成、生化降解机制和潜在污染。

只要垃圾场廉价易得，运输成本便是影响垃圾填埋场选址决策的主要因素。20世纪早期的一些废弃物处置服务机构(如柏林市或慕尼黑市的处理机构)，利

275

---

① 见：ARC, Copenhill / Amager Bakke, Copenhagen, Denmark, http://www.volund.dk/Waste_to_Energy/References/ARC_Amager_Bakke_Copenhagen(最后访问时间2018年1月3日)。

用船只和火车运输废弃物；而在其他城市，垃圾场通常设置距离城市较近，以便于马拉的垃圾车每天可以往返两到三次。在机动车运输时代，这一距离变成了10千米左右。在20世纪60年代，多地普遍建设起废弃物转运站，使得更大范围的运输成为可能。随着垃圾场涉及越来越多的技术和维护工作，其复杂程度也在逐步提升，市政废弃物处置服务的成本结构也发生了很大变化。当时废弃物填埋的成本已经几乎接近堆肥或焚烧的成本，到了20世纪末，对于整个废弃物处置周期的总成本而言，将废弃物倾倒到垃圾填埋场的成本份额，比收集和运输废弃物的成本份额还高。

　　无论是否进入集中控制型的技术化垃圾填埋场时代，城市都试图通过废弃物的重复利用使其涉足景观美化和城市发展领域。例如在20世纪初，对于主要由灰烬和有机残余物组成的废弃物，城市或将它们用于湿地，或将它们用于填平那些年代久远的、曾经开采出砾石、石灰石及其他矿物的矿坑。除此之外，废弃物倾倒也为建设或娱乐活动创造了新的场地。例如在法兰克福市，废弃物被用来提升新东部港口区域的地势，或是用于将潮湿的沼泽地改造成可分配的土地（Gather，1992）。在法兰克福市，垃圾场选址的最终决策不是由废弃物管理部门做出的，而是由规划和住房开发部门（*Siedlungsamt*）做出的，同时，从长期来看，规划和住房开发部门还将环境卫生部门纳入其管辖范围之内。

　　城市的发展也促进了垃圾场的重建。除此之外，废弃物处置工作依照每个城市的具体需求而进行。德国葡萄酒产区的少数城市将其废弃物运到了内陆的葡萄园，并作为"废土"用到葡萄园的土地上，该做法一直持续到20世纪60年代。类似的，在1960年左右的几年里，鲁尔地区的许多城市使用废弃物来绿化矿山垃圾场（Grüneklee，1968）。由于该地区人口稠密，这些城市也选择了人烟稀少的森林地区（如杜塞尔多夫的埃勒弗斯特，Düsseldorf's *Ellerforst*）作为垃圾场。20世纪60年代末，约60个城市对其垃圾填埋规划进行了详细研究，其中一半左右的城市规划目标是再造林，如果说景观包括了林地，这便是一种能够将废弃物景观融入周围景观的直接方法。进一步的重复利用模式包括用于农业、草地、运动场或水果种植园等，且它们通常相伴出现（Neumannand Van Ooyen，1979）。

　　特别要提及，有两处废弃物景观被认为是利用废弃物实施耕作（*kulturtech-*

nische Arbeit）的成功模式（该术语见 Martin，1930）：一个是 20 世纪莱比锡市的
"舍贝尔山"（Scherbelberg，又称 Rosentalberg），另一个是 20 世纪 70 年代法兰
克福市的"谢尔贝利诺山"。尽管受到了当时城市卫生学家的批评，但"舍贝尔
山"在 19 世纪 90 年代被堆成了一座废弃物山。当它达到 30 米高时便进行绿
化，并在顶部建立了一个观察哨所，形成一处很受欢迎的景点（Spitzner，1913；
Technisches Gemeindeblatt，1916—1917）。法兰克福市的"谢尔贝利诺山"原本
打算建成一处 10 米高的休闲场所，用于徒步旅行或冬季运动。然而，在当地垃
圾焚烧厂 1966 年投入运营之前，由于废弃物处置容量不足，市政当局决定继续
使用该场地一段时间，最终再重新用作绿色休闲场所。当其在 1968 年关闭时，
高度已经上升到 42 米，占地面积约为 25 公顷。[1] 那时，这座废弃物山四周已经
布满了城市基础设施：一边是城市森林和不远处的法兰克福机场，另一边是奥芬
巴赫市（Offenbach）的高速公路和立交桥。

　　为了将其"自然化"为公园，这座内部最中心温度达到 90 摄氏度的废弃物
山，被实施了复绿治理，其中第一步是覆盖上了几米厚的土壤，以防止作物的根
部接触到废弃物。在 1970 年前后，第一波水污染问题暴露出来。为了解决水污
染问题，公园在这座废弃物山上安装了排水系统，此外，公园还对山上用户的水
进行定期监测。1972 年，公园向公众开放。一家当地杂志对公园的设计和服务
充满了兴趣，邀请法兰克福市民走进这座"阿尔卑斯山"上的废弃物山，在山中的
12 个小屋及烧烤区（图 12-3）、山上的湖泊以及能够欣赏周边完美景色的最佳
观景点来度过他们的闲暇时光（Frankfurter Hausfrauen-Zeitung，1972）。同样
的，从城市发展的角度来看，看似自然化的"谢尔贝利诺山"废弃物景观可以说是
一次成功的复原（Lösch，1984）。

　　美国的芝加哥、纽约等地区也已经开展过类似的废弃物景观化工作
（Colten，1994；Engler，2004）。事实上，关于废弃物景观美化的这类工作，存在
从传统废弃物倾倒转向现代化、控制型倾倒的直通路径。例如，罗伯特·摩西
（Robert Moses）的"卫生、复垦、娱乐"计划就提出了控制型废弃物倾倒的方法，
他认为这是纽约城市发展过程中一种可靠的、卫生的且具有高成本效益的工具。

---

[1]　Gerdes et al.，2008；另见法兰克福城市历史研究所，废弃物处置场，6.962（"Müllabladeplätze"）。

图 12-3　公园长凳、游乐场、步道和绿色丘陵空间

法兰克福市民被邀请来这座人造的"谢尔贝利诺山"一探究竟

资料来源：Müll und Abfall，1974，p. 27，Erich Schmidt Verlag。

摩西通过控制型废弃物倾倒方式对曼哈顿（Manhattan）、布鲁克林（Brooklyn）、
皇后区（Queens）和布朗克斯区（Bronx）的大部分地区进行了复垦。在 19 世纪，
包括巴特斯·肖蒙公园（*Parc des Buttes Chaumont*）在内的城市复垦项目均以
他的项目为榜样。巴特斯·肖蒙公园是在豪斯曼（Haussmann）的组织下，把曾
经的采石场和垃圾场变成了如今浪漫的巴黎花园。类似的，对鲁尔地区"埃姆舍
布鲁赫"中央垃圾填埋场的回填也是合理的，这符合让原先的煤炭矿区和城市工
业景观最终重归自然的构想。"埃姆舍布鲁赫"并没有按照最初预计的时间关
闭，就像其他地方一样，随着人们重归自然的希望愈发强烈，到 1990 年，这一希
望与该地区修复工业时代遗址的更大计划融合在了一起。随着煤炭需求的下降
和 20 世纪 70 年代开始的去工业化进程，工业时代遗址的修复计划变得愈发突
出。20 世纪 90 年代，号称国际建筑展（*Internationale Bauausstellung*，IBA）的

埃舍尔公园（Escherpark）极大地改变了鲁尔地区的景观：废弃的工业用地重归自然，破败的工厂变成了工业遗迹，艺术作品竖立在主要的矿山遗迹堆上（Storm，2014b）。城市规划者将"埃姆舍布鲁赫"纳入改造计划，并承诺让它成为当地景观的一个组成部分，"作为一处约有76米高的绿色土丘，十分适合休闲活动"（Reiß-Schmidt，1991）。当时在该垃圾填埋场旁边，沿着莱茵-赫恩运河（Rhein-Herne canal）和埃姆舍尔河（Emscher River）铺设起了绿色廊道，还有一些廊道正待铺设。尽管自1992年起，莱茵—赫恩运河和埃姆舍尔河地区已进行了大规模且漫长的重新自然化，但是，"埃姆舍布鲁赫"的未来仍不够明朗。

到20世纪70年代，控制型填埋的理念更为丰富，而作为复垦土地进行二次利用的垃圾填埋场，它的前景也十分广阔。与过去所谓"粗放型"废弃物倾倒形成鲜明的对比，控制型垃圾填埋被视为填埋场关闭后进行安全的重复利用和重建的前提保障（Weber，2014；Cooper，2010；Rogers，2005）。此外，正是考虑到控制型垃圾填埋的卫生程度很高，很多垃圾场选择在居民区附近建设和运营。20世纪60年代中期的联邦德国政策就建议将垃圾场和住宅区之间的距离设为200米（Erbel and Kaupert，1965）。尽管美国和欧洲有关卫生填埋场或控制型填埋场的样式在某些方面有所不同，但他们都将废弃物作为一种景观化的工具。不同的废弃物压实方式是美国和欧洲卫生填埋处理技术的一处区别。在20世纪70年代有关废弃物含量变化影响加速氧降解速度的想法过时之前，欧洲的废弃物从业者曾指责美国的废弃物压实程度过于密集，无法确保好氧降解的顺利进行。另一处区别在于联邦德国的废弃物循环利用传统并未像美国那样完全消失，垃圾填埋很快就面临着容量稀缺的困境。废弃物处置工程师们从20世纪前10年［英国的布拉德福德（Bradford）］和20世纪30年代［法国巴黎附近的利扬库尔（Liancourt）和其他地点，以及旧金山附近的弗雷斯诺（Fresno）］开始进行控制型废弃物填埋模式的开发。当纳粹德国转向严格的废弃物回收政策时，美国卫生填埋的理念在二战期间以及战后逐渐盛行起来。美国陆军负责运营卫生填埋场，而陆军工兵部队的成员（其中许多后来在城市卫生部门任职）将这一理念传播到美国各大城市。这种卫生填埋方法在1960年左右传到了联邦德国的废弃物处置服务机构，但仅仅几年过后，联邦德国垃圾场的填埋容量在人口稠密的地区就已变得稀缺。在接下来的几十年里，大城市开始将垃圾焚烧视为未来较长时间内优先选择的废弃物处置方式，到 1980 年左右，人们开始探索将回收重复利用作为减少废弃物及其所需填埋空间的手段。相比之下，由于美国拥有广阔的国土地理空间和人口格局，这让许多美国城市倾向于选择将废弃物运送到更远的垃圾填埋场进行处置(Thomson，2009)。

20 世纪 50 年代，当联邦德国卫生部门的代表参观位于布拉德福德和利扬库尔的欧洲卫生填埋场前身时，他们看到了控制型废弃物处置管理和土地成功复垦的典范，并决心将这种方式引入国内。[①] 直到那时，废弃物处置专家才开始在"粗放型"和"控制型"废弃物倾倒方式之间划清界限。但实际上，控制型垃圾填埋的理论概念与其实际发展之间的差距越来越大，许多"控制型"垃圾填埋场很快就变得像先前的"粗放型"垃圾场一样了。专家们敦促当地的废弃物处置服务部门放弃传统而简单的废弃物倾倒方式，即运输废弃物的卡车一到垃圾场就把整车的废弃物倒出；相反，废弃物要一点一点地倒出，分散在不超过两米的各层中。而且，最上面一层废弃物上每天都要用土壤或废弃物碎片进行覆盖，以防止滋生啮齿动物或失火，但是人们并不重视这些绝佳的提议。为了更好地控制并进一步提升废弃物填埋的技术化水平，垃圾填埋场的数量被大幅削减，转而采用以"埃姆舍布鲁赫"作为首创模式的大型集中式垃圾填埋场，并在这里开发出了控制型填埋的主要程序、技术和改进方案。早期的控制型垃圾填埋场在其"天然"屏障(如黏土层)之外缺乏任何的封存措施，也没有前瞻性地安装一些设施以控制渗滤液或填埋产生的废气。这些附属设施从 20 世纪 70 年代才开始发展，人们历经精密的学习过程，将垃圾填埋场变成复杂的技术设计。最终，废弃物填埋的成本越来越高，尤其是在 20 世纪 80 年代以后开始将修复和后续维护费用考虑在内，这一情况愈加严重。

尽管仍有不少缺陷，但是控制型填埋在几十年间一直是主导型的废弃物处置方式。废弃物处置和市政领域的专家认为，废弃物填埋是两万人口以上地区的合适解决方案，他们还建议五万人口以上的城镇建设堆肥场，十万人口以上的城镇建设垃圾焚烧厂(Städtetag，1970)。因此，许多需要建立废弃物处置设施的小城市，转而选择倾倒废弃物甚至进行填埋，因为这是唯一可行的低成本的

---

① 战后早期知识转移的一个例证见：OEEC，1953。

废弃物处置方法。此外，正如1978年一篇专业文章所说，填埋涉及的设备和专有技术较少，与焚烧或堆肥相比，它需要"最少的专业知识来维持运转"（Müll und Abfall，1978）。农村地区的市政当局成立了协会组织，进而建立起废弃物收集服务机构，而这些机构一般会交给私营企业来经营。大约在那段时间，农村和城市之间的差异正在消失。随着城市扩张到腹地，城市的人口密度出现下降。农村家庭也开始采用城市里的生活方式；他们在超市购买预包装的食品，不再将厨房里的残羹剩饭用于苗圃或喂养动物，也转而使用现代化的采暖系统。此外，包括塑料或废弃玻璃瓶等在内的新型废弃物既不能轻易地重复利用，也不能在熔炉、堆肥堆或粪堆中得到处置，因此废弃物处置服务最终也成为农村地区的居民义务。例如，法兰克福市在1961年逐步将其市郊地区纳入了废弃物处理服务系统中，使得城市外围的农业家庭也需要强制进行废弃物处置（Städtetag，1961）。因此，在垃圾填埋场使用频率最高的时代，它曾经渗透到半农村地区，成为城市外围地区的地标，当城市不得不寻求更远的垃圾填埋场地时，情况更是如此。

　　随着垃圾填埋场与城市之间的距离越来越远、设计越来越复杂，废弃物景观的形态和复原计划也出现了差异。1975年前后，在所有运营的垃圾填埋场中，有三分之一计划改造为农用地或园艺用地，30％计划改造为森林，6％将成为绿色空间或体育和休闲场所（Bilitewski et al.，1990）。这项重复利用计划最终放弃了开发地产，因为填埋场内存在无法控制的降解反应和填埋气体，因此潜藏着一定风险。针对砾石坑之类的平整计划最终被搁置，废弃物主要堆积在巨大的工程场地上，这些场地的地基能够提供密封、排水和进一步安装附属设施的条件。这些不断变化的复原计划，在联邦德国城市废弃物处置服务协会定期编制的垃圾填埋场技术公告中都有体现。尽管1965年、1969年和1979年的文件都设想了垃圾填埋场的后续用途，并在关闭、复原和绿化方面作出了相当简单的指示，但它们却逐渐将农业种植和城市建设活动排除在重复利用范围之外。1969年公告的建议包括以下选择：在顶部加盖土层以实现绿化，用于公园建设等；30厘米厚的砾石层可变为合适的停车场或储存场所；计划建造周末房屋，同时要求隔断与废弃物供应处置管道的联系；建设具备"精致"地基的工业建筑。1979年公告的建议集中在景观美化项目上，如公园、休闲场所或是在工业区建设"生态补偿区"；只有在排除污染物渗入粮食作物的情况下，垃圾填埋场才能重新用于农业或园艺领域。

重复利用计划的关键在于垃圾填埋场的绿化。如此显然表明，这些废弃物景观仅适合于有限的植被生态。垃圾填埋场的绿化不仅是城市自然化或自然城市化的一种手段，而且从美学的角度看，它还有助于将人工构筑物融入周围环境。此外，为了减少渗滤液的产生，它还有助于将渗入垃圾填埋场的降水量降到最小。虽然植被覆盖有助于调节垃圾填埋场的水平衡，但它的经营者在 1970 年左右注意到，植被会遭受垃圾填埋场内产生的填埋气体的影响。复垦过程在当时得到了更为仔细的研究，如关于表土的厚度和种类、植物根系的生长以及不同植物对垃圾填埋场特定生境条件的适应能力等方面的研究。到 1980 年，垃圾填埋方面的主要专家承认，到目前为止完成的复垦过程已经"对植被造成严重损害"（Müll und Abfall, 1980；Neumann, 1976；Neumann and Van Ooyen, 1979）。在 20 世纪末，垃圾填埋场最终被限制广泛使用。同时，人们不再将垃圾填埋场视为城市或自然景观的一个元素，而是将其视为一个"嵌入景观但破坏生态系统"的结构。[①]

五、有毒物质的能动性：废弃物景观作为"野蛮"的（再）行动者

在 20 世纪的大部分时间里，废弃物处置专家认为，通过自然降解和矿化过程，自然就可以将废弃物堆逐步消纳掉。堆肥专家和水卫生学家则提出了反对意见，他们通常会强调潜在的危害。[②] 但是，即使从未开展过有关垃圾场内部降解过程的详细研究，废弃物处置专家依然直接无视这些批评的声音。他们认为只要运营正确，控制型填埋就是安全且卫生的。虽然雾霾时代已经将有机物的腐烂物质定义为危险物，但由于其气味和蒸发性，转而变成了"废弃物处置工作的天然盟友"（Cooper, 2010）。废弃物的好氧降解会产生高温，能够在短时间内杀死细菌，并随着时间的推移而导致废弃物的自然矿化，这是景观美化用途的完

---

①   见 Bilitewski et al. , 2010；作者翻译自德语原文。

②   在联邦德国首批关于废弃物的手册之一— *Arbeitsgemeinschaft für kommunale Abfallwirtschaft* (AkA, 1960)中即有相关的批评之声。

美先决条件。事实上,联邦德国的废弃物处置专家将控制型填埋描述为介于废弃物倾倒和堆肥之间的一种"相当粗糙的生物方法",堆肥需要的时间很长,但会使得有机物"土壤化"(Städtehygiene,1967;Städtetag,1967)。基于好氧降解的"自然性",垃圾填埋专家过于简单的降解理论直接忽视了在"野蛮"时代旧垃圾场上的一些令人担忧的发现。这些发现表明,废弃物的分解并不会严格按照预期的过程进行,速度也不像预期的那样快,而且还会因降解产生气体排放的问题。例如在汉诺威市的废弃物山上,人们发现20多年前倾倒的部分废弃物只腐烂到四米的深度(Städtehygiene,1964)。即使废弃物的化学成分(塑料、油漆、油、电池等)不断增加,也没有引起垃圾填埋场的经营者反思废弃物的物质性及其长期影响。事实上,垃圾填埋场被誉为一种包容万物的操作,也就是说,任何材料都能够在垃圾填埋场里找到最终埋葬的位置,即使是化学废弃物,一旦它们被小心地丢弃到不同的废弃物层之间,也就找到了最终归宿。

282

最终,无论是出于保持城市的整洁有序,或是为了改进过去不卫生环境的初衷,精心设计的控制型垃圾场都被证明是失控的,且逐步演变得类似于它的前身——粗放型垃圾场,控制型垃圾场也同样产生了火灾、难闻气味和污秽等问题。它还成为啮齿动物和昆虫的繁殖地,这些动物已经对常规灭鼠剂和杀虫剂产生了耐药性,到了20世纪70年代,乌鸦和海鸥也发现了垃圾填埋场并将其作为觅食之地(Städtetag,1970)。此外,新产生的渗滤液和甲烷排放也是填埋专家未能预见的问题。他们逐渐意识到垃圾填埋场可能会对水、土壤和空气造成潜在的污染,也认识到他们很大程度上并不了解垃圾填埋场内部材料的混合和降解过程。

过去几十年,联邦德国城市垃圾填埋场的特点表现为不断专业化和递进学习的过程,也通过不断实施技术改造,创造出意想不到的效果。当前的社会学家将城市垃圾填埋的发展描述为"现实世界的实验"(Groß et al.,2005)。工程师们对垃圾填埋方法进行了反复的技术改进,引发了新的不可预见的问题和新的知识体系,以及更多的未知。例如,新的密封技术促进了强化渗滤液管理的需要。然而,垃圾填埋工程师坚持他们对技术解决方案的信心。联邦德国控制型垃圾填埋场的主要支持者维尔纳·申克尔(Werner Schenkel)将城市垃圾填埋场定义为"人工沉降"。他认为,如果用箔片和泡沫将垃圾填埋场完全封闭,它们就可以无限期地待在原地，无须在未来做任何维护，也不会产生危害（Müll und Abfall，1974；Schenkel，1976）。申克尔的职业生涯始于"埃姆舍布鲁赫"中央垃圾填埋场（ZDE），曾就职于电子废弃物回收处理主管部门，后来成为废弃物处置部门的领导者。在这个核心位置上，他甚至提出填埋是最"环境友好"的城市废弃物处置方式。

　　然而，垃圾填埋场自身的能动性再次给这个领域的专家上了一课。此外，20世纪80年代发生的几起废弃物丑闻，揭露了过去在垃圾填埋场对有毒废弃物的非法处置问题。这使专家和公民都意识到，有必要根据废弃物的具体物质属性来进行分类处置，而且也有必要设立特定的危险废弃物处置场地，以及进行更系统的污染土地登记。至于城市垃圾填埋场，废弃物处置工程师必须承认，其内部复杂的生化环境和反应可能永远都是未知的。因此，20世纪后期进行的垃圾填埋，对倾倒废弃物的潜在可回收性、场地的长期后续管理以及对材料更加敏感的填埋方法提出了具体要求。另一个迫在眉睫的结果是禁止将未经处理的有机废弃物进行填埋处置。如今，人们将垃圾填埋场概念化为需要在未来持续维护的"连续反应堆"，这也意味着垃圾填埋场的设计必须做到可连续控制、可修复或材料可清除（Thomé-Kozmiensky，2008）。

　　有关"谢尔贝利诺山"的近代史表明，根据人类需要来塑造城市与自然的关系，同创造城市、自然和废弃物的混合体，并发展出自身的有毒物质的能动性之间，存在着不稳定的界限。大约40年来，这座废弃物山一直代表着对法兰克福市废弃物问题的一种技术解决方案。城市规划者和游客几乎忘记了垃圾场内部的所有生化反应，认为一旦在20世纪70年代关闭并绿化，该垃圾填埋场就理应成为一处"重新自然化"的城市休闲公园。仅仅过了一段时间，对该处水环境的持续监测结果就显示，这座废弃物山对人类环境造成的风险被低估了。20世纪80年代新的分析测量方法以及关于污染物的新认知，最终导致了这座废弃物山不再向公众开放。1989年，该废弃物山被列为污染场地。从那时起，它就成为一项冗长的生态修复工作目标。2012年，法兰克福市环境主管部门邀请市民正式参观了这块正在封闭建设的污染场地，并见证其生态修复工作的进展。据估计，当前正在开展的生态修复项目将于2020年完成。

参 考 文 献

Printed Sources

284

Arbeitsgemeinschaft für kommunale Abfallwirtschaft (AkA) ed., 1960. *Sammlung, Aufbereitung und Verwertung von Siedlungsabfällen.* Waiblingen: AkA.

Bericht der Bundesregierung, 1963. *Bericht der Bundesregierung zum Problem der Beseitigung von Abfallstoffen. Beschluss des Deutschen Bundestages vom 26. Oktober 1962—Drucksache IV/945—Bad Godesberg.* 285

Berke, W., 2016. *Über alle Berge: Haldenführer Ruhrgebiet 2.0.* Essen: Überarbeitete Ausgabe, Klartext.

Bilitewski, B., Härdtle, G. and Marek, K., 1990. *Abfallwirtschaft: Eine Einführung.* Berlin: Springer.

Bilitewski, B., Härdtle, G. and Marek, K., 2010. *Abfallwirtschaft: Eine Einführung. Zweiter korrigierter Nachdruck.* Berlin: Springer.

Der Städtetag: Zeitschrift für kommunale Praxis und Wissenschaft, 1954 (8), pp. 397–399: 'Brand- und Staubbekämpfung auf Müllabladeplätzen' (Mahlke, H.).

Der Städtetag: Zeitschrift für kommunale Praxis und Wissenschaft, 1961 (3), pp. 163–166: 'Neue Satzung und Gebührenrechnung für Müllabfuhr in Frankfurt am Main' (Klimpe, E.).

Der Städtetag: Zeitschrift für kommunale Praxis und Wissenschaft, 1963 (7), pp. 359–362: 'Feste Abfallstoffe und Wasserhaushalt' (Langer, W.).

Der Städtetag: Zeitschrift für kommunale Praxis und Wissenschaft, 1965 (6), pp. 315–317: 'Die Bekämpfung von Müllgrubenbänden' (Klingmüller, A.).

Der Städtetag: Zeitschrift für kommunale Praxis und Wissenschaft, 1967 (7), pp. 401–407: 'Grundsatzfragen bei der Beseitigung von Siedlungsabfällen'.

Der Städtetag: Zeitschrift für kommunale Praxis und Wissenschaft, 1967 (10), pp. 582–584: 'Kritische Bemerkungen zum 'Schichten-Modell' der geordneten Ablagerung' (Pierau, H.).

Der Städtetag: Zeitschrift für kommunale Praxis und Wissenschaft, 1970 (5), pp. 257–259: 'Entwicklungstendenzen bei der Abfallbeseitigung in der Bundesrepublik Deutschland' (Müller, H-J.).

Der Städtetag: Zeitschrift für kommunale Praxis und Wissenschaft, 1970 (5), p. 286: 'Müllvögel'.

Der Städtetag: Zeitschrift für kommunale Praxis und Wissenschaft, 1970 (10), pp. 537–539: 'Abfallbeseitigung in Mittel- und Kleinstädten aus rechtlicher Sicht'.

Erbel, A. and Kaupert, W., 1965. *Müll und Abfall-Behandlung und Verwertung.* Berlin and Cologne: Grote.

Frankfurter Allgemeine Zeitung, 1962: 'Der letzte Dreck. Müll und Abfall in unseren Städten' (Sturm, V.).

Frankfurter Hausfrauen-Zeitung, 1972, p. 8: 'Zur Freizeit auf den 'alpinen' Müllberg'.

Gerdes, H., Scheytt, T., Fach, A., Kämpf, M., Kapp, M. and Spinola, A., 2008. Modellgestützte Analyse und Bereitstellung eines numerischen Prognoseinstrumentatiums der Selbstreinigungsprozesse deponiebürtiger Schadstoffe im Grundwasser. In: *Forschungsbericht KORA-Projekt 4.3*. Darmstadt, Berlin.

Grüneklee, H-G., 1968. Zur Praxis der Bepflanzung von Abfall-Lagerplätzen. Erfahrungen aus dem Ruhrgebiet. *Der Forst- und Holzwirt*, pp. 1–4.

Institut für Stadtgeschichte Frankfurt a. M. (IFS), Magistratsakten, 6.962: 'Müllabladeplätze'.

Lösch, K., 1984. *Probleme des Abfallaufkommens und der Abfallbeseitigung dargestellt am Beispiel bundesdeutscher Städte*. Unpublished PhD dissertation. Bremen: Universitäts-Eigenverlag.

Martin, H., 1930. *Die moderne Müllverwertung unter besonderer Berücksichtigung der landwirtschaftlichen Nutzung*. Köln: Druck Vereinsdruckerei.

Müll und Abfall, 1969 (3), pp. 71–75: 'Erhebung der Anlagen zur Müllaufbereitung und -beseitigung in der Bundesrepublik Deutschland'.

Müll und Abfall, 1971 (2), pp. 33–37: 'Ergebnis einer Umfrage zum Stand der Müllablagerung in der BRD' (Leonhardt, H-W.).

Müll und Abfall, 1972 (1), pp. 28–30: 'Hearing Abfallbeseitigung im Deutschen Bundestag'.

Müll und Abfall, 1974 (9), pp. 10–11: 'Die geordnete Deponie von festen Abfallstoffen. Theoretische Grundlagen und praktische Durchführung' (Schenkel, W.).

Müll und Abfall, 1978, p. 152.

Müll und Abfall, 1980 (7), pp. 205–210: 'Zielsetzung der Deponieforschung des Bundes und Umsetzung in die Praxis' (Stief, K. and Franzius, V.).

Neueste Zeitung, 1938: 'Schon ragt er über die Waldwipfel' (Sammlung Erhard, Umweltbundesamt, Zeitungsschnipsel).

Neumann, U., 1976. *Untersuchungen über die Begründung und Entwicklung von Vegetationsdecken auf Müllablagerungen*. Berlin: Unpublished Dissertation TU Berlin.

Neumann, U. and Van Ooyen, G., 1979. *Rekultivierung von Deponien und Mülkippen. Grundlagen für die Praxis der Rekultivierungsplanung*. Berlin: E. Schmidt.

Neuy, Die Müllverwertung in Deutschland. III. In: *Internationaler Kongress für Städtereinigung in Wien, 24.-28.- Aug. 1938* (Sammlung Erhard, Umweltbundesamt, A 656).

Organisation européene de cooperation economique (OEEC, ed.), 1953. *Collecte et Evacuation des Ordures Ménagères*. Nettoiement des Voires Publiques. Paris.

Perrot, M., 1840. *Impressions de voyage: Montfaucon, son gibet, sa voirie, son écorcherie, description topographique, historique et industrielle*. Paris: A. Appert.

Schenkel, W., 1976. *Einführung in die Problematik der geordneten Deponie von Abfällen*. Berlin (Institut für Siedlungswasserbau und Wassergütewirtschaft und Forschungs- und Entwicklungsinstitut für Industrie- und Siedlungswasserwirtschaft sowie Abfallwirtschaft e.V. in Stuttgart. Fachlehrgang für Müll- und Abfallbeseitigung. Arbeitsunterlagen, 3).

Silberschmidt, W., 1919. Müll (mit Hauskehricht). In: A. Gärtner ed. *Weyls*

Handbuch der Hygiene, 2. Aufl., 2. Bd: Städtereinigung. Leipzig, pp. 573–713.

Spitzner, A., 1913. *Deutschlands Denkmal der Völkerschlacht. Das Ehrenmal seiner Befreiung und nationalen Wiedergeburt 1813–1913*. Weiheschrift des Deutschen Patriotenbundes. Leipzig: Patriotenbund.

Städtehygiene, 1962 (5), pp. 81–85: 'Die Kompostierung und das Absterben pathogener Bakterien der TPE- und Ruhrgruppe' (Baetgen, D.).

Städtehygiene, 1964 (4), pp. 77ff: 'Zur gegenwärtigen Praxis der Müll-Ablagerung' (Kaupert, W.).

Städtehygiene, 1965 (10), pp. 230–232: 'Aus der Praxis der Unterhaltung und Überwachung von öffentlichen großstädtischen Müllabladeplätzen' (Behrens, G.).

Städtehygiene, 1967 (6), pp. 130–133: 'Einige Gedanken zum Problem des Sperrmülls und der geordneten Deponie' (Stickelberger, D.).

Städtehygiene, 1969 (6), pp. 129–136: 'Über die Notwendigkeit einer umfassenden Neuordnung der Abfallbeseitigung' (Hösel, G.).

Städtereinigung, 1913 (13), p. 157: 'Berliner Müll im Havellande'.

Statistisches Bundesamt ed., 1984. 'Öffentliche Abfallbeseitigung 1984', Fachserie 19: Umweltschutz, Reihe 1.1., Stuttgart u. Mainz.

Technisches Gemeindeblatt, 1916, p. 48: 'Müllbeseitigung in Leipzig'.

Thomé-Kozmiensky, K., 2008. Verbrennung von gemischten und aufbereiteten Abfällen—Akzeptanz in Deuschland. In: Karl. E. Lorber *et al.* eds. *DepoTech 2008. Abfallwirtschaft, Abfalltechnik, Deponietechnik und Altlasten*. Essen: VGE Verlag GmbH, pp. 71–78.

Wolf, K., 1987a. Problematik der Altlasten am Beispiel der Deponie Georgswerder. In: K. J. Thomé-Kozmiensky ed. *Altlasten*. Berlin: EF-Verlag, pp. 708–718.

Wolf, K., 1987b. Sanierung der Deponie Georgswerder. In: K. J. Thomé-Kozmiensky ed. *Altlasten*. Berlin: EF-Verlag, pp. 719–726.

Websites

Energy Hill Georgswerder, www.iba-hamburg.de/en/projects/energieberg-georgs werder/projekt/energy-hill-georgswerder.html (last accessed 3 January 2018).

Land of Waste. American Landfills and Waste Production, www.saveonenergy. com/land-of-waste (last accessed 3 January 2018).

ARC, Copenhill / Amager Bakke, Copenhagen, Denmark, www.volund.dk/ Waste_to_Energy/References/ARC_Amager_Bakke_Copenhagen (last accessed 3 January 2018).

Literature

Barles, S., 2005. *Invention des déchets urbains: France 1790–1970*. Seyssel: Champ Vallon.

Berg, A., 2015. The Nazi rag-pickers and their wine: the politics of waste and recycling in Nazi Germany. *Social History*, 40 (4), pp. 446–472.

Breen, D., 2011. Constellations of mobility and the politics of environment preliminary considerations of the shipbreaking industry in Bangladesh. *Transfers*, 1 (3), pp. 24–43.

Brenner, N. ed., 2014. *Implosions/explosions: towards a study of planetary urbanization*. Berlin: Jovis Verlag.

Brownell, E., 2011. Negotiating the new economic order of waste. *Environmental History*, 16, pp. 262–289.

Brüggemeier, F-J., 2014. *Schranken der Natur. Umwelt, Gesellschaft, Experimente 1750 bis heute*. Essen: Klartext.

Buck, H. F., 1999. Umweltbelastung durch Müllentosrgung und Industrieabfälle in der DDR. In: E. Kuhrt ed. *Die Endzeit der DDR-Wirtschaft: Analysen zur Wirtschafts-, Sozial und Umweltpolitik*. Berlin: Springer, pp. 455–493.

Bullard, R. D., 2000. *Dumping in dixie: race, class, and enironmental quality*. Boulder: Westview Press.

Colten, C. E., 1994. Chicago's Waste Lands: refuse disposal and urban growth 1840–1990. *Journal of Historical Geography*, 20, pp. 124–142.

Cooper, T., 2010. Burying the 'refuse revolution': the rise of controlled tipping in Britain, 1920–1960. *Environment and Planning A*, 42 (5), pp. 1033–1048.

Corteel, D. and Le Lay, S. eds., 2011. *Les travailleurs du déchet*. Toulouse: Erès.

DeSilvey, C. and Edensor, T., 2012. Reckoning with ruins. *Progress in human geography*, 37 (4), pp. 1–21.

Engler, M., 2004. *Designing America's waste landscapes*. Baltimore: Johns Hopkins University Press.

Frioux, S., 2013. *Les Batailles de L'hygiène: Villes et environnement de Pasteur aux Trente Glorieuses*. Paris: Presses Universitaires de France.

Gather, M., 1992. *Kommunale Handlungsspielräume in der öffentlichen Abfallentsorgung: Möglichkeiten und Grenzen einer aktiven Umweltplanung auf kommunaler Ebene im Raum*. Frankfurt am Main: Peter Lang.

Gill, K., 2010. *Of poverty and plastic: scavenging and scrap trading entrepreneurs in India's urban informal economy*. Oxford: Oxford University Press.

Gille, Z., 2007. *From the cult of waste to the trash heap of history: the politics of waste in socialist and postsocialist hungary*. Bloomington: Indiana University Press.

Groß, M., Hoffmann-Riem, H. and Krohn, W., 2005. *Realexperimente: Ökologische Gestaltungsprozesse in der Wissensgesellschaft*. Bielefeld: Transcript, pp. 173–207.

Haupt, H.-G. ed., 2009. *Die Konsumgesellschaft in Deutschland, 1890–1990: Ein Handbuch*. Frankfurt am Main: Campus.

Horne, R. H., 1850. Dust, or Ugliness redeemed. Reprinted In: Cox, R., *et al.*, 2011. *Dirt: the filthy reality of everyday life*. London: Profile Books pp. 180–184.

Hurley, A., 2016. From factory town to metropolitan Junkyard: postindustrial transitions on the urban periphery. *Environmental History*, 21, pp. 3–29.

John, U., 2014. *Offshoring*. Cambridge: Polity Press, pp. 118–134.

Köster, R., 2016. *Hausmüll: Abfall und Gesellschaft in Westdeutschland 1945–1990*. Göttingen: Vandenhoeck and Ruprecht.

Latour, B., 2011. Love your monsters: why we must care for our technologies as we do our children. In: T. Nordhaus and M. Shellenberger eds. *Love your monsters: postenvironmentalism and the Anthropocene.* Breakthrough Institute: unpublished (online), pp. 17–25.

Martin-Kilcher, S., 2003. Dépôts en milieu urbain et amphores: évacuation organisée—réutilisation—déchets. In: P. Ballet, P. Cordier and N. Dieudonné-Glad eds. *La ville et ses déchets dans le monde romain: Rebuts et recyclages. Actes du Colloque de Poitiers (19–21 septembre 2002).* Montagnac: Mergoil, pp. 231–242.

McNeill, J. and Engelke, P., 2014. Into the anthropocene: people and their planet. In: Akira Iriye ed. *Global interdependence: the world after 1945.* Cambridge, MA: Harvard University Press, pp. 365–533.

Medina, M., 2007. *The world's scavengers: salvaging for sustainable consumption and production.* Lanham: AltaMira Press.

Melosi, M., 2002. The Fresno sanitary landfill in an American cultural context. *The Public Historian,* 24 (3), pp. 17–35.

Melosi, M., 2005. *Garbage in the cities: refuse, reform and the environment.* Pittsburgh: University of Pittsburgh Press.

Melosi, M., 2016. Fresh kills: the making and unmaking of a wastescape. C. Mauch ed. Out of sight, out of mind: the politics and culture of waste. *RCC Perspectives: Transformations in Environment and society,* 1, pp. 59–65.

Minter, A., 2013. *Junkyard planet: travels in the billion-dollar trash trade.* New York, London, New Delhi and Sydney: Bloomsbury Press.

Nagle, R., 2011. The history and future of fresh kills. In: Cox, R., *et al.* eds. *Dirt: the filthy reality of everyday life.* London: Profile Books, pp. 187–194.

Nye, D., 2014. Introduction. In: E. David and S. Elkins eds. *The anti-landscape.* Amsterdam and New York: Brill and Rodopi, pp. 11–26.

Olsen, B. and Pétursdóttir, D. eds., 2014. *Ruin memories: materialities, aesthetics and the archaeology of the recent past.* London: Routledge.

Pellow, D. N., 2002. *Garbage wars: the struggle for environmental justice in Chicago.* Cambridge, MA: MIT Press.

Pellow, D. N., 2007. *Resisting global toxics: transnational movements for environmental justice.* Cambridge, MA: MIT Press.

Pfister, C., 1995. *Das 1950er Syndrom: Der Weg in die Konsumgesellschaft.* Bern: Paul Haupt.

Pfister, C., 2010. The "1950s Syndrome" and the transition from a slow-going to a rapid loss of global sustainability. In: Frank Uekötter ed. *The turning points of environmental history.* Pittsburgh: University of Pittsburgh Press, pp. 90–118.

Reiß-Schmidt, S., 1991. Ingenieurbaukunst im Ruhrgebiet: Großkläranlage in Bottrop und Zentraldeponie Emscherbruch in Gelsenkirchen. *Bauwelt,* 82, pp. 1260–1269.

Reno, J., 2009. Your trash is someone's treasure: the politics of value at a Michigan landfill. *Journal of Material Culture,* 14, pp. 29–46.

Roberts, J. A., 2014. Unruly technologies and fractures oversight: toward a model for chemical control for the twenty-first century. In: S. Boudia and N. Jas eds. *Powerless science? science and politics in a toxic world.* Oxford and New York: Berghahn Books, pp. 254–268.

Rogers, H., 2005. *Gone tomorrow: the hidden life of garbage.* New York: The

289

New Press.

Siegrist, H., Kaelble, H., Kocka, J., 1997. *Europäische Konsumgeschichte. Zur Gesellschafts- und Kulturgeschichte des Konsums (18. bis 20. Jahrhundert).* Frankfurt am Main: Campus.

Stokes, R. G., Köster, R. and Sambrook, S. C., 2013. *The business of waste: great Britain and Germany, 1945 to the present.* Cambridge: Cambridge University Press.

Storm, A., 2014a. Landscapes of waste: Malmberget and Ignalina as cultural tools in heritage processes. In: E. David and S. Elkins eds. *The anti-landscape.* Amsterdam and New York: Brill and Rodopi, pp. 161–176.

Storm, A., 2014b. *Post-industrial landscape scars.* Basingstoke: Palgrave Macmillan.

Tarr, J. A., 1996. *The search for the ultimate sink: urban pollution in historical perspective.* Akron: University of Akron Press.

Thomson, V. E., 2009. *Garbage in, garbage out: solving the problems with long-distance trash transport.* Charlottesville: University of Virginia Press.

Weber, H., 2014. Von wild zu geordnet? Konzeptionen, Wissensbestände und Techniken des Deponierens im 20. Jahrhundert. *Technikgeschichte,* 81 (2), pp. 119–146.

Weber, H., 2019. *Reste und Recycling vor der "grünen Wende"—Eine Stoff- und Wissensgeschichte.* Göttingen: Vanderhoeck & Ruprecht.

第十三章　可持续城市的根源:现代美因茨市和威斯巴登市的可见水域

迈克尔·托伊卡·赛德

　　席尔斯坦桥(Schiersteiner Brücke)自 1962 年开通以来,一直是连接德国西南部莱茵河两侧的美因茨市和威斯巴登市的主要交通干道。当 2015 年 2 月 12 日大桥的一根支柱倒塌时,莱茵河两岸的人们再次回忆起一段几乎被遗忘的历史。与大众的看法相反,莱茵河不仅是有用的交通工具,是可用于城市营销和当地节庆活动的美学和情感品牌,还代表着暂时被技术驯服的物质现实。因此,尽管这两座莱茵河岸邻近的德国区域性首府城市没有被这场灾难所"切断",但席尔斯坦桥作为每天通过约九万辆汽车的现代化交通基础设施,不得不临时被渡轮这种略显前现代化的交通工具所替换,这引起了城市官员的大规模骚动和相互指责(Süddeutsche Zeitung,2015)。

　　开放性水域以各种形式对城市产生了重大的影响,这些影响在人们对城市环境的历史发展进行了半个世纪的研究之后逐渐显露出来。倘若没有开放性水域,欧洲的城市发展将变得无法想象,河流促进了基础设施和工业的发展,并对城市居民的生活产生了多方面的影响。到了 19 世纪,出于卫生考虑和对流水破坏性力量的恐惧,人们开启了城市与河流关系的新时代(Schott,2007)。河流和溪流或被工业港口所用,或被覆盖并整合到下水道综合网络中。直到 20 世纪最后几十年,这一进程才开始逆转。河岸和城市滨水区的重建、小型河流和溪流的重新自然化,以及河岸森林和洪泛区的新用途,近年来已成为城市环境政治的重要议程。欧洲以及其他地区的城市都在重新定义他们的水资产(Hawley,2011;White,1995)。20 世纪 70 年代城市环境政策出台以来形成的城市可持续发展范式，以及自 20 世纪 90 年代初以来已成为城市政治的现代化使命宣言（Um-weltbundesamt，1998），①可能有助于重新思考 19 世纪和 20 世纪早期兴起的城市规划思想，并建立新的可持续的城市与自然关系理念（Jahn and Schramm，1998；Schott，2014）。

近年来，关于城市及其可见水域的研究重点关注了几个世纪以来城市及其（流动）水域的相互关系和共同演化过程（Mauch and Zeller，2008；Castunguay and Evenden，2012）。同时，历史研究的范围也从观察河流被技术征服和工业污染等相对"传统"的方式（Büschenfeld，1997；CIOC，2002；Pritchard，2011），扩大到将资源可用性和流水的自然恢复力考虑在内的综合思考（Schott，2011；Orsi，2004）。谈及城市生活的物质和生态因素，这一过程的城市环境历史也更加强调城市水域的文化表现（Goodbody and Wanning，2008；Knoll et al.，2017）。此时，追求城市可持续性的历史研究，显然不仅要质疑城市中认知"自然"、物化"自然"的方式，还必须及时考虑城市空间的发展，以了解城市和自然的相互作用模式（Isen-berg，2006；Schott，2007；Otter，2010）。从这个意义上来说，如今的城市环境历史可以用来理解当前的环境观点和政治。

本章回顾了美因茨和威斯巴登两地从 20 世纪 70 年代至今在其"开放的"和"重新开发的"城市水域于可持续发展方面所做出的努力，探讨了历史上的城市经验和论述在哪些方面仍然影响着城市，及其协调现代化需求与自然环境的方式。从这个意义上来说，针对本书所开展的聚焦城市与自然关系长期演变的一系列研究，本章为其核心假设增添了一种当代视角。该研究问题最初受到了达姆施塔特工业大学针对城市发展研究的"城市的内在逻辑"方法所启发（Berking and Löw，2008）。在对美因茨和威斯巴登可见水域的研究中，笔者认为城市的可持续性虽然不属于"历史"概念，但应该是一个有趣的研究领域，能够追寻城市内在"逻辑"或其他历史意义上的"逻辑"。本章概述的主要内容旨在说明，环境意识的增长和可持续发展范式的突破，如何影响对城市与其水域长期关系的重新定义，以及历史实践经验在这一过程中发挥的作用。在方法层面，本研究得益

291

---

① 《21 世纪议程》，见 http://sustainabledevelopment. un. org/content/documents/Agenda21. pdf。（最后访问时间 2017 年 2 月 15 日）。

于维也纳—多瑙河项目中的"社会—自然场所"概念，此概念将在本章中得到深入介绍。

一、城市环境的双面性

本章提及的开放性城市水域，一部分是指莱茵河，它是美因茨和威斯巴登两座城市可见水域中最重要的部分，另一部分包括众多的河流和小溪，它们作为流动性水域，构成了城市水景的组成部分。由于本章聚焦于城市"水域"中最为突出且重要的部分，地表水的其他表现形式只能简单提及。在美因茨和威斯巴登的城市水景中，井水、池塘，以及公共花园中的人工水域都扮演着相当重要但截然不同的角色。在 20 世纪，这些开放性水域失去了大部分的"自然"特性，但对于美因茨和威斯巴登的城市居民感知城市水域的方式而言，仍然具有重要意义。

由于缺乏有意义的资料来源，笔者不得不在讨论中省略了一些像水坑这样的"自发形成"的可见水域。水坑曾被认为是最可怕的"灾难"滋生地，它在 19 世纪中叶城市卫生运动的早期阶段具有极其重要的意义（Wohl，1983）。21 世纪初，水坑在弗莱堡（Freiburg）等具有生态意识的城市中被重新开垦，成为濒危物种的避难所，而这些物种正因为城市土壤被全面清理和清洁而遭受影响。另一个本章未纳入研究的可见城市水域是村庄池塘，作为 19 世纪晚期生态思想传播的早期案例，如今村庄池塘在城市中心区已基本不复存在，但在许多郊区仍然受到高度重视。

下文重点关注的，是 20 世纪下半叶美因茨和威斯巴登这两座城市在处理城市与开放性水域（作为城市自然中的一部分）之间的关系时，投入其中的接受、代表和（技术）工作。然而，需要指出的是，城市的"自然"结构对美因茨和威斯巴登两地城市发展的影响和区分结果，远比本章所述更多。1965 年和 1988 年，洪水对毗邻莱茵河的部分城市地区造成的破坏（Mainzer Rhein-Zeitung，1988），城市供水对莱茵河区域地下水的依赖（Niemeier，1987；Dumont et al.，1999）以及流域下游的各种环境问题均表明，城市的物质特征和自然影响力在现代世界中仍然很重要。城市是物质世界的一部分，受到自然因素的影响，并在其更"自然"的腹地里留下了自身的生态足迹（Melosi，1993）。

　　本章讲述了 20 世纪中叶以来两座城市的故事，希望为近年来关于"自然"是如何在城市中产生、建构和感知等问题提供一些线索，并思考在这些过程中，我们可以将哪个角色归因于"环境记忆"和不同的城市行动者。

二、若即若离：莱茵河及其自然环境

293　　莱茵河无疑是美因茨和威斯巴登可见水域中最突出的部分。它连接起两座城市，又将它们彼此分开。两座城市都有各自与莱茵河相关联的历史，同时，两座城市都以不同的方式代表着莱茵河，并以许多不同的形式与莱茵河打着交道。美因茨和威斯巴登共享莱茵河的两岸，并在其网站主页、信息传单和其他地方议会出版物的官方自我陈述中宣传自己是"莱茵河岸的城市"。但他们与莱茵河相关联的历史却截然不同。中世纪时，美因茨的发展很大程度上依赖于在莱茵河流域的重要贸易特权（Staatszeitung，1958；1959；Dumont et al. ，1999；Schott，1999）。在 19 世纪，这座城市的工业化与两个关键因素密切相关，一个是自身坐落于美因河（Main）和莱茵河交界处的区位优势，另一个是在城市河岸建造的大型港口设施（Schütz，1999—2000）。[1] 另一边，威斯巴登市在 20 世纪早期的城市扩张进程中才成为一个滨水城镇，其历史上的传统城镇中心距离莱茵河大约有五千米（Bodenbach，2006）。美因茨—卡斯特尔、美因茨—科斯泰姆和阿姆内堡（简称 AKK）郊区河岸的最大部分是二战后由盟军政府移交给威斯巴登的。[2] 在那之前，这座城市的财富积累一直依赖于威斯巴登市中心的温泉。值得一提的是，这些从威斯巴登北部陶努斯（Taunus）低山上流淌下来的温泉，曾让威斯巴登成为 19 世纪末欧洲最时尚的水疗胜地之一（Pauly and Huber，2003）。对于富有的威斯巴登居民来说，莱茵河附近充满了工业印记和烟雾困扰，绝不是一个理想的生活区。一直到 20 世纪初，当地政府公告的目标仍是让威斯巴登远离烟雾和工业发展，以确保当地环境质量不受危害。

　　尽管这两座城市彼此之间距离很近，并且都与河岸相邻，但它们的地质和地

---

① 美因茨市与莱茵河之间有着密切的情感联系，这也可以从该市的街道名称仍通过颜色来指示街道相对于河流的方向这一事实中看出。

② AKK，即通常所说的三个郊区，至今仍然是两座城市关系中有争议的主题（Dörrlamm，1995）。

形却大不相同。美因茨周边地区的水资源相对稀缺，这造就了当地一处基本没有汇入莱茵河的一级支流集水区，城市中心地区还有一处布满溪流和河流的小型水利系统，以及一处相当"非自然的"草地、人工池塘和泉水系统（Haimberger et al. ，2005；Bückner and Hoppe，2012）；威斯巴登的优势在于靠近陶努斯山脉，众多小河流从陶努斯山脉的高地流向莱茵河，有助于形成宜人的城市气候（Kopp，1986）。然而，这些河流的自然演变也会对城市造成破坏，尽管比不上偶尔发生的莱茵河洪水所造成的破坏那样严峻。从政治角度来看，需要说明的是，在1945年后的联邦德国体系中，两座城市都成为各自地区的首府。至今，两地的垃圾收集和城市供水等基础设施系统仍以河岸为界，并分别在当地组织安排，关乎城市和自然之间关系的其他问题也是如此（Dietz-Iensen，2007）。

三、恢复河流

　　二战后不久，美因茨的政府和居民就开始着手恢复往日的河流美景。这座城市在盟军的轰炸中遭到严重损毁，在其漫长的历史长河中，这是首次因外部决策的干预而导致城市空间收缩到只有莱茵河西侧的部分，因此美因茨市不得不重新定义自身与所辖范围内莱茵河的关系（Dumont et al. ，1999）。[①] 尽管自20世纪50年代中期以来，德国的经济繁荣支撑了航运和港口设施的重建，但对受损严重的市中心而言，河岸和莱茵河历史景观的修复工作更具挑战性。1958年，早在环境意识觉醒（20世纪70年代）之前，这里就已经举行过一场河岸建筑和景观更新的竞赛。50年前，该市的基督教民主党领袖宣称，美因茨河岸曾经是现代化的枢纽，而如今他们在城市景观规划的现代化理念方面已经落后了。在当时的地方性讨论中，明显充斥着有一种对城市与河流关系的洞察缺失，这在有关公众辩论的大量报纸报道中都有反映。不仅中世纪时期以河流为基础的城市景观失去了美感，美因茨市也因失去莱茵河另一侧的历史景观而被一分为二。1962年，美因茨举行了建城2000年的庆祝活动，并将城市的重建工作交付给著名建筑师恩斯特·梅（Ernst May），希望能在20世纪60年代将市中心的更新和莱茵

[①]　美因茨城市档案馆 100/2000-2080：702；100/2000-2080：140。

河的发展带入正轨(Hartmann,2005)。

　　与此同时,威斯巴登市几乎没有受到任何战争影响,因此对新的河流环境不太关注。AKK 新郊区的工业特征可能是导致上述情况的原因之一,在威斯巴登市历史上的大部分时间里,让它引以为豪的是城市的宜人环境和闲情逸致,而不是对工业的进取和热忱。1962 年,尽管围绕着"丧失"郊区领地的斗争仍在继续,但美因茨政府仍倡导合作,希望两地沿着河岸共同修建一条绿树成荫的新长廊。威斯巴登市最终同意了这项不具约束性的"睦邻条约",以解决两座城市之间河岸的美化问题(Allgemeine Zeitung,1968)。然而在威斯巴登,所有关于河岸"再自然化"的规划都遭到了质疑。莱茵河右侧地区的市政府官员均不愿意按照现代"环保主义"的理念来整修河岸,原因是这些思路与本地试图利用河岸支持当地工业发展的新兴规划相冲突(Allgemeine Zeitung,1968)。

四、绿化河流

　　对莱茵河岸进行"绿色"布局、全面规划的想法在当时并没有取得成果。20世纪 70 年代初,当美因茨和威斯巴登两市均设立起保护城市环境委员会时,城市供水净化、与附近核电站有关的危险等其他议题纷纷涌现。城市绿化和城市滨水地区的自然布局问题,在被搁置了一段时间后,还是归属于城市绿化和景观规划委员会的权限范围,而没有被纳入环境保护委员会的职能。在威斯巴登市,由于城市管理部门犹豫不决,虽然阿姆内堡(Amöneburg)郊区委员会等地方性机构曾试图将河岸生态改善问题列入地方性议程,但都以失败告终。在环保盛行的 20 世纪 70 年代,虽然小型河流修复、城市地区绿化,以及新自然保护区布局等问题已经成为威斯巴登市议会议程上的常规议题,但莱茵河依然逐渐被视作满足城市经济增长所需要的资源库。在毗邻莱茵河岸的郊区科斯泰姆和阿姆内堡两地地方议会的大力支持下,该市提出了一项规划方案,旨在将河岸地区改造成一处亲近自然的休闲娱乐区,但这个方案遭到当地保守党的强烈反对,而该党在这个社会民主党的前据点赢得了大多数选票。对于德国基督教民主联盟(Christlich Demokratische Union Deutschlands,CDU)来说,即使以工业污染和景观占用为代价,莱茵河沿岸的休闲娱乐和工业活动也必须齐头并进

（Allgemeine Zeitung，1974，1977）。

美因茨市只能坐视河对岸的这些发展。尽管在那些年里，莱茵河两岸保守党和社会民主党之间的政治分歧正在逐步减少，但那些曾在 20 世纪 60 年代和 70 年代初以协调环境问题和城市规划而采取的进展顺利的联合行动，势头也已经消失殆尽。自 19 世纪末以来，莱茵河对岸肉眼可见且让美因茨市民备感难受的疮痍、河流中的工业污染、污染导致的频发性恶臭，以及美因河和莱茵河上游化学工业废物对鱼类造成的损害，一直都是当地争论的焦点（Mainz Magazin，1974）。二战一结束，"莱茵河污染防治委员会"这一专门机构随即成立，负责管理莱茵河水体的清洁。但随着 50 至 60 年代瑞士和德国化学工业的发展，莱茵河的水污染情况不但没有改善，反而进一步恶化。1969 年当地报纸《美因茨汇报》（*Mainzer Allgemeine*）关于"莱茵河是欧洲最著名的下水道"的感叹，只是描写莱茵河当年水质状况的众多公开参考资料之一（Allgemeine Zeitung，1969）。越来越多的人相信，没有任何一个城市能够采取合理的措施治理跨境污染，唯有统一的国际性战略才能解决这一问题。①

五、创新与净化——莱茵河的复兴

20 世纪 70 至 80 年代对莱茵河的清理，是环境运动中较早取得成功的著名案例。自工业革命开始以来，人们普遍认为自然环境的退化是工业时代的一部分。河流和小溪都为社会进步作出了牺牲，甚至像莱茵河这样的主水道也遭受了一个多世纪的严重工业污染。因此，20 世纪 70 年代对莱茵河的清理表明，人类对自然栖息地的破坏并非不可逆转（Cioc，2002）。好在美因茨和威斯巴登都执行了地区、联邦和欧洲相关规章中的措施，在治理莱茵河的复杂过程中，以及引起人们对这类环境公害的关注方面，两座城市都作出了自己的贡献。

1976 年，美因茨市的康拉德—阿登纳（Konrad Adenauer）大桥附近安装了

---

① Vor 50 Jahren：Als die Wasserqualitätzum Problem wurde. Die Rheinverschmutzung und die Anfänge des Umweltbewusstseins. Dradio. de 2008 - 2006 - 2011：www. deutschlandradiokultur. de/vor-50-jahren-als-die-wasserqualitaetzum-problem-wurde. 984. de. html？dram：article_id=153423（最后访问时间 2017 年 2 月 15 日）。

一处污染物监测设施，这成为 20 世纪 70 年代中期当地报纸报道和议会辩论中的一次重大事件。① 对社会—自然场所的技术增设清晰地表明，采取一些措施来改善莱茵河附近依水而生的居民的生活状况是可能的。② 在 20 世纪 70 年代初，监测污染物的技术只是用以改善莱茵河水质的众多措施之一，这一点也不新鲜。然而，这些措施伴随着人们对环境危害认识的深刻转变，能激发一种新的方式来"从事"城市环境政治。而且对这些措施的公众呼吁，有助于增进人们对流动性水域的生物和物质复杂性的理解，同时帮助人们更好地认识到在治理城市可见水域时考虑这些因素的必要性。

然而，即便采取了一定的措施，莱茵河的水环境依然非常脆弱，还需要依赖于外部行动者的污染预防手段（Allgemeine Zeitung，1980）。在 1986 年的瑞士桑多兹（Sandoz）事故中，数千公升的水被灭火化学品染成了红色并涌入莱茵河（Stern，2011），类似的环境灾难动摇了美因茨和威斯巴登两地居民的环境信任，并引发了人们对城市有限能动性的关注。③ 然而，即使考虑到这些灾难性的环境事件，污染物监测站的设立也理应被视为城市与河流之间关系的转折点。在接下来的几年里，两座城市都试图找到一个新的方式来治理莱茵河及其沿岸。

因此，有必要简要地考虑一个经常困扰环境历史学家们的方法论问题：环境史学如何避免人类社会与"自然"环境之间的脱节？多年来，"文化"和"自然"之间的联系一直是生态学家和城市环境史学家的主要兴趣点（Fischer-Kowalski and Weisz，1999；McNeill，2003）。最近的环境史研究提出了解决这个问题的不同方法。行动者网络理论（ANT）强调行动者，以及自然、文化的混合作用，该理论在研究应用中显得卓有成效，同时也是在当前科学技术研究条件下总结的普适性方法（STS；Beck et al.，2012）。虽然在这些方法中，自然被视为社会的一部分（因此具有历史），但人类活动被认为发生在自然、物质和社会—技术系统之中，并作为自然、物质和社会—技术系统的内在部分。

---

① 见：Rheinwasser Untersuchungsstation Mainz-Wiesbaden，www. rheinwasseruntersuchungsstation. de（最后访问时间 2017 年 2 月 15 日）。

② 莱茵河的污染显然是 70 至 80 年代当地媒体报道中最突出的"环境"问题，其文章数量远远超过有关核能和空气污染的文章。

③ 桑多兹灾难甚至引发了来自两座城市公民的"葬礼游行"（Allgemeine Zeitung，1986. 12. 15）。

社会—自然场所的概念由韦雷娜·维尼瓦特和马丁·施密德（Martin Schmid）发起，并在维也纳大学和克拉根福大学（Klagenfurt）多个研究小组围绕维也纳多瑙河开展的研究项目中得到了应用，但这个概念却引出了另一种或许更有历史渊源的研究方式（Winiwarter and Schmid，2008；Schmid，2009）。维尼瓦特和施密德将环境史学的目标界定为寻找"过去人与环境关系的历史"（Winiwarterand Schmid，2008）。所有的关系都能看作是物质性的且象征性的互动。为了避免人类社会和"自然"环境之间的脱节，维尼瓦特和施密德提出了一个依赖于这些领域不断交织的概念。以美国哲学家西奥多·沙茨基（Schatzki，2003）提出的一个概念为基础，维尼瓦特和施密德建议集中精力研究人与"自然"关系的系统和实践之间的关联，当然，这里的"自然"几乎从一开始就被人们理解为各种人为改造的自然。虽然历史的进程是由人类活动导致的自然领域日益分化所推动的，但沙茨基以及在他之后的维尼瓦特和施密德所提倡的观点，也为人类历史上的"自然"留下了空间。维尼瓦特和施密德在其"社会—自然场所"的概念中强调了自然的部分，用以明确环境史学研究必须始终牢记环境演化过程中的自然以及社会和文化条件。

城市中社会—自然场所的蜕变有望促进人们对城市环境政策复杂性的理解。城市对自然环境的认知和干预的相关问题，揭示出城市的历史遗产和心智地图对城市可持续发展进程的驱动方式。因此，这一概念有助于让自然成为对城市环境有影响的部分，并作为所有城市环境政治的一项整体要求（Fischer-Kowalski and Weisz，1999；McNeill，2003）。

将"城市自然"视为社会—自然场所的具体认知，有助于阐明城市的历史和心智印记如何影响和引导城市的可持续发展进程。定期对莱茵河水质进行化学监测只是一个小小的技术创新，作为一个典型案例，它说明了社会—自然系统是如何发生变化的，它们如何改变人们的认知和习惯，以及最终确立的在特定环境下构建人与自然关系的新方法。在这种情况下，城市地表水被视为一个社会—自然场所，"自然"和"文化"在此相遇，人与自然之间新的互动系统也在此不断地被创造出来。河流的水污染调查在20世纪70年代并不是一项新技术，由于当时环境运动激发了公众的环境意识，它才被当地人视为一项意义重大且令人欣慰的革新。因此，污染物监测站的设立及其引发的公众环境认知，对莱茵河自然环境质量带来了更为先进、更为广泛的干预措施。这也加深了人们对于河流这种复杂的新陈代谢过程的理解，它不单独"属于"某座城市，必须由城市内外的众多行动者共同守护。

六、为河岸创造未来

美因茨市在莱茵河畔新建的市政大厅和会议综合体，在为城市景观增添现代主义色彩的同时，也对本市河岸的"自然环境"质量提出了新的疑问。在20世纪70年代，随着人们的环境意识不断提高，城市扩张的过程中，市民愈发地渴望"自然"，普遍希望能对莱茵河畔进行复垦治理，这极大地增加了地方政客的压力。自然保护协会、渔业公司，以及像"绿色美因茨"这样的地方性倡议组织，都表达了他们的想法，并得到了当地媒体的大力支持。[①] 绿党于1984年、1987年相继加入了市议会和市政府，大力推动增进对环境和生态事项的关注，同时敦促向公众开放河岸。然而，当时的局面难以得到迅速改善。尽管绿党在20世纪70年代末之后也成为威斯巴登市的地方政治中具有影响力的角色（Bückner and Hoppe,2012），但当时河岸的大部分地区仍被工业所占据，美因茨市也被市中心南部和北部的大型港口场地所扼制。更糟糕的是，莱茵河的大部分沼泽地区都曾在19世纪河道整治中遭到破坏（Hessisch Landesanstalt für Umwelt,1981）。此外，由于它仍然是城市的饮用水源地，自20世纪70年代环境运动开始以来，越来越多的区域被界定为自然保护区，因而不会轻易向公众开放。

若要明显且持续地改善威斯巴登和美因茨两市与莱茵河的关系，则需要综合考虑城市内部的发展对莱茵河全局的影响。一方面，莱茵河沿岸的工业和贸易活动出乎意料地迅速下滑。这一结构性变化意味着大片的区域都可以用于城市开发，包括威斯巴登市内由林德天然气公司（Linde Gas Company）和戴克霍夫混凝土公司（Dyckerhoff concrete firm）占有的土地，以及美因茨市中心西部和东部的港口地区。与此同时，受到世界上其他相似的城市发展案例的启发，当

---

① 由马蒂亚斯·利布（Matthias Lieb）领导的达姆施塔特研究小组的另一个项目考察了当地环境抗议的发展和活动情况。

地市民强烈要求开垦河岸，以用于豪宅建设、休闲娱乐和水域性"自然体验"。1992 年制定的《21 世纪议程》强调以地方为基础的决策和民间社会的参与，通过改变确立已久的"从事"地方政治的方式，助长了上述雄心壮志。新的城市行动者进入角色，帮助重新定义了城市与河流的关系。

因此，当莱茵河流域工业活动的衰落为美因茨市西部原有收费性港口地区的改造创造了机会时，城市规划者们毫无疑问会立即抓住这些机会，并在当地的自然保护倡议（如"绿色美因茨"）中讨论该地区的重建思路，随后迅速登报宣传。1993 年，《美因茨汇报》报道，当地市民关于绿化旧港口设施的愿望很快将会实现（Allgemeine Zeitung，1993）。但在 20 世纪 90 年代末，这两座城市都仅仅是采取了一些小规模的且十分片面的举措，抑或是文化创新，前者包括在威斯巴登市施舍尔斯坦港（Schierstein harbour）的水滨附近或美因茨市原温特港（Winter harbour）附近建造新的豪华住宅区，后者包括在美因茨市建造美术馆、在莱茵河两岸开放休闲娱乐空间（如"美因茨港沙滩"）（Wohenam Rhein，2011）。早期的想法是利用填河造地来塑造城市的绿色形象，但这一想法在这个令人垂涎的城市地区的重建改造过程中只起到了微小的作用。从城市可持续发展的角度来看，情况则更加不容乐观，所有的重建项目都位于洪水风险区（Bückner and Hoppe，2012）。因此，尽管在过去的 20 年里，与莱茵河两岸"再自然化"长廊有关的美学和休闲预期已接近实现，但这些建设活动的生态影响仍然无法预料。

300

在谋求城市可持续性和城市发展问题的思路融合方面，尽管美因茨市的市政府官员、国家公共机构（NROs）和市民存在种种缺陷以及不尽心的态度，但莱茵河岸的发展仍然是需要大家共同考虑的首要事项。正如首席城市规划师托马斯·梅茨（Thomas Metz）2009 年在达姆施塔特举办的一次研讨会上所描述的那样，威斯巴登市具有多元化的重点事项，只是偶尔才将规划重点转向工业化的郊区河岸。然而，有相当多的城市公众感觉到，城市与莱茵河的联系仍然是一项尚未圆满解决的任务。2011 年夏天，由威斯巴登市议会设立的、旨在促进该市城市发展的理事会（*Stadtentwicklungsgesellschaft*，Wiesbaden SEG）举行了一场主题为"让莱茵河重返城市"的公开讨论。在威斯巴登市向着莱茵河试探性迈出第一步的一百年之后，以及在联合决定通过了扩大流域范围计划的 70 多年后，这座城市在 21 世纪初，似乎已经与其自然栖息地的这一重要组成部分建立起了情感纽带，并将莱茵河纳入城市规划愿景中。

从实际发展情况看，莱茵河两岸的空气里有一种变化的感觉。在 2000 年举行的美因茨莱茵费尔论坛（Mainz Rheinufer Forum）上（Stadtplapnungsamt Mainz, 1997, 1999），当分析城市水域环境全面改善的有关问题时，首次尝试将所有相关的城市行动者都纳入了考虑范围，并同时考虑了城市人口的生态、经济和社会效益。随后，在 2004 年举行的探讨原经营性港口未来发展的哈芬论坛（Hafenforum）上，也遵循了同样的思路。在同一时期，威斯巴登市也采取了类似的方法来改善公民社会的状况。继 2009 年威斯巴登市政府官员提出要为威斯巴登和美因茨两市建立一个公共的环境区之后，目前，两座城市都参与到同一项目（*Rheinuferentwicklungskonzept Mainz-Wiesbaden*）中，即以一种对城市和莱茵河都适宜的方式实施流域和河岸开发活动。[①] 在城市与河流的共同关系中，这两座城市似乎首次走上了一条可持续的道路，他们接受了莱茵河这条大型水道既可以连接两市、也可以分隔两市的事实，尽管如前文所述当前仍存在部分基础设施障碍。

七、城市中的流水

301　　　当考察美因茨和威斯巴登两市中可见水域的更小单元，以及两市小型河流的重新利用和（有时是）重新开发时，二战结束再次成为一个时间起点。到 19 世纪晚期，在美因茨市星罗棋布的市中心区域内，溪流已经消失，只有在不断扩张的郊区还剩下为数不多的小溪（Mainzer Rhein-Zeitung, 1959）。因此，在二战后的岁月里，当美因茨市试图恢复并重新界定其河岸的自然资源时，这座城市对于所遗忘的有关水的过往并没有表现出什么兴趣，而是像前文展示的那样，转而专注于河岸的升级和生态重建。类似的，威斯巴登市也忽视了城市里的水环境。20 世纪 50 年代，对于城市流动性水域造成的所有问题，解决方案都是明确的，推进河道取直并进行疏通，最终成为被覆盖的下水道系统中的一部分。当这些水流系统到达建成的城市景观时，也为 19 世纪的"干旱城市"理念增添了最后的修饰。

---

① Rheinuferentwicklungskonzept, www.wiesbaden.de/leben-in-wiesbaden/planen/stadtentwicklung/regionale-projekte/rheinuferentwicklungskonzept.php（最后访问时间 2017 年 12 月 28 日）。

随着环境意识的觉醒和20世纪70年代环境运动政治化的成功，两座城市里小型开放性水域的情况略有改善。当时，较小的生态改善是可以实现的，例如对威斯巴登市北部马尔草地（Maar-meadows）的"再自然化"治理（Wiesbadener Kurier，1984），或是对美因茨市劳本海默沼泽（Laubenheimer marsh）的保护。两座城市在实施环境政策的早期，对城市河流的复兴计划并没有出现在相关城市议程里。两座城市的小河小溪需要再过几年才能重新引起公众的注意。

这一过程的差异无疑根源于两座城市不同的自然禀赋，也根源于美因茨和威斯巴登两市对开放性水域不同的重视方式。美因茨市一直将精力集中在莱茵河上，时至今日在一定程度上仍是如此，而温泉及其他流动性水域的健康影响在传统上对温泉小镇威斯巴登发挥着重要作用。开放性水域的开放和绿化，是20世纪70年代初市民环保意识觉醒后的一项重要诉求，并在当地媒体上获得了极大支持。但是，再自然化工作的进程又花了十年时间才在"要绿色，不要混凝土"格言的指导下起步。① 事实上，从韦尔里茨巴赫（Wellritzbach，威斯巴登市西部郊区的一条小河，是该市新鲜空气的重要来源）的案例可以看出，再自然化的过程仍在进行中。② 战后的活动和城市的实际发展，将这条曾经蜿蜒流淌的溪流限制在了以栅栏相隔的混凝土通道中，从而破坏了草地的生态多样性。当地居民和附近园丁的疏忽，更是让此处的小河谷变成了一处露天垃圾场。为扭转这一状况所做的努力，显示了20世纪80年代城市生态预期的迅速变化。在1982年，市议会还考虑通过进一步的河道疏通和覆盖措施来消除这种卫生和美学上的滋扰。五年后，在公众对城市生活中生态质量进行的广泛讨论下，以及地方倡议组织发起的公众运动的激发下，前述河道的治理措施发生了彻底的转变，市议会此时提倡的方案不再是消除这一开放性水域，而是恢复河道原来的流向、取消河岸对公众的开放，并恢复其"自然化"的开发。20世纪90年代，由于一定程度上受到1992年里约《21世纪议程》的启发和触动，其他一些小河也很快采取了类似的措施。在这一发展过程中，我们可以感觉到，在欧盟《动植物生境公约》（*Fauna Flora Habitat convention*）等法律概念的引导下，人们正在慢慢从纯粹

302

---

① 海报收藏于威斯巴登城市档案馆，Grün stattBeton! Die GRÜNEN in Wiesbaden。

② 笔者感谢城市档案管理员乔治·哈布斯（Georg Habs）提供的以下大部分信息，他于2013年春季在城市档案馆举办了一个关于韦尔里茨溪（Wellritz creek）历史的小型展览。

的城市环境思路转向真正的生态方法。此外，这一过程也引发了围绕"把'自然'利益放在首位、不承认城市居民休闲和娱乐利益"的环境政治目标的新讨论。

八、"再自然化"和城市环境主义的局限性

关于美因茨市及其小型河流的故事，看起来并没有那么生动。对该市历史性主水道——莱茵河及其复兴历程的关注，使市议会就城市可见水域所做的其他大多数行动都黯然失色。在二战后的美因茨市现代化早期，虽然喷泉和水上娱乐项目的建设很流行，但该市的小型河流在这方面只发挥了很小的作用。随着美因茨市通过兼并先前独立的地区而进行扩张，该市也"继承"了一些以前只具有地方属性的水环境方面的问题。曾经归属于独立小区域的城市委员会的责任，此时必须纳入不断扩张的区域首府的城市规划过程之中。因此，当威斯巴登市在战后初期就已完成小型水域的运河网络及法规建设时，美因茨市的这一进程却在生态意识觉醒的早期才开始进行。美因茨市 1972 年才完成小型水域法规的制定工作，其郊区的小型河流扎巴赫（Zaybach）、奥巴赫（Aubach）和贡斯巴赫（Gonsbach）就是利用这种方式处理环境危害的案例。美因茨市周围偶发性的洪水以及 20 世纪 60 年代和 80 年代初莱茵河暴发的大洪灾，使得防洪成为当年地方管理部门的首要任务。对于"自然"这些潜在的负面后果，必须采取对抗性措施，而非保护性措施。但并不是每个人都喜欢这一政治方式，特别是美因茨市周边郊区的居民，他们感觉自己欣赏河流自然美的权利受到了剥夺，认为这是为了城市居民的健康利益作出的牺牲。

又过了十年，人们才改变了对城市小型水域的基本风险认知。20 世纪 80 年代末，美因茨市的公众和当地团体重新对城市里小型开放性水域产生兴趣。1987 年，当地报纸上发表了系列文章，关注美因茨市"失去的河流"，并提出美因茨市中心应效仿德国西南部的弗莱堡市构建小型河流系统的思路（Allgemeine Zeitung）。尝试取消前些年的管制措施也已在酝酿之中，20 世纪 80 年代中期，《美因茨汇报》编辑收到的信件中，有人提出了"亲近自然水域"和"远离混凝土水域"的目标。1993 年，另一份当地报纸兴奋地表示："这些河床是为美因茨的小溪和河流打造的！"（Mainzer Rhein-Zeitung，1993）。不幸的是，这种类型的城市

公共服务从未实现。时至今日，由于城市的历史中心没有为"生态"活动留下太多空间，河流和溪流在城市的生态活动中只起到了微弱的作用。即使是在美因茨和威斯巴登两市新近提出的"统筹发展和环境利益"的规划（如莱茵河沿岸规划方案）中，两座城市里的小型河流和溪流仍然不受重视。

20 年前开始的威斯巴登市韦尔里茨山谷（Wellritz Valley）的重建工作，至今仍没有完成，对崇尚自然的理想与城市居民休闲利益之间关系的协调，逐渐成为城市规划师和政治家们的主要工作。让溪流和河流重回城市也意味着要权衡它们的自然属性与市民需求，以及市民对气候变化时期天气不确定性的恐惧。城市居民的生态信念可能并不及早期倡导城市发展生态可持续的某些活动家所期望的那样坚定。

九、城市-河流关系的内在逻辑

本章源于达姆施塔特工业大学关于城市及其可持续发展方式的研究项目。[1] 该项目的研究问题受到达姆施塔特城市发展的"城市内在逻辑"方法的启发（Löw，2008）。近年来，有关城市发展中的关键节点、转折点和有意采取新方向的研究问题，扩大了我们对城市多年来处理其自身与自然、非自然环境相处方式的认识。城市如何看待和评判自身的困境和机会、如何进行决策、如何采取行动，也是"城市内在逻辑"分析理论的主要组成部分。这种考察城市的方式，其出发点是在观察城市的行动和反应、感知和交流方式时，发觉到其中的明显差异。可以说，这些能够在地方维度加以识别的差异，都可以通过与物质、社会和文化印记有关的大量案例找到根源。 304

理解这一"内在逻辑"的重要方法是进行两个或多个城市（如果可能的话，跨学科地）的比较。"城市的个性特征脱胎于历史故事的讲述和经验，但也会形成于城市与其他城市的比较过程中"（Löw，2008）。因此，单个城市的"逻辑"根源于该城市特定的自然、社会和文化环境，也取决于其他需要认识的城市（Frank，2010）。

---

[1]　DFG-Projektverbund „Eigenlogik der Städte"，https://www.stadtforschung.tu-darmstadt.de/start_1/abgeschlossene_projekte_1/stadtforschung_eigenlogik/index.de.jsp（最后访问时间 2018 年 11 月 5 日）。

从城市历史学这一历史学分支学科设立之初，城市比较研究就是一个重要的概念，因为城市比较研究既可以看到单个城市的独特性，也有助于发现适用于样本城市或所有城市的普适性特征和模式（LeGalès，2002；Schott and Toyka-Seid，2008）。当然，这一历史研究不能完全满足上述"内在逻辑"方法的所有必要条件，但它可能有助于更好地理解现代城市与河流关系的历史"逻辑"。

　　本章的研究结论明显反映出，美因茨和威斯巴登两座城市的历史印记，在它们有关可见水域的行动中起到了决定性作用。两市对它们的开放性水域采取了坚定而又十分独特的态度。一方面，在改善和利用莱茵河及其河岸时采取了不同的做法和行动。另一方面，当20世纪70年代和80年代出现城市河流和溪流的再自然化问题时，两市的行为方式截然不同。由此产生的规划受到历史上市政府官员和市民决策的影响，并在这一影响下最终成形。最近几十年，尽管两市的经济和政治命运发生了变化，但商业繁忙的美因茨市与悠闲的、以温泉为中心的威斯巴登市之间数百年来的经济差异，在现代城市中依然存在。当考察人工的和位于草地与保护区内的水域时，也发现了同样的证据。20世纪60年代以来，美因茨市不遗余力地利用水井和喷泉装饰市中心，如1962年建造了华丽的汉斯-克伦兹-布鲁内（Hans-Klenze-Brunnen）喷泉，1967年建造了著名的狂欢节喷泉（Fastnachtsbrunnen）。在这方面，这座城市沿袭了市中心修建纪念性喷泉的古老传统。而对于威斯巴登市，自20世纪70年代环境理念取得突破以来，该市一直在持续投资以扩大公园面积，他们改善这些地区的溪流和开放性水域，再次恢复了几个世纪前让这个温泉城市特色鲜明的城市规划。①

十、结论

305　　　如何将本章的考量纳入本书关于"自然的城市化"这一研究问题中？

　　城市生活显然不能被视为与自然相分离的存在，但令人惊讶的是，在20世纪下半叶，即使是两个非常类似的城市，在对待规模虽小但很重要的城市"自然"时，他们的认知和实践情况也是如此不同。如果说在线性时间内发生快速转变

---

① 　美因茨城市档案馆100/2000：56；威斯巴登城市档案馆小册子盒，12/2011。

是现代性的标志，那么这或许可以论证出从生态角度来看，20世纪是显著不同于"前现代化"时期的。另一方面，这些差异中明显的历史"逻辑"告诫我们，应当谨慎考虑将变化的持久性视为现代性的一个"独特卖点"。现代社会的特征可能是加速变化，但变化发生的方式仍可能与以往保持一致。

然而，如果指责威斯巴登和美因茨等城市对可持续发展的现实要求表现得漠不关心或天真幼稚，这毫无意义。本章强调的是，为什么从来没有一个明确的概念来表达城市与可见水域之间关系的"可持续性"，这可以在历史"逻辑"或者城市精神的构造叙事中找到原因。两座城市对莱茵河的关注尤其如此。针对"城市可持续发展对城市开放水域意味着什么"这一问题，《21世纪议程》引发的公开辩论既带来了更多想法，也带来了更多困惑。从这个意义上讲，可持续性概念的复杂性反映了各界对城市政治的不同期望，城市政治不能单方面追求生态目标，而要在城市中的利益冲突和各种观念之间取得平衡。

"自然"是现代城市的商品吗？如果我们认为即使是在20世纪的城市中，高度工程化的自然至少在某些方面仍然属于自然范畴，那么，这个问题就可以得到肯定的回答。20年来，无论是在美因茨和威斯巴登这些中等规模的古老城市，还是在新加坡和上海等现代化大都市，河岸和开放水域已经成为世界各地城市重要的出售型资产。但我们也必须清醒地认识到，尽管城市期望和经济进程不断变化，自然在过去也是一种商品。

是否存在一种驱动力、一种潜在的城市能动性来引导这些发展？从研究结果来看，在探求城市中自然变化背后的力量时，关注单一的城市行动者并不合适。即便我们可以在美因茨和威斯巴登两市与水有关的活动中识别出一个突出的城市行动者，我们也不应该忽视那些各式各样地参与城市发展进程的外部行动者。这一点在我们考虑城市—腹地关系的复杂性时尤其重要，城市—腹地关系是城市经验特征（例如19世纪和20世纪初的快速扩张以及近年来许多欧洲城市的收缩）的一部分。城市的边界如何进行外推、重新界定、失去重要性，或以尚未完全理解的方式获得新内涵，可能会改变城市居民、政治家或跨城市行动者对城市中自然的认知。与城市和非城市地区相关的不同逻辑和能动性，在这些过程中相互交织，改变了人们看待和对待城市中自然的方式。从这个意义上讲，自然的城市化应该被视为一个持续的过程，它对历史问题、城市政治和城市规划都是开放的。

306

参 考 文 献

307

Archival Sources

City Archives Mainz.
———. 100/2000:56.
City Archives Wiesbaden.
———. Pamphlet Box 12/2011.
———. Poster Collection.

Printed Sources

Allgemeine Zeitung, 1958.12.05.
Allgemeine Zeitung, 1968.11.27, p. 6: 'Promenade am anderen Ufer. Mainz soll mit AKK und Wiesbaden die rechte Rheinseite aktivieren'.
Allgemeine Zeitung, 1969.07.12, p. 25: 'Der Rhein- meistbesungene Kloake Europas'.
Allgemeine Zeitung, 1974.10.04, p. 9: 'Erholungsland von Schierstein bis Kostheim'.
Allgemeine Zeitung, 1977.07.15, p. 13: 'Keine durchgehende Promenade am Rheinufer. Wiesbadener CDU fordert Erholung und Gewerbenutzung nebeneinander. "KISA" bleibt'.
Allgemeine Zeitung, 1980.10.11, p. 4: 'Rheinwasser im Qualität des Rhein-Main-Gebiet "unzureichend". Gewässerverschmutzung durch Hoechst-Abwässer'.
Allgemeine Zeitung, 1986.08.30, p. 13: 'Bächle im Bleichenviertel. Freiburger Modell . . . zwischen Kaiserstraße und Großer Bleiche'.
Allgemeine Zeitung, 1986.12.15.
Allgemeine Zeitung, 1993.07.12, p. 13: 'Bürgerwunsch wird erfüllt. Ufergrün und Hafenmündung gutgeheißen'.
Hessische Landesanstalt für Umwelt, 1981. Verbesserung der Umweltverhältnisse am Rhein. Altrheine, Deiche, Vorländer, Polder, Schöpfwerke. Wiesbaden.
Mainz Magazin, 1974.10, pp. 3–10, 18–21: 'Hundert Jahre Mainzer Dreck'.
Mainzer Rhein-Zeitung, 1959.12.04, p. 4: 'Die vergessenen Bäche von Mainz'.
Mainzer Rhein-Zeitung, 1988.03.30.
Mainzer Rhein-Zeitung, 1993.04.15, p. 19: 'Den Bächen wird das Bett gemacht. Gewässerpflegepläne, Renaturierung'.
Staatszeitung, 1958.09.21, p. 38: 'Vom Stapelrecht zur Rheinschifffahrtsakte. Geschichte des Stapelsrechts zu Mainz (bis ins 19. Jahrhundert)'.
Staatszeitung, 1959.09.28, p. 39: 'Vom Stapelrecht zur Rheinschifffahrtsakte. Geschichte des Stapelsrechts zu Mainz (bis ins 19. Jahrhundert)'.
Stadtplanungsamt Mainz, 1997. Stadtplanungsamt Mainz. Rheinufer. Geschichte, Bestand, Analyse. Mainz.
Stadtplanungsamt Mainz, 1999. Stadt Mainz. Dezernat für Planung, Bauen und Sport. Stadtplanungsamt. RheinUferForum Mainz. Schlussbericht. Mainz.
Stern, 2011.11.01: 'Vor 25 Jahren färbte sich der Rhein blutrot' (J.Ruf).

Süddeutsche Zeitung, 2015.02.13, p. 6: 'Bröckelnde Brücke. Riss im Beton: Die Hauptverkehrsader zwischen Mainz und Wiesbaden ist gesperrt'.
Umweltbundesamt, 1998. Handbuch Lokale Agenda 21. Wege zur nachhaltigen Entwicklung in den Kommunen. Berlin.
Wiesbadener Kurier, 1984.07.05, p. 6.

Websites

Agenda 21, http://sustainabledevelopment.un.org/content/documents/Agenda21. pdf (last accessed 15 February 2017).
Vor 50 Jahren: Als die Wasserqualität zum Problem wurde, www.deutschlandra diokultur.de/vor-50-jahren-als-die-wasserqualitaet-zum-problem-wurde.984. de.html?dram:article_id=153423 (last accessed 15 February 2017).
Rheinwasser Untersuchungsstation Mainz-Wiesbaden, www.rheinwasserunter suchungsstation.de (last accessed 15 February 2017).
Rheinuferentwicklungskonzept, www.wiesbaden.de/leben-in-wiesbaden/planen/ stadtentwicklung/regionale-projekte/rheinuferentwicklungskonzept.php (last accessed 28 December 2017).
DFG-Projektverbund „Eigenlogik der Städte". https://www.stadtforschung.tu-darmstadt.de/start_1/abgeschlossene_projekte_1/stadtforschung_eigenlogik/ index.de.jsp (last accessed 5 November 2018)

Literature

Beck, S., Niewöhner, J. and Sörensen, E., 2012. *Science and technology studies*. Bielefeld: Transcript.
Berking, H. and Löw, M., 2008. *Die Eigenlogik der Städte*. Frankfurt am Main and New York: Campus Verlag.
Bodenbach, C., 2006. Stadt am Fluss: Beobachtungen zur Stadtentwicklung. *Vivat Wiesbaden*, pp. 48–50.
Bückner, C. and Hoppe, A., 2012. *Kartierte Städte: Mainz und Wiesbaden im Spannungsfeld von Naturraum und Vergesellschaftung*. Darmstadt: Campus Verlag.
Büschenfeld, J., 1997. *Flüsse und Kloaken: Umweltfragen im Zeitalter der Indus-trialisierung (1870–1914)*. Stuttgart: Klett-Cotta.
Castonguay, S. and Evenden, M., 2012. *Urban rivers: remaking rivers, cities, and space in Europe and North America*. Pittsburgh: University of Pittsburgh Press.
Cioc, M., 2002. *The Rhine: an eco-biography, 1815–2000*. Seattle: University of Washington Press.
Dietz-Lensen, M., 2007. *Strom für Mainz*. Mainz: Vierteljahreshefte für Kultur, Politik, Wirtschaft, Geschichte, 26, pp. 40–45.
Dörrlamm, R., 1995. Letzte Chance für AKK-Rückkehr. *Mainz, Vierteljah-reshefte für Kultur—Politik—Wirtschaft—Geschichte*, 15 (2), pp. 16–20.
Dumont, F., Scherf, F. and Schütz, F., 1999. *Mainz: Die Geschichte der Stadt*. Mainz: Wissenschaftliche Buchgesellschaft.
Fischer-Kowalski, M. and Weisz, H., 1999. Society as hybrid between material and symbolic realms: toward a theoretical framework of society-nature-

interaction. *Advances in Human Ecology*, 8, pp. 215–251.

Frank, S., 2010. Eigenlogik der Städte: Forschungsstand un Perspektiven. In: F. Eckard ed. *Handbuch Stadtsoziologie*. Wiesbaden: Verlag für Sozialwissenschaften, pp. 14–15.

Goodbody, A. and Wanning, B., 2008. *Wasser-Kultur-Ökologie*. Munich: V&R Unipress.

Haimberger, A. et al., 2005. High-resolution seismic survey on the Rhine River in the Northern Upper Rhine Graben. *International Journal of Earth Sciences*, 94, pp. 657–668.

Hartmann, P. C., 2005. *Kleine Mainzer Stadtgeschichte*. Regensburg: Pustet.

Hawley, S., 2011. *Recovering a lost river: removing dams, rewilding salmon, revitalizing communities*. Boston: Beacon Press.

Isenberg, A. C., 2006. *The nature of cities: culture, landscape, and urban space*. Rochester and New York: University of Rochester Press.

Jahn, T. and Schramm, E., 1998. Der materielle Umgang mit dem Wasser: Stadt, Ökologie und Nachhaltigkeit. In: D. Ipsen *et al.*, eds. *Wasserkultur: Beiträge zu einer nachhaltigen Stadtentwicklung*. Berlin: Analytica VG, pp. 43–48.

Knoll, M., Lübken, U. and Schott, D., 2017. *Rivers lost-rivers regained: rethinking city-river relationships*. Pittsburgh: University of Pittsburgh Press.

Kopp, K., 1986. *Wasser von Taunus, Rhein und Ried: Aus zwei Jahrtausenden Wiesbadener Wasserversorgung*. Wiesbaden: Stadtwerke Wiesbaden.

LeGalès, P., 2002. *European cities: conflict and governance*. Oxford: Oxford University Press.

Löw, M., 2008. Eigenlogische Strukturen—Differenzen zwischen Städten als konzeptuelle Herausforderung. In: H. Berking and M. Löw eds. *Die Eigenlogik der Städte*. Frankfurt am Main and New York: Campus Verlag, pp. 33–55.

Mauch, C. and Zeller, T., 2008. *Rivers in history*. Pittsburgh: University of Pittsburgh Press.

McNeill, J. R., 2003. Observations on the nature and culture of environmental history. *History and Theory*, 42, pp. 5–43.

Melosi, M. V., 1993. The place of the city in environmental history. *Environmental History Review*, pp. 1–23.

Niemeier, H. W., 1987. Wenn der Rhein rein wäre . . . Vom Mainzer Quellwasser zur modernen Wassergewinnungsanlage. *Mainz: Vierteljahreshefte für Kultur, Politik, Wirtschaft, Geschichte*, 6, pp. 21–25.

Orsi, J., 2004. *Hazardous metropolis: flooding and urban ecology in Los Angeles*. Berkeley: University of California Press.

Otter, C., 2010. Locating matter: the place of materiality in urban history. In: B. Bennett and P. Joyce eds. *Material powers: cultural studies, history and the material turn*. London: Routledge, pp. 38–59.

Pauly, F. and Huber, S., 2003. *Wiesbaden: Eine kurze Stadtgeschichte*. Erfurt: Sutton.

Pritchard, S., 2011. *Confluence: the nature of technology and the remaking of the rhone*. Cambridge, MA: Harvard University Press.

Schatzki, T. R., 2003. Nature and technology in history. *History and Theory*, 42, pp. 82–93.

Schmid, M., 2009. Die Donau als sozionaturaler Schauplatz: Ein konzeptueller Entwurf für umwelthistorische Studien in der Frühen Neuzet. In: S. Ruppel and A. Steinbrecher eds. *'Die Natur ist überall bey uns'. Mensch und Natur in der Frühen Neuzeit*. Zürich: Chronos Verlag, pp. 59–80.

Schott, D., 1999. *Die Vernetzung der Stadt*. Darmstadt: Wissenschaftliche Buchgesellschaft.

Schott, D., 2007. Stadt und Fluss: Flüsse als städtische Umwelten im 19. und 20. Jahrhundert. In: B. Herrmann ed. *Beiträge zum Göttinger Umwelhistorischen Kolloquium 2004–2006*. Göttingen: Universitätsverlag Göttingen, pp. 145–162.

Schott, D., 2011. Städte und ihre Ressourcen in der Geschichte. Blicke über und aus Europa. In: A. Hoppe ed. *Raum und Zeit der Städte: Städtische Eigenlogik und jüdische Kultur seit der Antike*. Frankfurt am Main and New York: Campus Verlag GmbH, pp. 95–116.

Schott, D., 2014. *Europäische Urbanisierung (1000–2000). Eine umwelthistorische Einführung*. Cologne: UTB GmbH.

Schott, D. and Toyka-Seid, M., 2008. *Die europäische Stadt und ihre Umwelt*. Darmstadt: Wissenschaftliche Buchgesellschaft.

Schütz, F., 1999–2000. Rot und Blau—Die Einführung neuer Straßenschilder und Hausnummern in 1849–1958 in Mainz. *Mainz Zeitschrift*, 94/95, pp. 301–315.

White, R., 1995. *The organic machine: the remaking of the Columbia river*. New York: Hill and Wang.

Winiwater, V. and Schmid, M., 2008. Umweltgeschichte als Untersuchung sozionaturaler Schauplätze? In: T. Knopf ed. *Umweltverhalten in Geschichte und Gegenwart*. Tübingen: Attempto, pp. 158–173.

Wohl, A. S., 1983. *Endangered lives: public health in Victorian Britain*. London: Methuen.

Wohnen am Rhein, 2011. Wohnen am Rhein. *Mainz: Vierteljahreshefte für Kultur, Politik, Wirtschaft, Geschichte*, 31 (2), p. 34.

310

第六部分

结　语

第十四章　超越城市、超越自然：
建设欧洲城市地层

克里斯·奥特

一、引言①

　　如今，人类已经无法脱离自己所创造的环境……机械、化学和电气科学以及人类思维的延伸，正在改变地球。最近提出的一个概念认为，人类现在正第一次成为一种大规模的地质力量。（费尔菲尔德·奥斯本，1948）

　　亨利·伯格森（Henri Bergson）曾经认为，工匠（*Homo faber*）比智人（*Homo sapiens*）更适合用来形容人类。他指出，人类的典型特征体现在"制造人造物品的能力"（Bergson, 1911）。当所有的生物都在以某种方式改变他们的环境时，人类已经成为一个成熟的系统建设者，开始创建超大城市。这是一个渐进的过程，它首先出现在古代城市定居点，随后从近代早期开始加快步伐，最终使地球进入近来被称为"人类起源的地质革命"的人类世（Fressoz and Bonneuil, 2016）。工匠创造的巨大的人造物品——城市、系统、基础设施，融合在一起形成了一个新颖的、人造的行星外壳，即"技术圈"（Haff, 2014）。城市地区的"技术圈"是最密集、最深和最具地质意义的，它形成了扬·扎拉斯维奇（Jan

---

① 作者感谢迪特尔·肖特和蒂姆·索恩斯对本章初稿非常有帮助的评论。

Zalasiewicz)所说的"城市地层"。这是一个具有地质意义的物质层,将在人类灭绝很久之后还能从物质上辨别出来(Zalasiewicz,2008)。

　　按照地质学标准,这个"城市地层"的创建发生得非常快,但正如本书所展示的,它在人类的历史进程中缓慢出现。本书展示了城市地层杂乱、艰辛、非线性、空间不平衡的发展快照。在本章中,笔者将对本书的一些关键概念(代谢、能动性和时间性)提出一些结论性的看法,然后提出一些城市化地质学的普遍结论。

二、代谢

314　　　城市是水、能源、食品、商品和信息大量流通的纽带。这些物质被城市吸收、加工和消化,并排出废弃物。城市"以高水平的物质和能源产量为特征",在其发展进程中,它们将触角延伸到周围的非城市空间,捕获和调动其中的资源(Moss,2001)。代谢是本书各章的一个突出主题。城市代谢的概念经常被用来描绘城市维持其物理结构和居民生活的动态活动(Barles and Knoll,2019;Bernhardt,2019;Baccini and Brunner,2012;Fischer-Kowalski,2003;Kennedy et al.,2007)。城市代谢是一个时间过程,城市通过代谢保持活力、成长或衰落。网络和腹地是城市代谢的两个特别重要的空间维度。网络——运河、铁路、电缆,从城市辐射到周围的领土,而腹地则是当城市以外区域——田地、牧场、森林——在经济上依赖城市并与城市相连时形成的。没有网络和腹地,城市代谢就无法维持,因此,城市从形成之初就与周围的非城市地区截然不同,并与之共生。

　　纯粹就质量而言,水是城市代谢中最重要的方面(Kennedy et al.,2007)。如果没有水利管理,城市就无法生存,这一点从最早的城市定居点研究中就可见一斑,在这些定居点中发现了大坝、水库、隧道和水井(Mithen,2013)。如果没有建立密集的水利网络,中世纪城镇就不可能崛起,正如安德烈·吉耶尔姆所指出的:"水是工业化之前城市经济的神经中枢,没有水,就不会有磨坊主和织布工,也不会有染坊和制革工,社区也不会存在"(Guillerme,1988)。水利网络有时会与城市防御结构结合在一起。在桑利斯市,12世纪修建的一条新沟渠将这座城市保卫在敌人的弓弩射程之外(Guillerme,1988)。在一些城市,如11世纪的卡昂和博韦，水利管理和城市管理之间的联系已经建立，尽管这并不应意味着威特福格尔式（Wittfogel-esque）的官僚集权（Guillerme，1988；Wittfogel，1981）。在近代早期的英国，越来越多的城市定居点采用管道供水。德比市的乔治·索罗柯尔德（George Sorocold）为几个城镇提供了自来水和水轮泵，包括德比（1692年），诺威奇、朴次茅斯和大雅茅斯（1694年），利兹（1695年），谢菲尔德（1697年），伦敦桥（1701年）和布里奇诺斯（1706年）（Davidson，1986）。在德国，许多水坝都建造于同一时期，工程师们对如何建造水坝有了更多的理论认识（Blackbourn，2006）。

到20世纪，一个真正的水利技术圈已经建立。一套超大规模的技术系统，315 与更广泛的生态系统相互连接，并对它们产生影响。如莱茵河等主要河流被裁弯取直和重建，以改善水流和减少洪水（Blackbourn，2006）。这种重组促进了沿岸通信和贸易的蓬勃发展。曼海姆市于1840年建造了新港口，用来运输从鲁尔煤田新矿井中采出的大量煤炭（Disco，2008）。19世纪末和20世纪初，德国经历了一波水库建设浪潮（Blackbourn，2006）。城市与分散的湖泊和水库系统相连。截至1971年，苏格兰共有380个水库和湖泊用于供应饮用水（Smout，2000）；20世纪90年代末，英国拥有18.6万英里水管、8000个污水处理厂和5000个水库（Burnett，1999）。这类系统受到各种各样的生态和地质影响，包括生物群落紊乱、地下水渗漏、沉积物沉积、地下水位变化，以及极端、非预期的地震活动，"很少有工程成果比建造人工湖对地区环境的影响更大"（Trefethen，1973）。

正如迪特尔·肖特、保罗·沙鲁阿达斯和克洛艾·德利涅在本书中提出的，能源供应是城市代谢的另一个关键维度。中世纪和近代早期的城市依靠大量的木柴供家庭和工业使用。在有些地方，特别是英格兰，从木柴向化石燃料的转变——从有机能源制度向矿物能源制度的转变非常迅速，而在其他地方则更为漫长，距离供应源的远近和经济发展水平是关键变量（Wrigley，1988）。然而，这种转变至关重要，它支撑了英国重要的现代工业早期城市化。在1650至1800年间，伦敦的煤炭使用量增加了7倍（Simmons，2001）。通过开发"地下森林"，城市摆脱了对周围林区的直接依赖（"地下森林"的概念见Sieferle，2001）。西弗勒认为，到1820年，英国的煤炭生产已经解放了相当于英国领土总面积的（林地)空间(Sieferle, 2001)。化石燃料使得城市扩大了物质尺度和人口规模,人口突破了 100 万门槛,这在以前几乎是地球的极限,并使得城市范围从中世纪的城墙延伸到城市腹地,将越来越多的"自然"景观转变为农业区。正如作为医生兼地球卫士的乔治·维维安·普尔(George Vivian Poore)所说,"现代城市没有城墙,也不需要城墙"(Poore, 1894)。

316 　　化石燃料使光、热、运输、通信和水泵的工业化得以实现。铁路使城市地区的联系更加紧密和快速。1850 年,人们已经可以乘火车从巴黎到华沙(Högselius et al. , 2016)。如果技术和经济政策允许,城市不再需要从其周围环境获得大部分的食物供应,这一情况在 19 世纪铁路和轮船得到发展以后变得尤为明显。在 1831—1835 年间,非爱尔兰食品运输到伦敦的平均距离为 1 820 英里。到 1909—1913 年,这个数字变成了 5 880 英里,其中肉类平均为 6 250 英里,小麦平均为 5 950 英里(Peet, 1969)。而制冷技术可以让这些货物运输完全绕过腹地。W. P. 赫登(W. P. Hedden, 1929)在《大城市是如何被养活的》(*How Great Cities Are Fed*)一书中指出,"毫不夸张地说,冷藏运输的引入颠覆了生产地图的全貌"。全球化的食品供应需要"消费社会的基础设施",从阿根廷的冷藏库、芝加哥的牲畜饲养场和温尼伯的谷物升降机,到伦敦、利物浦和格拉斯哥的码头、筒仓、冷库和货场(Bonneuil and Fresssoz, 2016)。然而,英国的情形并不一定代表整个欧洲。19 世纪末,巴黎的大部分食物仍然来自毗邻的巴黎盆地,并且仍然与周围的农业地区紧密相连(Billen et al. , 2012)。

　　内燃机和石油经济的发展导致了城市网络的进一步重组。传统的城市形态往往不能容纳大规模驾驶,从基尔到伯明翰,环线、停车场和直通道路的建设给城市造成了混乱(Lundin, 2008)。城市里到处都是交通灯、路灯、停车计时器和减速带。在英国,皇家汽车俱乐部在 1901 年引入了身着统一制服的摩托巡逻队,并在 1912 年建立了路边紧急电话亭(Graham and Thrift, 2007)。汽车专用高速公路和专门的机动车道的建设,使得早期无政府主义的"蜂拥而上"的驾驶者被驯服和协调成一股股沿着混凝土廊道行驶的单体胶囊状的"流"(Mom, 2015)。汽车让人们可以沿着大陆的交通要道,穿过各种形态的郊区和外城(*exopolis*),自由出入大都市。"自然"变成了被挡风玻璃框住并只能进行视觉消费的事物。在高度城市化的地区,沮丧情绪和交通拥堵变得更为常见。到 1965

年,巴黎地区有 200 万辆汽车,但街道面积较 1900 年只增加了 10％,这意味着道路变得更加拥挤,停车也变得更加困难(Smil,2006)。数百万计的内燃机中碳氢化合物的代谢将二氧化碳排放量推向危险水平,并改变了全球碳循环结构(Smil,2006)。与此同时,能源向石油转型需要建立一套新的基础设施,包括大宗港口、炼油厂和长距离输油管道。20 世纪 50 年代和 60 年代修建了大量管道,旨在将石油从中东、北非和美国输送到欧洲的石油贫乏地区(Högselius et al. ,2016)。1951 年,英国第一条为商业用途修建的跨国管道将芬纳特和格兰杰默斯连接起来(Sheail,2002)。欧洲新兴的化学工业还促进了运输乙烯、氯气、天然气和氧气等其他物质的专门管道建设,以及以鹿特丹—勒哈夫雷—路德维希港—鲁尔地区为中心的复杂基础设施连接(Högselius et al. ,2016)。

在通信领域,早在"电报革命"之前,改良的道路、运河和光学电报就已经提升了连通性,但通信系统的电气化创造了更密集、更长距离的信息网络(Kaukiainen,2001)。这些网络很快就达到了跨国甚至跨越大陆的尺度。从 1850 年起,奥地利—德国电报联盟(Austro-German Telegraph Union)开始协调普鲁士、巴伐利亚、萨克森和奥地利之间的通信(Högselius et al. ,2016)。1866 年,英国已经拥有一支专门铺设电缆的舰队,来参与其全球信息网络建设,并创造了一个自身占主导地位的世界通信系统(Mattelart,1996)。1885 年,已经投入使用的 26 万部电话绝大多数分布在发达国家的城市(Calvo,2006)。电话联络往往集中在罗马、斯德哥尔摩和维也纳等首都城市,但是在斯堪的纳维亚(半岛)和瑞士,这种联系更多集中在小城市(Calvo,2006)。在城市内部,电话通信在金融、商业和工业领域发展最为迅猛(Calvo,2006)。到 20 世纪后期,电子通信系统的趋势不断扩大,集中在由优质光纤电缆网络连接起来的全球主要城市(Graham and Marvin,2001)。

正如海克·韦伯(2020)所说,城市代谢也产生了大量废弃物。从热力学角度看,城市是一个庞大的有序系统,它的组织和维系通过物质燃烧、消化、腐烂和破碎时同步产生的熵耗散来维持。大城市的消费水平更高,物质更加多样化,因此产生了更多的废弃物(Cooper,2007)。废弃物管理技术也随之发展起来,从垃圾箱和垃圾填埋场发展到焚化炉和回收工厂。人们曾试图对废弃物进行有益的重复利用。例如 19 世纪后期,英国实验发现"100 个卷心菜可以产生 8 磅木炭"（Saunders，1881）。然而，破坏和距离最终在废弃物处置策略中占据了上风，包括向海上倾倒、乱丢垃圾和焚烧。大规模的城市化造成了大量废弃物堆积和地区衰落，表现为毁坏的建筑物、伤痕累累的景观、无人区、炉渣堆和气候变化。这种人为的沉积作用本身就是人类创造的新地质地壳的一部分。它甚至产生了可开采的地层。在英国的垃圾填埋场，控制倾倒的方式包括垃圾分层堆积（Wylie，1955）。工业废弃物被排放到基础设施和腹地，导致了各种不可预测的物质间的相互作用，如腐蚀、毒气、爆炸、沉积物、积垢以及形成细菌或酵母（Southgate，1948）。在《生命的景观》（*The Living Landscape*）一书中，保罗·西尔斯（Paul Sears）尖锐地总结道："现代城市地区与大自然截然不同，越来越多的人既没有角色也没有位置，在不发挥作用的情况下依靠他人生存……只为获得支持，这代表了恶性增长"（Sears，1966）。

当代人开始从扩张的角度来描述这些复合发展。利明顿子爵（Viscount Lymington）在其激进的《英格兰的饥荒》（*Famine in England*）一书中指出："我们没有保护（自然）或者向上建造，只是向外扩展，直至家乡成为一个广阔的郊区"（Lymington，1938）。欧洲人的日常环境被水管、通风管道、铁路、电线、沟渠和道路所渗透和贯穿。城市网络的大规模扩散，即城市的系统化，使城市和农村不论是在物质上或概念上都不可能完全分离。城市—自然的划分逐渐看起来像是一种绝望的、不合时宜的梳理，试图解析和简化现代极其复杂的本体论和认识论混乱（Latour，1993）。正如亨利·列斐伏尔（Henri Lefebvre）所观察到的，自然正在成为一种象征或幻影，一座城市公园、一片草坪、一幅大规模制作的田园画，"自然和天然的标志正在成倍增加，并取代和排挤掉真正的'自然'"（Lefebvre，2003，第 27 页）。户外生活正在消失，人类退回到技术圈中，城市居民将 90％的时间都花在室内，花在越来越密闭和节能的建筑之中（Mitman，2007）。

当米歇尔·塞尔（Michel Serres）描述"欧洲大都市"时，他提到了一个"人类板块"，占据了从都柏林到米兰的广阔城市化空间（Serres，1995）。其他人将这个区域命名为"蓝色香蕉"（Blue Banana）（Poleèse，2009）。基础设施、城市和外城的扩张产生了新兴的不可预测的生物、气候和地质效应。正如肖特（2020）所指出的，对维也纳周边木材供应的控制，使得猫头鹰和乌鸦的数量锐减。其他物种也经历了演化变化，例如，随着鲁尔山谷和英格兰北部煤炭用量的增加，胡椒蛾种群长出了黑色的翅膀（Russell，2011）。对其他物种而言，隧道、管道和架空电线等新城市景观为他们提供了新的机会和生态位。对老鼠来说，排水沟就像高速公路，"电话和其他电线、煤气管道、水管以及现今许多建筑物中蒸汽管道的开口，可能正好成为现成的入口"（"老鼠的毁灭"，1922）。紧急病原体，如嗜肺军团菌（*Legionella pneumophila*）、大肠杆菌 O157∶H7（*E. coli* O157∶H7）和单核细胞增生李斯特菌（*Listeria monocytogenes*），在冷却塔、热浴缸、蒸发冷凝器、工业屠宰场和熟食店冰柜所提供的不寻常的新型微气候中迅速繁殖。混凝土建设和城市峡谷化产生了城市热岛，城市区域增强了（主要是人为的）氮的流动，并导致了沿海海水（包括波罗的海大部分区域）的富营养化和缺氧（Conley et al.，2009）。

三、能动性

本书的各章也反映了能动性问题。作者们认为，欧洲城市地层的出现涉及几个不同层次或类型的能动性，从政治体系到制度和物质的能动性。因此，由行动者网络理论所推广的人类—非人类二分法从分析层面支撑了本书，尽管各章以几种不同的方式将这种分类复杂化了。

能动性的一个重要但有时会被忽视的方面是它的迭代维度。一个人、一辆汽车或一条管道，其影响边界通常是有限的，但 100 万人、化石燃料经济和电网则可以产生完全不同规模的影响（Easterling，2014）。城市能动性以及城市问题，从根本上讲是关于迭代和规模的。快速工业化的城市是卫生、犯罪和物流等新兴问题的发源地。恶劣的卫生条件和高密度的人口分布增加了疾病感染的风险。新型城市管理形式变得十分必要，它拥有更专业化、更具差异性的组织和官员，如检验员、卫生官员、警察机关。1872 年伦敦因交通拥挤需要 176 名全职交通警察，以及 230 多名在交通高峰时段工作的兼职警察（Dennis，2008）。技术更迭和材料的复杂性要求培训许多新型专家，由他们负责系统的建设、维护和检查。1831 年伦敦有 23 人自称是煤气装配工人（Clow and Clow，1952）。遇到深部煤层下沉问题时，则需要测绘和钻孔承包商（Church，1986）。

　　城市内技术要素的倍增也造成了大规模的环境问题。10 辆或 1 000 辆汽车与 12 亿辆汽车的效应完全不同。乘数效应解释了小事及其行动能力如何累积变得更强大，以及如何在不同规模上运作。这种累积效应导致了新现象或新问题的出现，越过临界阈值或临界点是空间和时间的标量位移。说到能动性，我们经常问："这是什么类型的能动性？"却很少问"能动性的体量有多大？"

320　　尽管如此，本体论仍然很重要。"能动性"这个词的语义范围非常广泛，从化学作用简单可预测的反应，到地质和气候巨系统盲目、壮观的力量，再到半有意和有意的思考、计划好的行动，其中人类就是典型的案例。一旦能动性本身被分解为更广泛的行为和影响，我们将世界分为人类和非人类的这一想法就显得更加奇怪、更加人类中心主义。例如，一些生物学家使用生物-非生物-人工三位一体理念（the triad biotic-abiotic-artificial），来捕捉生物、非生物和人造实体之间的差异性（Odling-Smee et al. ,2003）。任何类型的二元论似乎都非常无益。最后，正如行动者网络理论和系统论经常提醒的那样，没有任何技术元素能够单独地或在真空中发挥作用。诸如"水分配"或"城市代谢"此类的大规模能动性是一种串联行为，散落分布在各种各样的独立元素中。

四、时间性

　　本书各章覆盖了欧洲历史中的 500 多年，即所谓的"前现代"和"现代"时期。然而，这种传统的时期划分同样有问题。现代，或称现代性，是指既新颖又非传统的现象或过程，包括了城市化、合理化、世俗化、工业化、市场经济的崛起、全球化和民主化（本清单远不够详尽）（Féher, 1990；Taylor, 2004；Gauchet, 1997；Dennis, 2008；Alexander, 2013）。现代性也可以指个人和集体在经历划时代变化后在思想或心理内部发展出来的事物，如流动、反常、错位、自反和感知转变（Berman, 1982；Kern, 2003）。由于指代范围非常广泛，现代性无疑是一个千变万化、可塑性强和模棱两可的术语，不具有真正的分析精度，并且许多学者认为这个术语在很大程度上是无用的（Cooper, 2005；Latour, 1993）。现代性倾向于将多重、异质的转变，扁平化和同质化为某种单一的事物。这也必然导致其前身——前现代——这一概念的产生，从而将不可避免的目标（telos）引入了历史。

前现代研究与现代研究难免存在分歧，这种分歧几乎无处不在。正如丹尼尔·洛德·斯梅尔（Daniel Lord Smail）和安德鲁·施赖奥克（Andrew Shyrock）所言，如果人们仔细观察就会发现，关于现代性的痕迹可以追溯到他们所关心的任何时代（Smail and Shryock，2013）。

关于人类世的复杂文献提供了另一种研究框架。虽然学术界尚未就其精确年代达成共识，但人们普遍认为，1945 年后的大加速（Great Acceleration）使得所有人类活动空前激增，尤其是城市化；其次，人类对地球系统的干扰由来已久。新石器时代农业系统建设的分散行为产生了可察觉的温室气体排放，当人们可以检测到人为活动——火灾、森林砍伐、物种灭绝——对景观和环境的影响时，就产生了所谓的"古人类世"（Foley et al.，2013）。此后这些影响稳步上升，并在1492 年以后帝国边境扩张的伟大时代再次激增（发生在俄罗斯、南亚、北美、加勒比、南美）。这种"有机的人类世"以木材、水和风等自然资源为基础，其影响——生物交换、土壤侵蚀、毁林、灭绝、土地利用排放——在全球范围内是显而易见的（Brooke and Otter，2016）。此后，两大重要转变——化石燃料开发和哈伯—博施法（Haber-Bosch process），创造了一个全面发展的人类世，并随着1945 年后的大加速而发展成熟（Steffen et al.，2011）。

这种元叙事显然非常简单化和程式化，但与现代性叙事相比，它的确在某些方面具有明显优势。它更加经验主义、物质化、真实和可测量。我们不必为现代性的多重含义而苦恼。人口、流行病学、能源、营养等多重转变的复杂与非线性作用，引发了造就人类世的关键转变。资本主义的兴起，将欧洲城市中心与新世界（New World）的资源库联系起来，加速了资源开采（Moore，2015）。"人类世"一词比摩尔（Moore）的"资本世（Capitalocene）"内涵更为丰富，并最终将这种转变概念化为多重的不可简化的经济逻辑。

所有这些转变都是城市化历史的核心（Demeny，1968）。例如，人口转变是指从高出生率、高死亡率的稳定人口状态转变为以死亡率下降为典型特征的人口状态，这促使人口迅速增长，而随后出现生育率下降，人口逐步稳定（Smith and Ezzati，2005）。人口转变与流行病学的转型密不可分，在流行病学转型过程中，传染病或接触式传染病首先得到遏制，然后基本被消除。西北欧地区的天花、猩红热、伤寒、白喉和百日咳到 19 世纪时有所下降，呼吸系统疾病和肺结核在 1939 年以后也逐渐减少（Riley，2001）。（人口增长和征服传染病）这两种现象都是明显的城市现象。营养转变，即饮食转向富含动物蛋白和精制碳水化合物，也是一个始于城市的过程，"有证据表明，城市化与饮食、活动和人类身体成分变化的关联最为显著"（Popkin，1998）。

322 　　本书中，多个章节都讨论了从木材到化石燃料的能源转型。尽管这一转变既不均衡也不完全，但它还是为经济的持续增长、城市聚集度的大幅增加、商品生产和分配的大幅提升，以及迫在眉睫的资源枯竭、气候变化和经济崩溃等提供了热能（Wrigley，1988；Jonsson，2013）。如前文所述，这种能源转型使得城市代谢转型真正产生了全球性影响。当然，各国的能源政策并没有既定方向，欧洲不同国家保持着互不相同的能源轨迹。法国的第一座核反应堆佐伊（Zoé）在 1948 年达到临界，到 1965 年，已有六座反应堆开始运行。1974 年的梅斯默规划（Messmer Plan）进一步推动了这项核政策的实施（Bess，2003）。这是经过深思熟虑的政治产物，而不是能源转型的逻辑，但是我们应注意到，使用核能并未能阻止二氧化碳排放量的不断上升（Bon-neuil and Fressoz，2016）。

　　另一个与人们通常理解的"现代性"无关的重要转型是所谓的"材料转型"，它包括城市空间和网络的金属化、具体化和塑性化，将新型的物质相互作用和反应引入形成城市地层的复杂晶格系统中。例如，混凝土"从全球年产量和累积用量而言，是迄今为止最重要的人造材料"，有些人甚至建议将其命名为"人工"岩石（Smil，2014）。混凝土覆盖了我们的自然景观，且经常用于加固物体（水坝、道路、桥梁、停车场、塔楼、管道），但它并不是一种特别耐用的物质，劣质混凝土将成为 21 世纪的一个重大问题（Smil，2014）。城市空间充满了塑料，从管道、电缆中的聚氯乙烯（Poly Vinyl Chloride，PVC）到袋子、瓶子和玩具中的聚乙烯（Smil，2006；Smil，2014）。通过重点强调化石燃料和合成物质在生物地球技术圈内的流动，本书将所追溯的这段历史与更广泛的人类世地球史牢牢锚定在一起。

五、结论:城市地层

在工匠创造的所有"人造物品"中,城市这种巨大的流变的文物无疑最为重要。人类定居点自出现以来,就不断驱使水、食物和其他物质流向自己。古罗马和君士坦丁堡城市中壮观的渡槽就是明显的体现。人口稠密的城市地区与城市化程度较低的周边地区之间的关系,一直处于动态、循环和代谢的状态(Swynge-douw,2006)。古代已经有大量城市相互联系,并且拥有重要的腹地和网络,通往现代的道路错综复杂且不断增加。化石燃料、人口动态、大规模基础设施扩张以及材料变化的累积效应都是技术圈的产物,技术圈即为一个由交错的基础设施、"人为生物群落"(anthromes,人类起源的生物圈,或人类活动所转化的生物圈)、受控空间和封闭的人类住所组成的分散的跨国网络系统。此外,技术圈已经凝结成一个具有地质意义的"城市地层",即便在人类离开地球很久之后,哪怕被挤压、破碎和变形,它也将继续存在(Zalasiewicz,2008)。

城市与自然的关系已经以不同方式被概念化。一种观点认为,自然已经被城市毁灭,只能通过苍白的模仿或模拟来恢复。雅克·埃卢尔(Jacques Ellul)悲叹自然的消失,唤起了海德格尔(Heidegger)的长期储备理论:

> 正如水力发电装置将瀑布引入管道,技术环境吸收了自然。我们正在迅速接近一个不再有任何自然环境的时代。当我们成功地制造出人造北极光时,黑夜将消失,而永恒的白昼将主宰地球。(Ellul,1964)

列斐伏尔谈及,我们不得不"仿造自然……召唤海洋或森林……树木被扭曲成奇怪的人形和非人形"(Lefebvre,2003)。沃尔夫冈·希弗尔布施(Wolfgang Schivelbusch)在《铁道之旅》(*The Railway Journey*)中展示了这种观点的一个变体,"大自然并没有被抹去,而是被重构成可透过火车车厢隔板、从远处欣赏的一种奇观。"自然变成了奇观,如同一套可销售的参照物,从远处进行视觉体验(Green,1990)。它被分解,又被重新安全组装。另一位英国作家乔里安·詹克斯(Jorian Jenks)指出,人们会对汽车旅行中见到的自然之美充满热情。他们对人造产品的销售说辞异常敏感,从彩色胶片到泻药,这些产品都使用了"天然"的

323

字眼进行修饰(Jenks,1959)。

然而,自然的消亡并不总是令人惋惜,有些人则更为乐观。例如,环境科学家和人类世理论家埃勒·埃利斯(Erle Ellis)认为,"从哲学视角来看,自然就是人类的本性表现;再也找不到更多的野生自然了,只有处于不同的与人类互动状态的生态系统,即在野蛮和人性方面有所不同"(Ellis,2011)。我们居住在一个由人为生物群落而非生物群落组成的星球上。人为生物群落包括由人类及其技术、经济系统改造的所有景观,从森林到农田再到城市。其中包括了"人为土"或"源于人类活动的土壤"的形成,如西北欧的厚熟土(Ellis et al.,2013;Pape,1970)。尽管人类活动的存在和生态后果可能会令人不安,但埃利斯认为这是把握和控制我们所创造的地球的一次良机。良性地球工程是"美好人类世"的终极目标(Seeds of Good Anthropocenes;Asafu-Adjaye et al.,2015)。

城市与自然的关系已经被概念化为湮没、分离、模拟、融合和控制等关系。从根本上看,这种定位是一种本体论观点。另一种更倾向于认识论的观点则认为,自然—城市的两极分化本身就是现代社会区分绝对非人类自然和绝对非自然文化的产物(Latour,1993)。这种两极分化使得自然几乎不可能以任何方式存在于城市之中,除非以一种贬低或重新建构的形式。自然的丧失是一种概念效应,而不是一种具体现象。自然是一个精心设计的、在面临消亡的情况下蓬勃发展的概念。蒂莫西·莫顿(Timothy Morton)总结道:"从山顶到马里亚纳海沟,人们可以搜索地球,却再也找不到自然。自然成了亟须填补的空白范畴。"(Morton,2013)在莫顿看来,这些新概念——技术圈、人为生物群落、城市地层——可能是超级对象,它们让城市理论家和历史学家超越城市、超越城市—自然的关系,重新设想21世纪的城市状况。

"欧洲"居住和生活着7.5亿人口,是一个巨大的人造物品或者系统,是一个巨大的城市地层。它的建造、维护、升级和重建是无数人合作完成的结果。考古学家们早就认识到了人为地层学的重要性,也认识到了城市对人类重构地质矿床的中心作用。爱德华·哈里斯(Edward Harris)指出,"城市革命"是"地质和考古分层革命的伙伴"(Harris,1979)。这个地层,同技术、人造物品、系统和结构一起,将比至今存活的所有人类的寿命更长久。现今,地质学家开始使用"技术化石"和"技术地层学"这两个术语来描述这个快速增长的、物质多样化的城市地层。例如，塑料可能会集中在垃圾场，也可能会进入海洋和陆地环境，成为"近期、当前和不久将来沉积物的时间标记"（Zalasiewicz et al.，2014）。人类活动在其灭绝后将成为一个重大的地球事件，类似于白垩纪—古近纪灭绝事件（Haff，2014）。这个城市地层比任何城市都大，当然不是自然的，但它是人类作为工匠最不朽的创造。

参 考 文 献

Alexander, J., 2013. *The dark side of modernity*. Cambridge: Polity Press.

Asafu-Adjaye, J. et al., 2015. *An ecomodernist manifesto*. www.ecomodernism. org/ (last accessed 22 November 2016).

Baccini, P. and Brunner, P., 2012. *Metabolism of the anthroposphere: analysis, evaluation, design*. Cambridge, MA: MIT Press.

Bergson, H., 1911. *Creative evolution*. Translation by Arthur Mitchell, 1998. Mineola: Dover.

Berman, M., 1982. *All that is solid melts into air: the experience of modernity*. New York: Simon and Schuster.

Bess, M., 2003. *The light-green society: ecology and technological modernity in France, 1960–2000*. Chicago: University of Chicago Press.

Billen, G., Barles, S., Chatzimpiros, P. and Garnier, J., 2012. Grain, meat and vegetables to feed Paris: where did and do they come from? localising Paris food supply areas from the eighteenth to the twenty-first century. *Regional Environmental Change*, 12, pp. 325–335.

Blackbourn, D., 2006. *The conquest of nature: water, landscape, and the making of modern Germany*. London: W. W. Norton & Company.

Brooke, J. and Otter, C., 2016. Concluding remarks: the organic anthropocene. *Eighteenth-Century Studies*, 49 (2), pp. 281–302.

Burnett, J., 1999. *Liquid pleasures: a social history of drinks in modern Britain*. London: Routledge.

Calvo, A., 2006. The shaping of urban telephone networks in Europe, 1877–1925. *Urban History*, 33 (3), pp. 411–434.

Church, R., 1986. *The history of the British coal industry. volume iii 1830–1913: victorian pre-eminence*. Oxford: Clarendon Press.

Clow, A. and Clow, N., 1952. *The chemical revolution: a contribution to social technology*. London: The Batchworth Press.

Conley, D., Björk, S., Bonsdorff, E., Carstensen, J., Destouni, G., Gustafsson, B., Hietanen, S., Kortekaas, M., Kuosa, H., Meier, M., Müller-Karulis, B., Nordberg, K., Norkko, A., Nürnberg, G., Pitkänen, H., Rabalais, N., Rosenberg, R., Savchuk, O., Slop, C., Voss, M., Wulff, F. and Zillén, L., 2009. Hypoxiarelated processes in the Baltic Sea. *Environmental Science and Technology*, 43 (10), pp. 3412–3420.

Cooper, F., 2005. *Colonialism in question: theory, knowledge, history*. Berkeley: University of California Press.

Cooper, T., 2007. Challenging the 'Refuse Revolution': war, waste and the rediscovery of recycling, 1900–1950. *Historical Research*, pp. 710–731.

Davidson, C., 1986. *A woman's work is never done: a history of housework in the british isles 1650–1950*. London: Chatto & Windus.

Demeny, P., 1968. Early fertility decline in Austria-hungary: a lesson in demographic transition. *Daedalus*, 97, pp. 502–522.

Dennis, R., 2008. *Cities in modernity: representations and productions of metropolitan space, 1840–1930*. Cambridge: Cambridge University Press.

The Destruction of Rats. *Medical Officer*, 28, 1 July 1922, p. 1.

Disco, C., 2008. Taming the rhine: economic connection and urban competition. In: M. Hård and T. J. Misa eds. *Urban machinery: inside modern European cities*. Cambridge, MA: MIT Press, pp. 23–48.

Easterling, K., 2014. *Extrastatecraft: the power of infrastructure space*. London: Verso Books.

Ellis, E., 2011. Anthropogenic transformation of the terrestrial biosphere. *Philosophical Transactions of the Royal Society A*, 369, pp. 1010–1035.

Ellis, E. et al., 2013. Used planet: a global history. *PNAS*, 110 (20), pp. 7978–7985.

Ellul, J., 1964. *The technological society*. New York: Vintage.

Féher, F. ed., 1990. *The French revolution and the birth of modernity*. Berkeley: University of California Press.

Fischer-Kowalski, M., 2003. On the history of industrial metabolism. In: S. Bourg and D. Erkman eds. *Perspectives on industrial ecology*. Sheffield: Routledge.

Foley, S., Gronenborn, D., Andreae, M., Kadereit, J., Esper, J., Scholz, D., Pöschl, U., Jacob, D., Schöne, B., Schreg, R., Vött, A., Jordan, D., Lelieveld, J., Weller, C., Alt, K., Gaudzinski-Windheuser, S., Bruhn, K.-C., Tost, H., Sorocko, F. and Crutzen, P., 2013. The palaeoanthropocene—the beginnings of anthropogenic environmental change. *Anthropocene*, 3, pp. 83–88.

Fressoz, J-B. and Bonneuil, C., 2016. *The shock of the anthropocene: the earth, history and us*. London: Verso Books.

Gauchet, M., 1997. *The disenchantment of the world: a political history of religion*. Princeton: Princeton University Press.

Graham, S. and Marvin, S., 2001. *Splintering urbanism: networked infrastructures, technological mobilities and the urban condition*. London: Routledge.

Graham, S. and Thrift, N., 2007. Out of order: understanding repair and maintenance. *Theory, Culture and Society*, 24 (3), pp. 1–25.

Green, N., 1990. *The spectacle of nature: landscape and bourgeois culture in nineteenth-century France*. Manchester: Manchester University Press.

Guillerme, A., 1988. *The age of water: the urban environment in the North of France, A.D. 300–1800*. College Station: Texas A&M University Press.

Haff, P. K., 2014. Technology as a geological phenomenon: implications for human well-being. *Geological Society of London Special Publications*, 395 (1), pp. 301–309.

Harris, E., 1979. *Principles of archaeological stratigraphy.* London: Academic Press.

Hedden, W. P., 1929. *How great cities are fed.* New York: D.C. Health.

Högselius, P., Kaijser, A. and van der Vleuten, E., 2016. *Europe's infrastructure transition: economy, war, nature.* New York: Palgrave MacMillan.

Jenks, J., 1959. *The stuff man's made of: the positive approach to health through nutrition.* New York: Devin-Adair.

Jonsson, F., 2013. *Enlightenment's frontier: the Scottish Highlands and the origins of environmentalism.* New Haven: Yale University Press.

Kaukiainen, Y., 2001. Shrinking the world: improvements in the speed of information transition, c. 1820–1870. *European Review of Economic History,* 5 (1), pp. 1–28.

Kennedy, C., Cuddihy, J. and Engel-Yan, J., 2007. The changing metabolism of cities. *Journal of Industrial Ecology,* 11 (2), pp. 43–59.

Kern, S., 2003. *The culture of time and space 1880–1918.* Cambridge, MA: Harvard University Press.

Latour, B., 1993. *We have never been modern.* Cambridge, MA: Harvard University Press.

Lefebvre, H., 2003. *The urban revolution.* Minneapolis: University of Minnesota Press.

Lundin, P., 2008. Mediators of modernity: planning experts and the making of the 'car friendly' city in Europe. In: M. Hård and T. J. Misa eds. *Urban machinery.* Cambridge, MA: MIT Press.

Lymington [Viscount], 1938. *Famine in England.* London: Witherby.

Mattelart, A., 1996. *The invention of communication.* Minneapolis: University of Minnesota Press.

Mithen, S., 2013. *Thirst: water and power in the ancient world.* London: Phoenix.

Mitman, G., 2007. *Breathing space: how allergies shape our lives and landscapes.* New Haven: Yale University Press.

Mom, G., 2015. *Atlantic automobilism: emergence and persistence of the car 1895–1940.* New York: Berghahn Books.

Moore, J., 2015. *Capitalism in the web of life: ecology and the accumulation of capital.* London: Verso Books.

Morton, T., 2013. *Hyperobjects: philosophy and ecology after the end of the world.* Minnesota: University of Minnesota Press.

Moss, T., 2001. Flow management in urban regions: introducing a concept. In: G. Marvin and T. Moss eds. *Urban infrastructures in transition: networks, buildings, plans.* London: Earthscan, pp. 3–21.

Odling-Smee, F. J., Laland, K. N. and Feldman, M. W., 2003. *Niche construction: the neglected process in evolution.* Princeton: Princeton University Press.

Pape, J. C., 1970. Plaggen soils in the Netherlands. *Geoderma,* 4 (3), pp. 229–255.

Peet, J. R., 1969. The spatial expansion of commercial agriculture in the nineteenth century: a von thunen interpretation. *Economic Geography,* 45 (4), pp. 283–301.

Polèse, M., 2009. *The wealth and poverty of regions: why cities matter.* Chicago: University of Chicago Press.

Poore, G. V., 1894. *Essays on rural hygiene,* 2nd ed. London: Longmans, Green,

327

and Co.

Popkin, B., 1998. The nutrition transition and its health implications in lower-income countries. *Public Health Nutrition*, 1 (1), pp. 5–21.

Riley, J., 2001. *Rising life expectancy: a global history*. Cambridge: Cambridge University Press.

Russell, E., 2011. *Evolutionary history: uniting history and biology to understand life on earth*. Cambridge: Cambridge University Press.

Saunders, W. S., 1881. *Disposal of refuse: report to the sanitary committee of the honourable the commissioners of sewers of the city of London, upon some new methods of disposing of all kinds of refuse by cremation: together with extracts from the reports of the sanitary and streets committees upon the same subject*. London: Charles Skipper & East.

Sears, P. B., 1966. *The living landscape*. New York: Basic Books.

Seeds of good anthropocenes. https://goodanthropocenes.net/ (last accessed 22 November 2016).

Serres, M., 1995. *The natural contract*. Ann Arbor: University of Michigan Press.

Sheail, J., 2002. *An environmental history of twentieth-century Britain*. New York: Palgrave Macmillan.

Sieferle, R. P., 2001. *The subterranean forest: energy systems and the industrial revolution*. Cambridge: The White Horse Press.

Simmons, I. A., 2001. *An environmental history of Great Britain: from 10,000 years ago to the present*. Edinburgh: Edinburgh University Press.

Smail, D. L. and Shryock, A., 2013. History and the 'Pre'. *American Historical Review*, 118 (3), pp. 709–737.

Smil, V., 2006. *Transforming the twentieth century: technical innovations and their consequences*. Oxford: Oxford University Press.

Smil, V., 2014. *Making the modern world: materials and dematerialization*. Chichester: John Wiley and Sons.

Smith, K. R. and Ezzati, M., 2005. How environmental health risks change with development: The epidemiologic and environmental risk transitions revisited. *Annual Review of Environmental Resources*, 30, pp. 291–333.

Smout, T. C., 2000. *Nature contested: environmental history in Scotland and Northern England since 1600*. Edinburgh: Edinburgh University Press.

Southgate, B. A., 1948. *Treatment and disposal of industrial waste waters*. London: His Majesty's Stationery Office.

Steffen, W., Grinewald, J., Crutzen, P. and McNeil, J., 2011. The anthropocene: conceptual and historical perspectives. *Philosophical Transactions of the Royal Society A*, 369, pp. 842–867.

Swyngedouw, E., 2006. Metabolic urbanization: the making of cyborg cities. In: K. Heynen and E. Swyngedouw eds. *In the nature of cities: urban political ecology and the politics of urban metabolism*. New York: Routledge, pp. 21–40.

Taylor, C., 2004. *Modern social imaginaries*. Durham: Duke University Press.

Trefethen, J., 1973. Man-made lakes and wildlife values. In: Ackermann *et al.* eds. *Man-made lakes: their problems and environmental effects*. Washington, DC: American Geophysical Union, pp. 750–754.

Wittfogel, K., 1981. *Oriental despotism: a comparative study of total power*. New York: Vintage.

Wrigley, T., 1988. *Continuity, chance and change: the character of the industrial revolution in England*. Cambridge: Cambridge University Press.

Wylie, J. C., 1955. *Fertility from town wastes*. London: Faber and Faber.

Zalasiewicz, J., 2008. *The earth after us: what legacy will humans leave in the rocks?* Oxford: Oxford University Press.

Zalasiewicz, J., Williams, M., Waters, C. N., Barnosky, A. D. and Haff, P., 2014. The technofossil record of humans. *Anthropocene Review*, 1 (1), pp. 34–43.

贡 献 者

　　萨宾·巴勒斯(Sabine Barles)是法国巴黎第一大学的城市规划教授,也是地理城市研究小组的成员。主要研究内容涉及城市环境历史和城市技术历史(18—20世纪)、城市代谢、区域生态和社会生态轨迹。

　　克里斯托夫·伯恩哈特(Christoph Bernhardt)是位于(德国)柏林附近埃尔克纳的莱布尼兹社会与空间研究所(Institute for Research on Society and Space,IRS)的历史研究/科学收藏系主任和柏林洪堡大学的历史学副教授。他的研究主要聚焦于18世纪以来的欧洲城市和环境史。

　　保罗·沙鲁阿达斯(Paulo Charruadas)是布鲁塞尔大学(Université Libre de Bruxelles,ULB)考古学与遗产研究中心的研究员。作为历史学家和考古学家,他的研究领域是南部低地国家的城市建设,重点关注城市规划、建筑材料(供应、生产和施工技术)和城市法规。

　　卡雷尔·戴维兹(Karel Davids)任职于荷兰阿姆斯特丹自由大学商业和经济学部,担任人文学院经济社会史系主任。他的主要研究领域是全球社会史,侧重对近代早期知识、人、商品流通的比较研究。他也是海洋历史和近代早期技术史领域的专家。

　　克洛艾·德利涅(Chloé Deligne)自2006年起在布鲁塞尔大学担任比利时科学研究基金会(FRS-FNRS)的研究助理。她受训成为一名历史学家、环境学家和地理学家。一方面,她主要关注城市历史的环境领域;另一方面,关注社会、文化和政治因素影响下的城市空间变化。她的研究特色是长期视角和社会空间分析。

　　伯特·德·蒙克(Bert De Munck)是比利时安特卫普大学的历史系教授,教授"近代早期社会经济史""历史与社会理论"和"公共历史"。他是该大学城市研究所和科学研究团体(Whole of Government，WOG)《城市能动性：制定城市历史研究议程》(*Urban Agency. Setting the research agenda of urban history*)项目的负责人。他的研究领域是学徒制、工艺行会、劳工和社会资本，目前的研究主要包括职业培训和技术知识流通、行会和公民社会，以及关于技能和产品的"评估汇编"。

斯特凡娜·弗柳尔(Stéphane Frioux)是法国里昂第二大学的现代史副教授和法国大学学院的初级会员。他的研究涉及 19 世纪和 20 世纪的城市环境历史，重点是(水、空气和土壤)污染管理。

埃娃·雅各布森(Eva Jakobsson)是挪威斯塔万格大学文化研究和语言系的历史专业副教授。她出版过关于瑞典环境史和技术史的著作，特别是河流叙述的理论和方法。她的主要研究领域是瑞典湖泊和河流的长期历史。

里克·詹森斯(Ric Janssens)是比利时安特卫普大学城市历史中心的研究员。在佛兰德斯科学基金会获得博士学位后，他主要研究 16 世纪到 19 世纪安特卫普城市的水历史。

马丁·诺尔(Martin Knoll)是奥地利萨尔茨堡大学欧洲区域历史专业的教授。他的研究主要聚焦于近代早期的环境史、城市腹地关系史和旅游史。

马尔贾纳·尼米(Marjaana Niemi)是芬兰坦佩雷大学的历史教授。她的研究重点是 19 世纪和 20 世纪的城市历史、医学社会史、健康和疾病史、旅游史。

克里斯·奥特(Chris Otter)是美国俄亥俄州立大学的历史学副教授。他的研究着眼于从 17 世纪到 20 世纪的城市环境建构和叙述的长期变迁。

克里斯蒂安·罗尔(Christian Rohr)是瑞士伯尔尼大学环境与气候历史的全职教授，同时在历史研究所和跨学科的奥斯切尔(Oeschger)气候变化研究中心工作。他曾在维也纳大学学习历史、古代和中世纪拉丁语，1995 年获得博士学位。1996—2010 年，他在萨尔茨堡大学历史研究所担任助教和中世纪史副教授，期间开始研究中世纪和近代早期自然引发的灾害、气候波动和自然资源冲突。自 2010 年进入伯尔尼大学以来，他扩大了对近代和现代环境历史的研究范围，强调环境历史的"标志性转向"。

迪特尔·肖特(Dieter Schott)是德国达姆施塔特工业大学的现代史教授，2016 年之前他曾担任"城市历史与城市化研究学会"(Gesellschaft für Stadtge-

331

schichte und Urbanisierungsforschung，GSU）主席，也是欧洲城市历史协会（European Association for Urban History，EAUH）国际委员会成员。他发表了大量关于城市技术网络历史、城市规划和更新、历史灾害以及城市环境史理论和方法的著作。目前的研究方向包括城市和河流历史、城市可持续政治发展以及基础设施历史。

乔治·施特格尔（Georg Stöger）是奥地利萨尔茨堡大学经济、社会和环境历史专业的助教（终身教职）。他于2009年获得博士学位，撰写的论文主题是近代早期城市的二手贸易。他出版过关于城市消费和贸易历史的著作，目前正在研究18世纪和19世纪中等规模城镇的环境变化问题。

蒂姆·索恩斯（Tim Soens）是比利时安特卫普大学的中世纪和环境史教授。他曾在比利时根特大学学习中世纪历史，研究佛兰德斯沿海（中世纪和近代早期）的水管理以及人与自然的相互作用，2006年获得博士学位。在安特卫普城市历史中心，他开发了关于"城市化社会的环境和农村历史"的新研究路径，重点研究城市化社会和自然环境之间的历史关系，以及这种相互作用被不断演变的权力组合以及正式和非正式制度所引导的方式。

迈克尔·托伊卡·赛德（Michael Toyka-Seid）是德国达姆施塔特工业大学的研究助理。在研究19世纪和20世纪英国现代城市健康问题并获得博士学位后，他又参与了一项关于欧洲和东南亚城市更新和重建的研究。自2008年以来，他一直是达姆施塔特洛韦城市研究中心的研究助理。他曾出版过关于卫生和公共卫生史、噪声史和环境心理史的著作。目前，在关于城市可持续性的跨学科研究背景下，他正开展一个由德国研究委员会赞助的关于城市可见水域的项目。

海克·韦伯（Heike Weber）是德国卡尔斯鲁厄理工学院（Karlsruhe Institute of Technology，KIT）技术文化研究专业教授。此前，她曾是伯吉斯什大学技术史和环境历史教授，曾在多所技术大学任职，并曾在史密森尼大学（华盛顿特区）和法国社会科学高等研究院（École des Hautes Études en Sciences Sociales，EHESS，巴黎）担任客座研究员。她的研究主要集中在消费史、环境史和技术史等交叉领域。她致力于研究20世纪的日常技术，如家用电器、媒体技术和移动电子设备。最近，她撰写了关于废弃物和循环利用的历史的论著，具体而言，主要聚焦于维修、产品淘汰以及旧的二手物品发展趋势等议题。

索　引

Z

译 后 记

　　《城市化的自然：基于近代以来欧洲城市历史的反思》是欧洲科学研究团体在项目"城市能动性：制定城市历史的研究议程（2011—2015）"合作背景下构思和编撰的系列丛书之一，由来自比利时安特卫普大学、德国达姆施塔特工业大学、英国莱斯特大学和比利时布鲁塞尔自由大学等多家欧洲重要城市历史研究中心的18位学者共同撰写而成。本书英文版原著于2019年由全球知名人文社科学术出版机构劳特里奇出版公司首版发行。

　　本书分六个部分，共十四章。第一部分为引言，开篇质疑了城市在塑造和改变人与自然关系中的角色演变；第二部分共三章，聚焦"进入城市腹地的自然"，基于城市生态学、行动者网络理论、城市治理理念等，探究了城市和自然之间的对称或非对称关系；第三部分共四章，从"作为城市资源的自然"的视角，揭示了资源在城市与腹地之间的流动特征，以及技术系统在其中发挥的作用；第四部分共三章，从"作为城市挑战的自然"的视角，揭示了自然的城市化转变对人类社会产生的风险或威胁，以及不同城市的应对方式；第五部分共三章，从可持续发展视角构建了"城市自然原愿景"，探讨了如何理性看待城市与自然分离、自然在城市中的定位，以及如何弥合城市与自然之间差距；第六部分第十四章为结语，对贯穿全书的三个关键概念——新陈代谢、能动性和时间性进行了总结性阐述，并提出了关于"人类世"时代"城市地层"的认识与结论。

　　本书由中国自然资源经济研究院周璞、张惠、柳晓娟合作翻译，周璞负责原丛书序、第一部分和第二部分，张惠负责第四部分和第五部分，柳晓娟负责第三部分和第六部分，西南大学西方马克思主义研究所刘苏研究员承担了译稿的校对工作，全书由周璞统稿。

　　感谢中国自然资源经济研究院张新安院长对本书翻译工作的全程指导，自然资源开发利用研究所侯华丽所长及全体成员为译者团队提供的有力支持，北京大学历史学系包茂红教授提出的诸多宝贵意见，西南大学西方马克思主义研究所刘苏研究员认真细致的校对，以及商务印书馆李娟主任、顾江编辑细致耐心的编辑审校，在此一并表示衷心感谢！

虽然我们对本书投入了极大的热情和精力，但由于水平有限，以及对环境史等学科认识的不足，译文仍然存在诸多不足，还望学界朋友和读者们不吝赐教。

译　者

2023 年 7 月

图书在版编目(CIP)数据

城市化的自然:基于近代以来欧洲城市历史的反思/(比)蒂姆·索恩斯等编;周璞,张惠,柳晓娟译. —北京:商务印书馆,2023
("自然资源与生态文明"译丛)
ISBN 978-7-100-23102-2

Ⅰ.①城… Ⅱ.①蒂…②周…③张…④柳… Ⅲ.①城市化—研究—欧洲—近代 Ⅳ.①F299.501

中国国家版本馆 CIP 数据核字(2023)第 188176 号

"自然资源与生态文明"译丛

城市化的自然:基于近代以来欧洲城市历史的反思

〔比〕蒂姆·索恩斯　〔德〕迪特尔·肖特
〔德〕迈克尔·托伊卡·赛德　〔比〕伯特·德·蒙克　编

周璞　张惠　柳晓娟　译

商　务　印　书　馆　出　版
(北京王府井大街36号　邮政编码100710)
商　务　印　书　馆　发　行
北　京　冠　中　印　刷　厂　印　刷
ISBN 978-7-100-23102-2
审　图　号：GS (2023) 2823 号

2023 年 11 月第 1 版　　开本 710×1000　1/16
2023 年 11 月北京第 1 次印刷　印张 22¾
定价:118.00 元